ADELINE KLAM

DAS GROSSE **ORIGAMI** BUCH

FALTKUNST – von klassisch bis außergewöhnlich

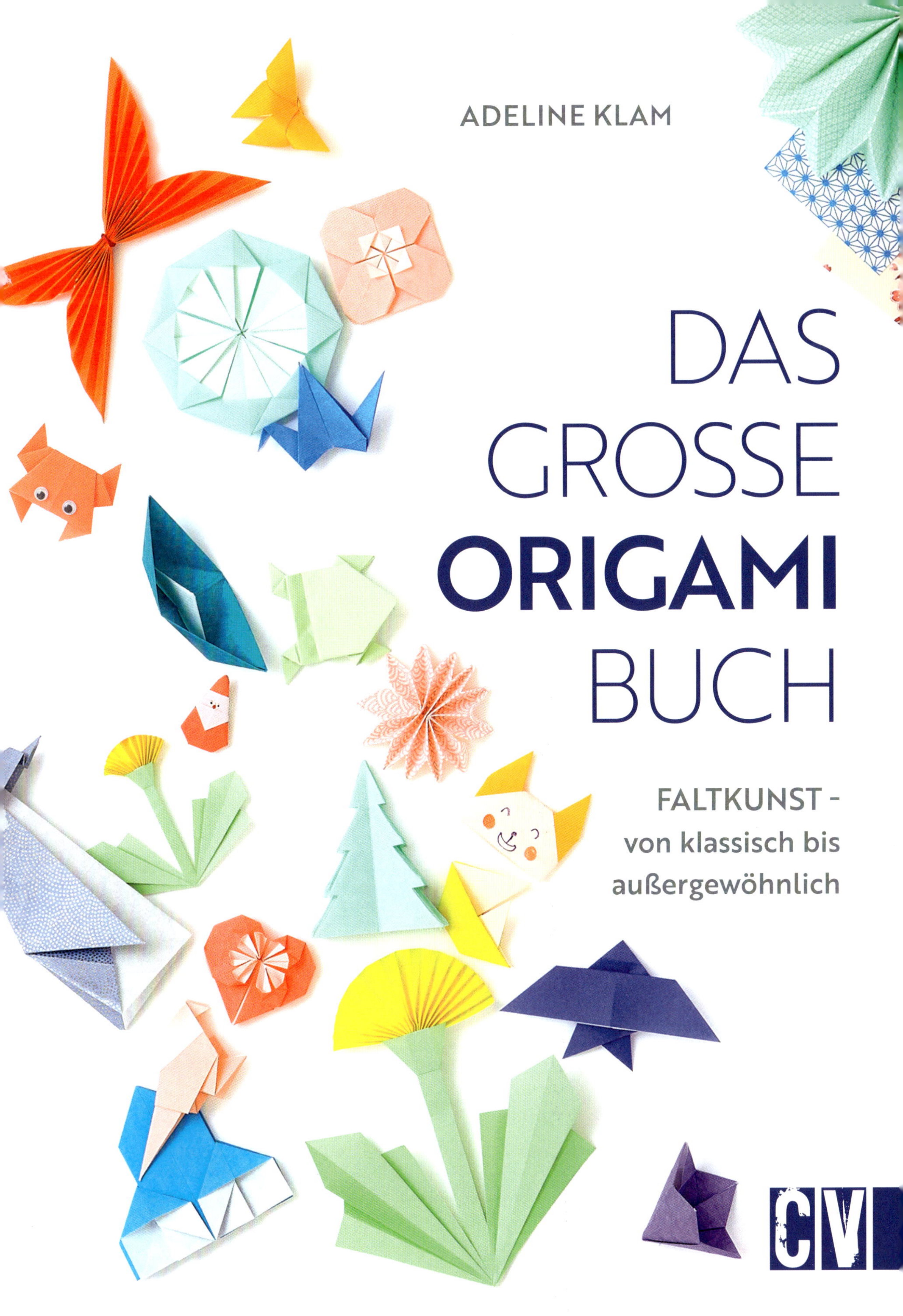

CV

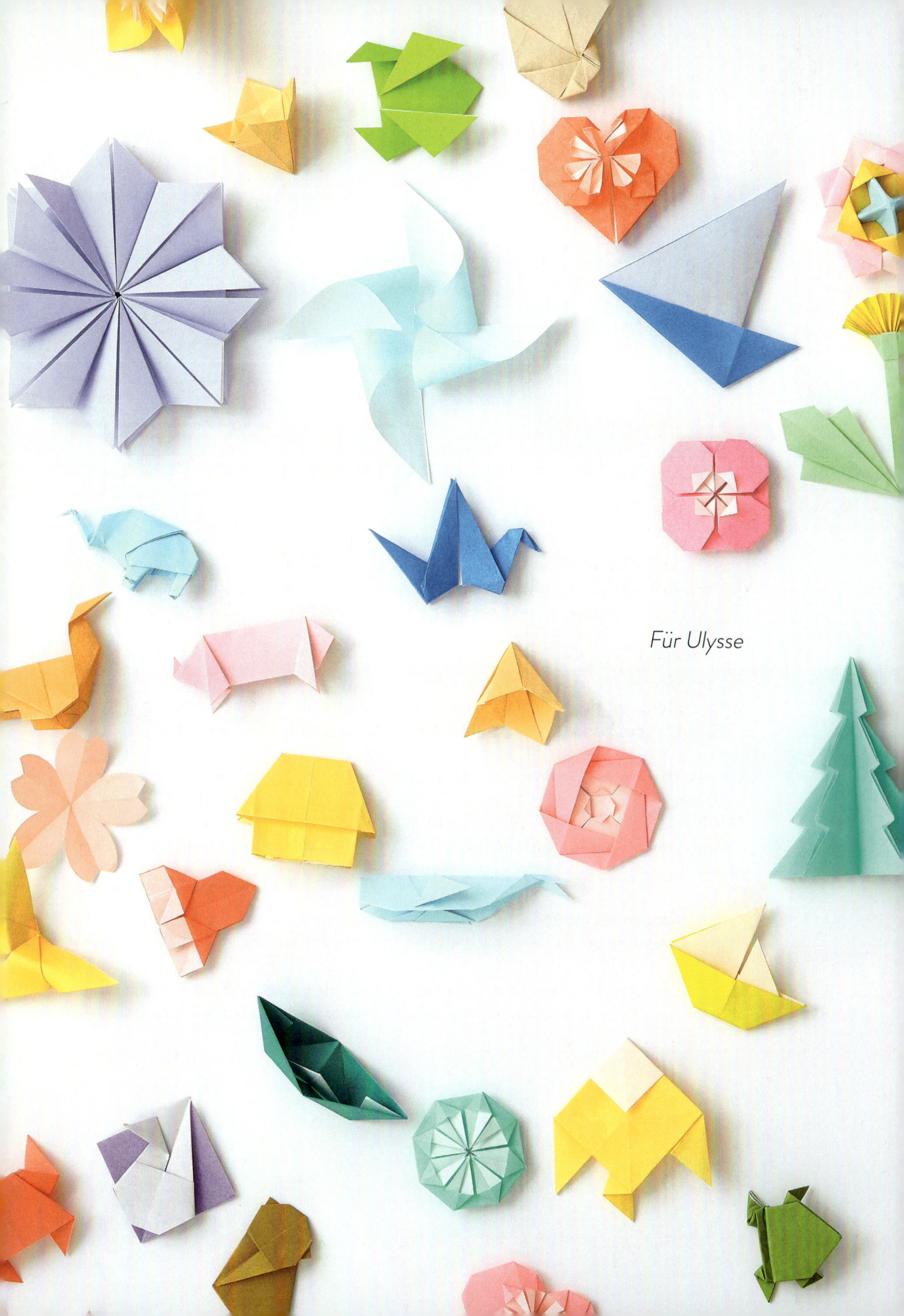

Für Ulysse

Einleitung

Ich habe dieses Buch als einfaches und spielerisches Hilfsmittel konzipiert, um die Kunst des Origami für alle zugänglich zu machen. Eine Kunst, die absolut zauberhaft ist, vor allem aber auch unglaublich viel Spaß macht.

Da ich mich auf das Wesentliche beschränken möchte, habe ich die Sache sehr visuell und puristisch gehalten. Alle Schritte wurden fotografiert und die komplizierteren werden von Lucys Illustrationen begleitet, damit man die Haltung der Hände und den Ablauf der Schritte besser nachvollziehen kann.

Du musst also nur das nachmachen, was du siehst, und du wirst mit Verwunderung erleben, wie ein Gegenstand oder ein Tier aus Papier unter deinen Händen zum Leben erwacht. Die fertigen Werke kannst du dann verwenden, um Einladungen, Geschenkverpackungen und dergleichen zu verzieren, um deine Wohnung zu schmücken oder um einen Tisch festlich zu dekorieren.

Origami ist meine Leidenschaft, und ich freue mich, sie mit dir zu teilen, damit auch du entdecken kannst, wie bezaubernd diese Kunst des Faltens ist.

Ich wünsche dir genauso viel Freude beim Erschaffen schöner Papierkreationen, wie ich sie beim Entwickeln dieses Buches hatte!

Adeline Klam

Inhalt

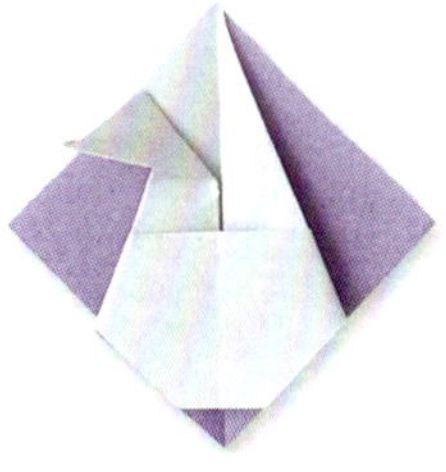

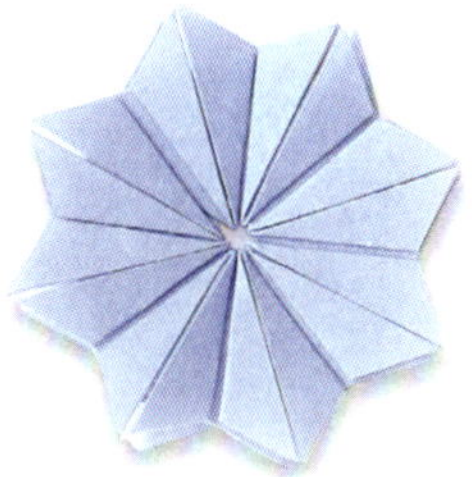

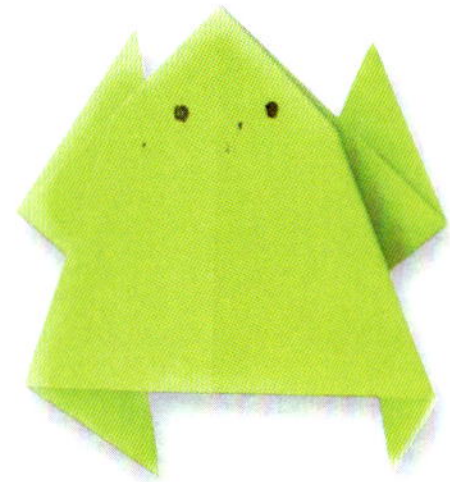

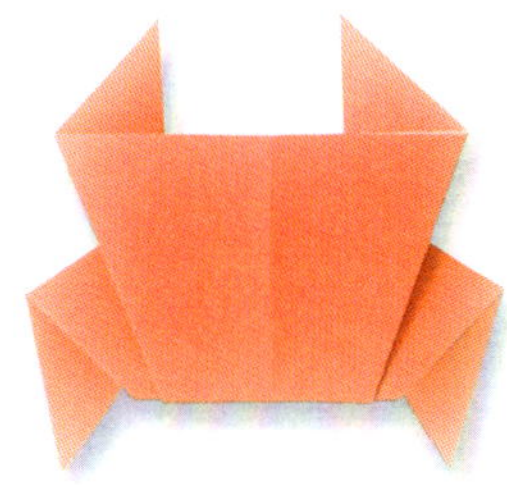

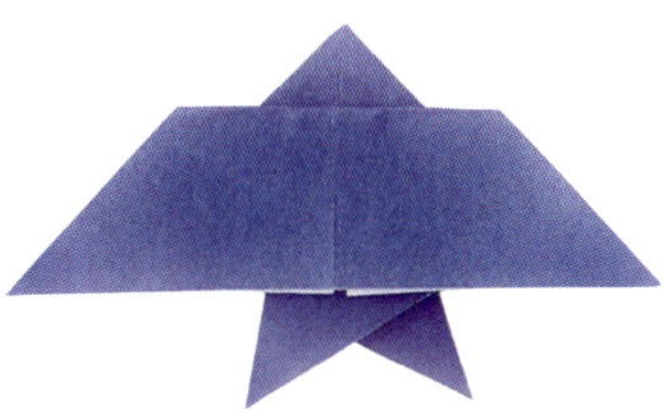

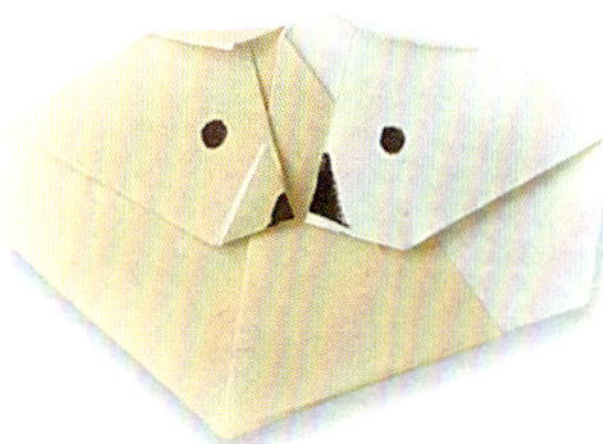

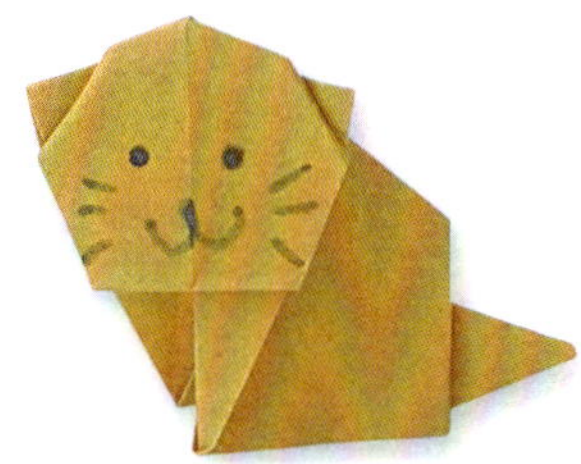

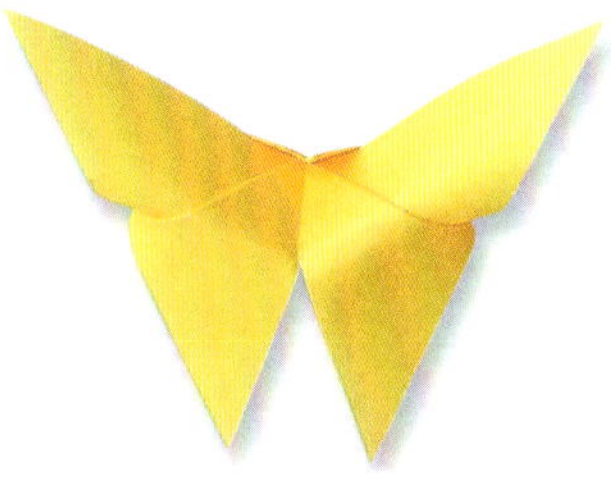

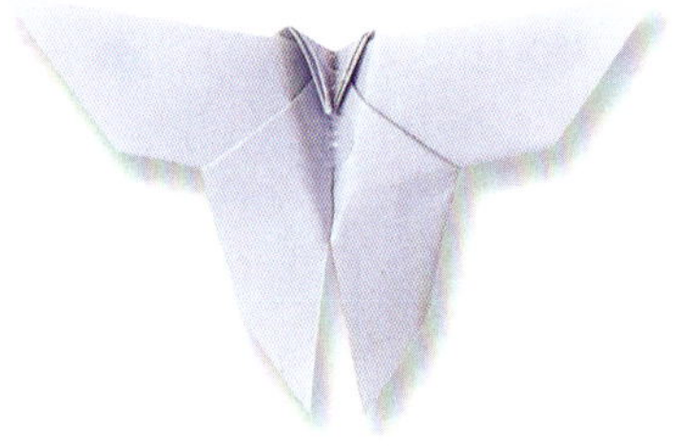

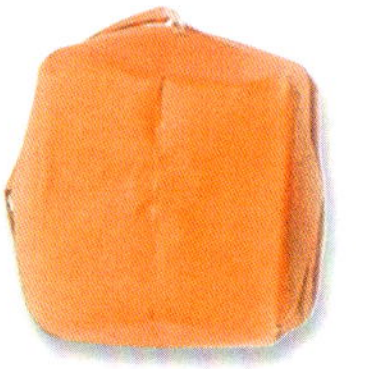

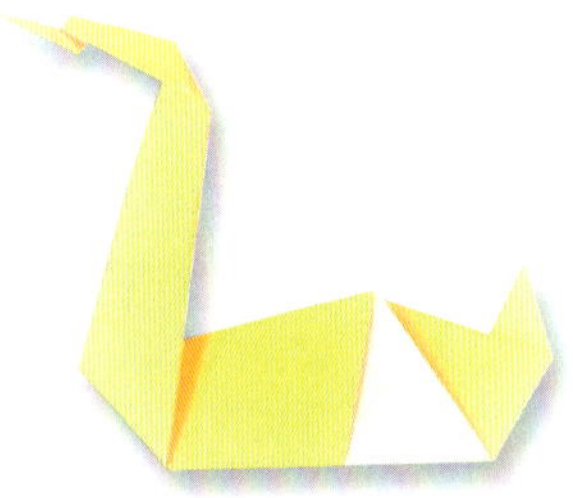

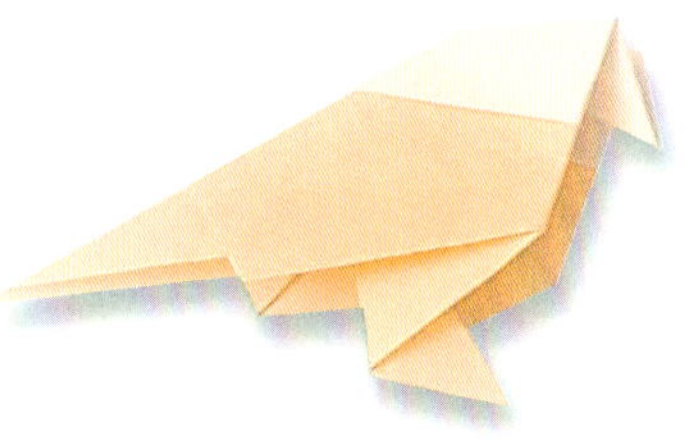

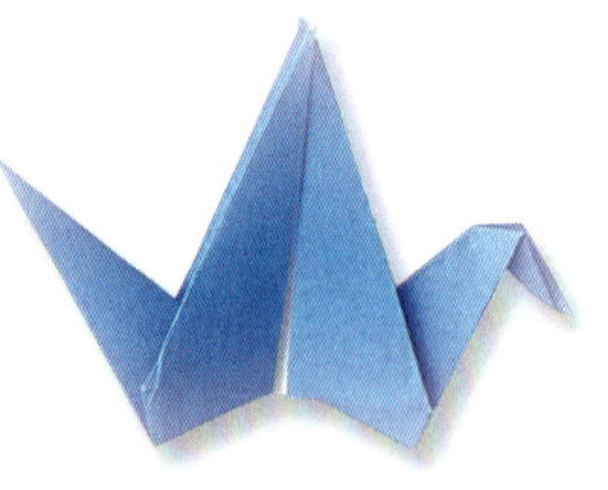

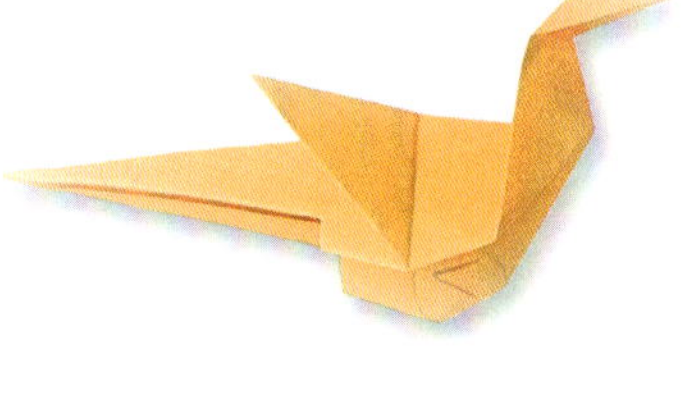

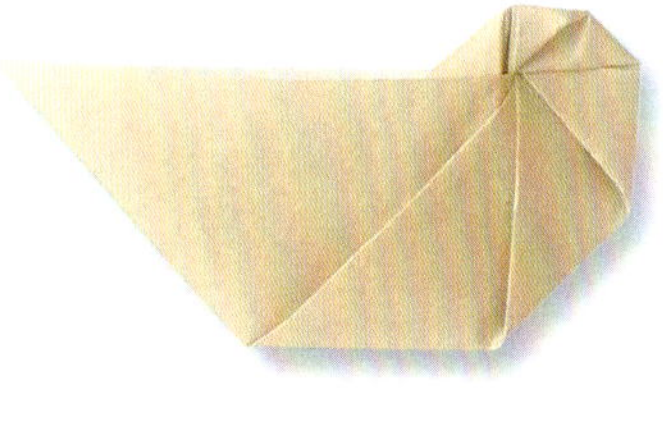

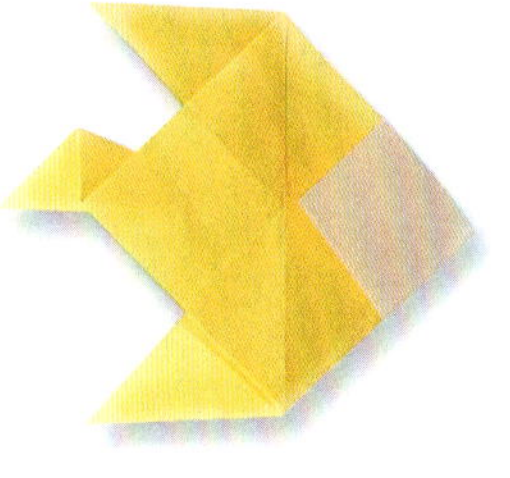

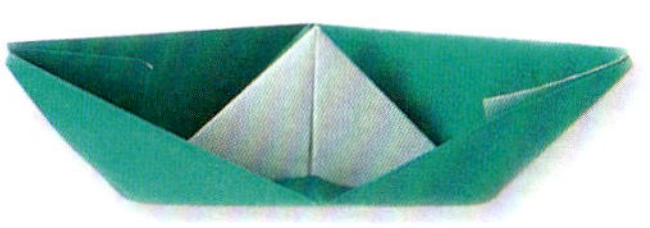

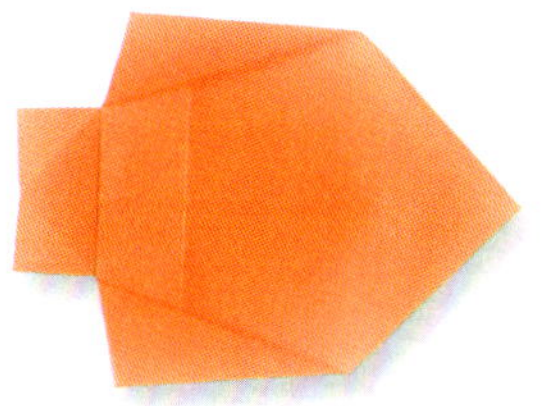

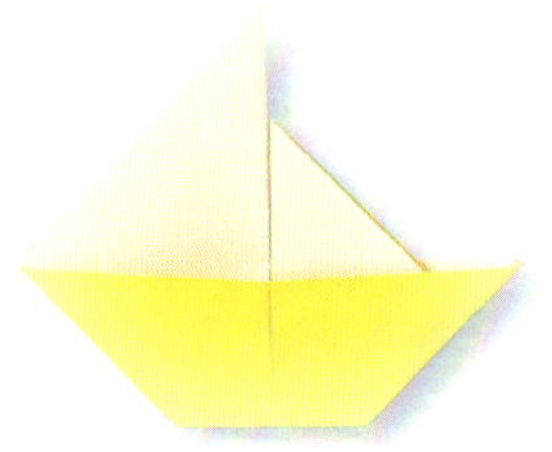

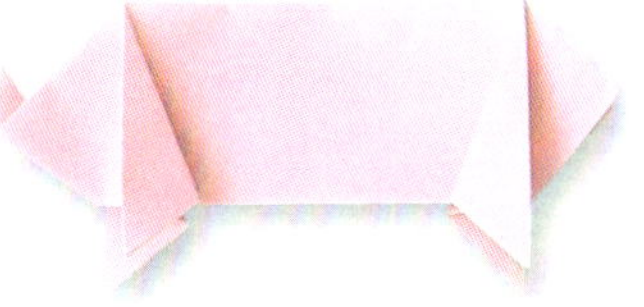

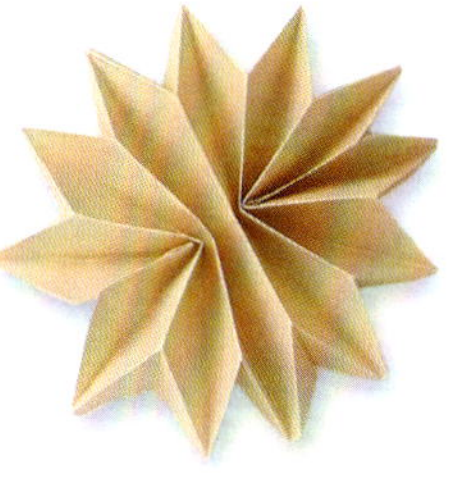

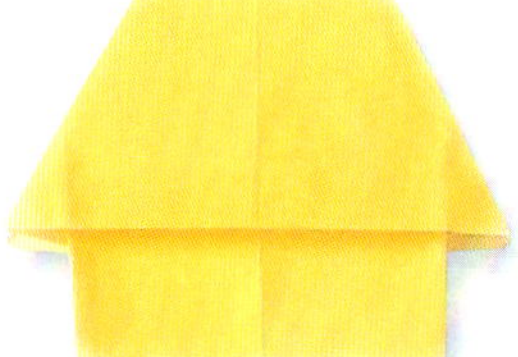

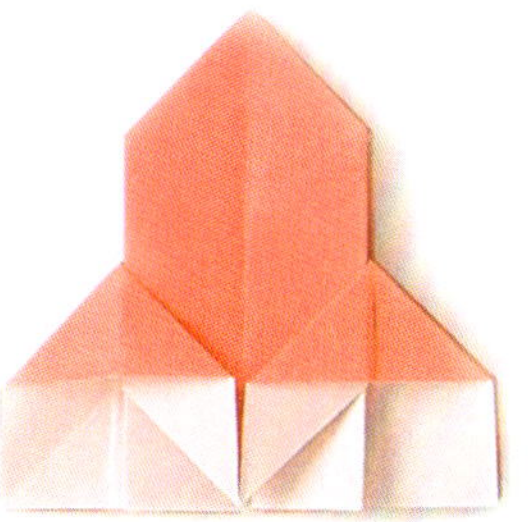

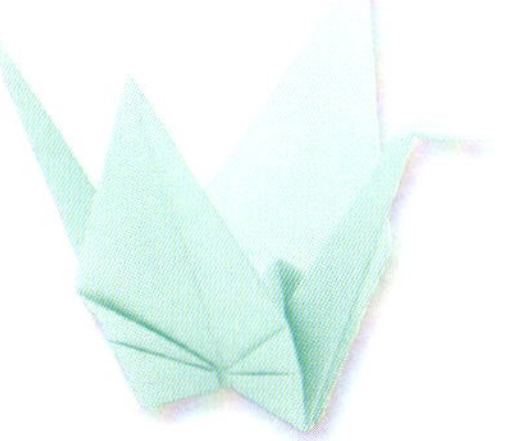

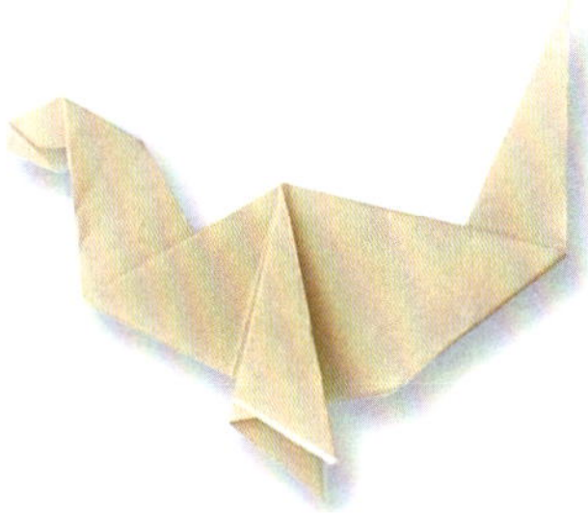

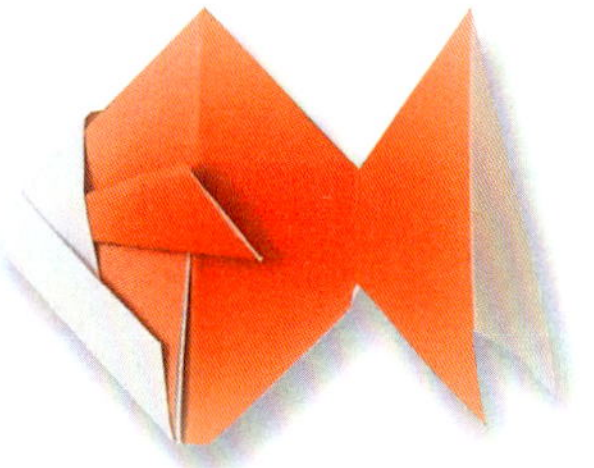

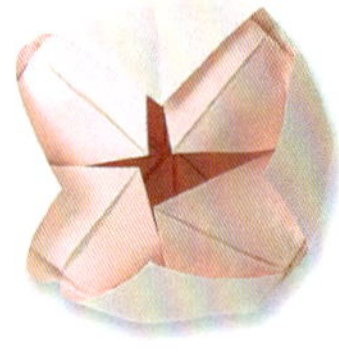

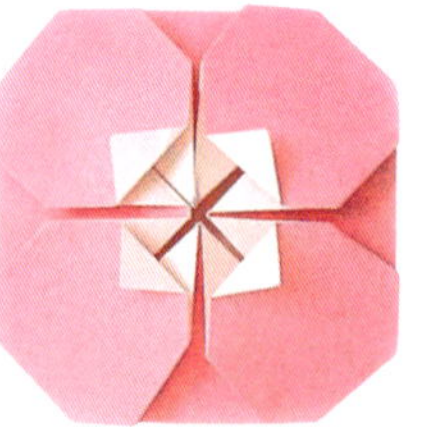

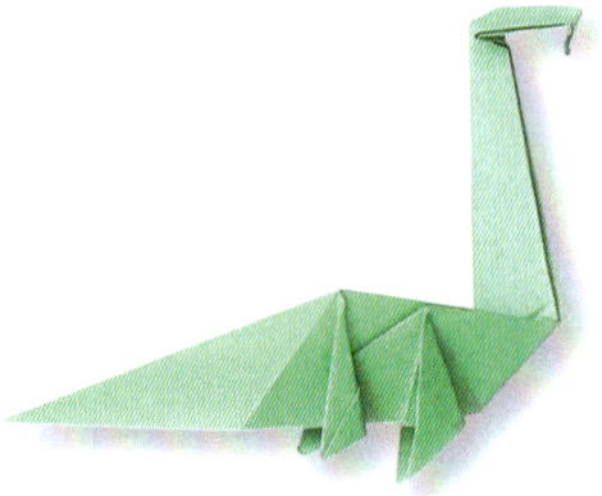

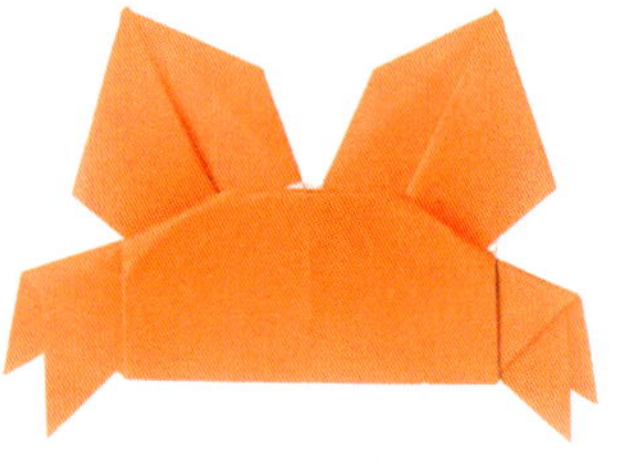

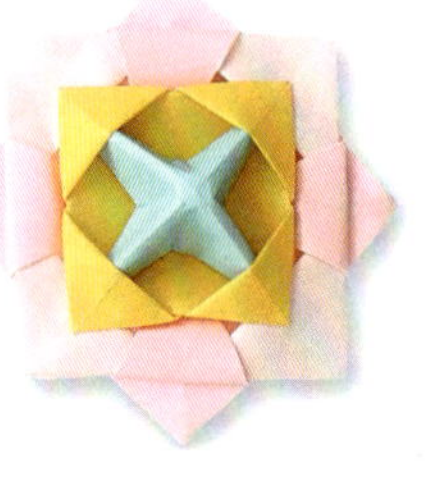

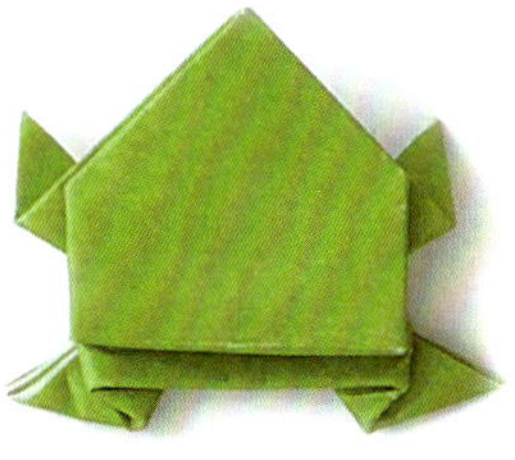

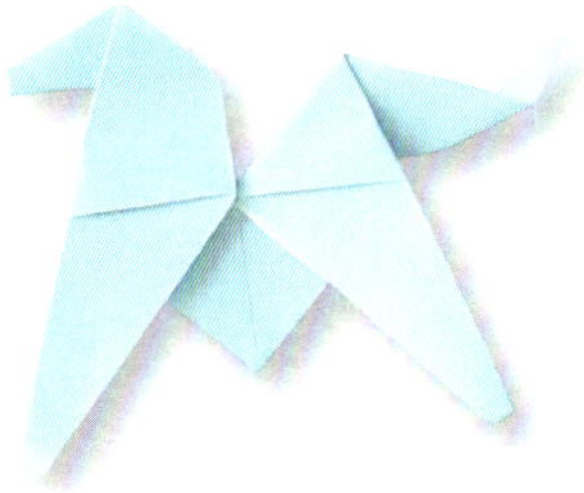

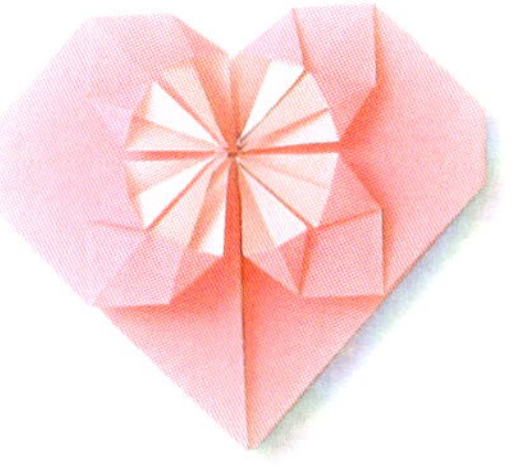

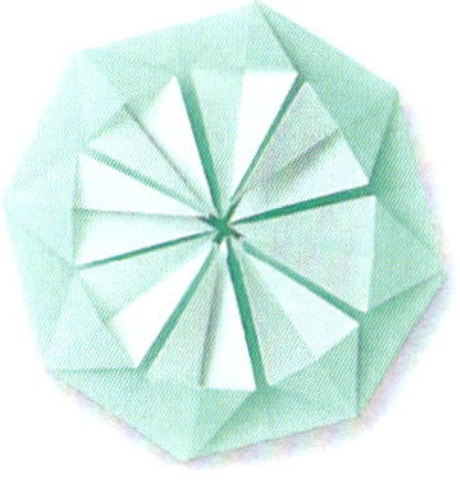

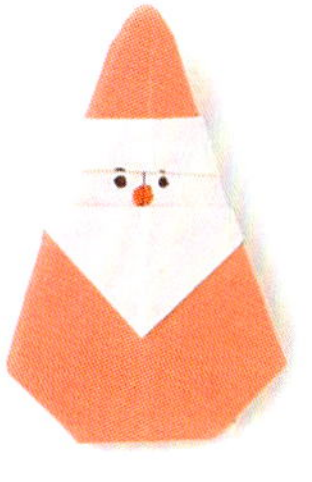

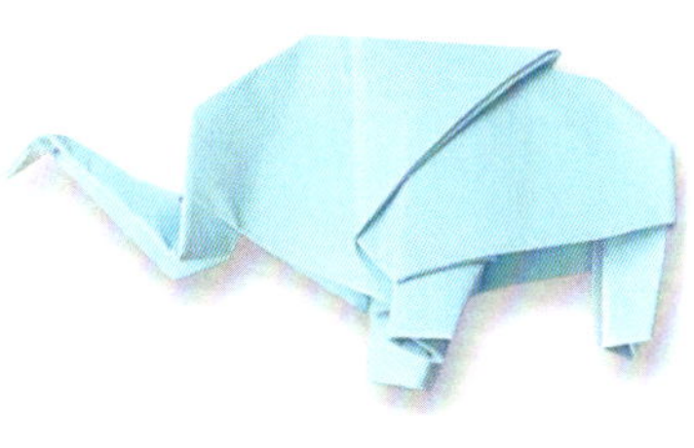

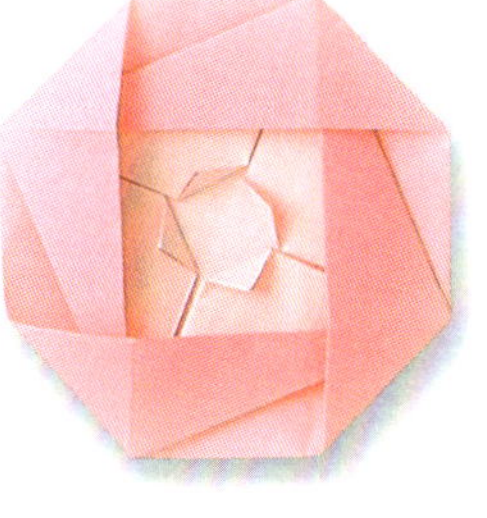

Techniken

Hier sind die neun wichtigsten Falttechniken für Origami. Schaue sie dir genau an und übe sie. Du wirst sie in den Anleitungen immer wieder brauchen.

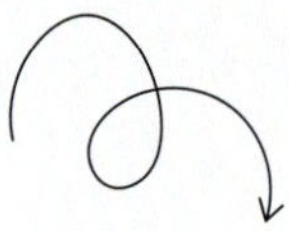

1. Nach hinten Falten
Dieser Pfeil zeigt an, dass man zur Rückseite der Figur falten muss.

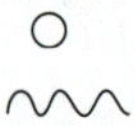

2. Kleben
Diese Symbole zeigen an, wo Kleber aufgetragen werden muss.

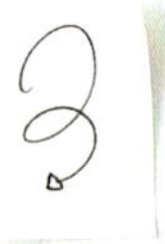

3. Wenden
Dieser Pfeil zeigt an, dass die Figur gewendet werden muss.

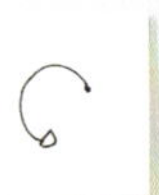

4. Drehen
Dieser Pfeil zeigt an, dass die Figur gedreht werden muss. Die Schwenkgrade sind in den Anleitungen der Projekte angegeben.

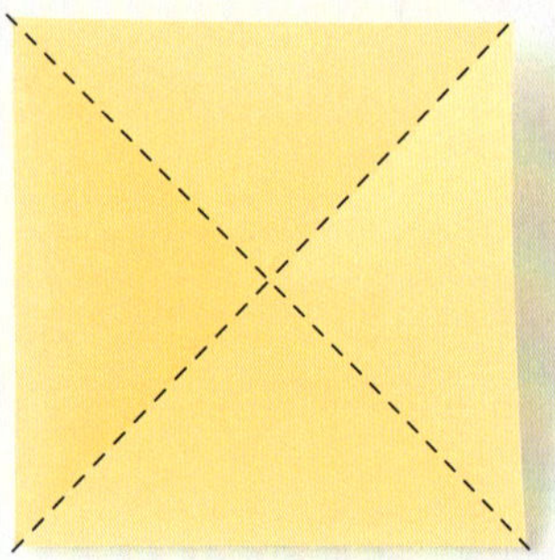

5. Diagonalen
Die Diagonalen sind die beiden Linien, die ein schräg stehendes Kreuz von Ecke zu Ecke in einem Papierquadrat bilden. Um die erste Diagonale zu falten, füge zwei einander gegenüberliegende Ecken passgenau übereinander, falte das Papier und markiere die Diagonale durch den entstehenden Falz (auch Bruch genannt), indem du die Faltkante mit dem Fingernagel oder einem Falzbein nachfährst. Entfalte das Papier wieder, verbinde die beiden anderen einander gegenüberliegenden Ecken und markiere so die zweite Diagonale.

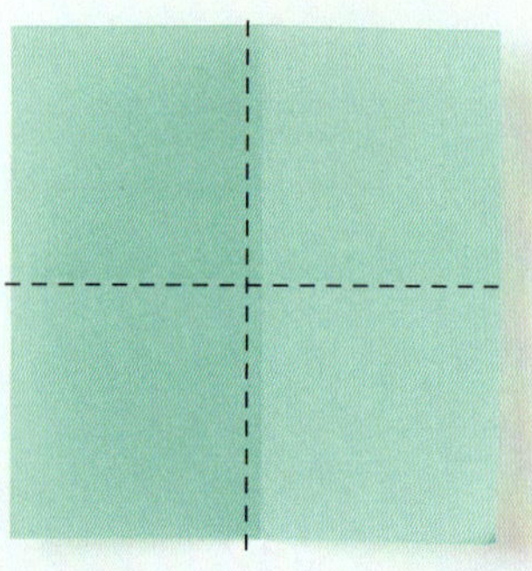

6. Mittellinien
Die Mittellinien sind die beiden Linien, die in einem Papierquadrat ein senkrecht stehendes Kreuz bilden. Um die erste Mittellinie zu falten, lege zwei gegenüberliegende Seitenkanten des Quadrats passgenau übereinander und markiere die Mittelsenkrechte durch den entstehenden Falz (auch Bruch genannt), indem du die Faltkante mit dem Fingernagel oder einem Falzbein nachfährst. Entfalte das Papier wieder, falte die beiden anderen Seitenkanten übereinander und markiere auch die zweite Mittellinie.

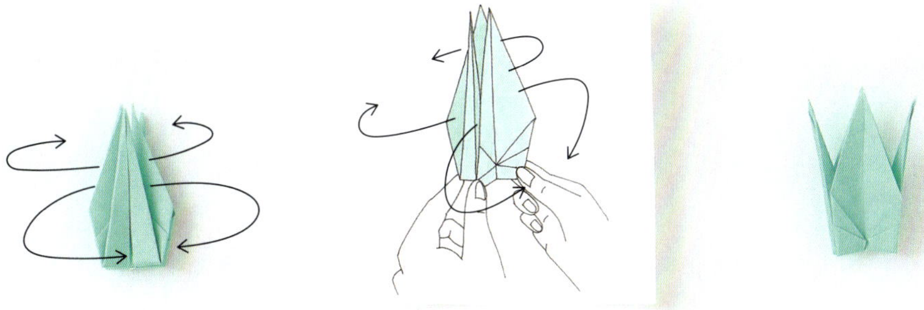

7. Eine Faltung in sich umschlagen

Anhand dieser Abbildung kannst du nachvollziehen, wie du Teile einer Figur »in sich umschlägst«. Kurz gesagt: Du klappst die Verbindungen der Teilfaltungen gegeneinander.

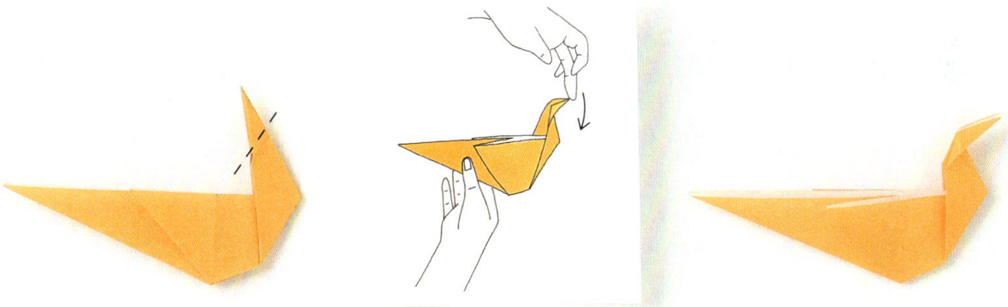

8. Gegenbruchfaltung nach außen

Diese Abbildungen zeigen, wie du eine Faltung »nach außen umkehren« bzw. umstülpen kannst, um Köpfe, Schnäbel, Hinterteile oder Schwänze von Tieren zu formen.

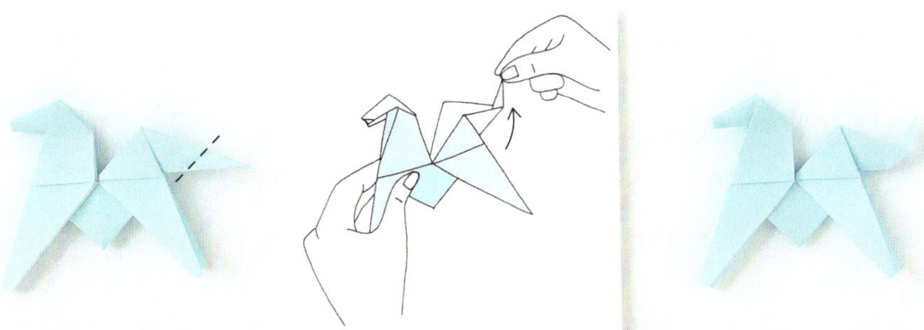

9. Gegenbruchfaltung nach innen

Diese Abbildungen zeigen, wie du eine Faltung »nach innen umkehren« bzw. einklappen und hochziehen kannst, um Köpfe, Schnäbel, Hinterteile oder Schwänze von Tieren zu formen.

Windrad

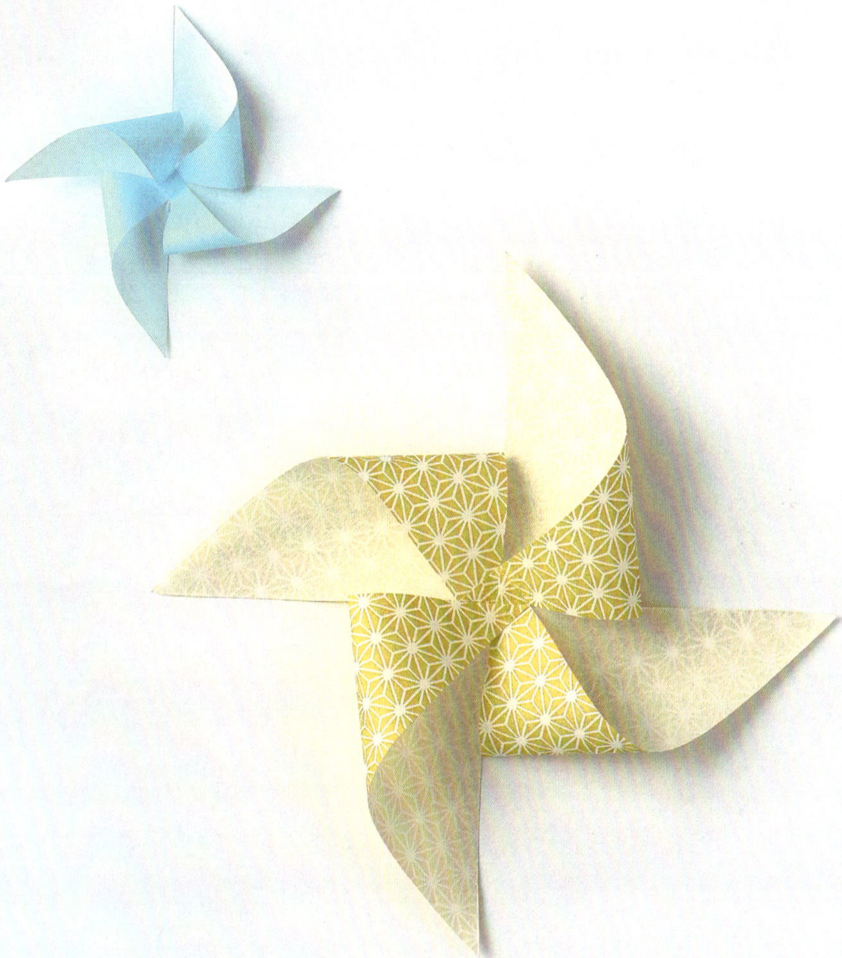

Level ●○○○○

Abmessungen

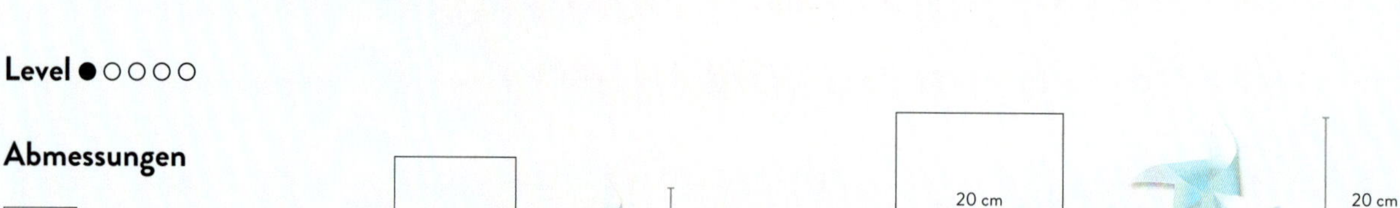

Tipp

Verwende für das Windrad starkes Papier und lege Schere und Klebstoff bereit. Befestige das fertige Windrad mit einer Musterklammer so an einem Holzstab, dass es sich drehen kann.

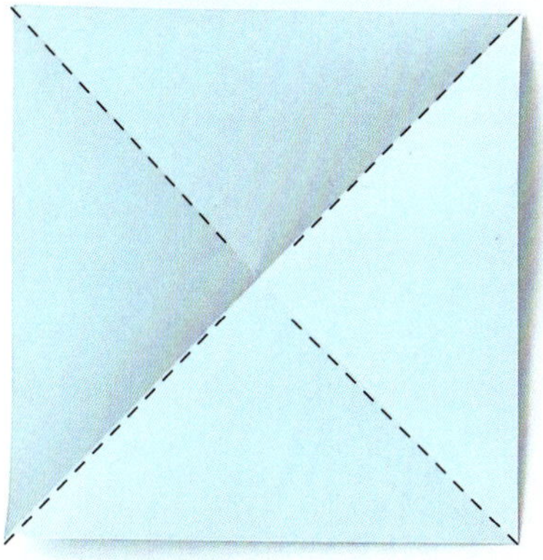
1

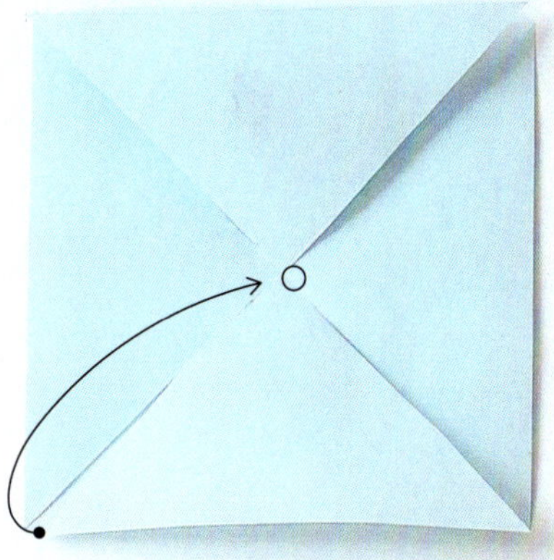
2

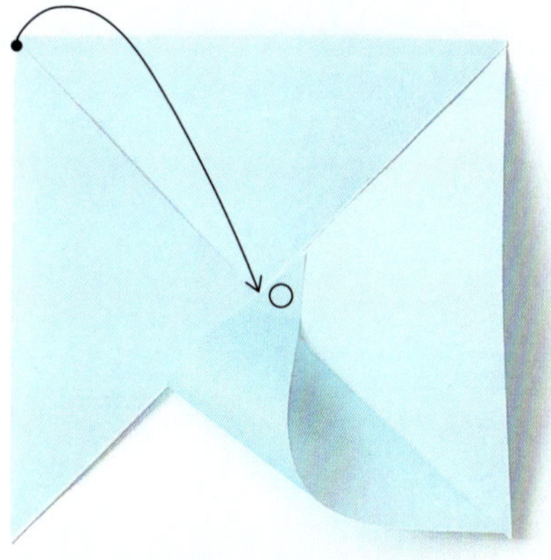
3

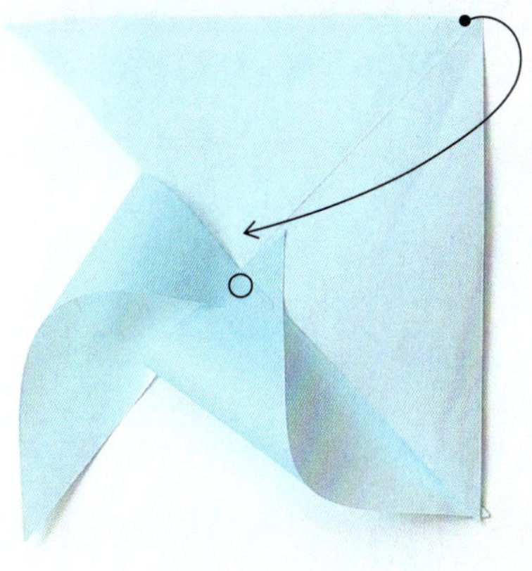
4

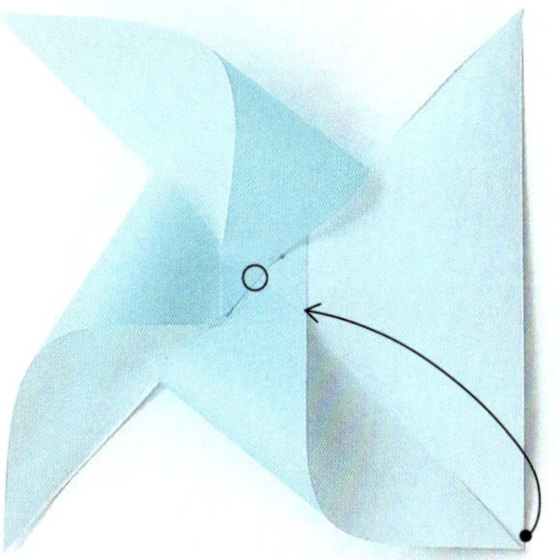
5

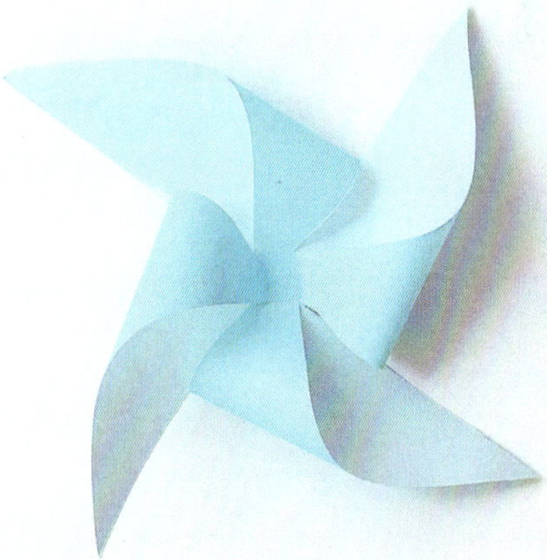
6

1. Richte das Papier normal aus (mit der farbigen Seite nach unten). Markiere die beiden Diagonalen. Entfalte das Papier. Schneide das Papier gemäß der Falze bis etwa 1 cm vor dem Mittelpunkt entfernt ein (wenn du ein 15 x 15 cm Papier verwendest). **2.** Klebe eine erste Spitze an die markierte Stelle. **3.** Klebe die gegenüberliegende Spitze an die angegebene Stelle. **4.** Klebe die dritte Spitze an die angegebene Stelle. **5.** Klebe die vierte Spitze an die angegebene Stelle. **6.** Das Windrad ist fertig.

Einfaches Segelschiff

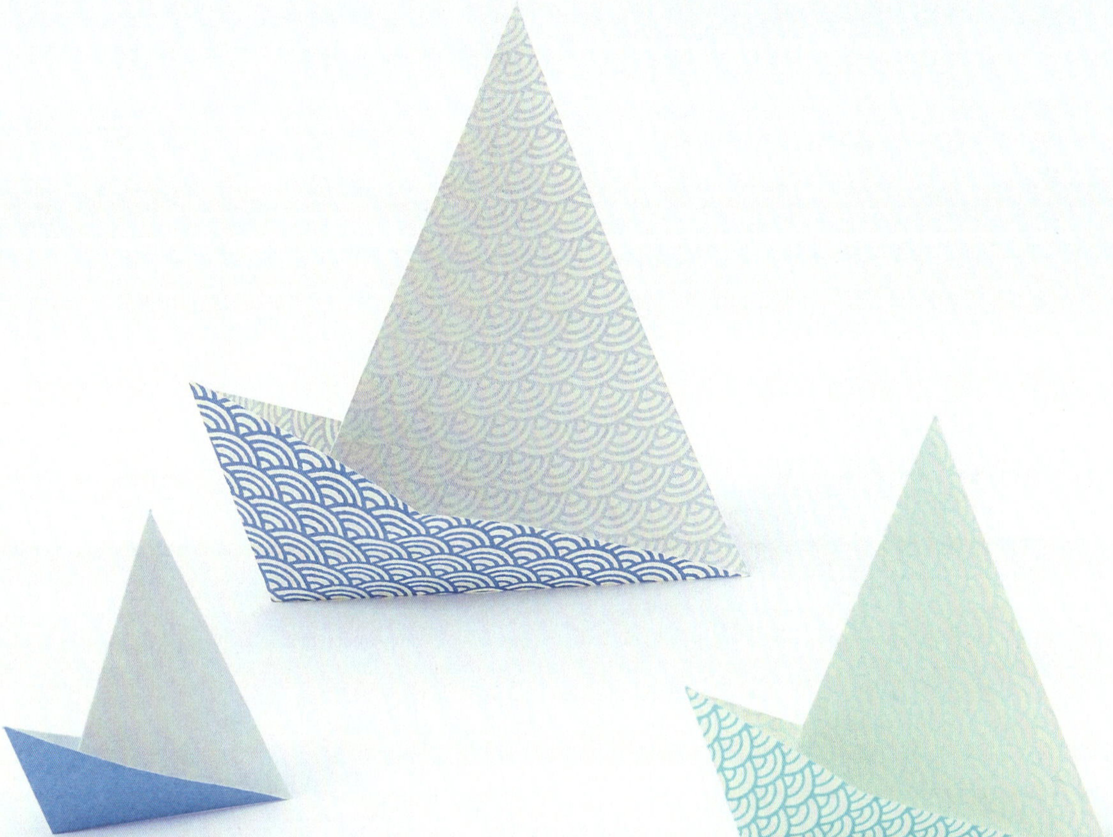

Level ●○○○○

Abmessungen

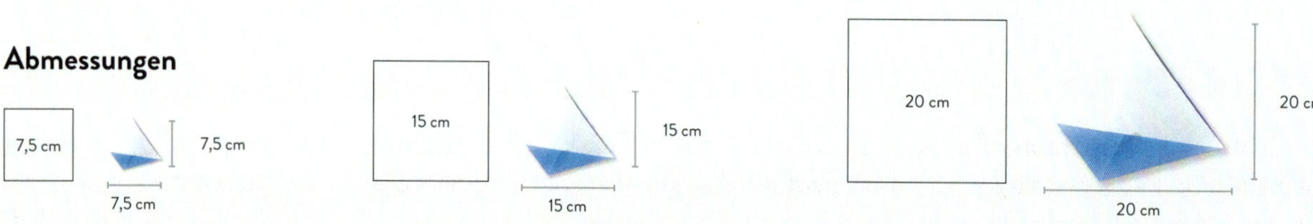

Tipp

Dieses Segelschiff ist leicht und einfach zu falten und eignet sich gut für Anfängerinnen und Anfänger.

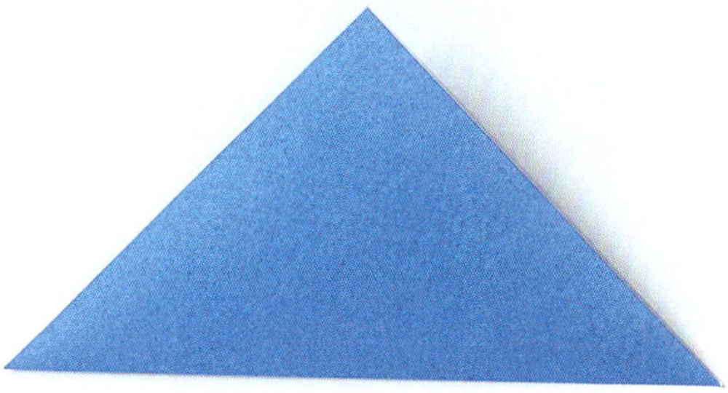

1

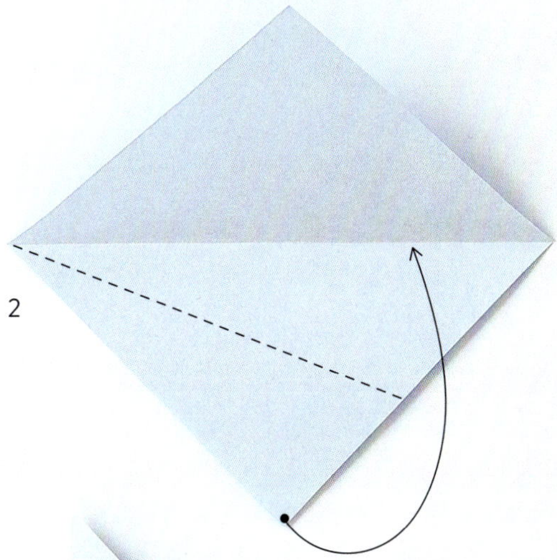

2

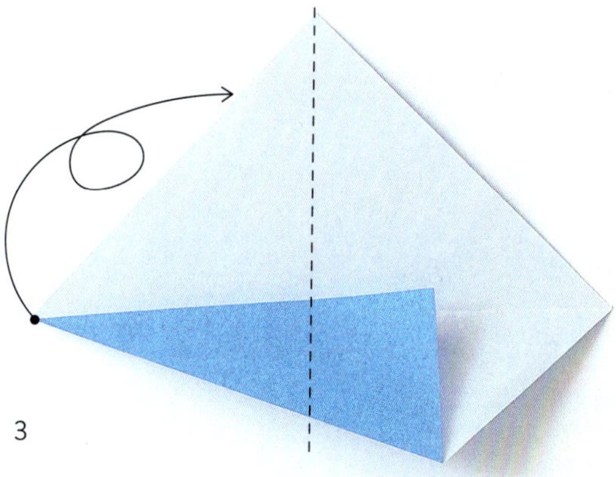

3

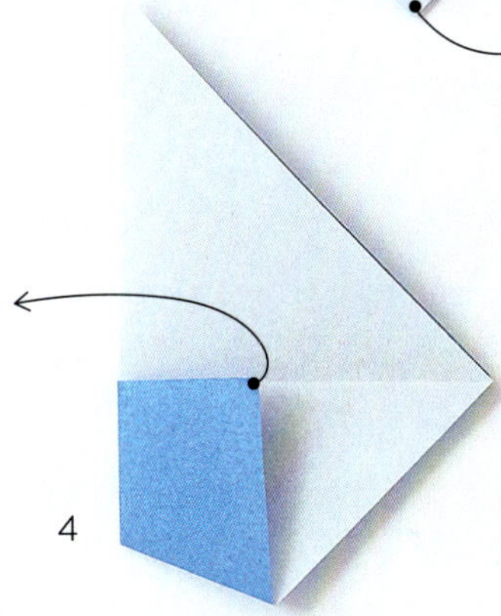

4

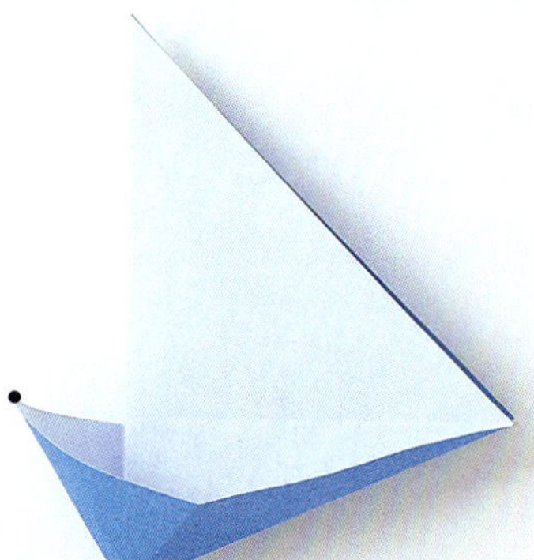

5

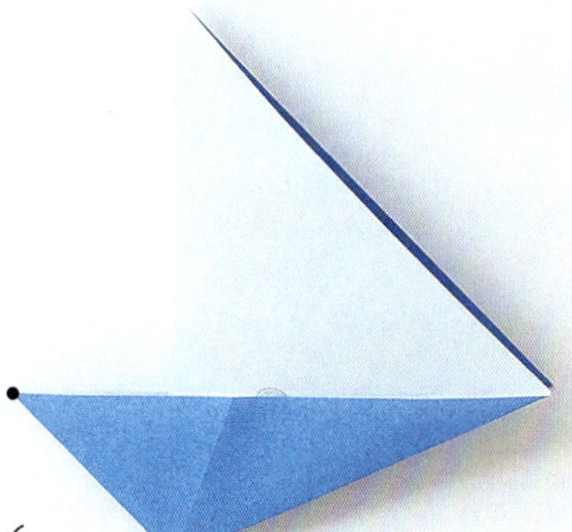

6

1. Richte das Papier rautenförmig aus (mit der farbigen Seite nach unten) und falte es nach oben zu einem Dreieck, um die Diagonale zu markieren. Entfalte das Papier wieder. **2.** Greife die untere Spitze am angegebenen Punkt und falte sie gemäß der gestrichelten Linie zur Diagonalen nach oben. **3.** Falte die Figur in der Mitte, indem du den linken Teil gemäß der gestrichelten Linie nach hinten umklappst. **4. 5.** Greife am angegebenen Punkt die Faltung und ziehe sie nach links auf, um den Bug zu öffnen. Streiche die Figur glatt. **6.** Das Segelschiff ist fertig.

Untersetzer

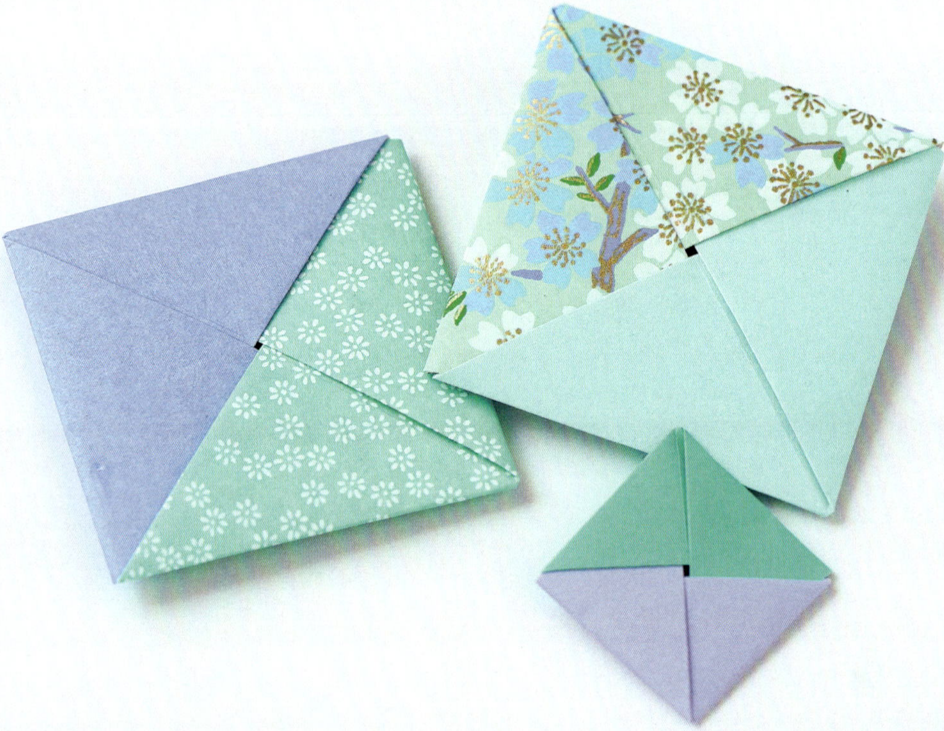

Level ●○○○○

Abmessungen

7,5 cm

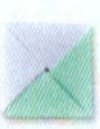

3,2 cm

3,2 cm

10 cm

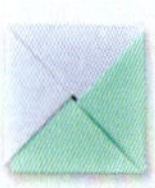

5 cm

5 cm

15 cm

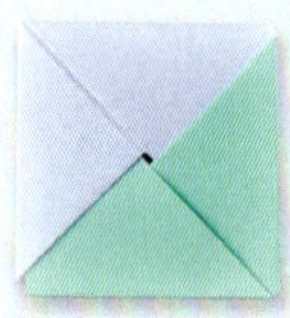

7,5 cm

7,5 cm

Tipp

Für diesen Untersetzer benötigst du zwei Blätter Papier (in unterschiedlichen Farben). Diese Untersetzer sind bei Bedarf im Nu gemacht. Sie können übrigens auch zu einer Girlande aufgefädelt werden!

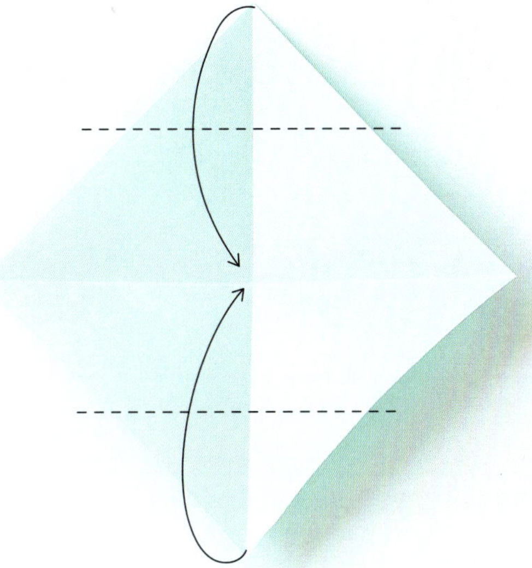

1

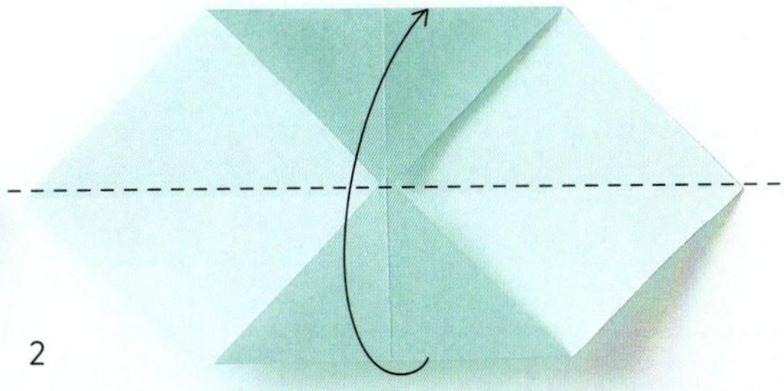

2

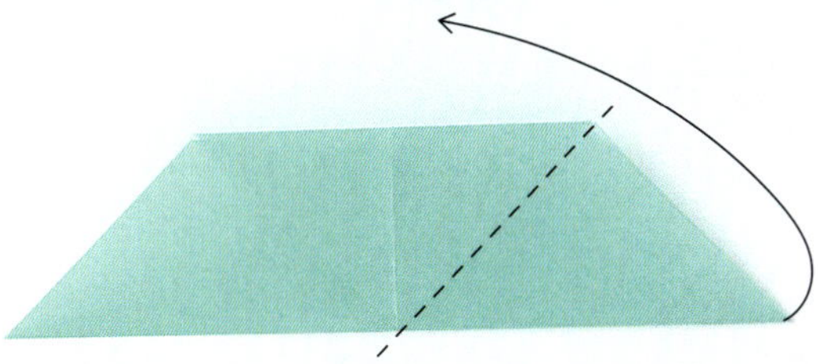

3

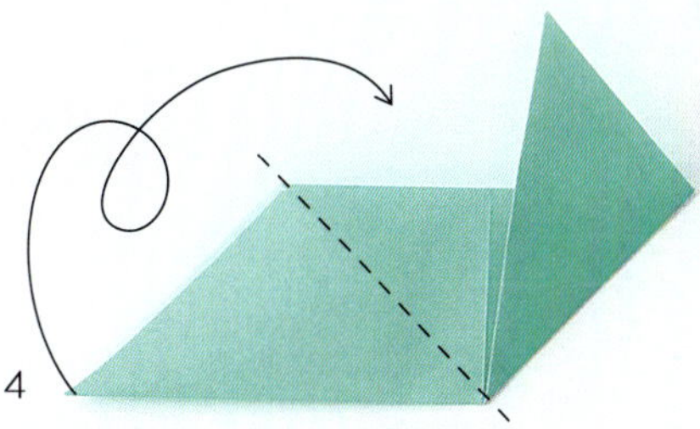

4

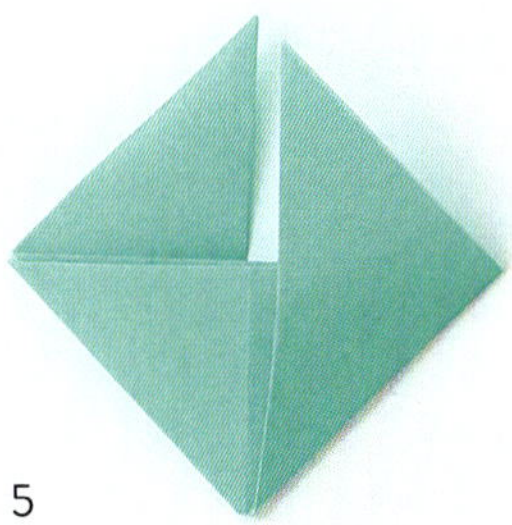

5

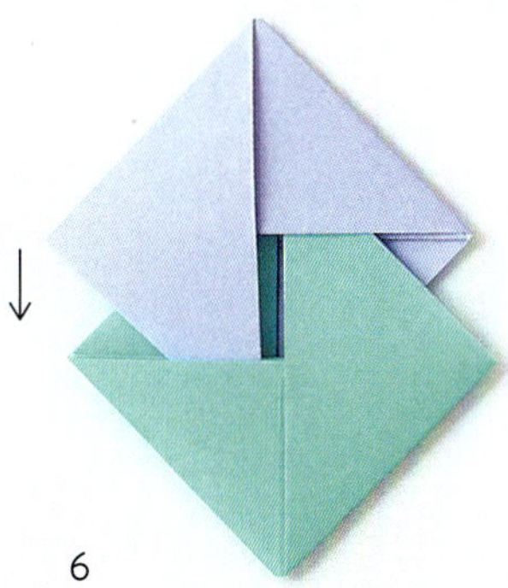

6

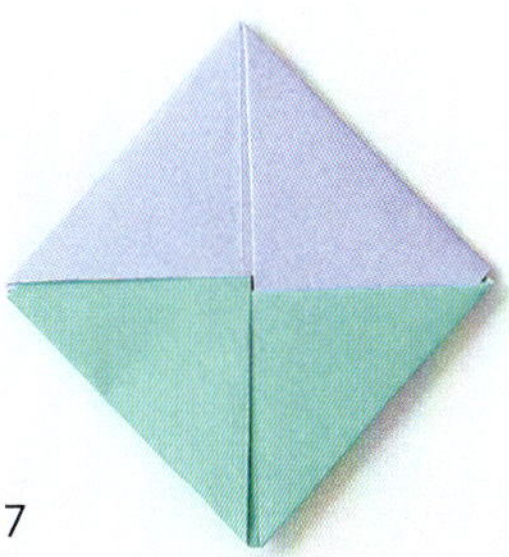

7

1. Richte das Papier rautenförmig aus (mit der farbigen Seite nach unten). Markiere die beiden Diagonalen. Falte die obere und die untere Spitze zum Mittelpunkt hin um. **2.** Falte die Figur in der Mitte nach oben. **3.** Falte die rechte Spitze gemäß der gestrichelten Linie nach vorne um. **4.** Falte die linke Spitze gemäß der gestrichelten Linie nach hinten um. **5.** Das Ergebnis ist diese Figur. Falte die gleiche Figur in einer anderen Farbe. **6.** Verschachtele die beiden Figuren, indem du die Spitze der einen in die Lasche der anderen schiebst. **7.** Der Untersetzer ist fertig.

Ziehharmonika-Falter

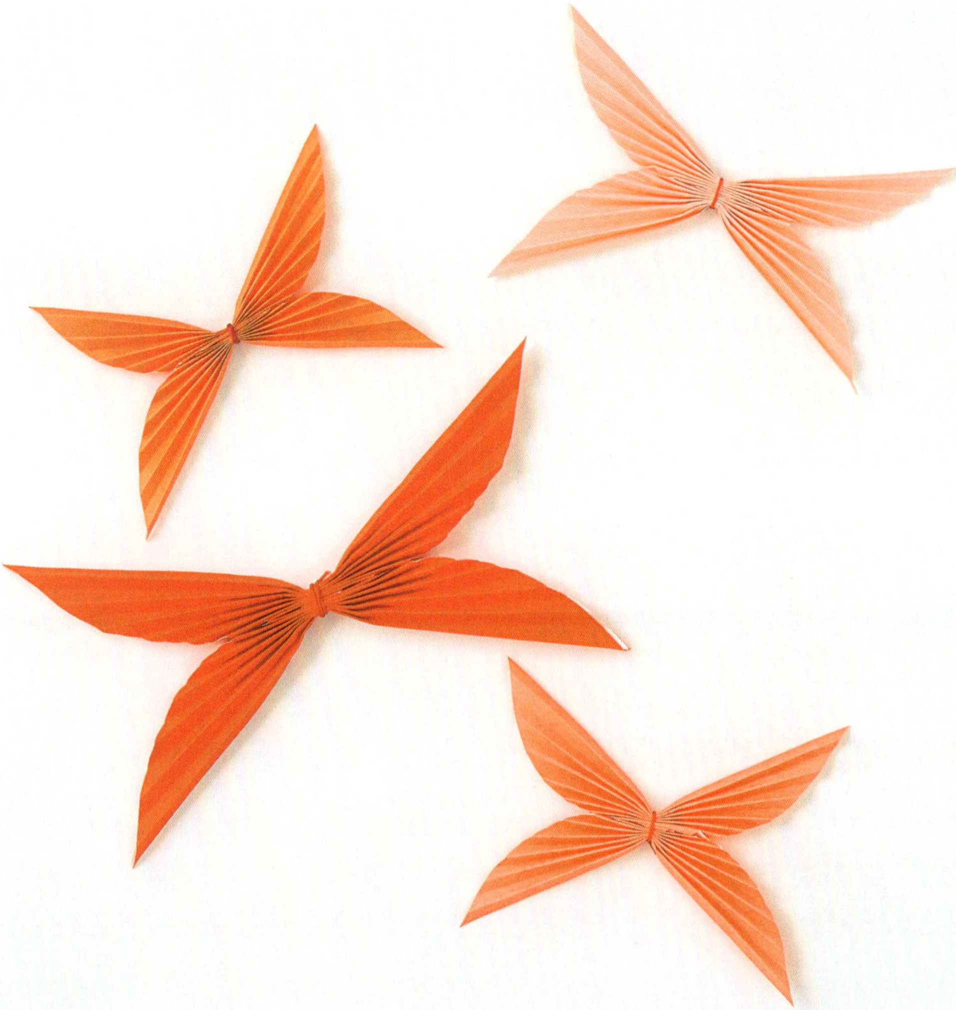

Level ●○○○○

Abmessungen

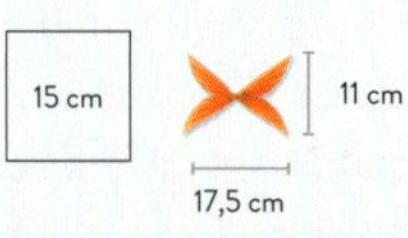

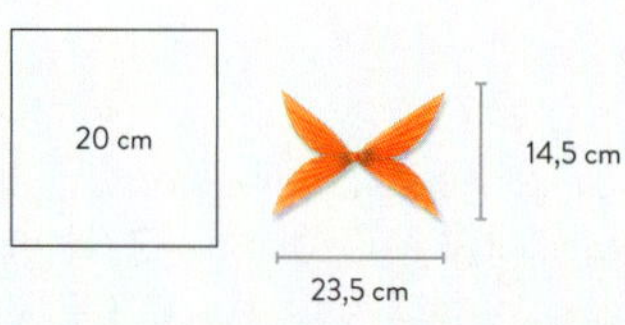

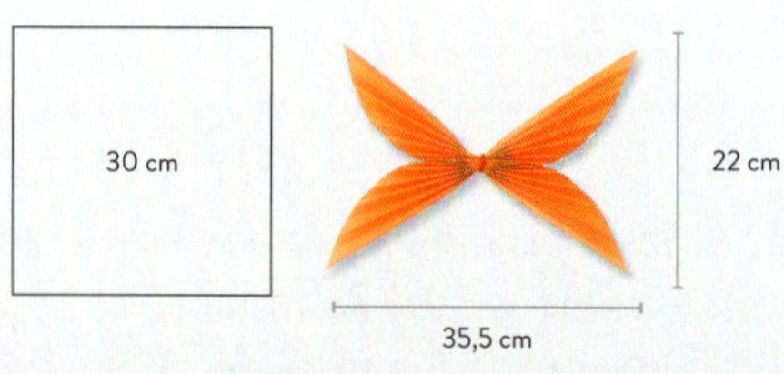

Tipp

Für diesen Ziehharmonika-Falter benötigst du zwei Blätter und etwas Garn, um die beiden Teilfiguren im letzten Schritt zu fixieren.

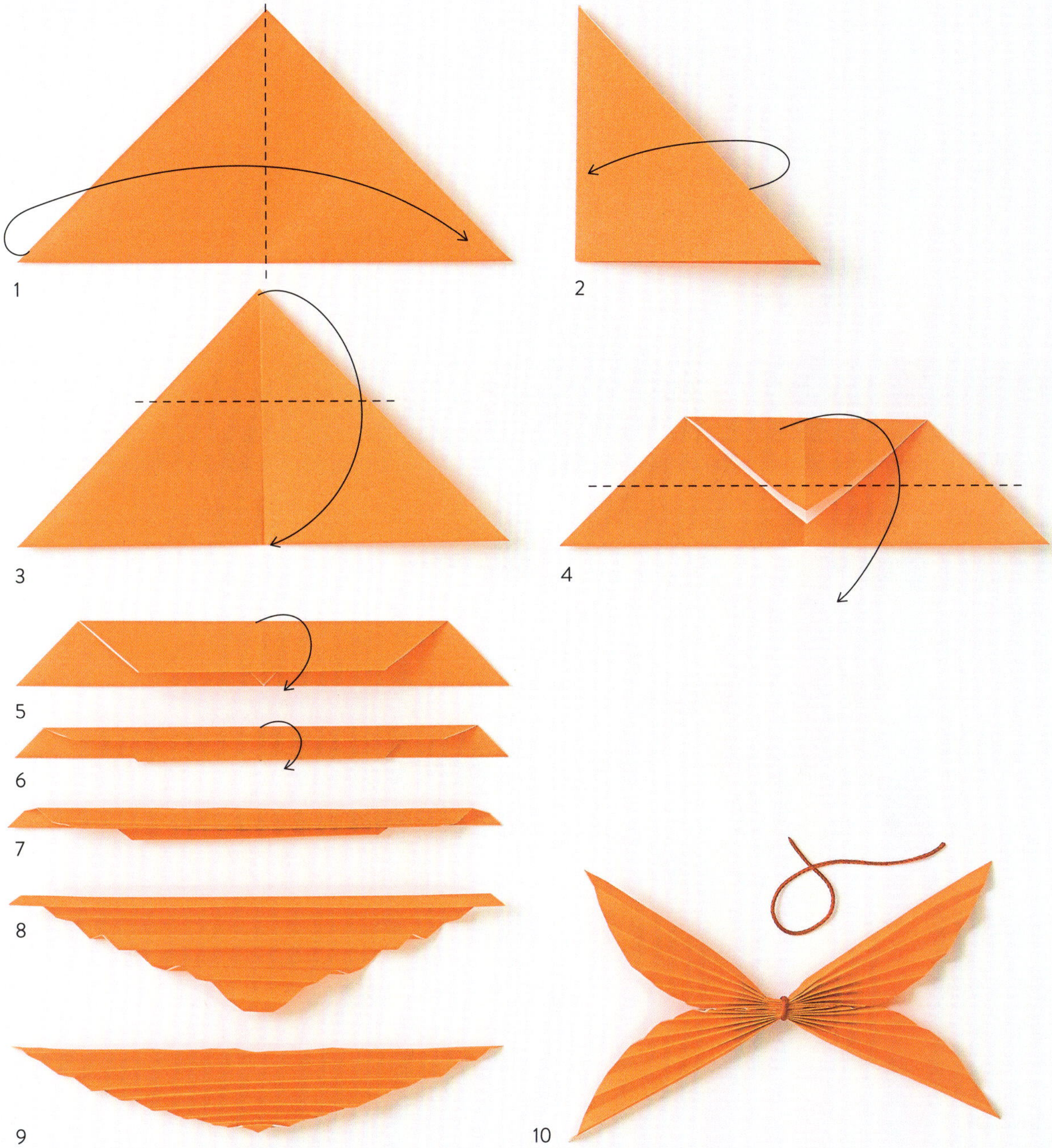

1. Richte das Papier rautenförmig aus (mit der farbigen Seite nach oben). Falte die untere Spitze über die Diagonale nach oben, sodass ein Dreieck entsteht. Falte das Dreieck mittig nach rechts, um den Falz in der Mitte zu markieren. **2.** Entfalte das Papier wieder zum großen Dreieck. **3.** Falte die obere Spitze auf die Basis des Dreiecks nach unten. **4.** Falte die obere Kante mittig nach unten. **5.** Falte die obere Kante erneut mittig. **6.** Falte die obere Kante erneut mittig. **7.** Entfalte das Papier wieder. **8.** Falte das Papier gemäß der Falzlinien nun im Ziehharmonika-Stil (Zickzackfaltung). **9.** Falte eine zweite Figur auf die gleiche Weise. **10.** Binde die beiden Figuren mit etwas Garn mittig zusammen. Der Ziehharmonika-Falter ist fertig.

Weihnachtskranz

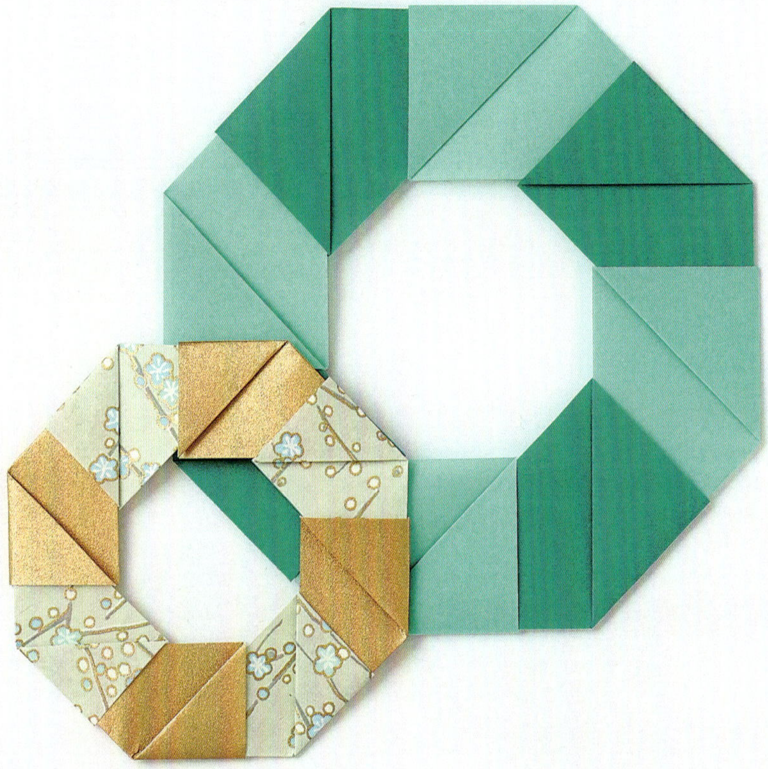

Level ●○○○○

Abmessungen

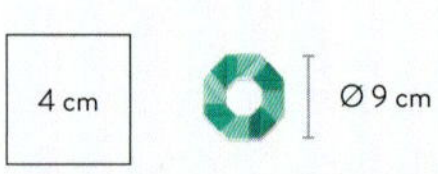

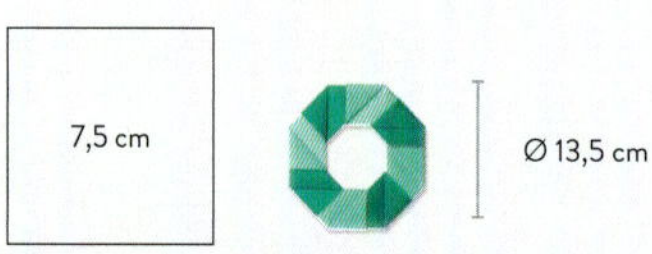

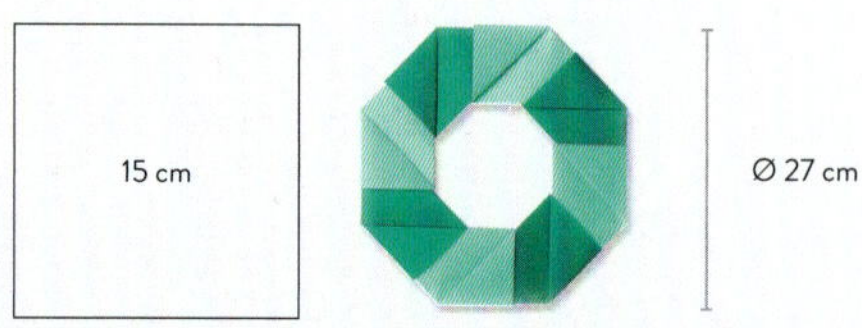

Tipp

Diese Weihnachtsdeko wird aus acht zusammengefügten Figuren hergestellt und muss verklebt werden. Wenn du die abgebildeten Kränze basteln möchtest, wähle vier Papierquadrate mit zwei verschiedenen Mustern.

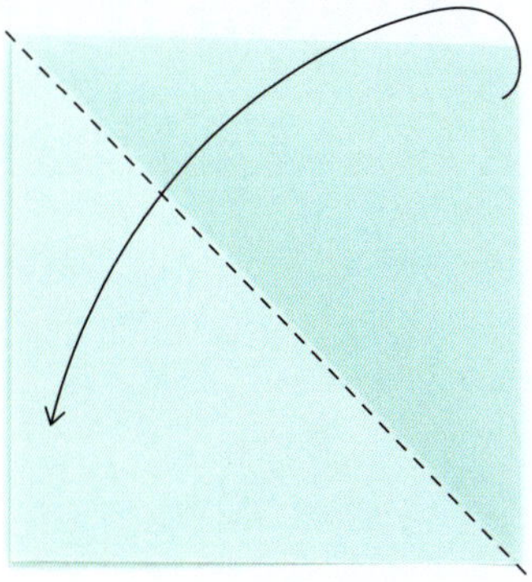

1

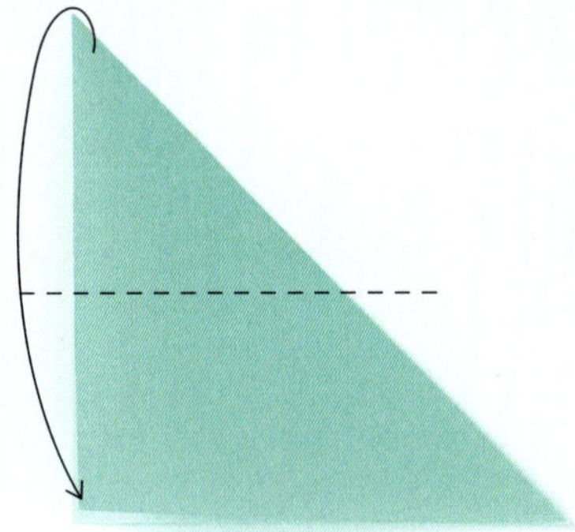

2

3

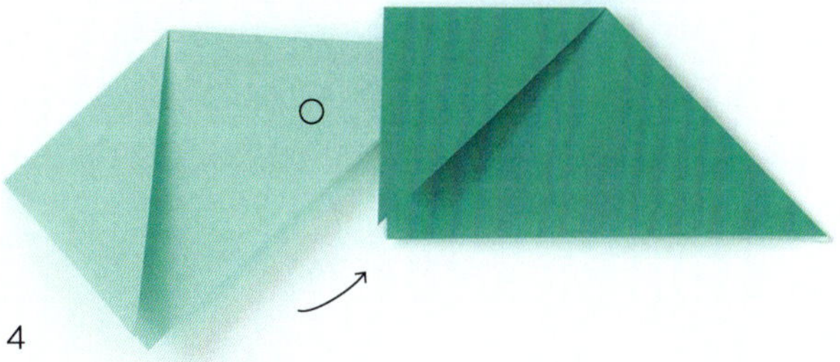

4

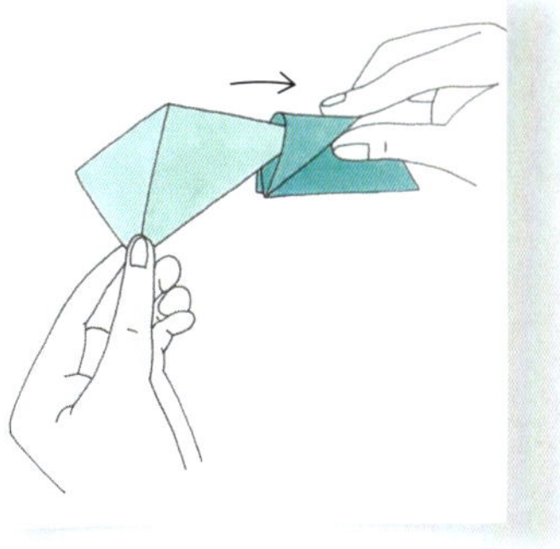

5

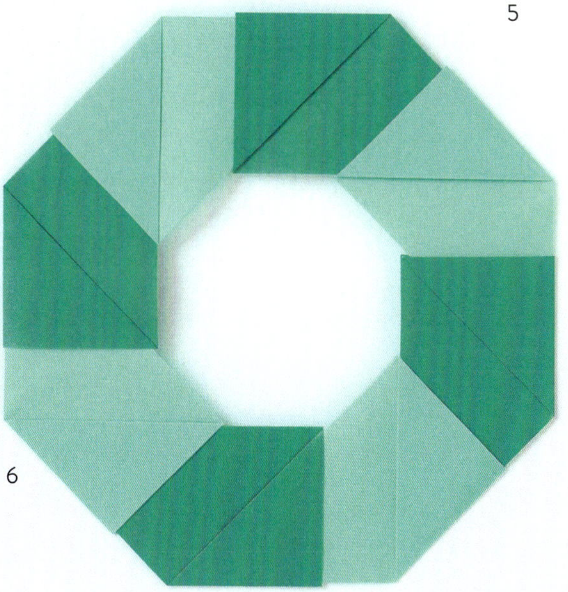

6

1. Richte das Papier normal aus (mit der farbigen Seite nach unten). Falte die rechte obere Ecke nach links auf die linke untere Ecke, sodass ein Dreieck entsteht. **2.** Falte die obere Spitze nach unten. **3.** Falte acht identische Teilfiguren. **4. 5.** Trage am angegebenen Punkt Klebstoff auf und füge die Teilfiguren ineinander, indem du die Spitze jeder Figur in die Dreiecklasche einer anderen schiebst. **6.** Der Weihnachtskranz ist fertig.

Katzenkopf

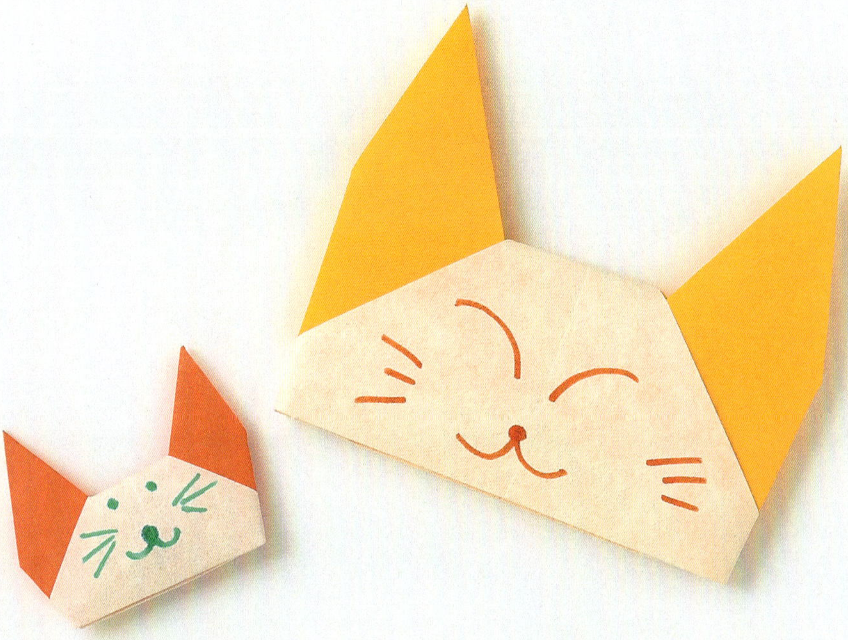

Level ●○○○○

Abmessungen

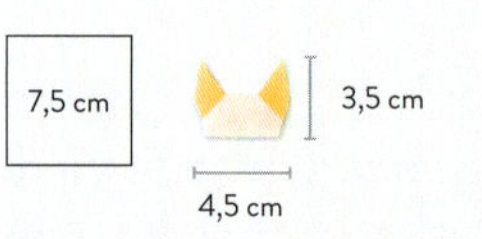

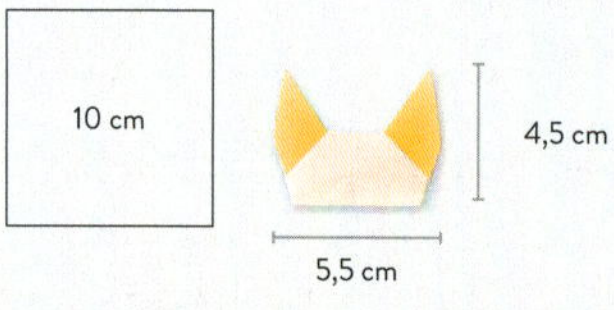

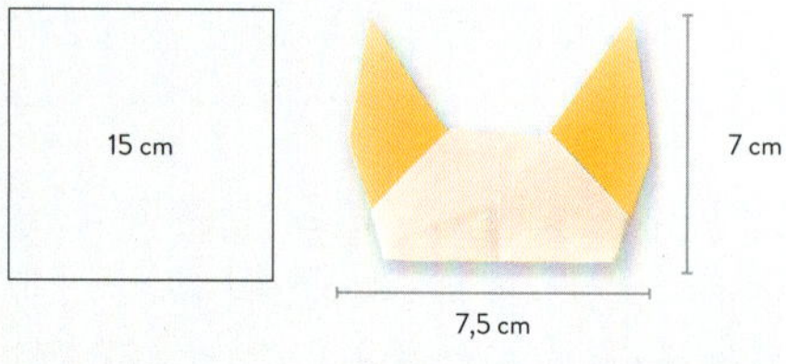

Tipp

Für eine Fingerpuppe verwende ein Quadrat mit 7,5 cm Seitenlänge. Für einen Kinderhut verwende ein Quadrat mit 50 cm Seitenlänge und für einen Hut für Erwachsene eines mit 60 cm Seitenlänge.

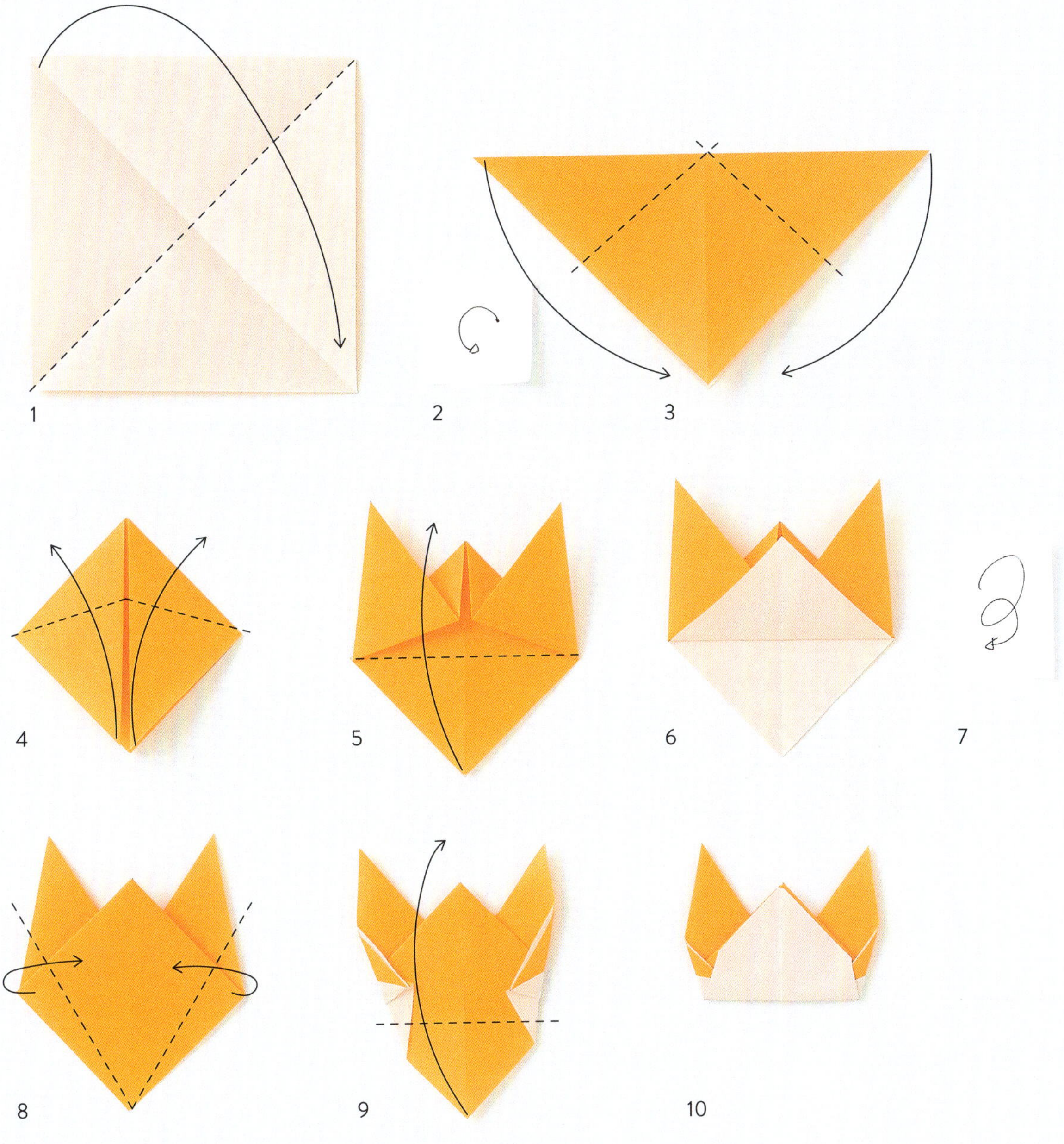

1. Richte das Papier normal aus (mit der farbigen Seite nach unten). Falte die linke obere Ecke auf die rechte untere Ecke, sodass ein Dreieck entsteht. **2.** Drehe das Dreieck um 90 Grad gegen den Uhrzeigersinn, sodass die Spitze nach unten zeigt. **3.** Falte die beiden seitlichen Spitzen zur unteren Spitze, sodass eine Raute entsteht. **4.** Falte die beiden oberen Lagen der unteren Spitzen gemäß den gestrichelten Linien nach oben. **5. 6.** Falte die oberste Lage der unteren Spitze zur oberen Spitze. **7.** Wende die Figur. **8.** Falte die linke und rechte Seite gemäß den gestrichelten Linien. **9. 10.** Falte die untere Spitze zur mittleren oberen Spitze.

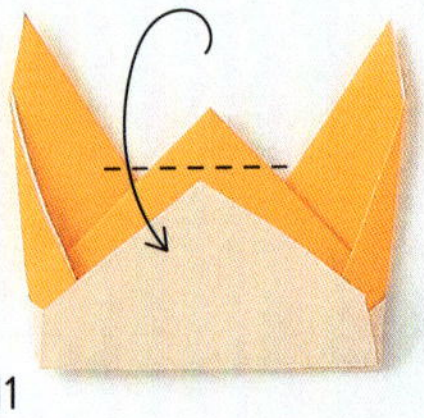

11

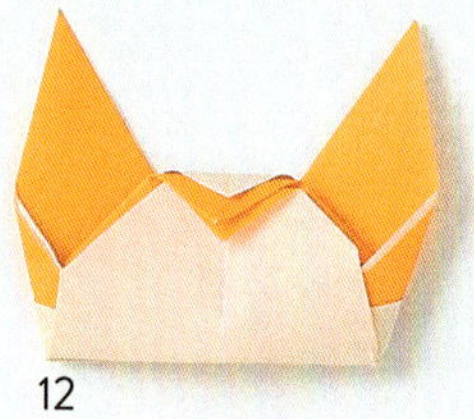

12

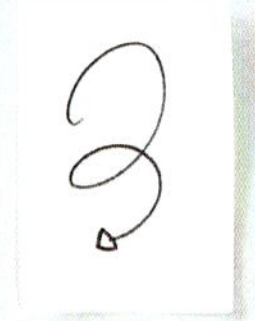

13

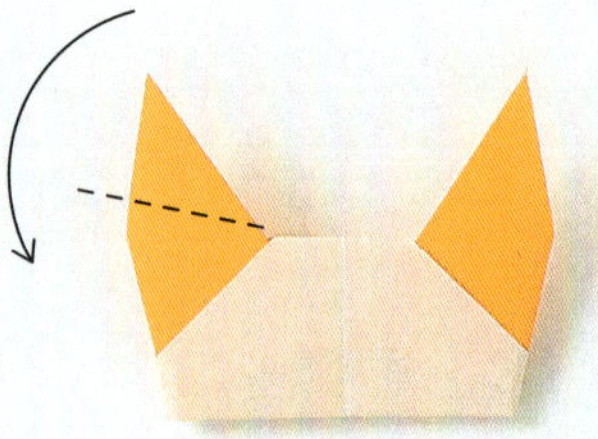

14

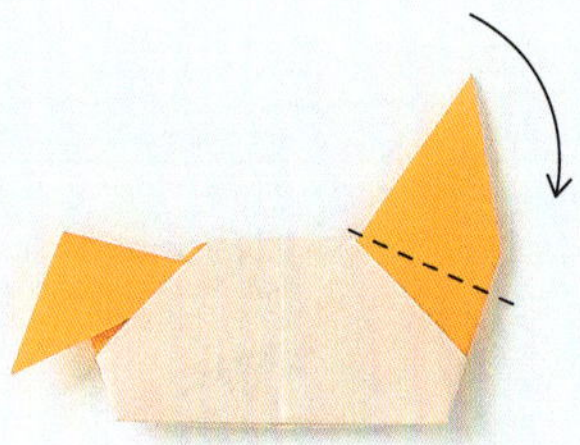

15

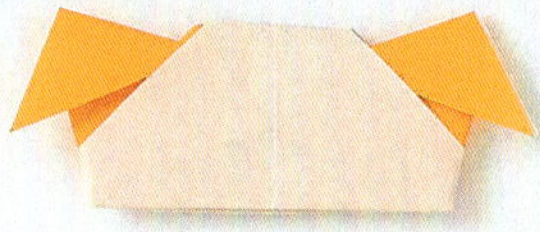

16

11. 12. Falte die obere Spitze nach vorne um, sodass ein Mini-Dreieck entsteht. **13.** Wende die Figur. **14.** Der Katzenkopf ist fertig und kann nun bemalt werden. Wenn du Lust hast, falte das linke Ohr nach vorne um. **15.** Wenn du Lust hast, falte das rechte Ohr nach vorne um. **16.** Wenn du beide Ohren umklappst, erhältst du den Kopf eines Hundes.

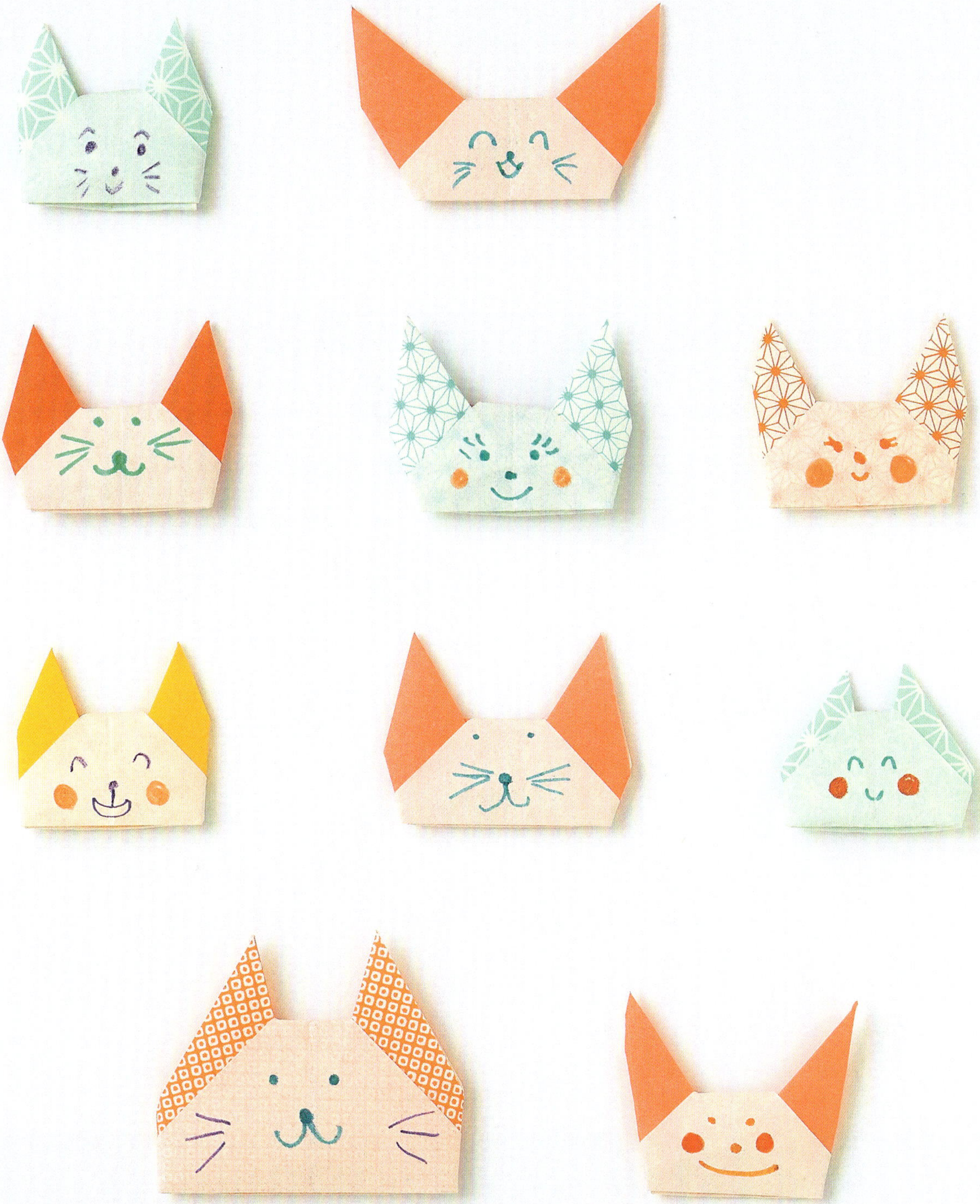

Kaninchen

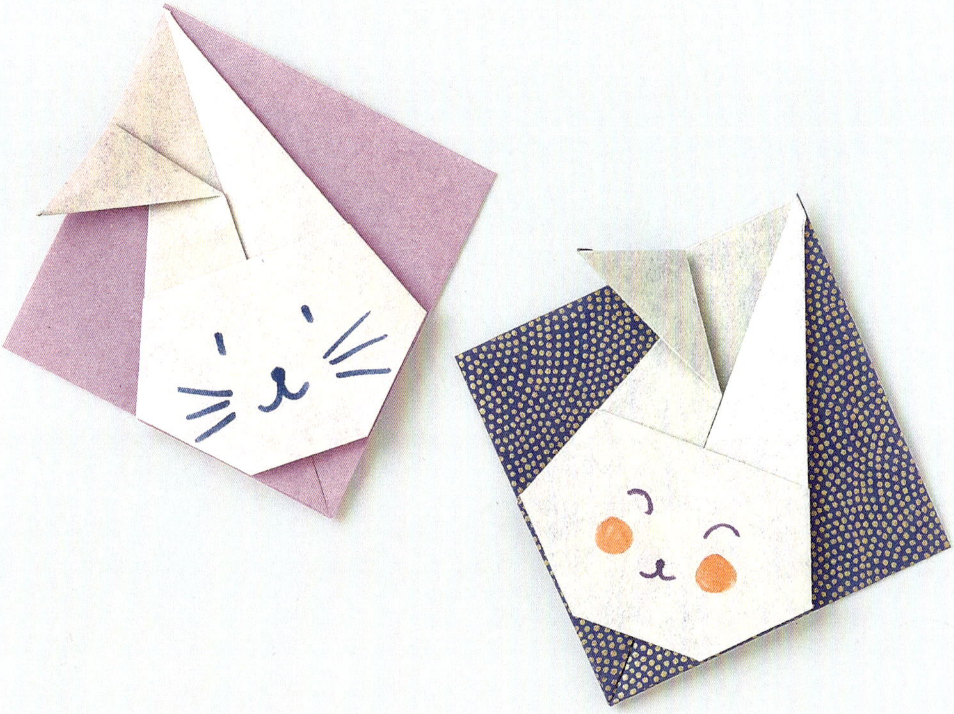

Level ●○○○○

Abmessungen

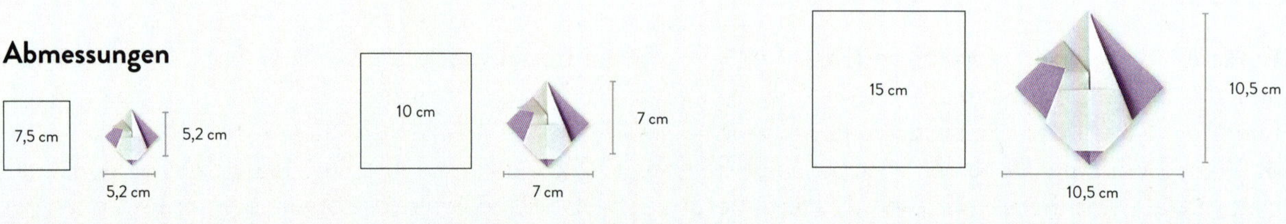

Tipp

Dieses Kaninchen ist ideal, um Untersetzer oder Karten für Kindergeburtstage oder Ostern zu basteln. Halte Bunt- oder Filzstifte bereit, um das Gesicht individuell zu gestalten.

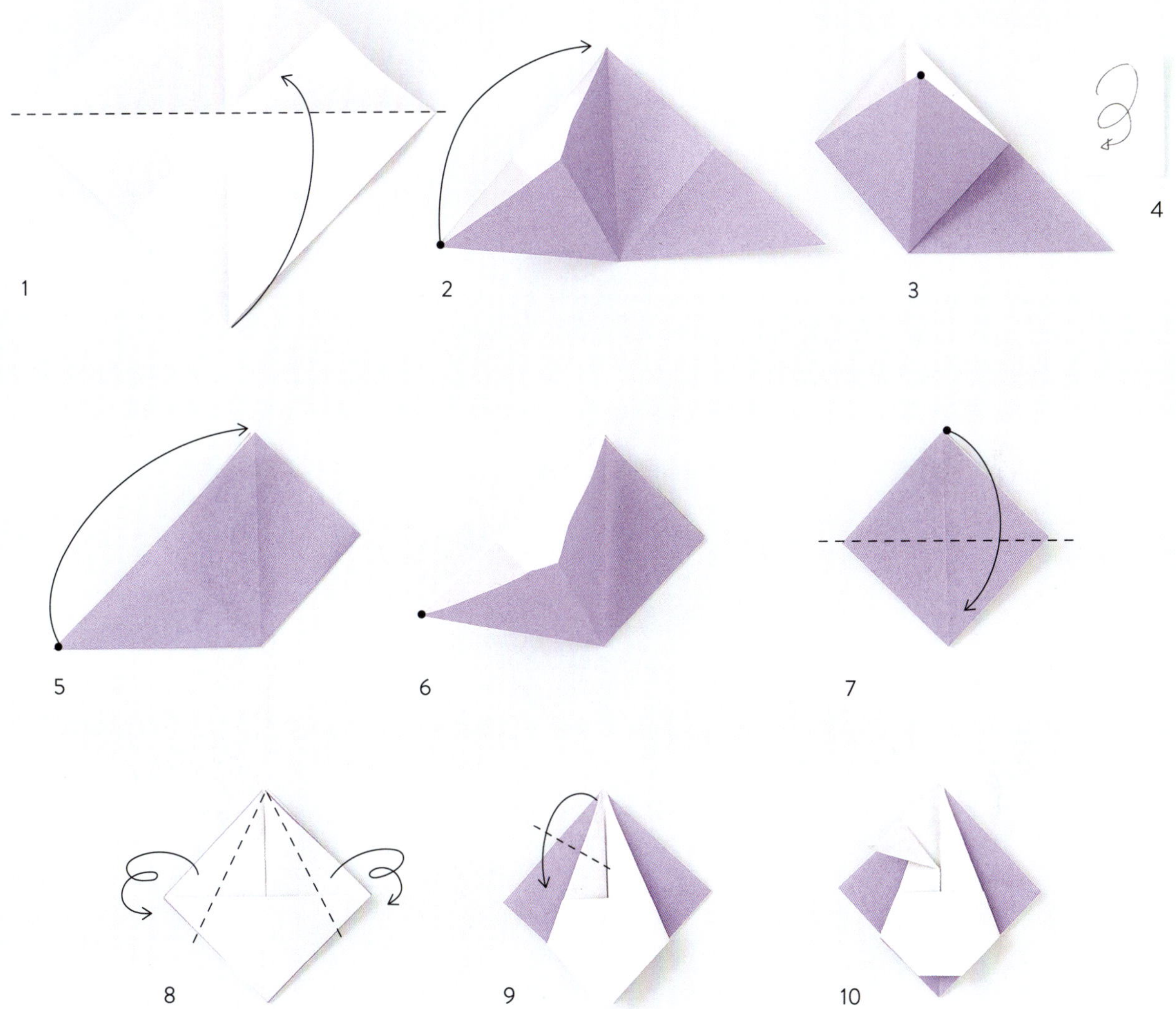

1. Richte das Papier rautenförmig aus (mit der farbigen Seite nach unten). Markiere die Mittellinien und die Diagonalen. Falte die untere Spitze über die obere Spitze, sodass ein Dreieck entsteht. **2. 3.** Führe die linke untere Spitze zur oberen Spitze und streiche das Ganze glatt, sodass eine Raute entsteht. **4.** Wende die Figur. **5. 6. 7.** Schiebe die linke untere Spitze zur oberen Spitze und streiche das Ganze glatt, sodass eine Raute entsteht. **7.** Falte die oberste Lage der oberen Spitze auf die untere Spitze der Raute. **8.** Falte die seitlichen Spitzen der oberen Lagen gemäß den gestrichelten Linien nach hinten. **9.** Markiere mit einer schrägen Faltung das linke Ohr. Falte die oberste Lage der unteren Spitze nach hinten. **10.** Das Kaninchen ist fertig und kann nun individuell gestaltet werden.

Sakura-Blüte

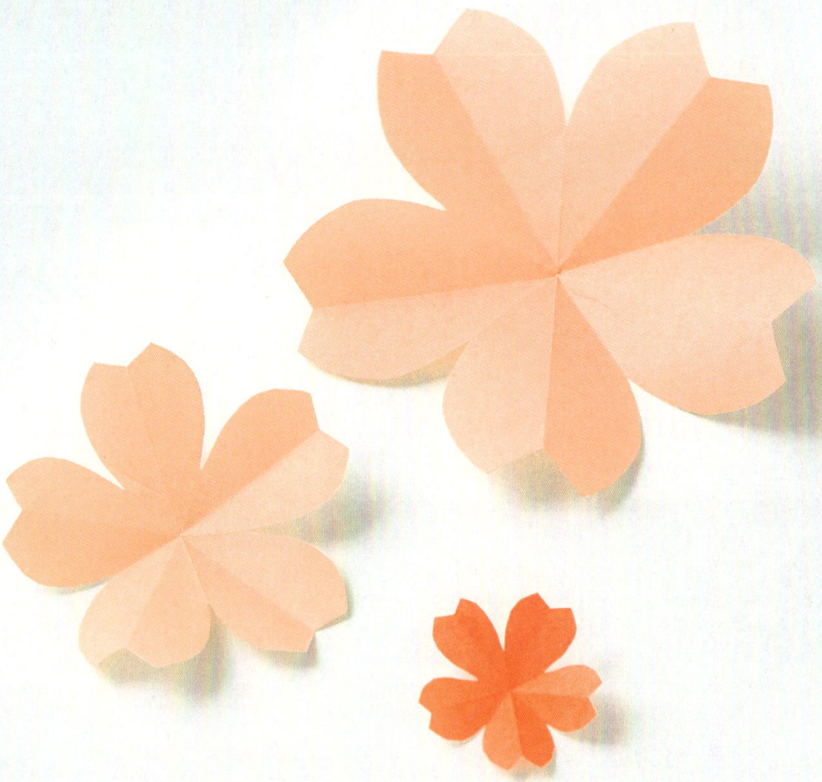

Level ●○○○○

Abmessungen

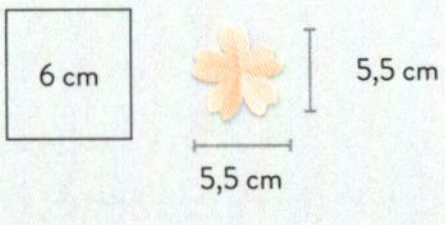

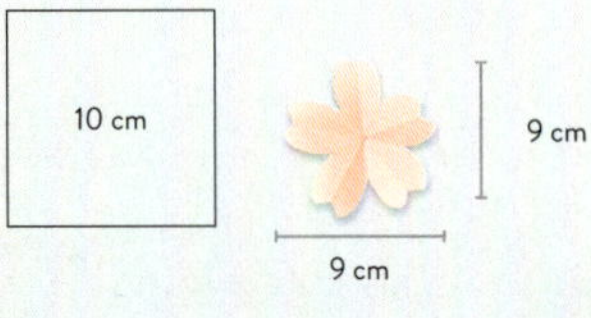

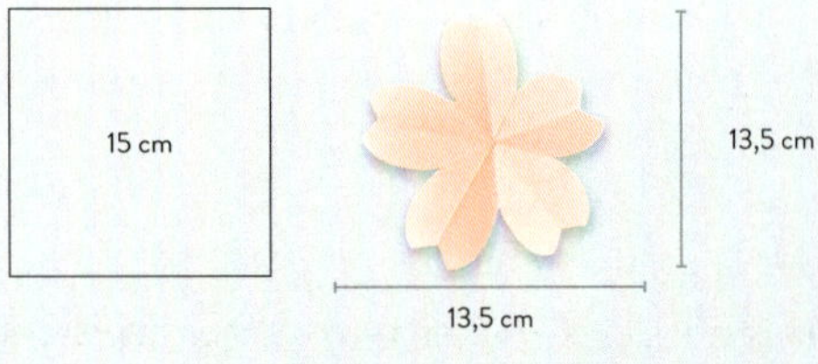

Tipp

Halte einen Bleistift und eine kleine Schere bereit, um die Rundungen zu schneiden und die Blüte fertigzustellen.

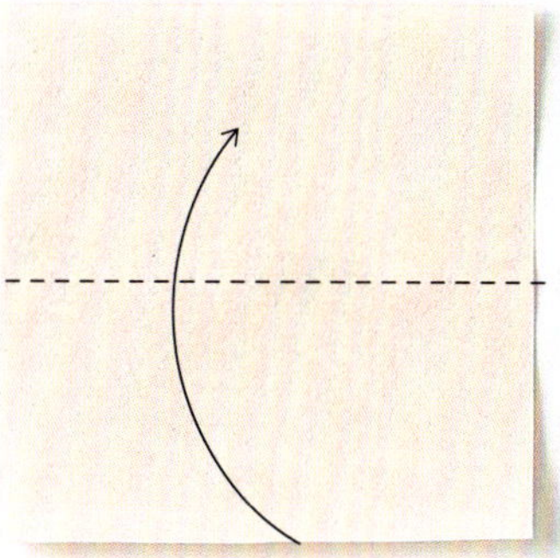

1

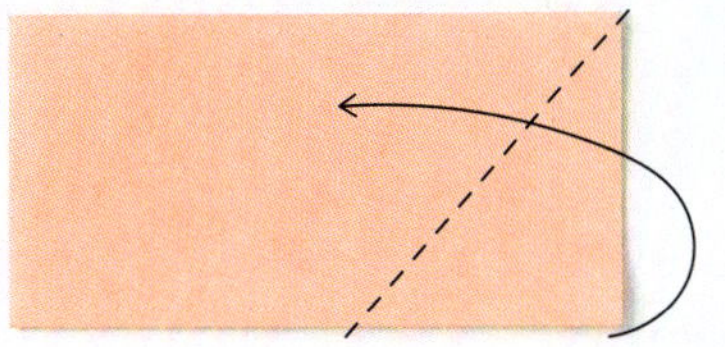

2

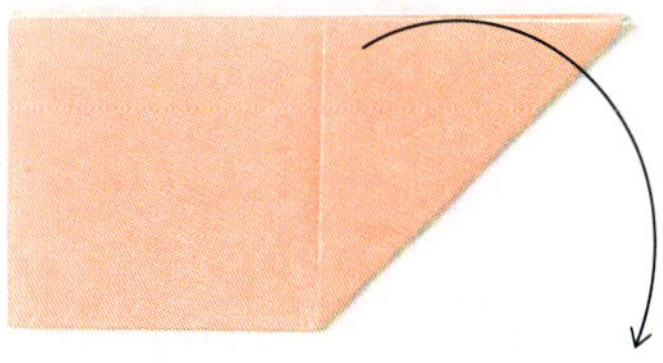

3

4

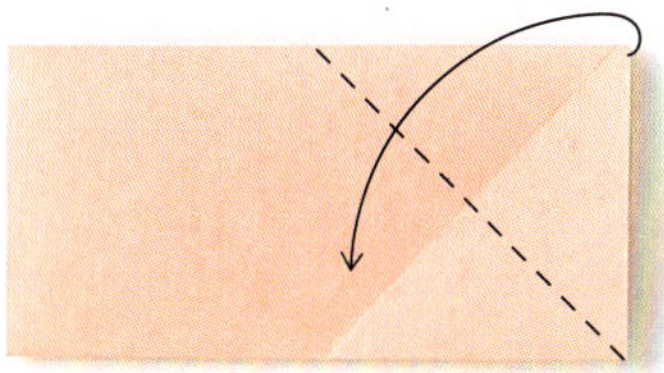

5

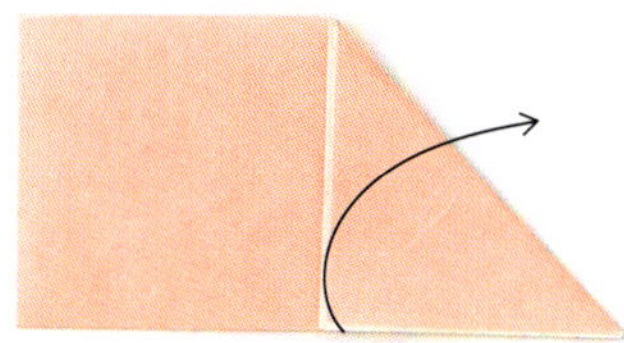

6

1. Richte das Papier normal aus (mit der farbigen Seite nach unten) und falte die untere Kante zur oberen, sodass ein Rechteck entsteht. **2.** Falte die rechte untere Ecke nach links oben zur Mitte. **3.** Entfalte das Papier wieder zum Rechteck. **4. 5.** Falte die obere Lage der rechten Ecke nach unten zur Mitte. **6.** Entfalte das Papier wieder zum Rechteck.

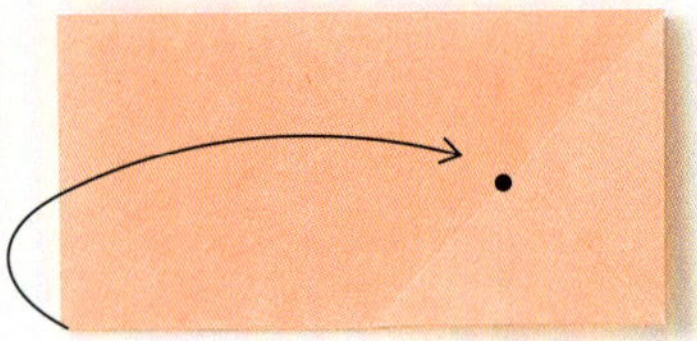

7

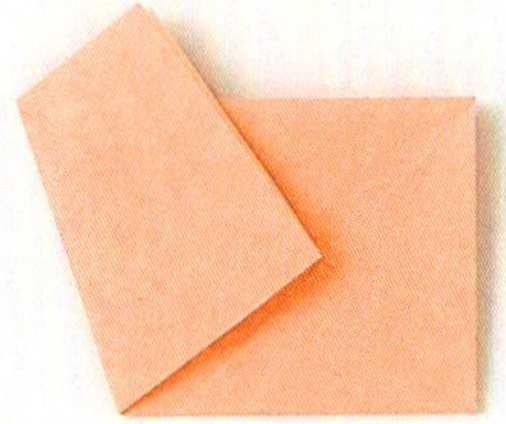

8

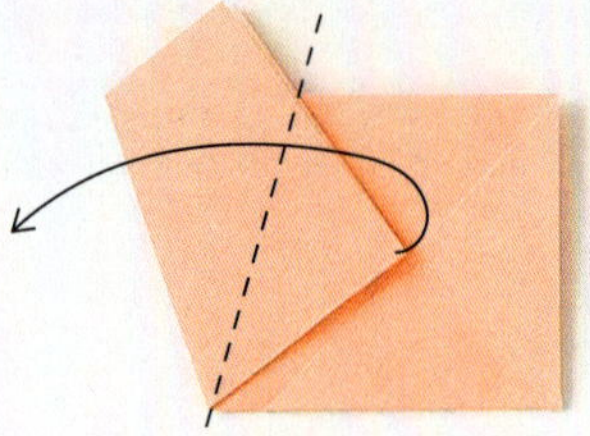

9

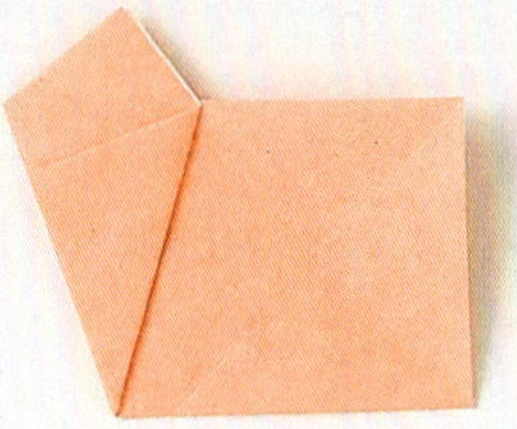

10

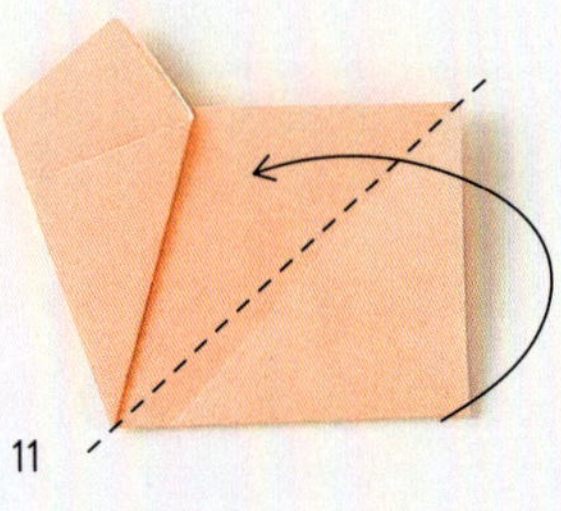

11

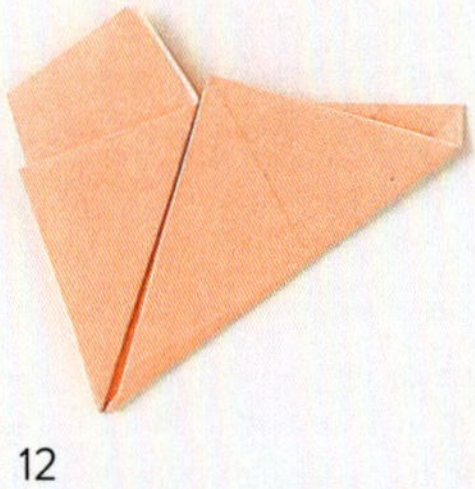

12

7. 8. Falte die linke untere Ecke zum Mittelpunkt des rechten Quadrats. **9. 10.** Falte die mittig liegende Spitze gemäß der gestrichelten Linie nach links. **11. 12.** Falte die rechte untere Spitze gemäß der gestrichelten Linie nach links.

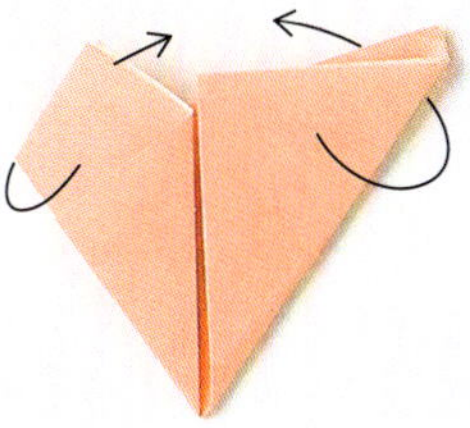
13

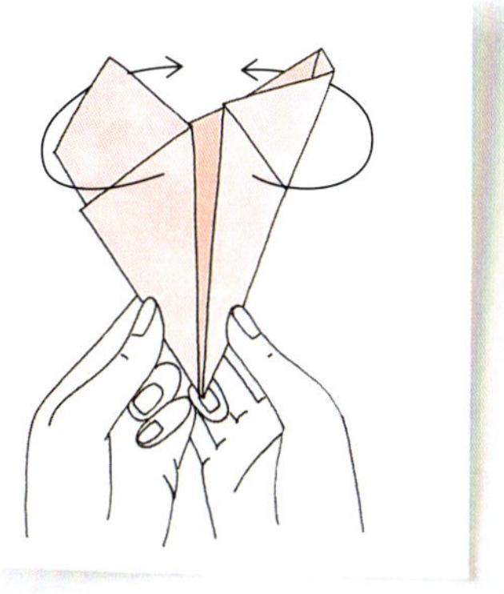
14

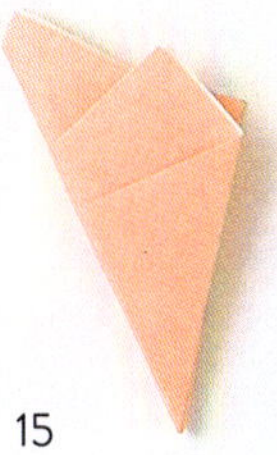
15

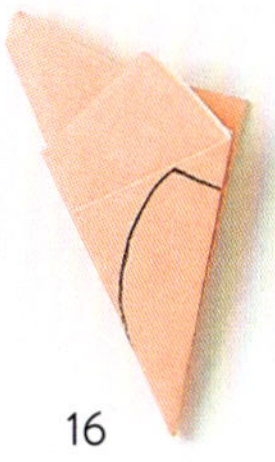
16

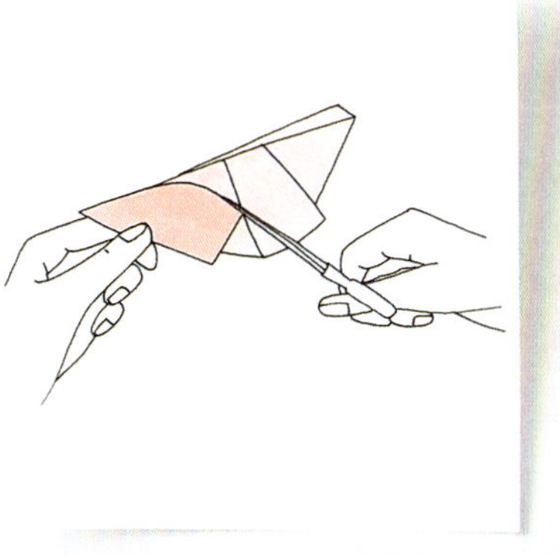
17

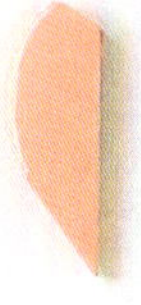
18

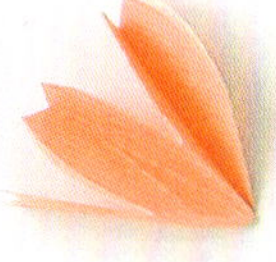
19

20

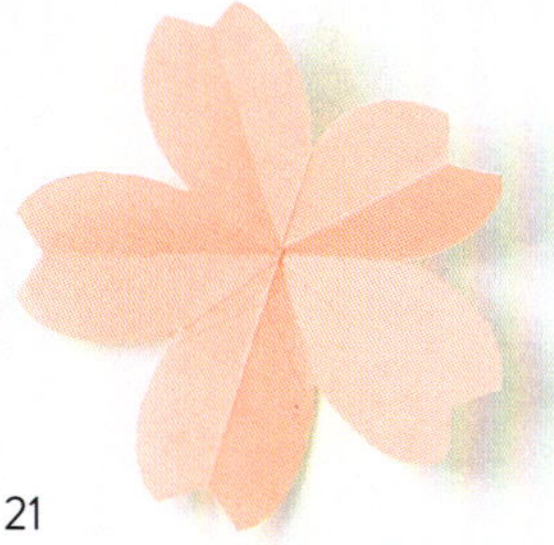
21

13. 14. 15. Falte die beiden Seiten der Figur mittig nach hinten um, um die Figur zu schließen. **16.** Zeichne die Form des Blütenblattes mit einem Bleistift auf. **17. 18.** Schneide gemäß der Bleistiftlinie alle Lagen aus. **19. 20.** Entfalte das Papier. **21.** Die Sakura-Blüte ist fertig.

Tulpenblüte

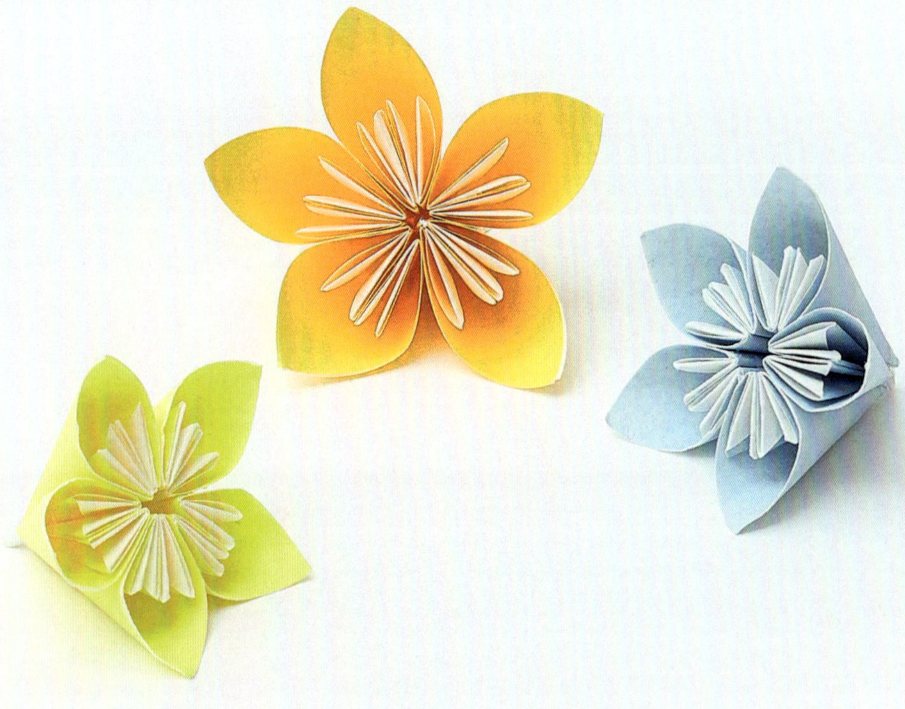

Level ●○○○○

Abmessungen

6 cm

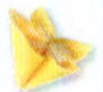

3,5 cm

5 cm

10 cm

5,8 cm

8,3 cm

15 cm

8,7 cm

12,5 cm

Tipp

Diese Blüte wird aus fünf Papierquadraten hergestellt und benötigt etwas Klebstoff. Verwende einen Kraftkleber, damit das Zusammenfügen der Teilfiguren schnell gelingt.

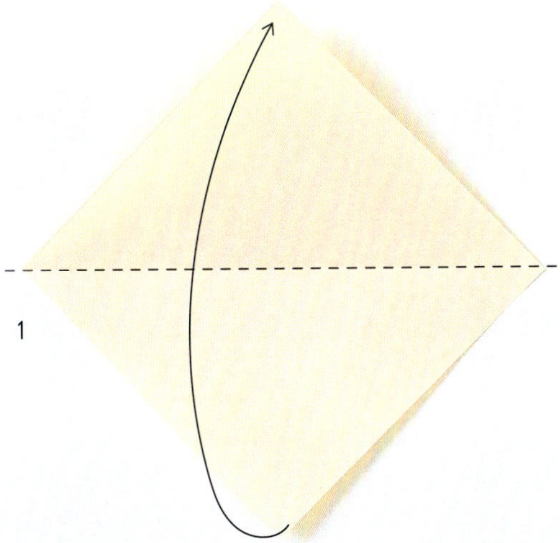

1

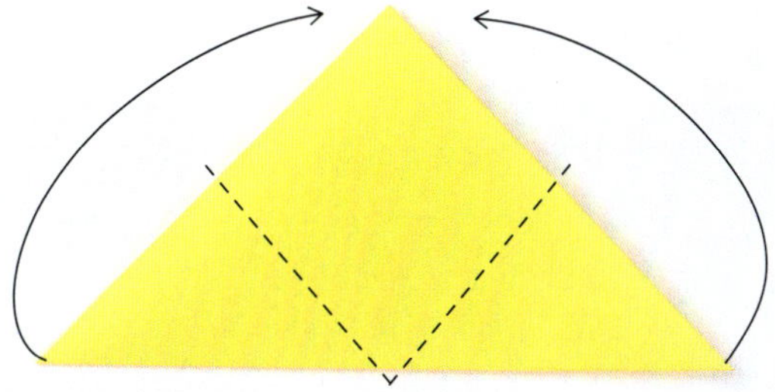

2

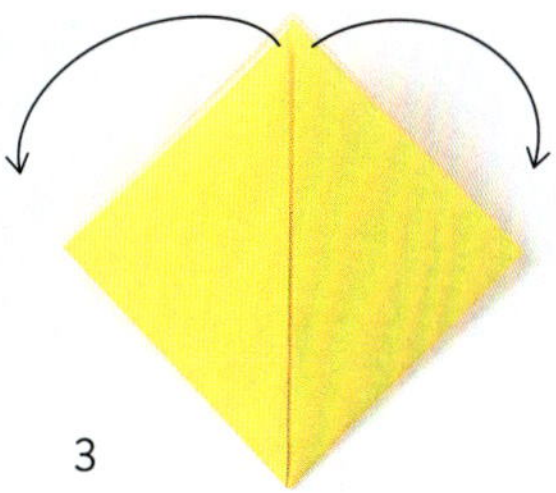

3

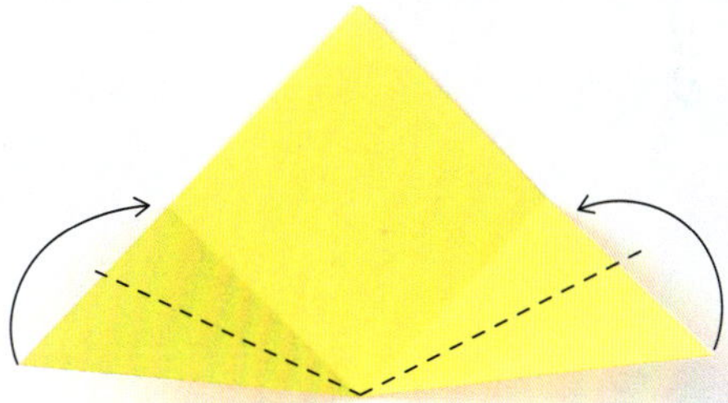

4

5

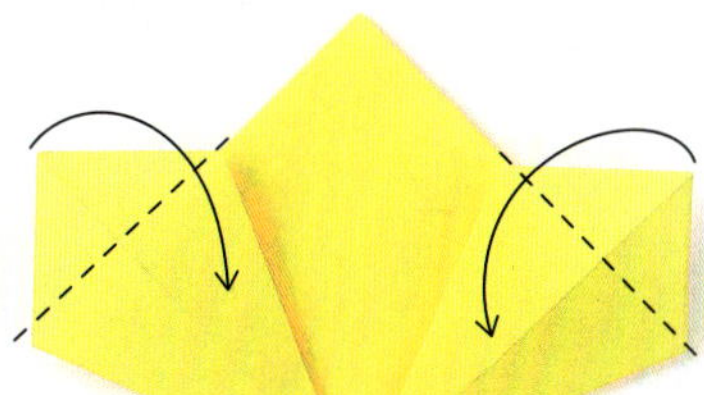

6

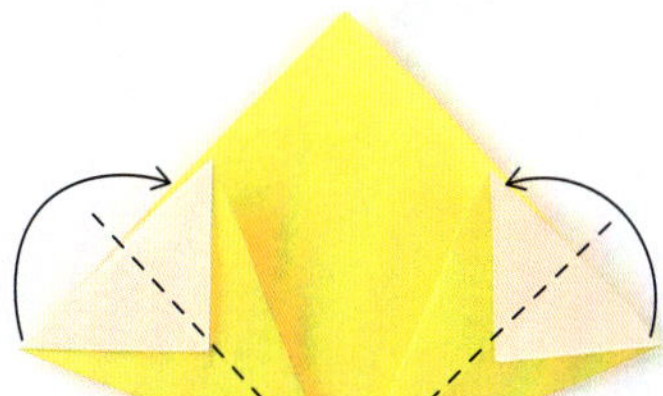

7

1. Richte das Papier rautenförmig aus (mit der farbigen Seite nach unten). Falte es in der Diagonalen nach oben, sodass ein Dreieck entsteht. **2.** Falte die beiden seitlichen Spitzen über die obere Spitze, sodass eine Raute entsteht. **3.** Entfalte die in Schritt 2 gemachten Faltungen wieder. **4.** Falte die seitlichen Spitzen des Dreiecks gemäß den gestrichelten Linien über die beiden schrägen Falze, die du im vorherigen Schritt markiert hast. **5.** Ziehe die beiden Faltungen hoch und streiche sie glatt, sodass zwei symmetrische »Drachenformen« entstehen. **6.** Falte jeweils die obere Spitze dieser »Drachenformen« gemäß der gestrichelten Linie über die Faltung. **7.** Falte jeweils die äußeren Spitzen gemäß der gestrichelten Linie über die Faltung.

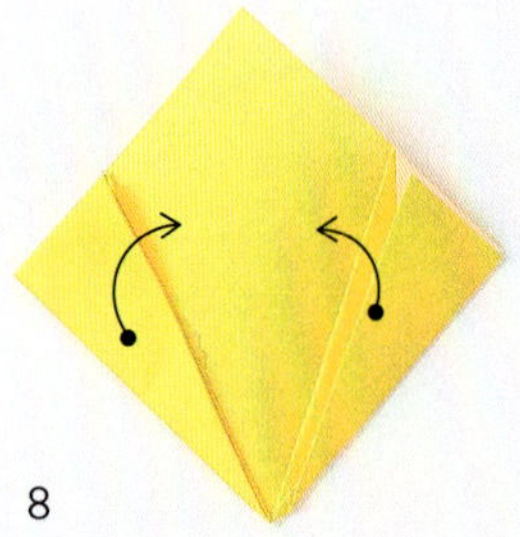
8

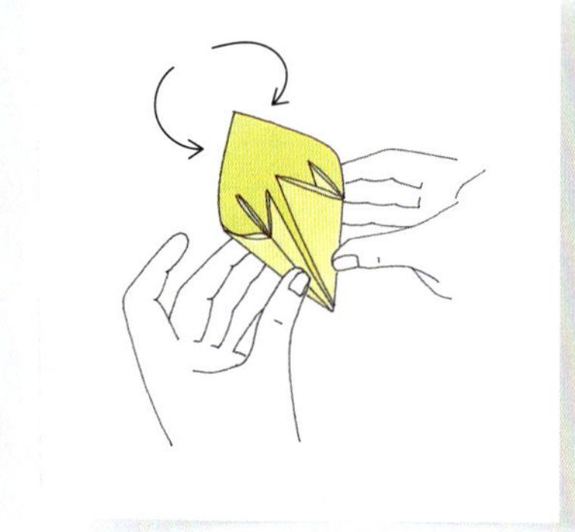
9

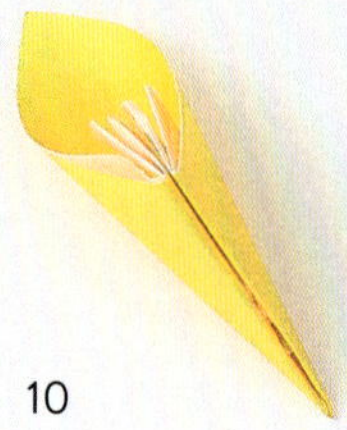
10

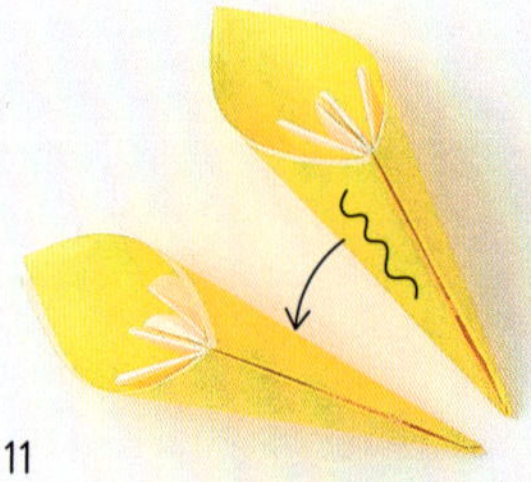
11

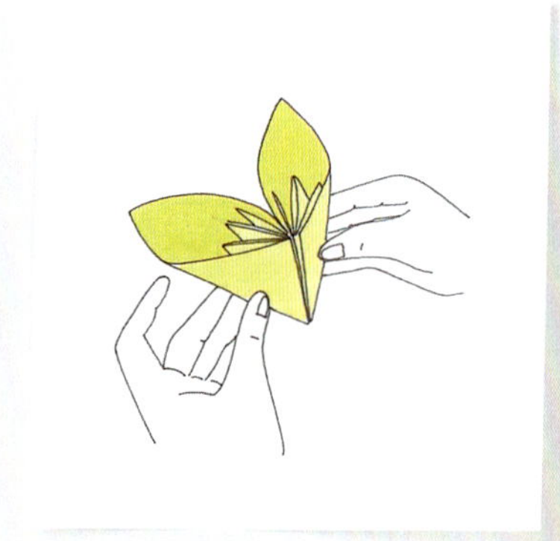
12

13

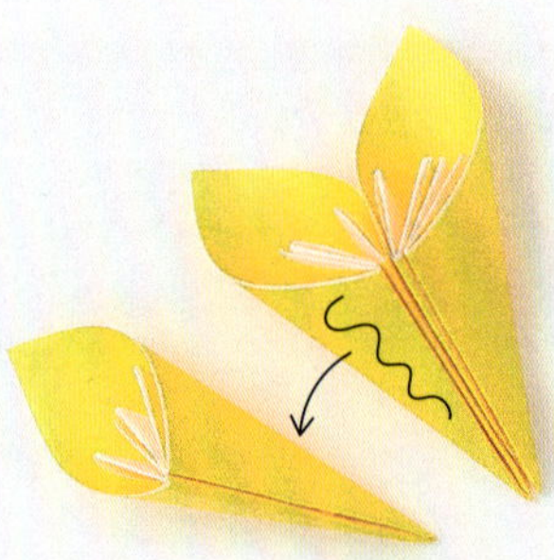
14

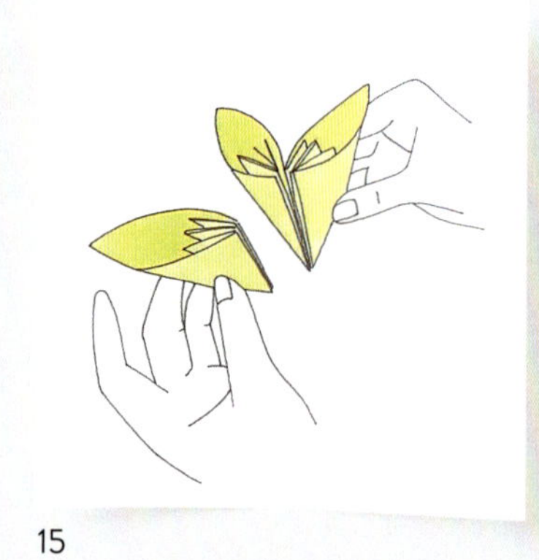
15

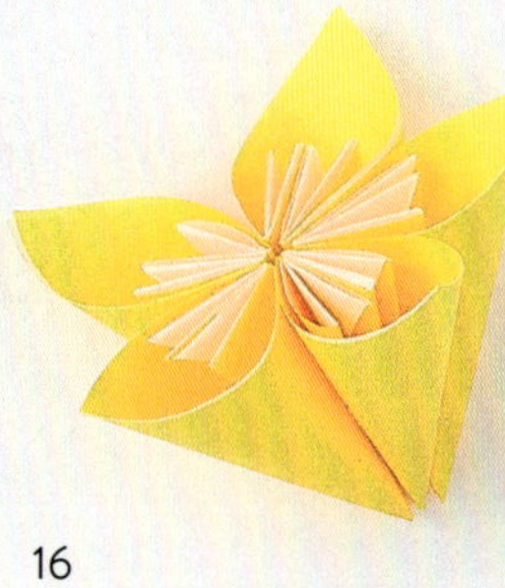
16

8. 9. 10. Falte jeweils die linke und rechte äußere Spitze um, biege die Figur und klebe sie an den angegebenen Punkten zusammen, um das erste Blütenblatt zu bilden. **10.** Forme vier weitere Blütenblätter auf die gleiche Weise. **11. 12. 13.** Klebe zwei Blütenblätter aneinander, wobei du den Klebstoff so nah wie möglich in der Mitte anbringst. **14. 15.** Klebe alle weiteren Blütenblätter auf die gleiche Weise an. **16.** Die Tulpenblüte ist fertig.

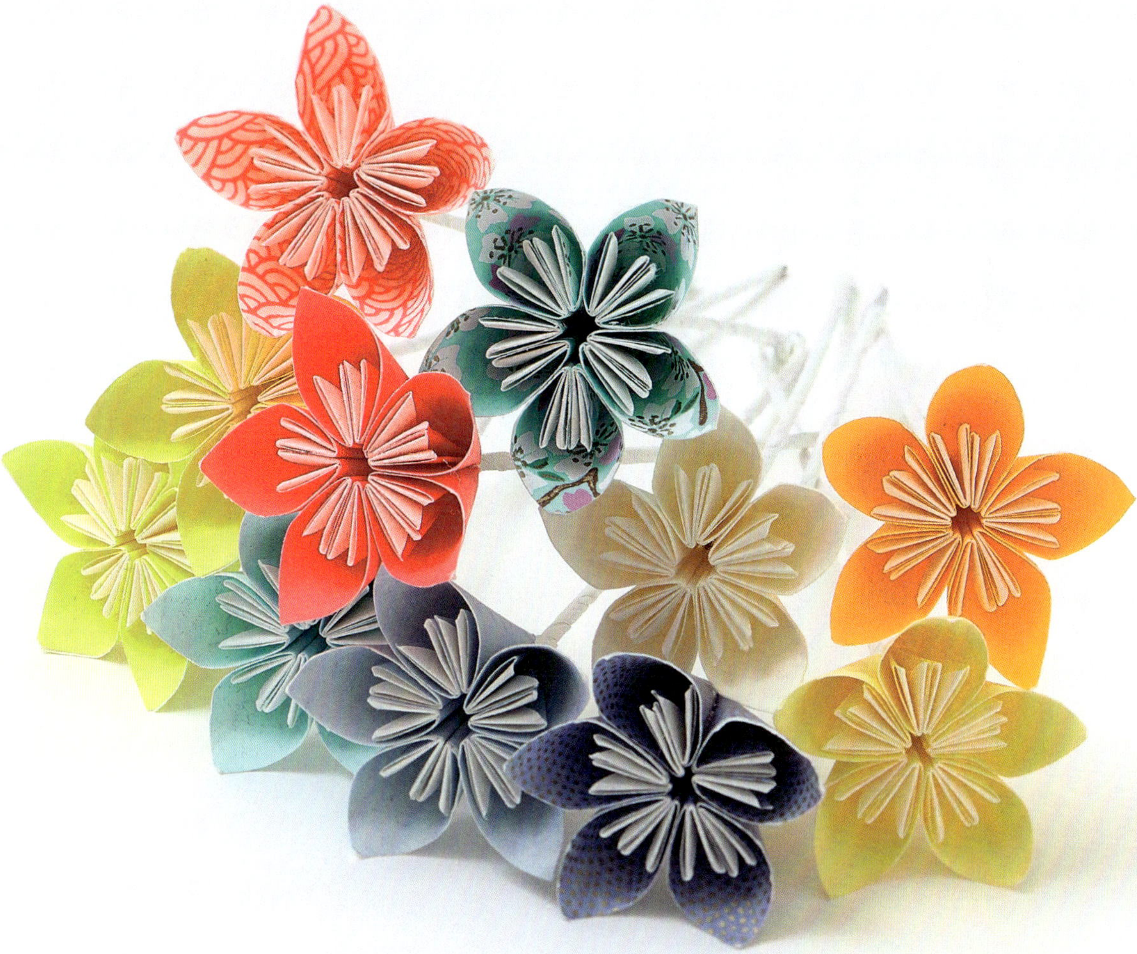

Stern

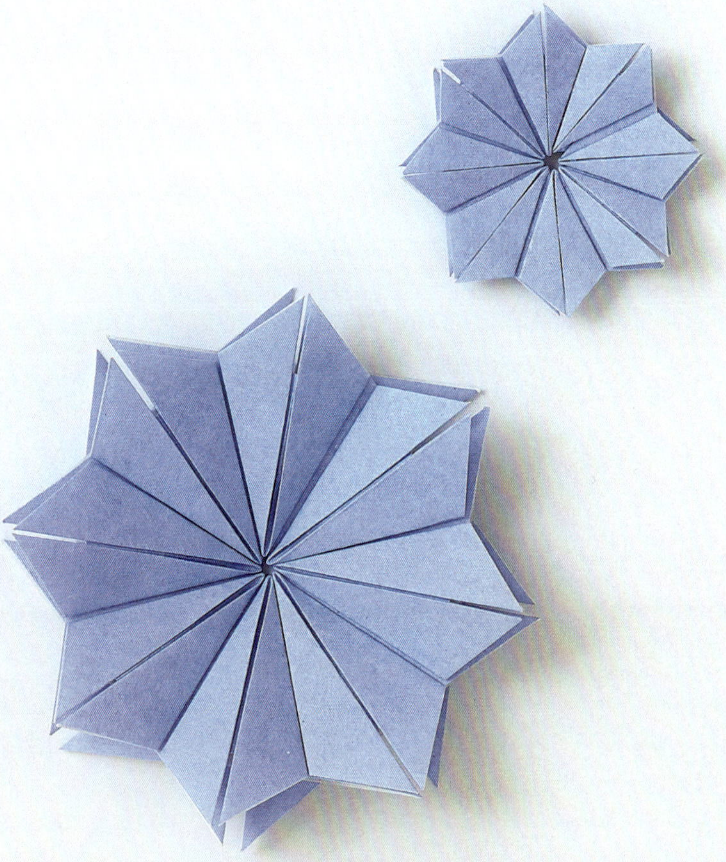

Level ●○○○○

Abmessungen

6 cm

8,4 cm

8,4 cm

10 cm

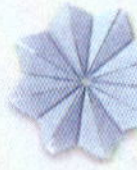

14 cm

14 cm

15 cm

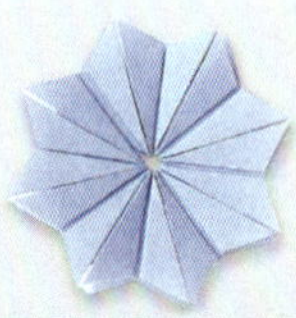

21 cm

21 cm

Tipp

Dieser Stern wird durch das Ineinanderfügen von acht Teilfiguren aus gleich großen Quadraten gebildet und benötigt Klebstoff.

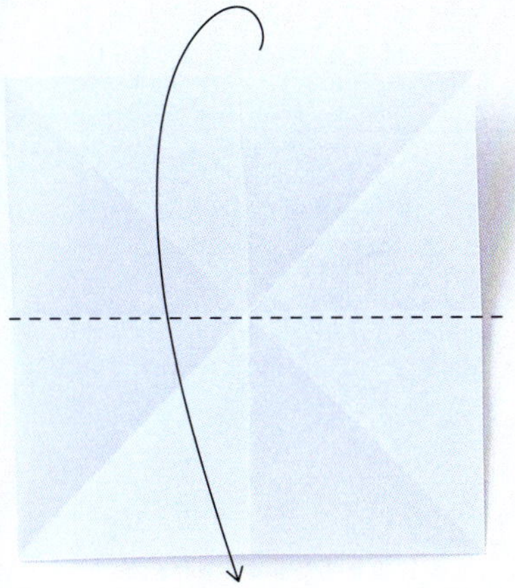
1

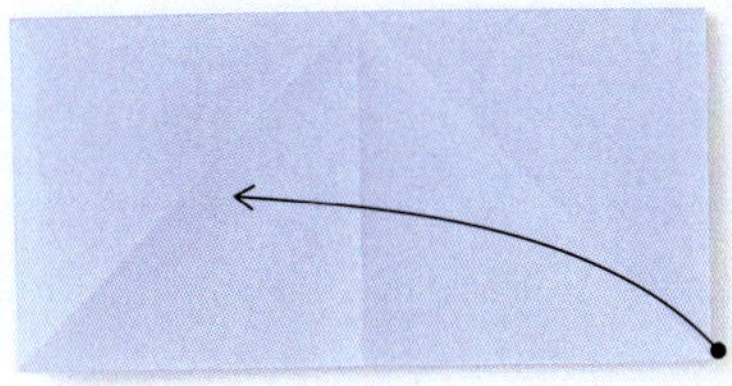
2

3

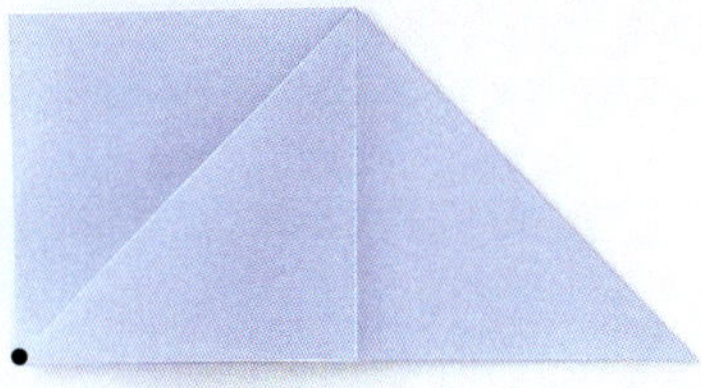
4

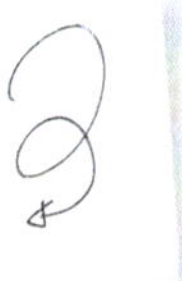
5

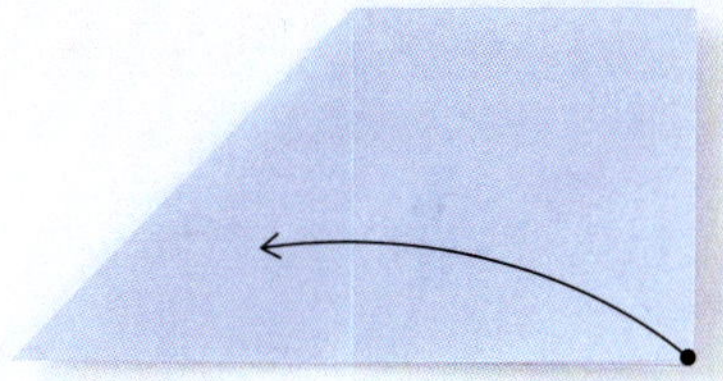
6

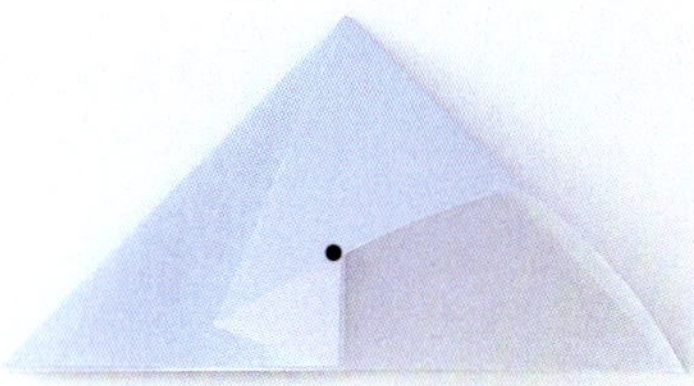
7

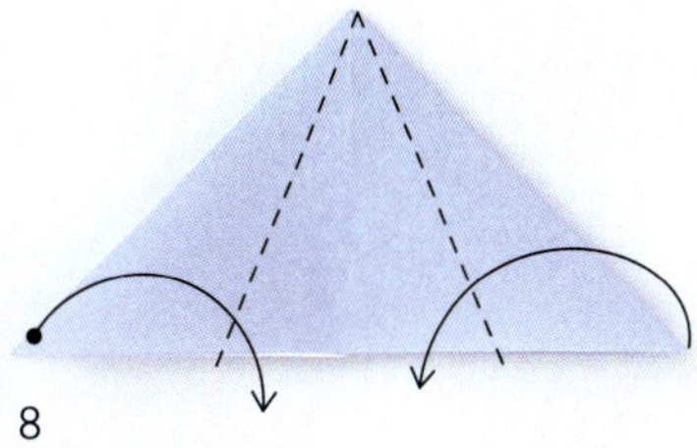
8

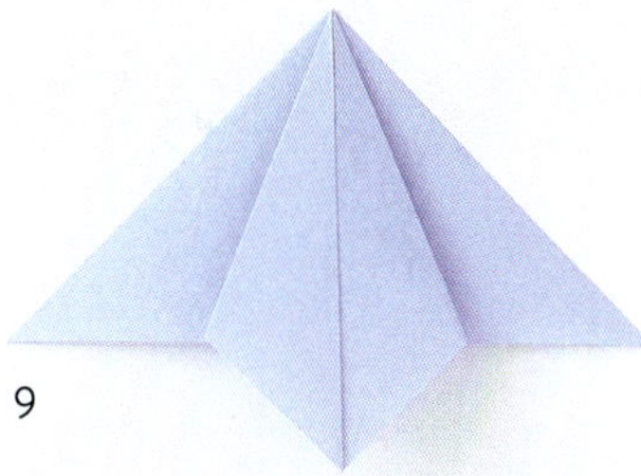
9

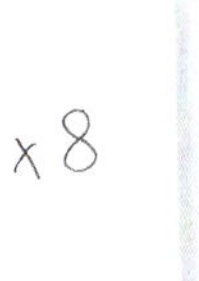

10

1. Richte das Papier normal aus (mit der farbigen Seite nach unten). Markiere die Mittellinien und die Diagonalen. Falte die obere Kante des Quadrats über die horizontale Mittellinie nach unten, um ein Rechteck zu bilden. **2. 3.** Führe die obere Lage der rechten unteren Ecke nach links zur unteren Ecke, um links ein Dreieck zu bilden. **4.** Streiche das Dreieck glatt. **5.** Wende die Figur. **6. 7.** Führe die obere Lage der rechten unteren Ecke nach links zur unteren Ecke, um insgesamt ein Dreieck zu bilden. **8.** Streiche das Dreieck glatt. **8. 9.** Falte die oberen Lagen der beiden seitlichen Spitzen zur Mittellinie. Du hast nun einen Zacken des Sterns geformt. **10.** Falte auf die gleiche Weise sieben weitere Teilfiguren.

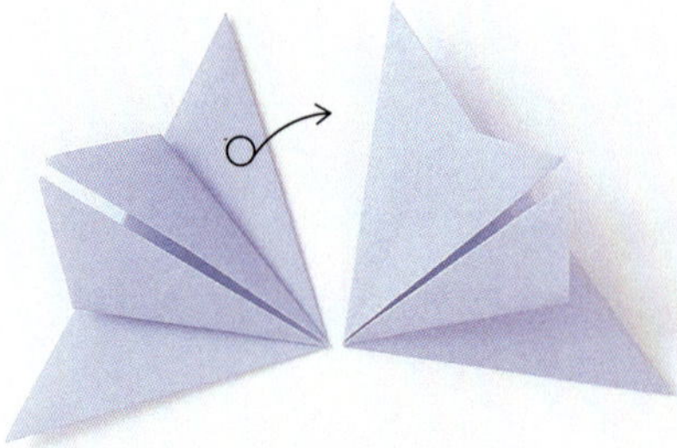

11

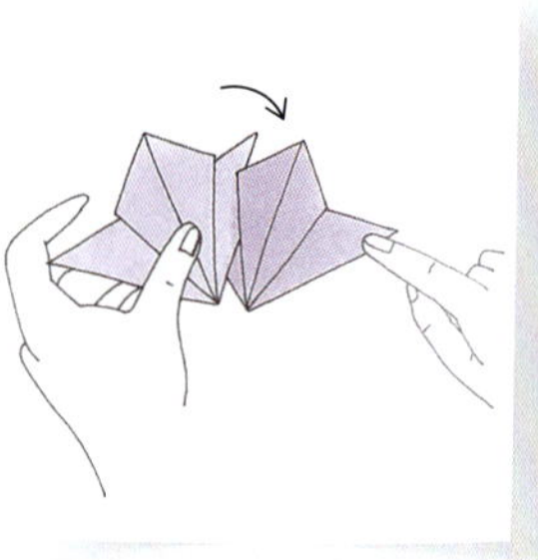

12

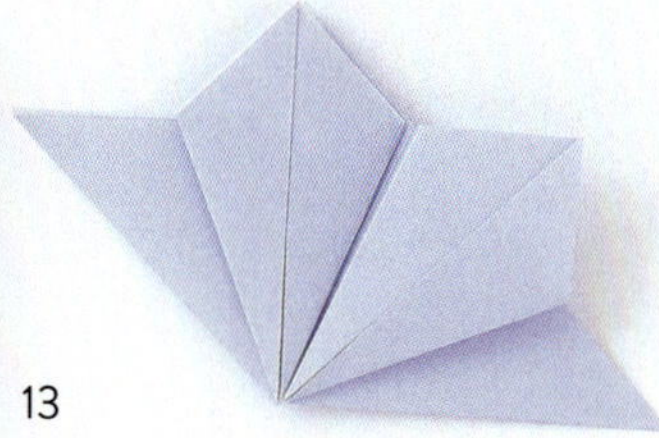

13

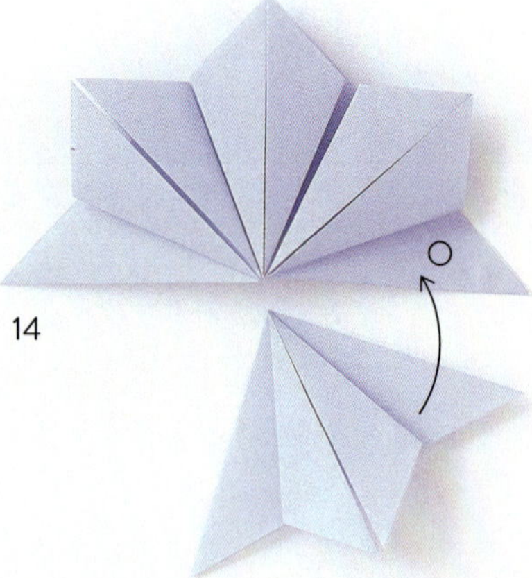

14

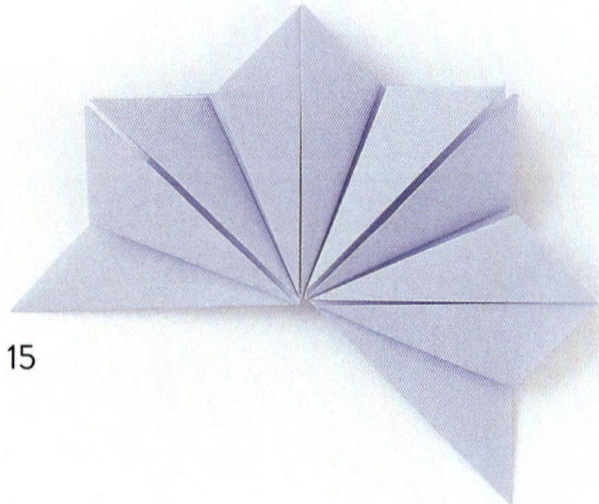

15

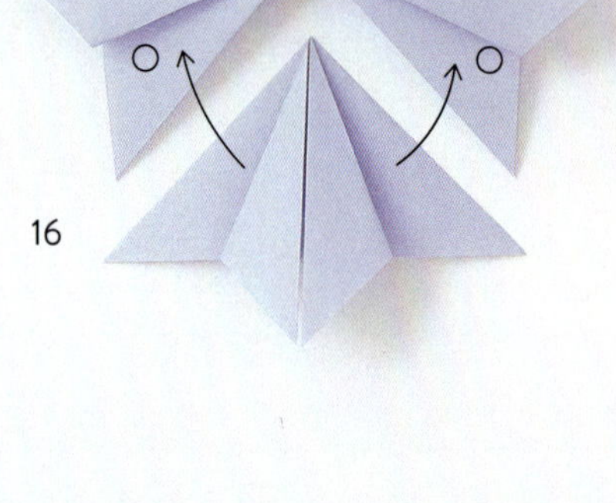

16

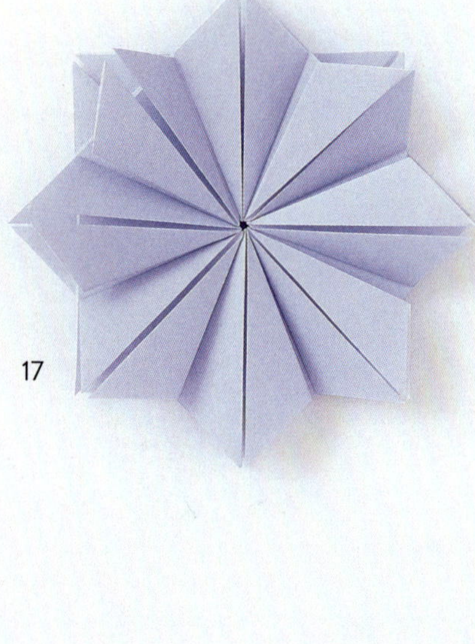

17

11. 12. 13. Verschränke zwei der Teilfiguren wie abgebildet durch Verschieben ineinander und klebe sie am angegebenen Punkt fest. **14. 15.** Setze den Zusammenbau mit den restlichen Teilfiguren auf die gleiche Weise fort. **16.** Klebe die letzte Teilfigur an die erste. **17.** Der Stern ist fertig.

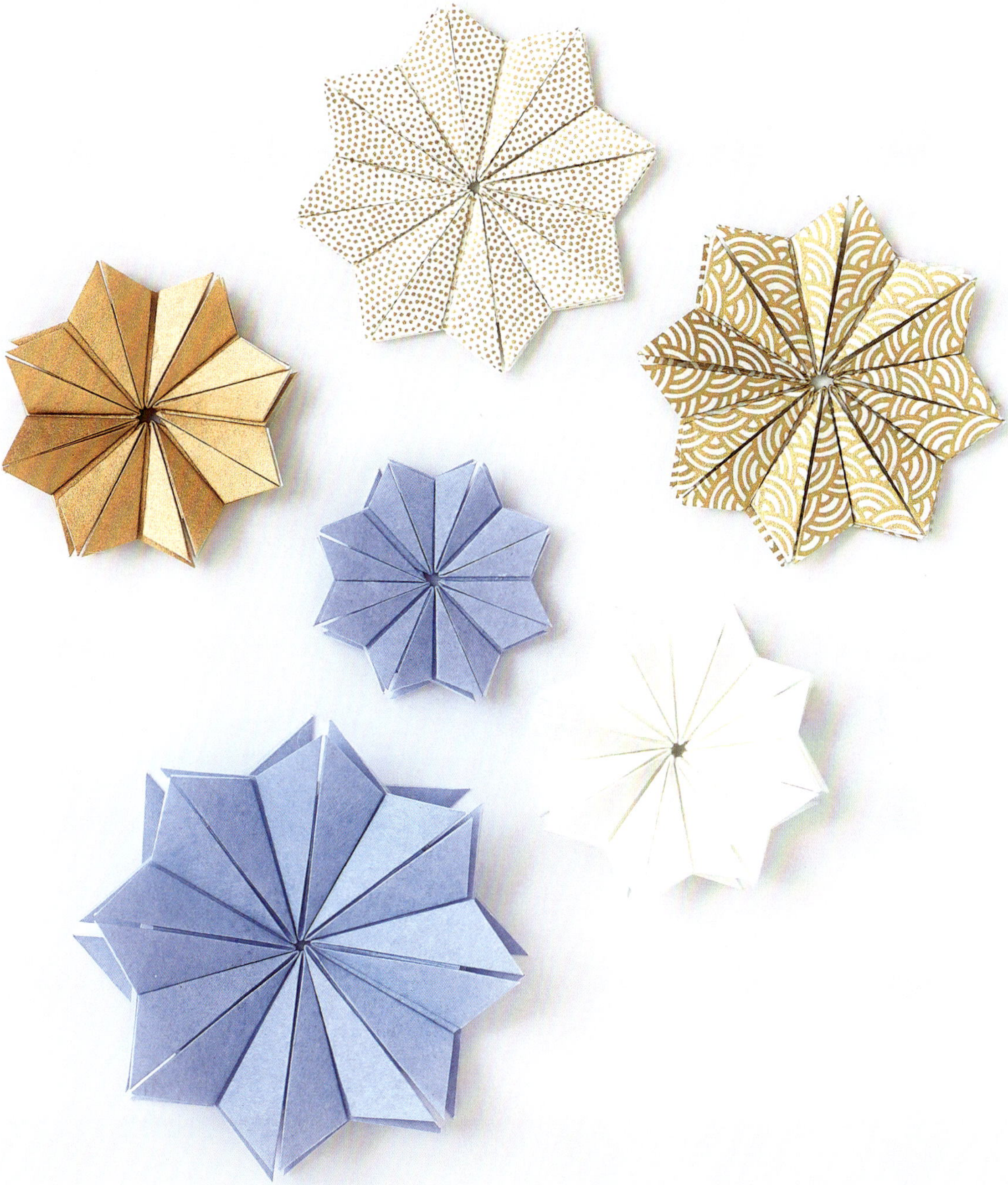

Einfacher Frosch

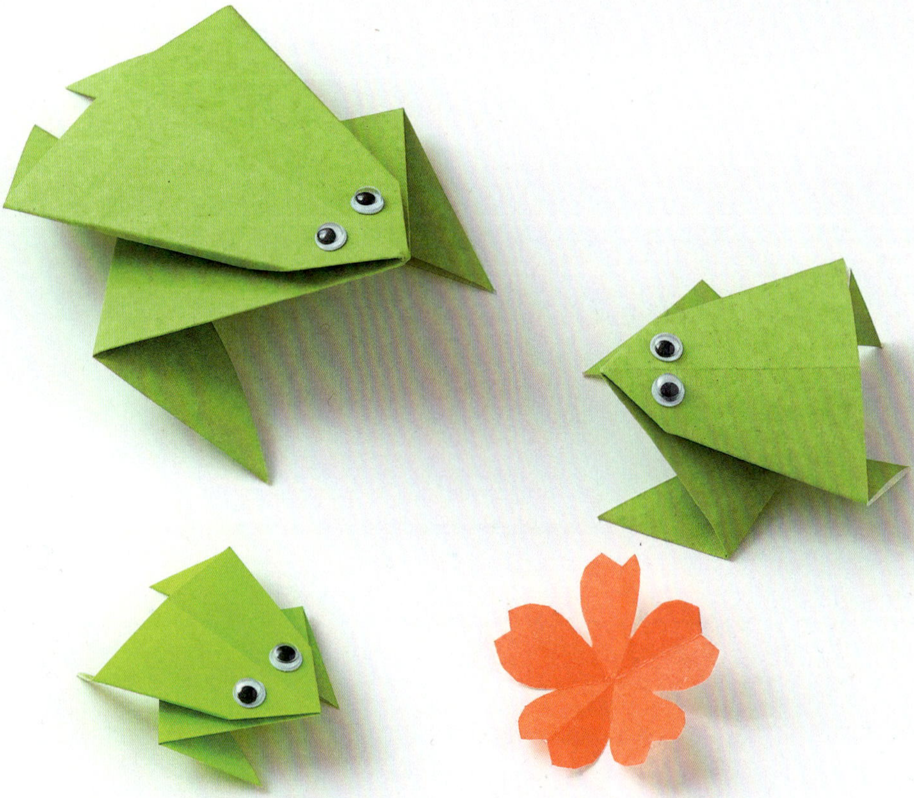

Level ●○○○○

Abmessungen

7 cm

4,8 cm

4,5 cm

10 cm

7 cm

6,5 cm

15 cm

9,5 cm

9 cm

Tipp

Dieser Frosch ist einfach und schnell zu falten und somit ideal für Anfängerinnen und Anfänger. Gestalte den Frosch mit Filzstiften oder Wackelaugen individuell.

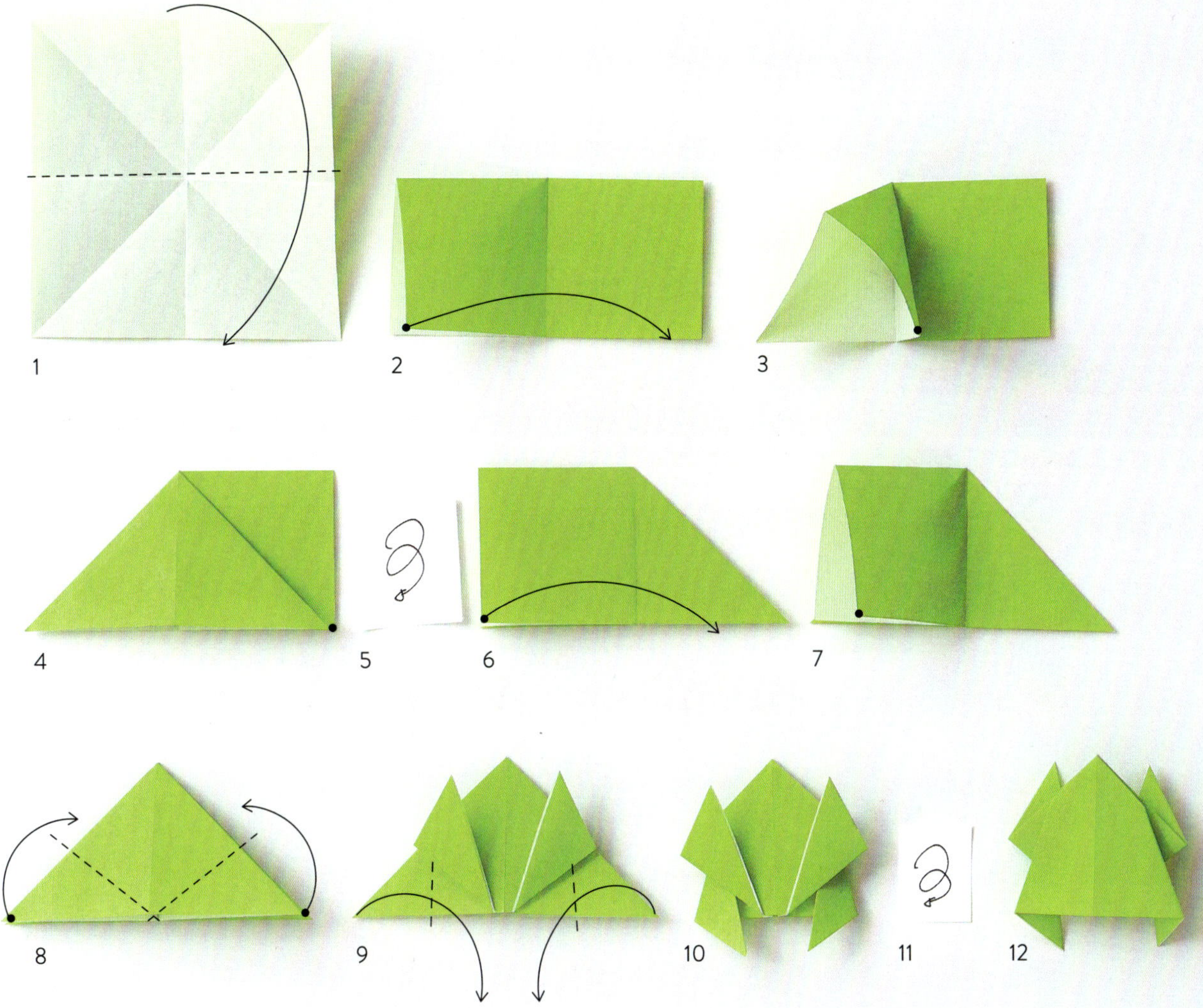

1. Richte das Papier normal aus (mit der farbigen Seite nach unten). Markiere die Mittellinien und Diagonalen. Falte die obere Kante des Quadrats über die horizontale Mittellinie nach unten, um ein Rechteck zu bilden. **2. 3.** Führe die obere Lage der linken unteren Ecke nach rechts zur unteren Ecke, um links ein Dreieck zu bilden. **4.** Streiche das Dreieck glatt. **5.** Wende die Figur. **6. 7.** Führe die obere Lage der linken unteren Ecke nach rechts zur unteren Ecke, um insgesamt ein Dreieck zu bilden. **8.** Streiche das Dreieck glatt. Falte die beiden oberen Lagen der seitlichen Spitzen gemäß der gestrichelten Linien. **9. 10.** Falte die beiden unteren Lagen der seitlichen Spitzen gemäß den gestrichelten Linien, wobei du sie unter die Hinterbeine ziehst. **11.** Wende die Figur. **12.** Der Frosch ist fertig und kann verziert werden.

Einfache Krabbe

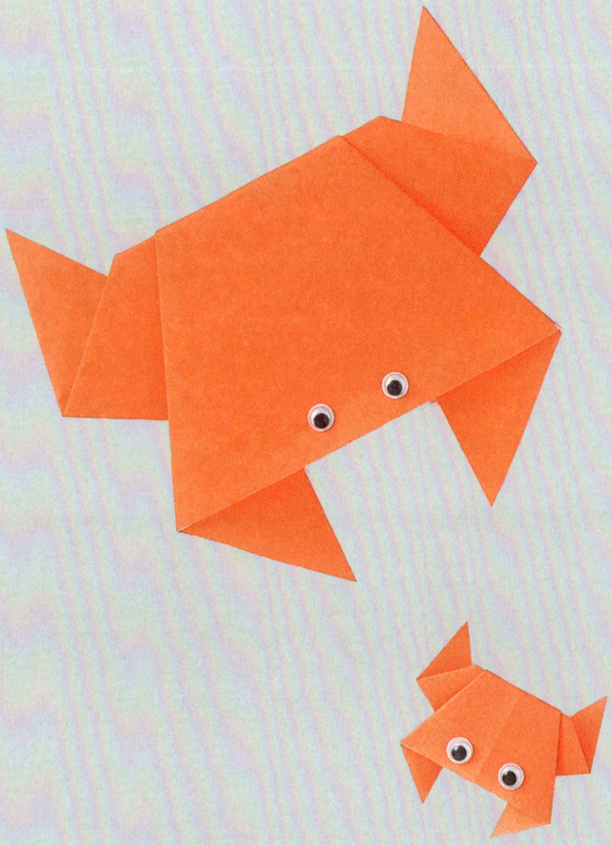

Level ●○○○○

Abmessungen

7,5 cm

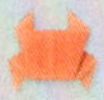

4,5 cm

4,5 cm

15 cm

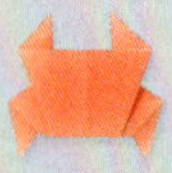

9,5 cm

9,5 cm

20 cm

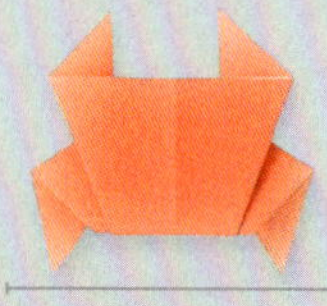

12,5 cm

12,5 cm

Tipp
Dieser Meeresbewohner ist einfach und schnell zu falten und eignet sich ideal für Anfängerinnen und Anfänger. Verziere die Krabbe mit Filzstiften oder Wackelaugen individuell.

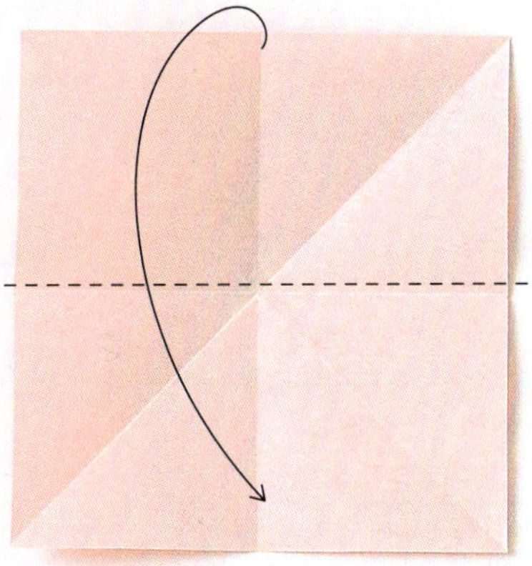

1

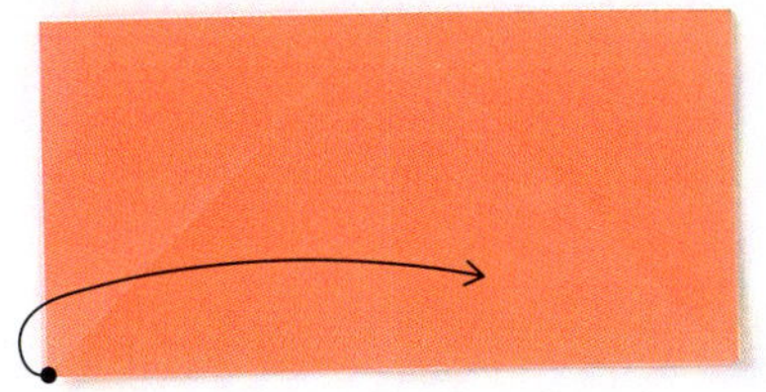

2

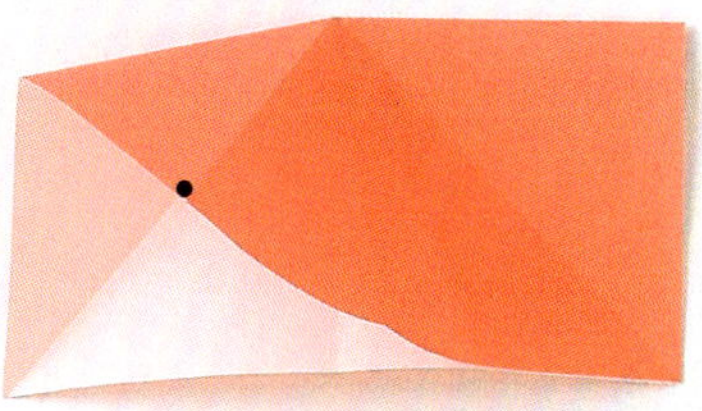

3

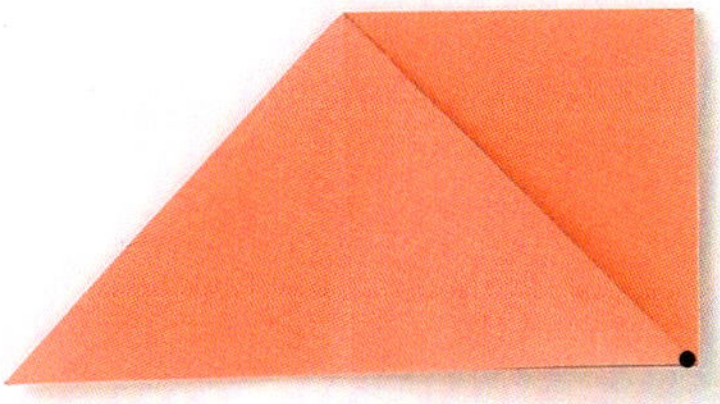

4

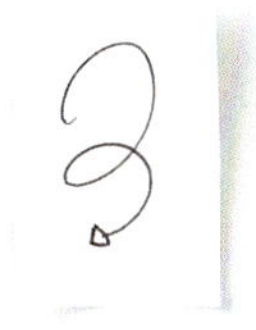

5

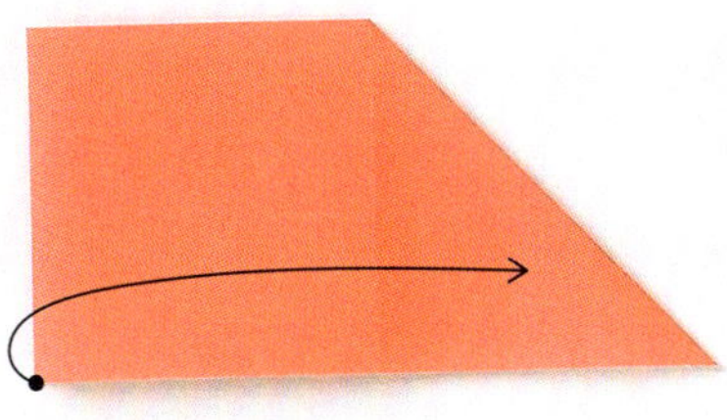

6

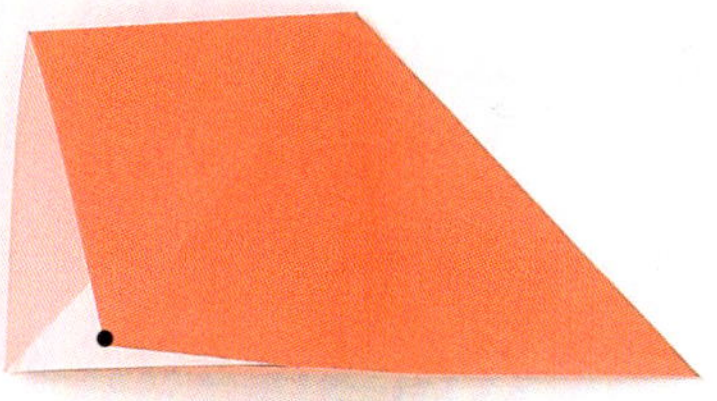

7

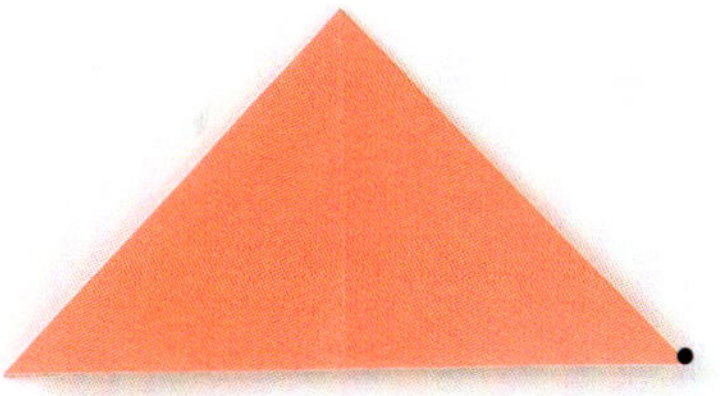

8

1. Richte das Papier normal aus (mit der farbigen Seite nach unten). Markiere die Mittellinien und die Diagonalen. Falte die Oberkante über die horizontale Mitte nach unten, um ein Rechteck zu bilden. **2. 3.** Führe die obere Lage der linken unteren Ecke nach rechts zur unteren Ecke, um links ein Dreieck zu bilden. **4.** Streiche das Dreieck glatt. **5.** Wende die Figur. **6. 7.** Führe die obere Lage der linken unteren Ecke nach rechts zur unteren Ecke, um insgesamt ein Dreieck zu bilden. **8.** Streiche das Dreieck glatt.

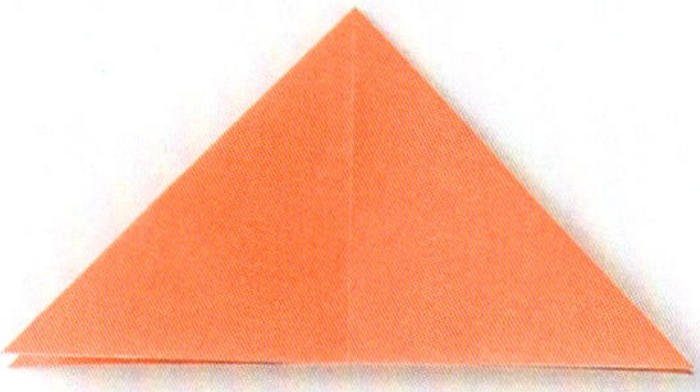
9

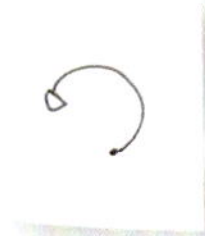
10

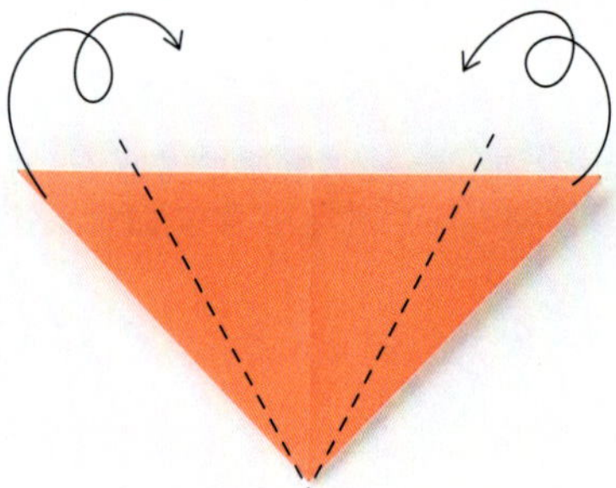
11

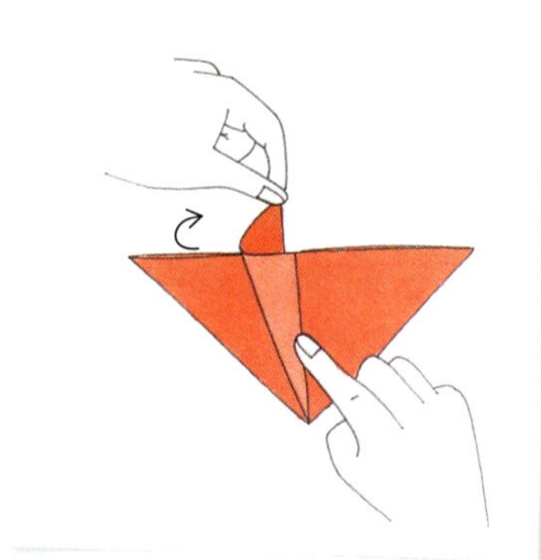
12

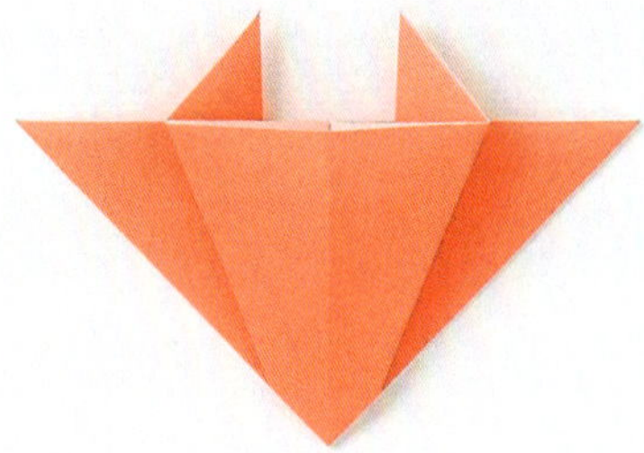
13

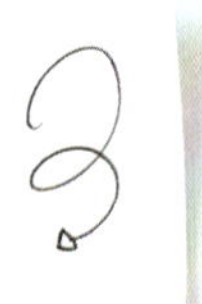
14

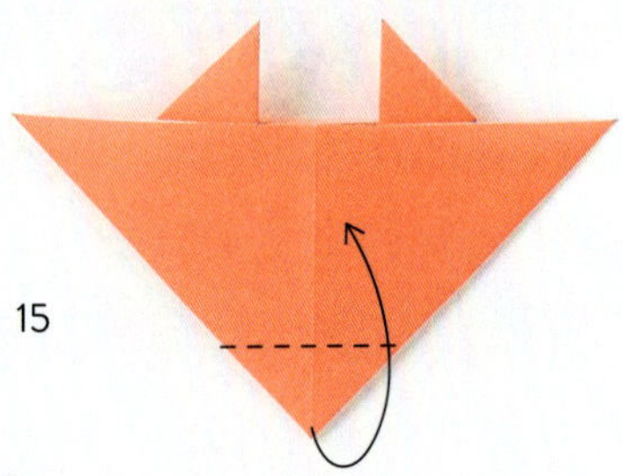
15

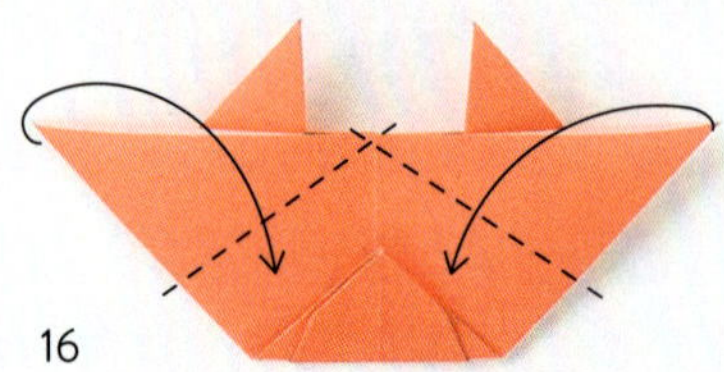
16

9. 10. Drehe das Dreieck um 180 Grad. **11. 12. 13.** Falte die oberen beiden Lagen der linken Spitze gemäß den gestrichelten Linien nach hinten. Falte die oberen beiden Lagen der rechten Spitze auf die gleiche Weise um. **14.** Wende die Figur. **15.** Falte die untere Spitze gemäß der gestrichelten Linie. **16. 17.** Falte die linke und rechte Spitze gemäß den gestrichelten Linien.

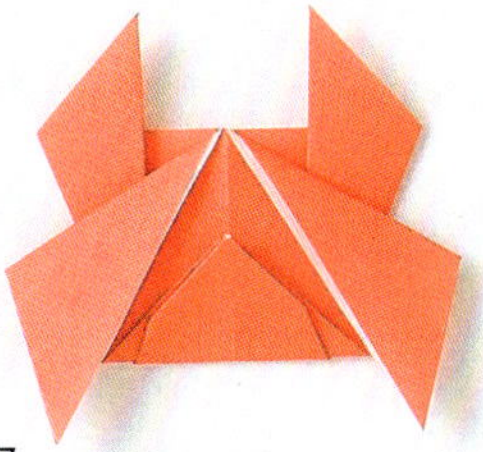

17

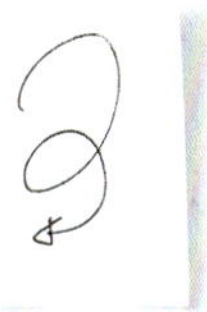

18

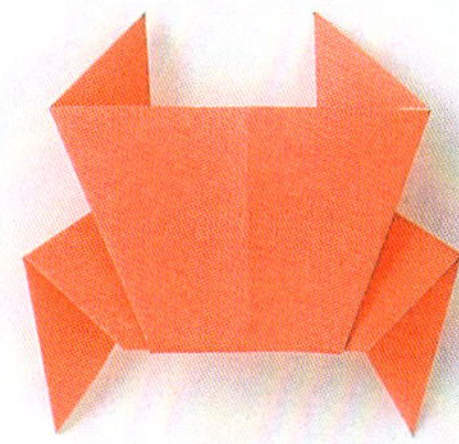

19

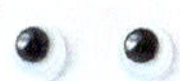

20

18. Wende die Figur. **19.** Die Krabbe ist fertig. **20**. Klebe Wackelaugen auf.

Schwalbe

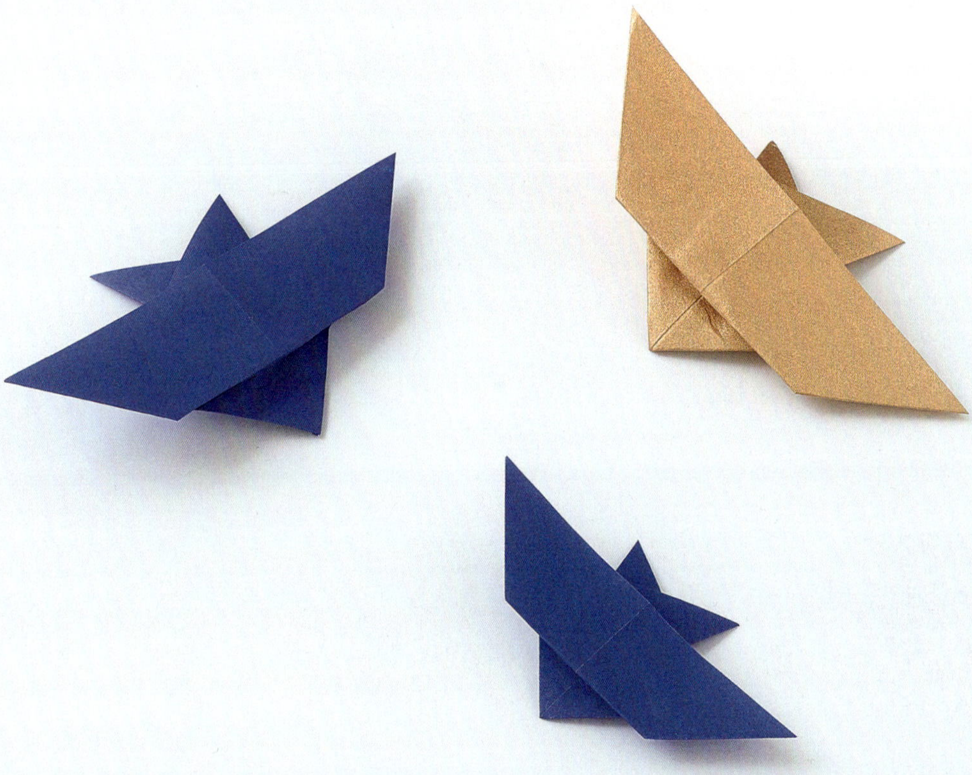

Level ●○○○○

Abmessungen

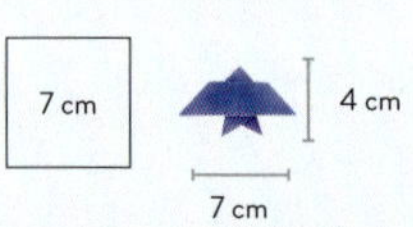

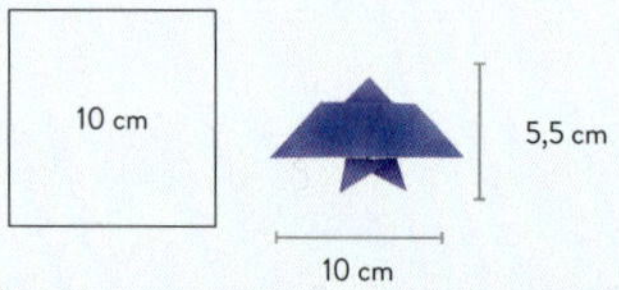

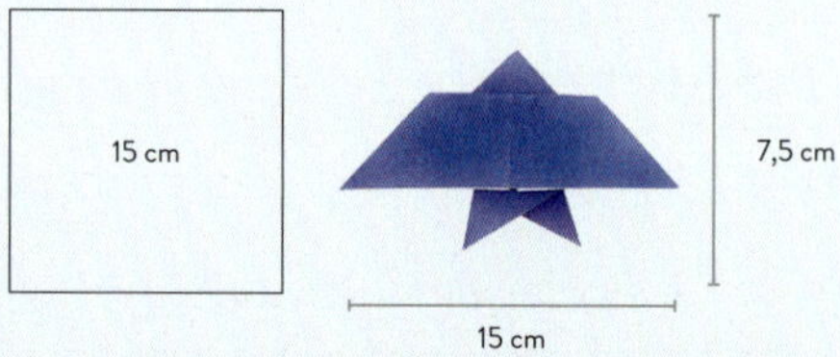

Tipp

Diese Flugkünstlerin macht sich einzeln gut auf einer Fensterbank, aber ein Schwarm von Schwalben unterschiedlicher Größe sieht ebenso hübsch aus, besonders an einer Wand.

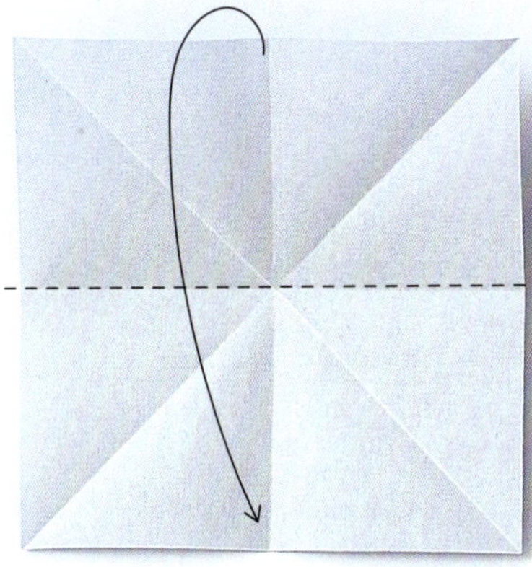

1

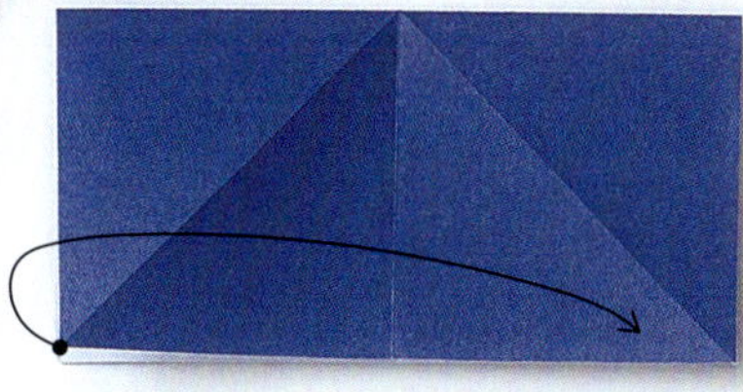

2

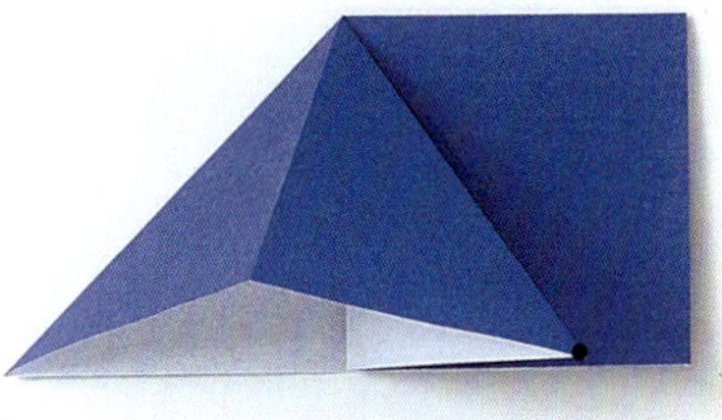

3

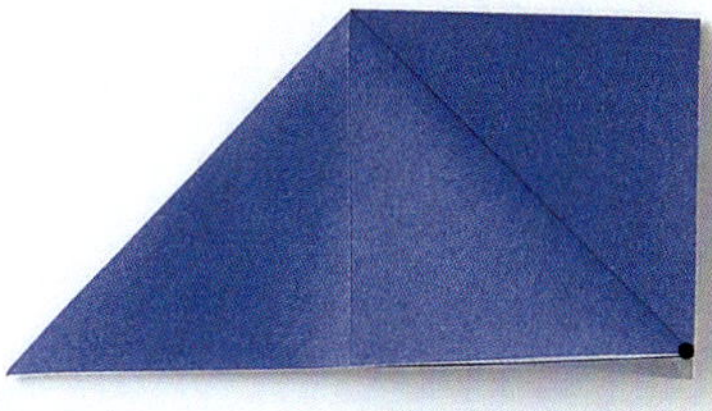

4

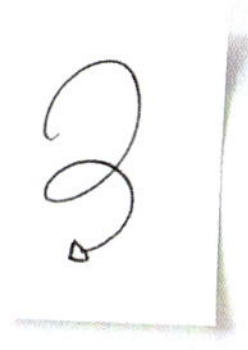

5

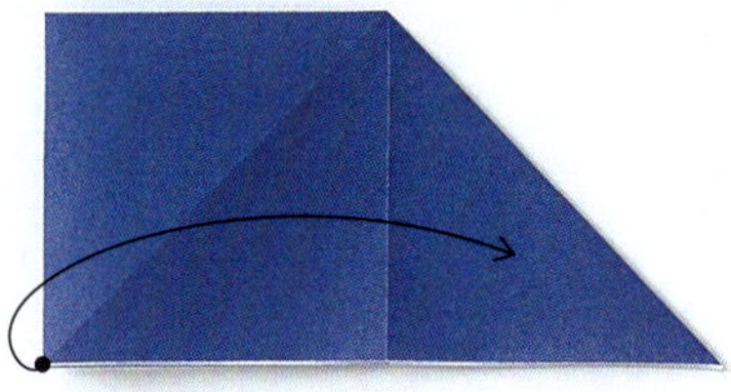

6

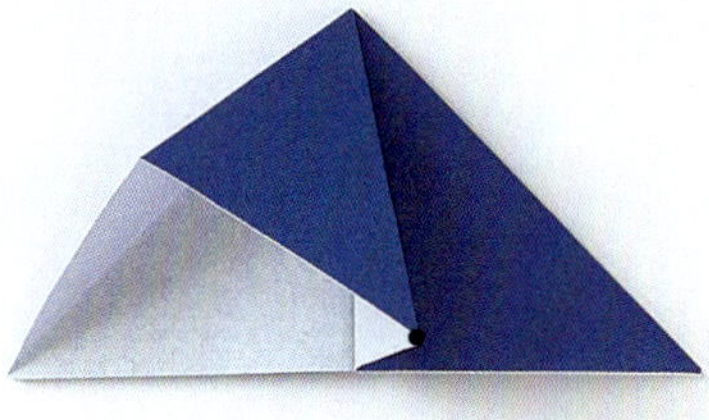

7

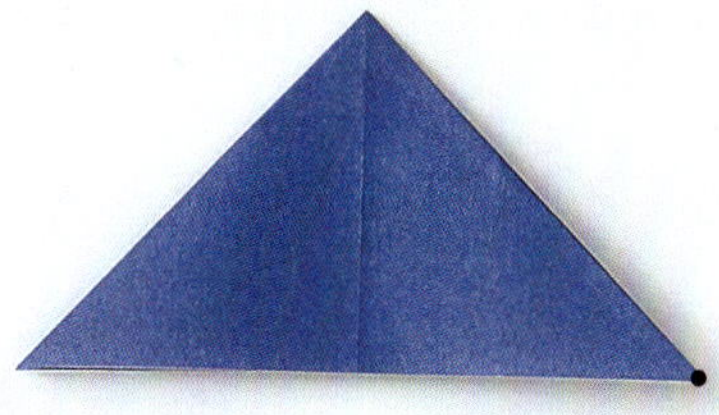

8

1. Richte das Papier normal aus (mit der farbigen Seite nach unten). Markiere die Mittellinien und die Diagonalen. Falte die Oberkante des Quadrats über die horizontale Mittellinie nach unten, um ein Rechteck zu bilden. **2. 3.** Führe die obere Lage der linken unteren Ecke nach rechts zur unteren Ecke, um links ein Dreieck zu bilden. **4.** Streiche das Dreieck glatt. **5.** Wende die Figur. **6. 7.** Führe die obere Lage der linken unteren Ecke nach rechts zur unteren Ecke, um insgesamt ein Dreieck zu bilden. **8.** Streiche das Dreieck glatt.

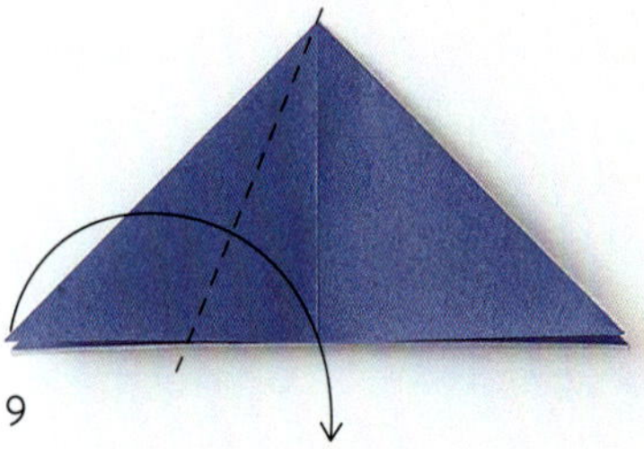
9

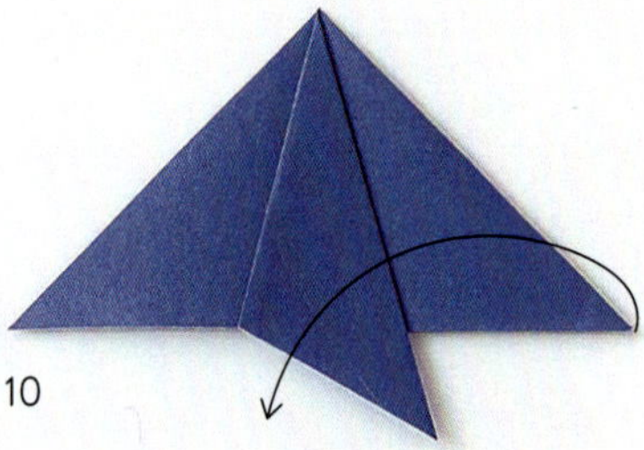
10

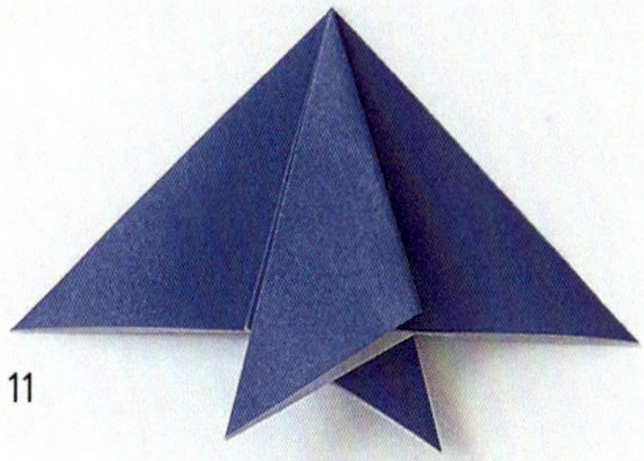
11

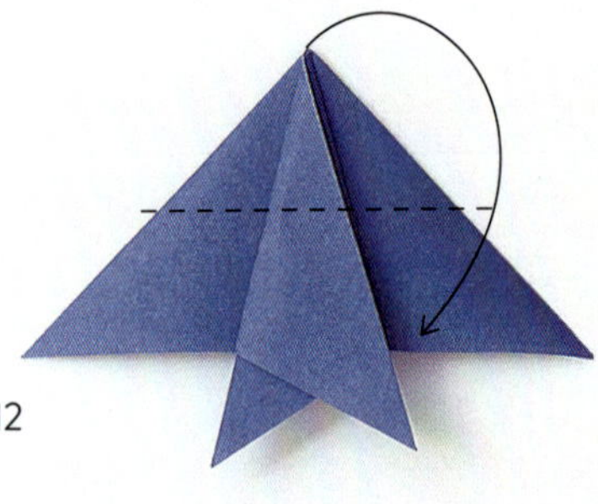
12

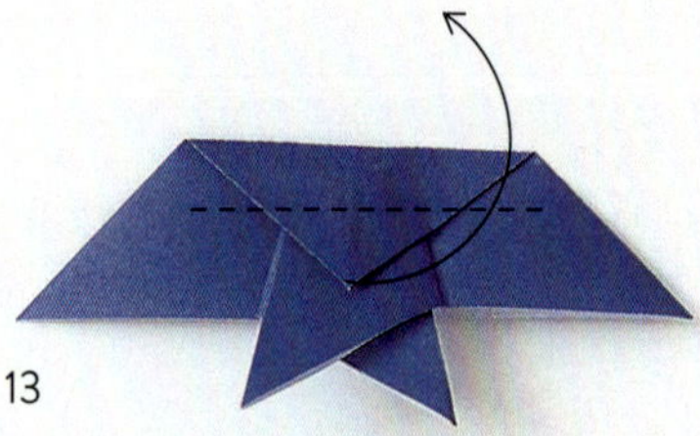
13

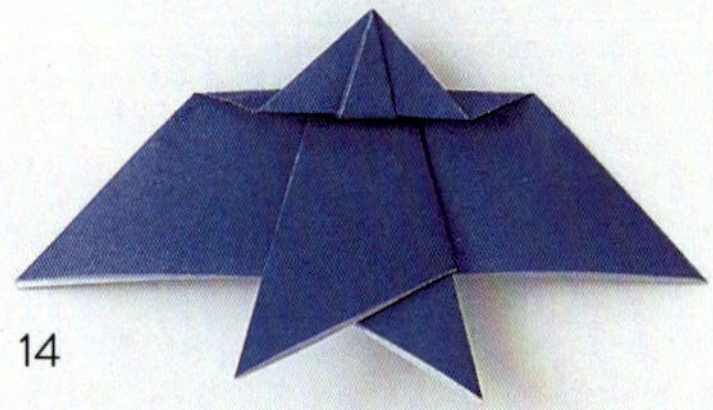
14

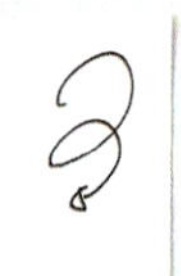
15

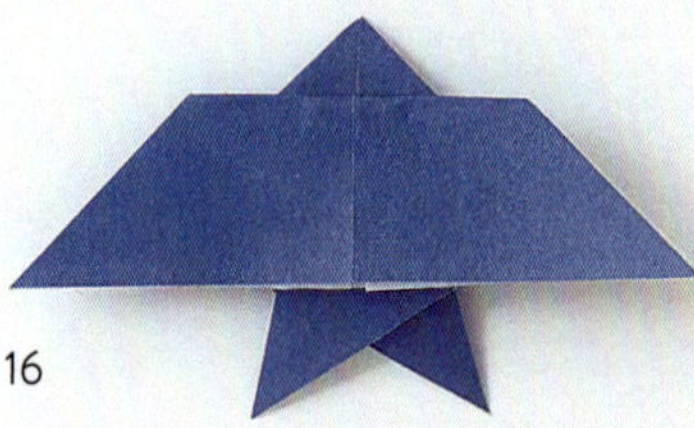
16

9. 10. Falte die beiden obersten Lagen der linken Spitze gemäß der gestrichelten Linie nach rechts. **10. 11.** Falte die beiden obersten Lagen der rechten Spitze nach links darüber. **12.** Falte die obere Spitze gemäß der gestrichelten Linie. **13.** Falte den äußersten Teil der Spitze gemäß der gestrichelten Linie. **14.** Streiche die Faltung glatt. **15.** Wende die Figur. **16.** Die Schwalbe ist fertig.

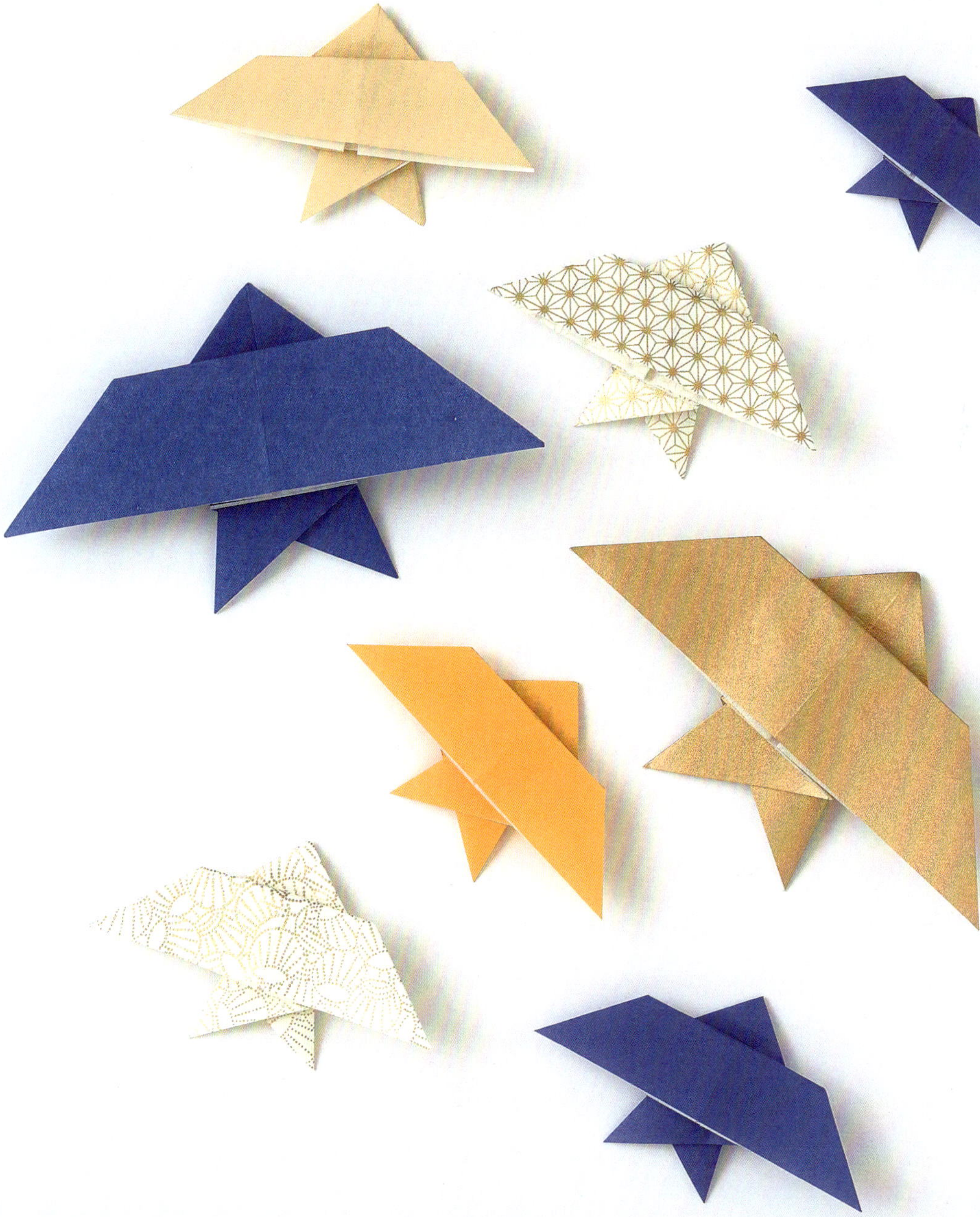

Zwei Hunde

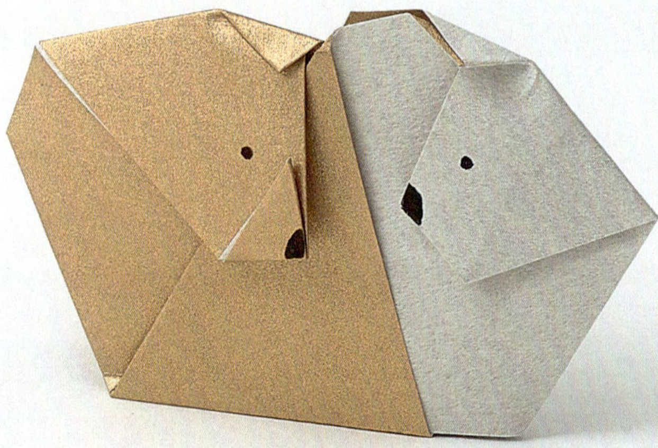

Level ●●○○○

Abmessungen

7,5 cm

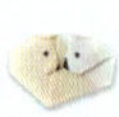

3 cm

4,5 cm

10 cm

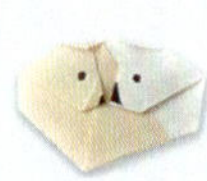

4 cm

7,5 cm

15 cm

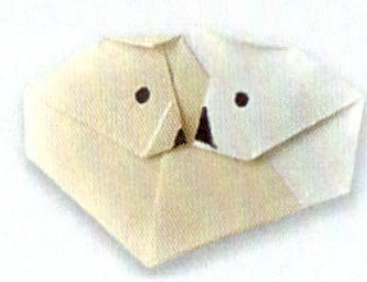

6 cm

10,5 cm

Tipp

Da die letzten Faltungen nach Belieben vorgenommen werden, kannst du die Positionierung der Gesichter der Hunde variieren, indem du sie näher zusammenbringst oder weiter auseinanderziehst.

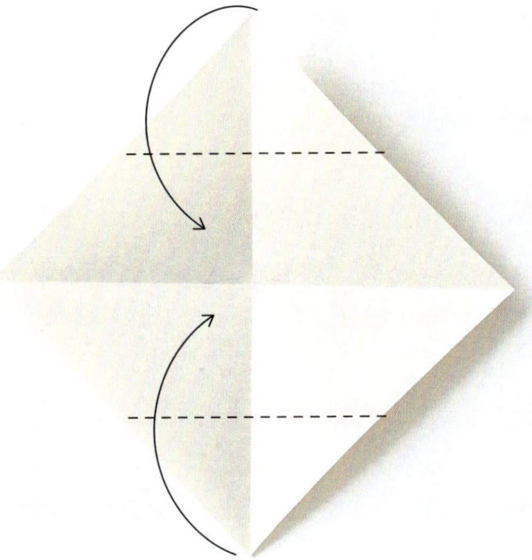

1

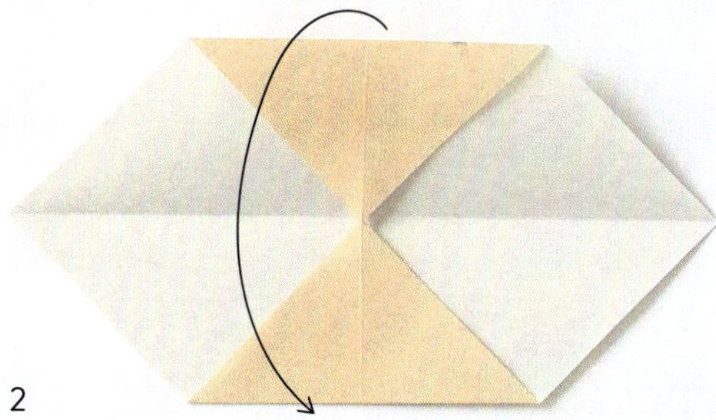

2

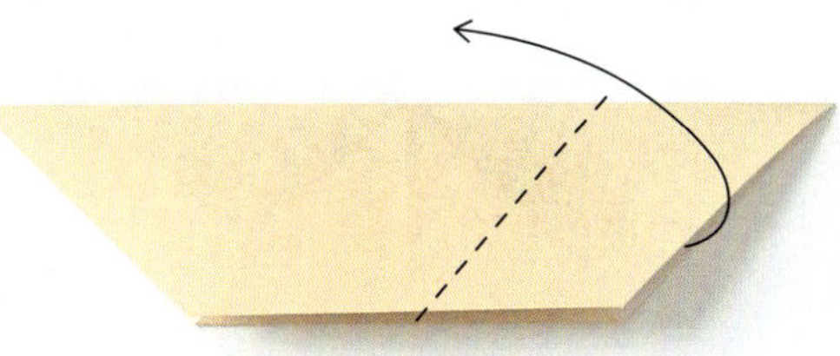

3

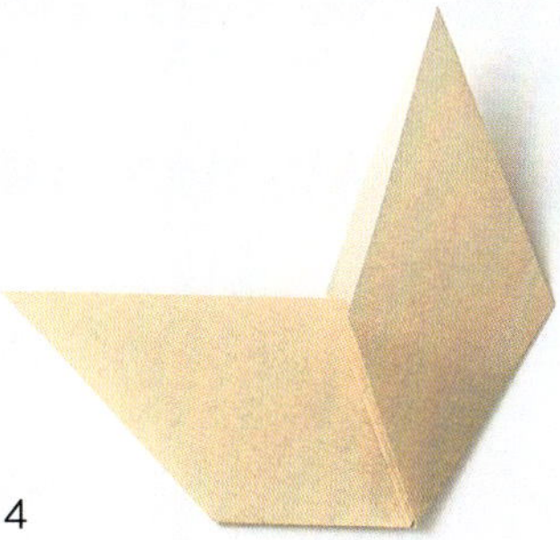

4

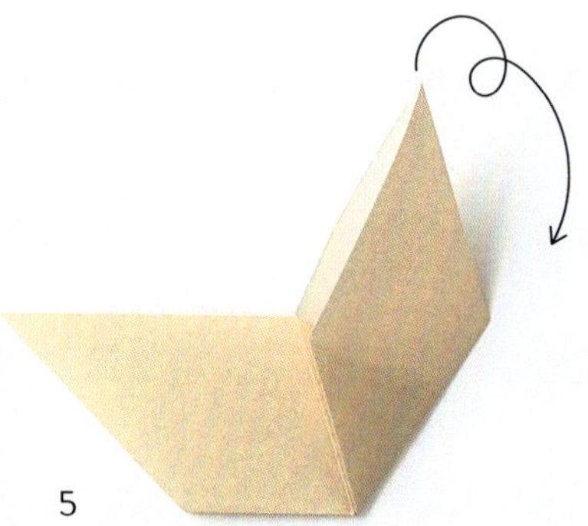

5

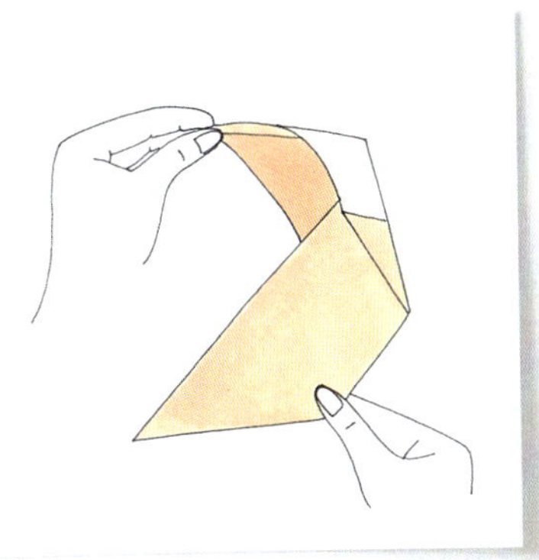

6

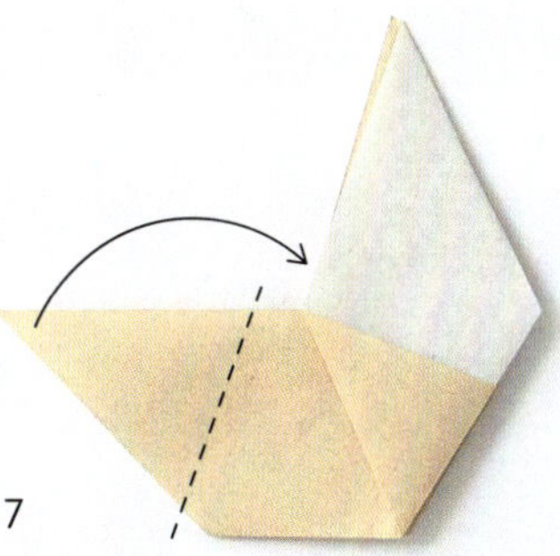

7

1. Richte das Papier rautenförmig aus (mit der farbigen Seite nach unten). Markiere die Diagonalen. Falte die obere und die untere Spitze zum Mittelpunkt. **2.** Falte die Figur in der horizontalen Diagonalen. **3. 4.** Falte die rechte Spitze gemäß der gestrichelten Linie. **5. 6. 7.** Öffne diese Faltung und kehre sie nach außen um, indem du sie quasi umstülpst, sodass die hellere Seite der Figur entsteht, dann streiche alles glatt. **7.** Falte die linke Spitze gemäß der gestrichelten Linie nach rechts.

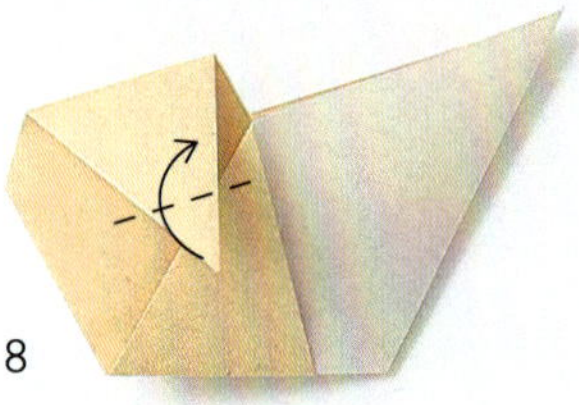

8

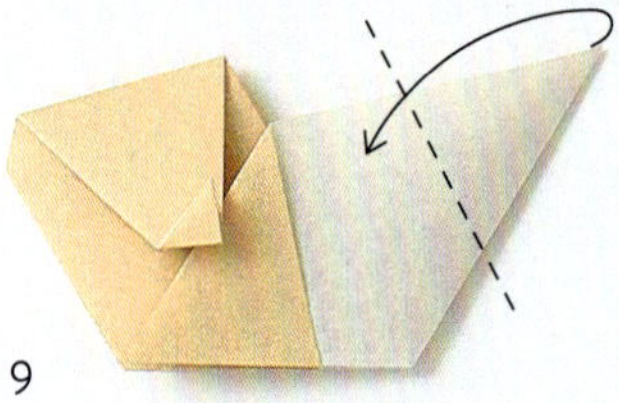

9

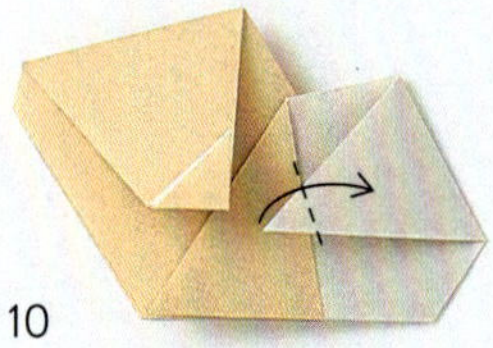

10

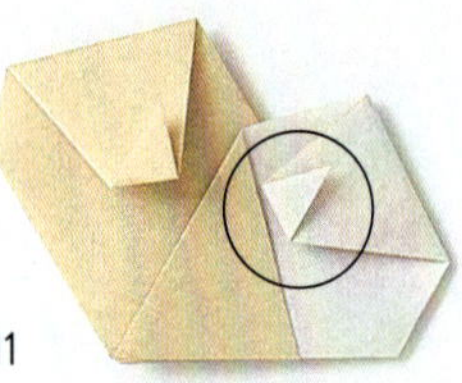

11

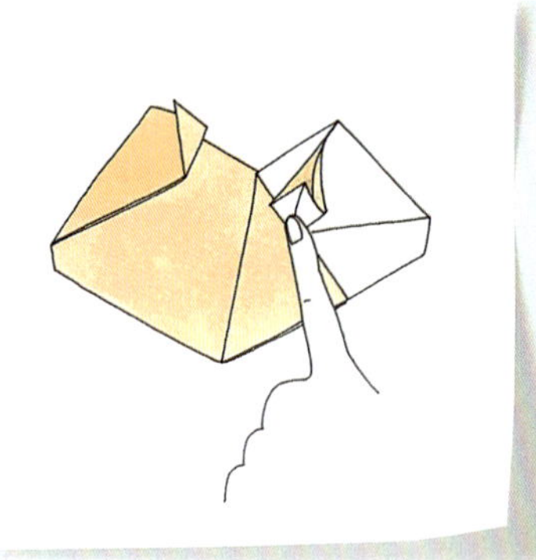

12

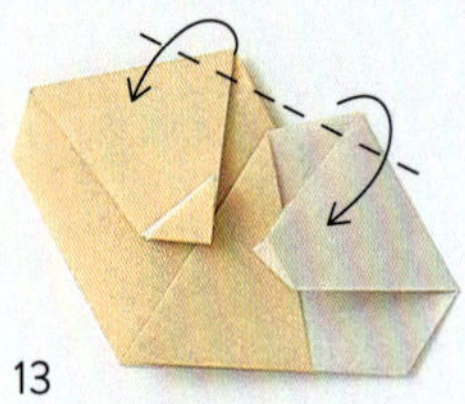

13

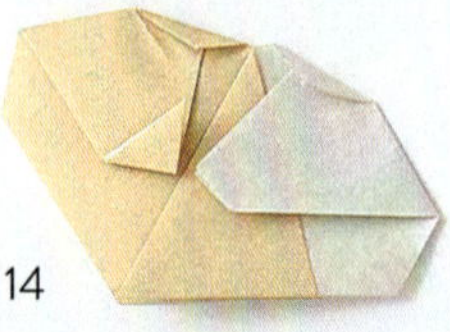

14

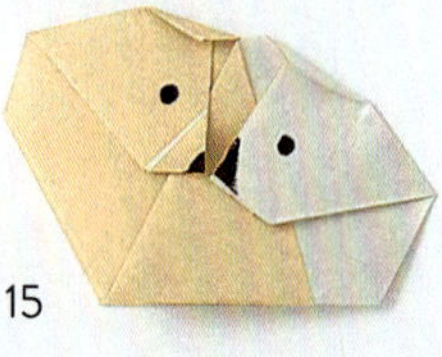

15

8. Falte das Ende der linken Spitze gemäß der gestrichelten Linie. **9.** Falte die rechte Spitze gemäß der gestrichelten Linie. **10.** Falte das Ende der rechten Spitze gemäß der gestrichelten Linie. **11. 12.** Entfalte diese Faltung und öffne sie, um sie umzukehren, klappe hierfür den Falz nach innen. Streiche alles glatt. **13.** Falte die oberen kleinen Spitzen gemäß der gestrichelten Linie nach unten. **14.** Die zwei Hunde sind fertig. **15.** Gestalte die Köpfe individuell.

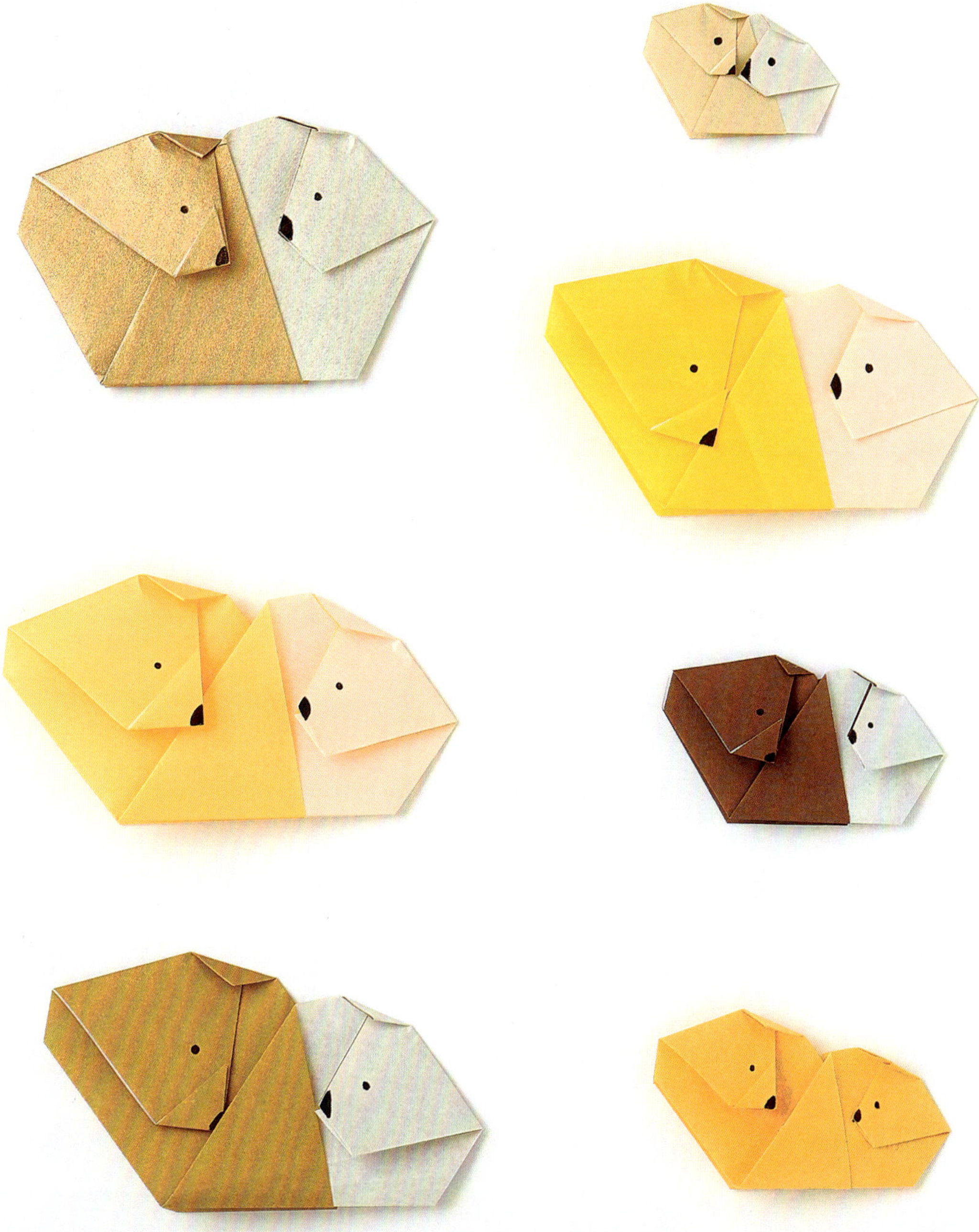

Löwe

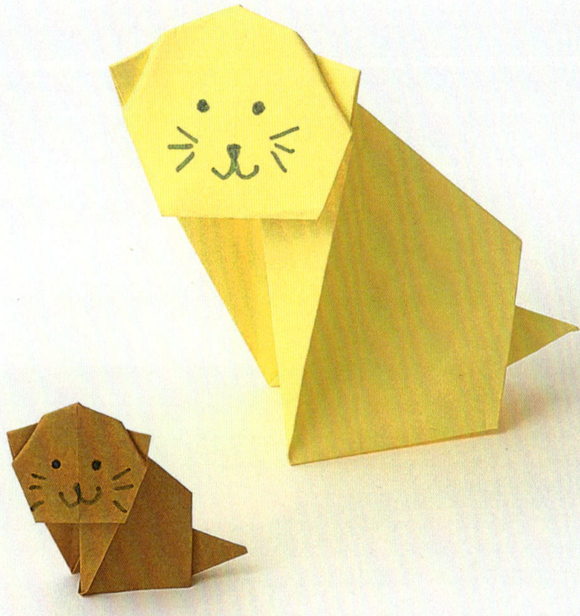

Level ●●○○○

Abmessungen

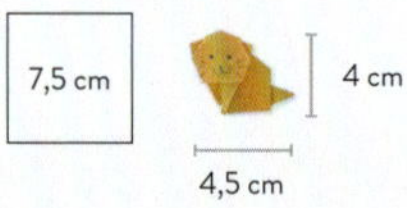

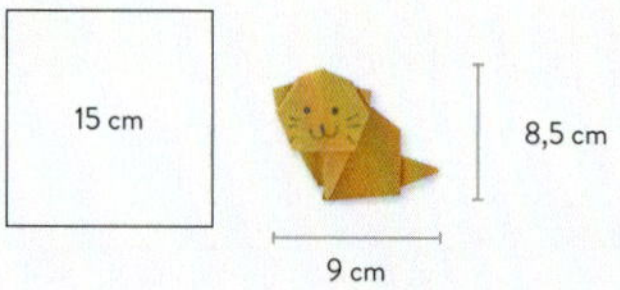

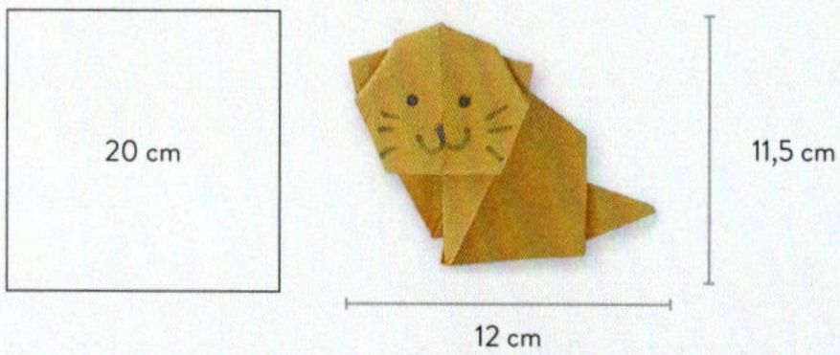

Tipp

Dieses niedliche Raubtier ist ideal, um eine originelle Einladungskarte zu gestalten. Oder erstelle mit einer Reihe von Papieren unterschiedlicher Größe eine ganze Löwenfamilie.

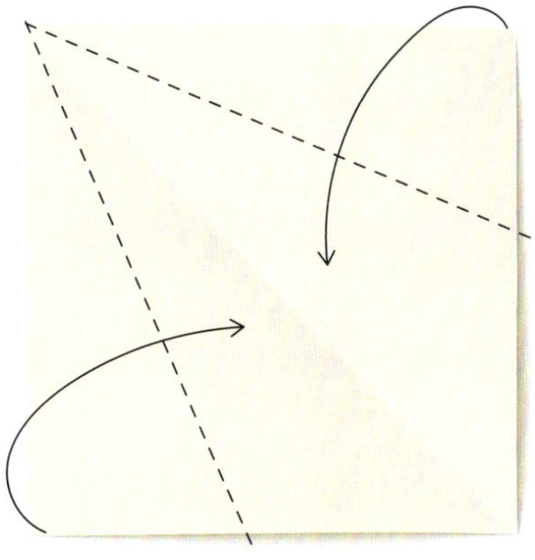

1

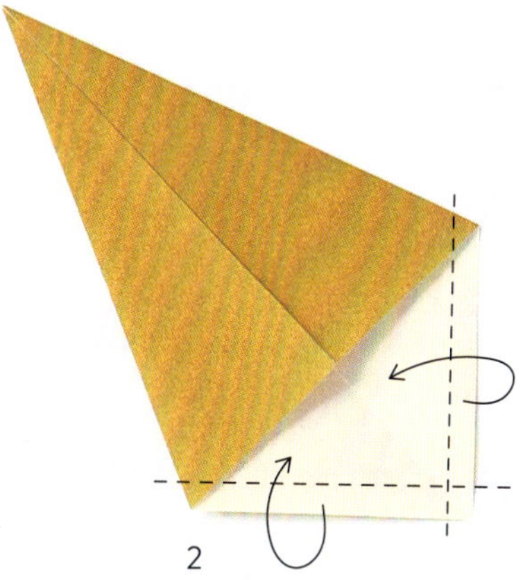

2

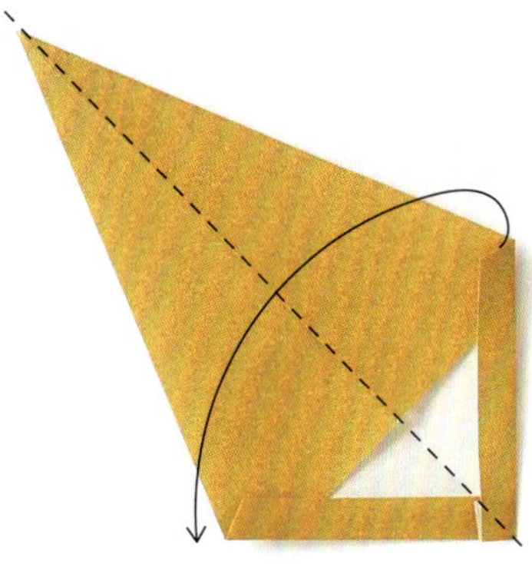

3

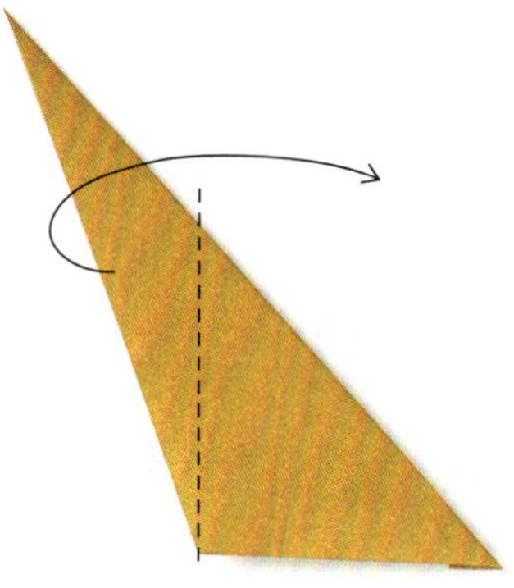

4

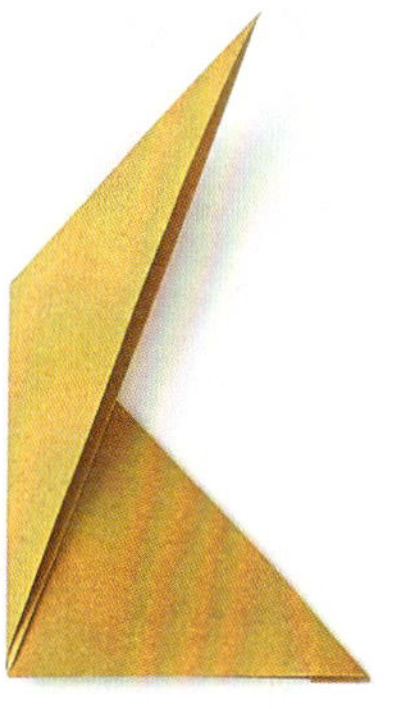

5

1. Richte das Papier normal aus (mit der farbigen Seite nach unten). Markiere eine der Diagonalen. Falte die linke untere und die rechte obere Ecke zur Mittellinie. **2.** Falte die Seitenkanten des weißen Dreiecks gemäß den gestrichelten Linien. **3.** Falte die Figur in der Mitte, indem du die rechte Seite über die linke klappst. **4. 5.** Falte die linke Spitze über einen 90-Grad-Winkel gemäß der gestrichelten Linie nach rechts.

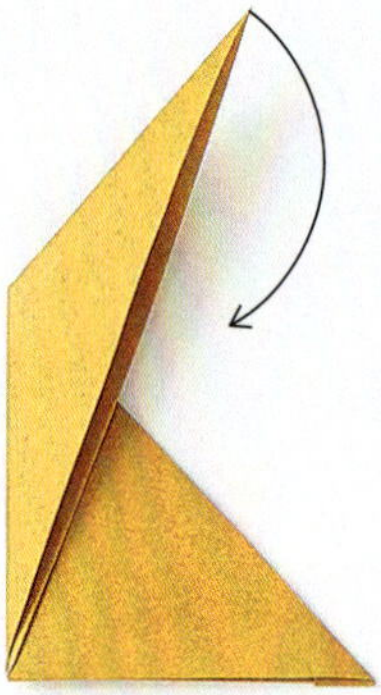
6

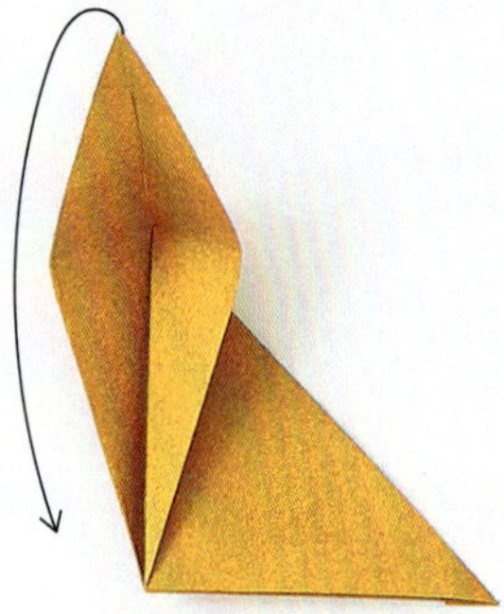
7

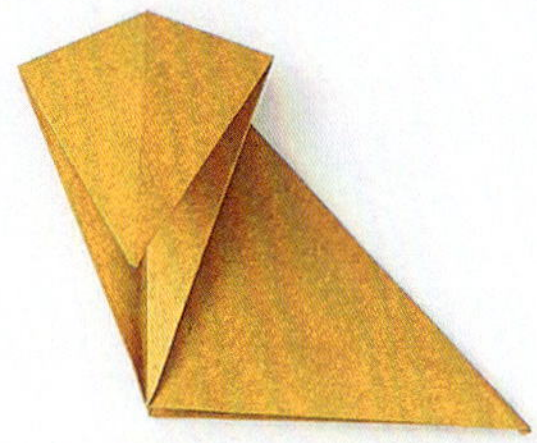
8

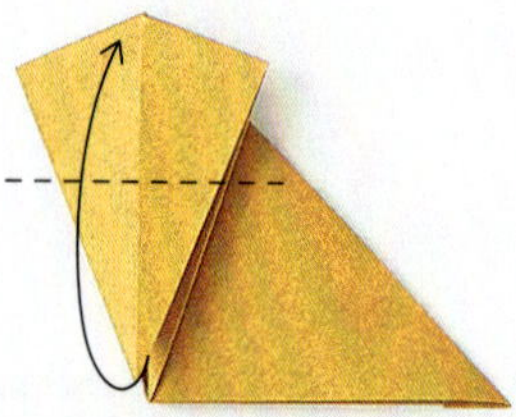
9

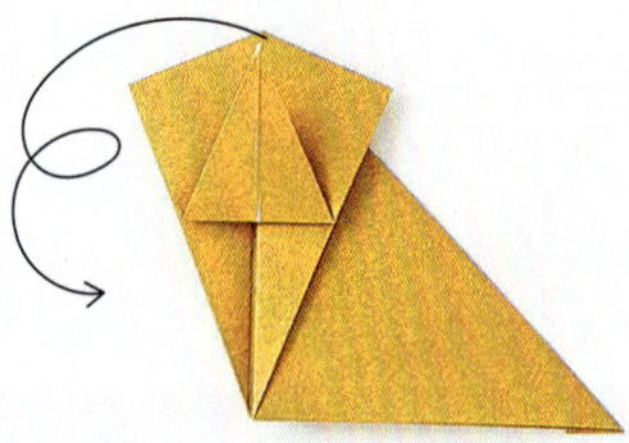
10

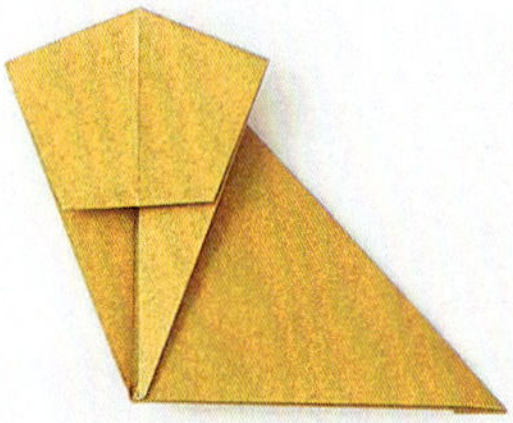
11

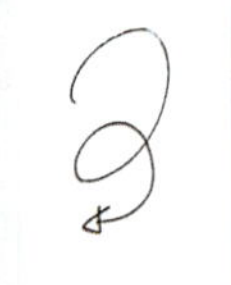
12

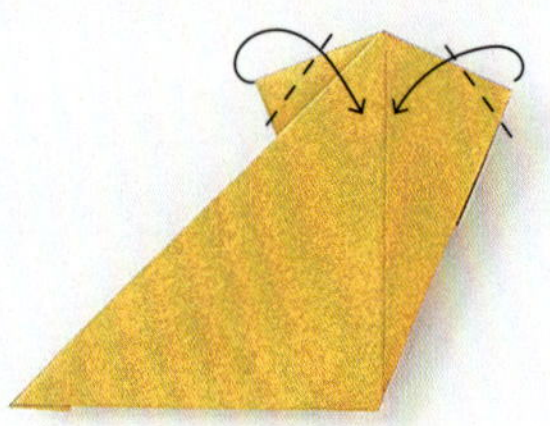
13

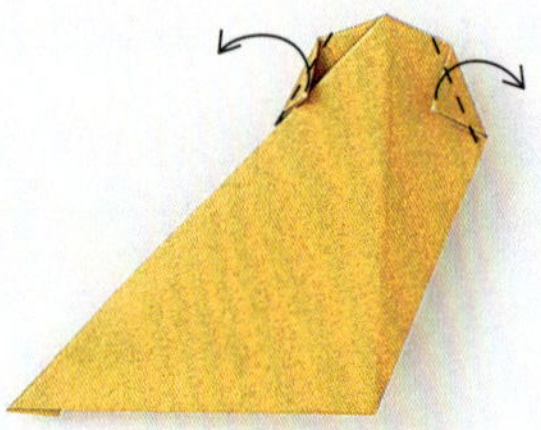
14

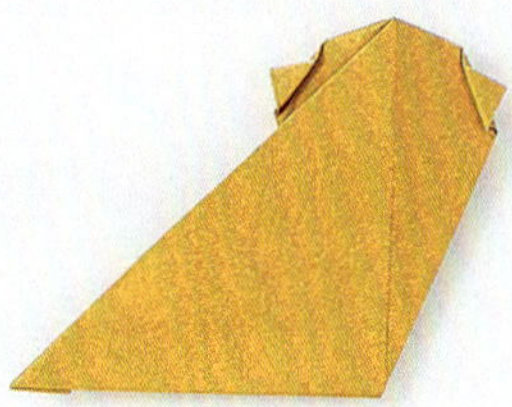
15

6. 7. 8. Greife die obere Spitze, ziehe deren Faltung auf und drücke sie nach unten. **9.** Falte die oberste Lage der Spitze nach oben. **10. 11.** Entfalte diese Faltung wieder und schiebe die Spitze nach unten in das Innere des Löwenkopfes hinein. **12.** Wende die Figur. **13.** Falte die Ohren gemäß den gestrichelten Linien. **14. 15.** Falte die Ohrenspitzen gemäß den gestrichelten Linien.

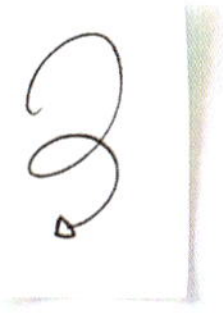

16

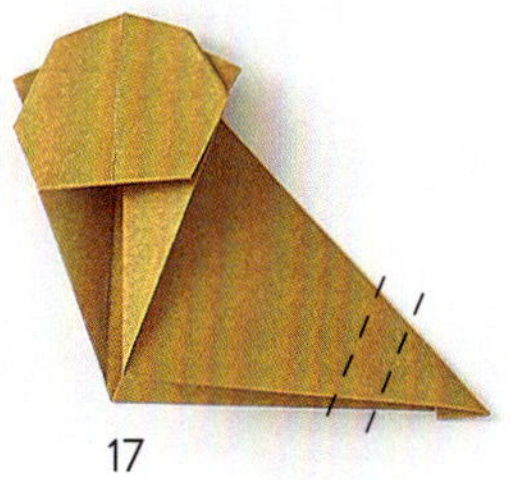

17

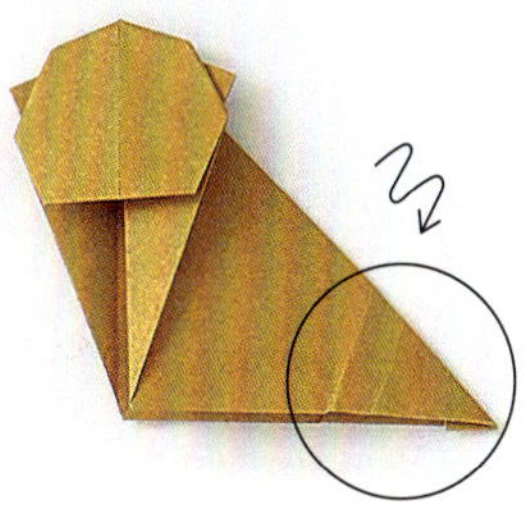

18

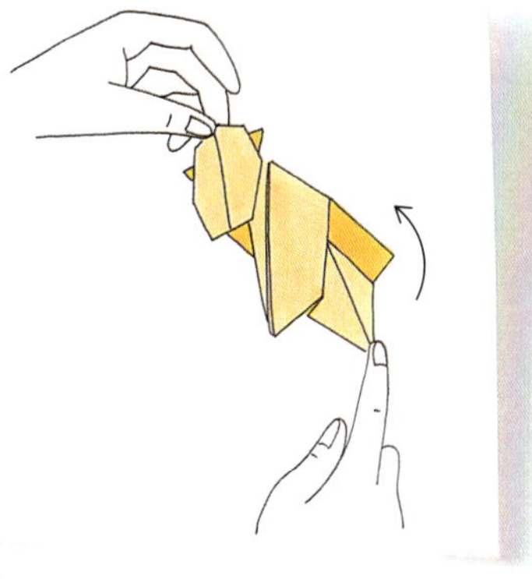

19

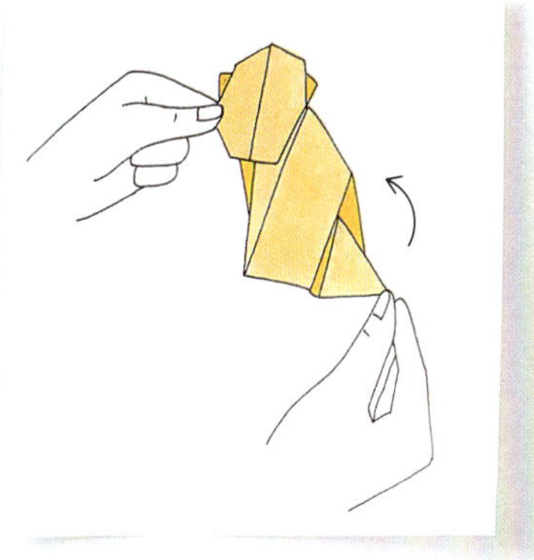

20

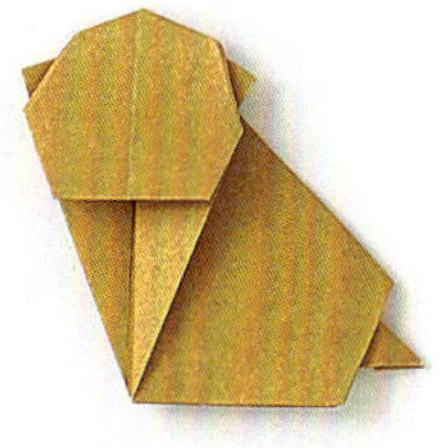

21

16. Wende die Figur. **17.** Markiere zwei parallele Falze gemäß den gestrichelten Linien und falte sie im Ziehharmonika-Stil (Zickzackfaltung). **18. 19. 20.** Dann schiebe die äußere Spitze nach innen und oben, um die Faltung umzukehren und ein kleines Dreieck als Schwanzende zu bilden. Streiche die Figur glatt. **21.** Der Löwe ist fertig und kann nun bemalt werden.

Schmetterling

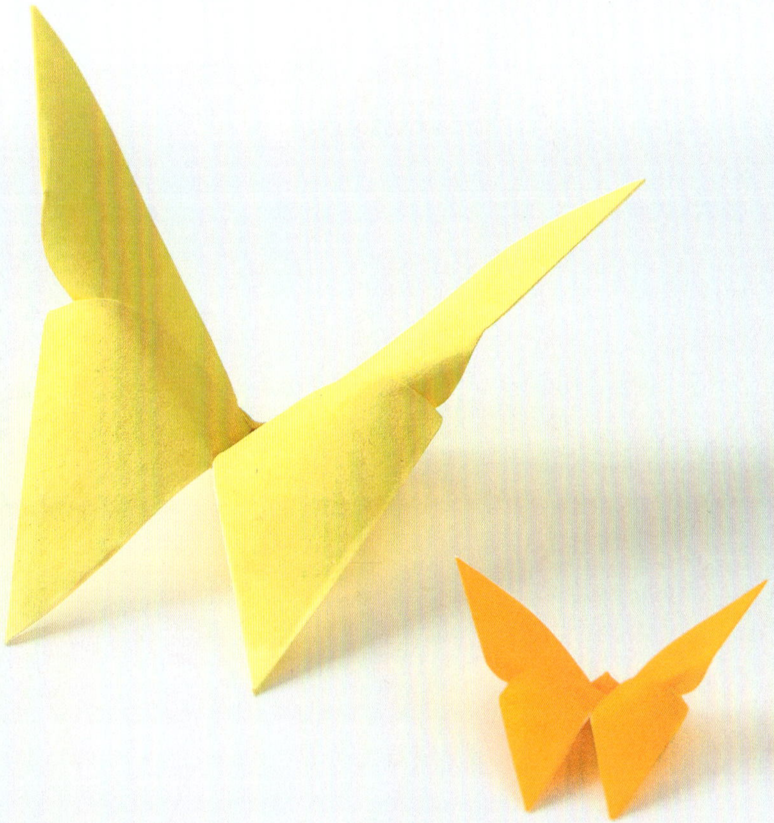

Level ●●○○○

Abmessungen

7,5 cm

5 cm

6 cm

15 cm

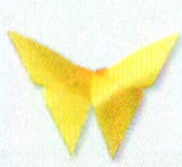

10 cm

12 cm

20 cm

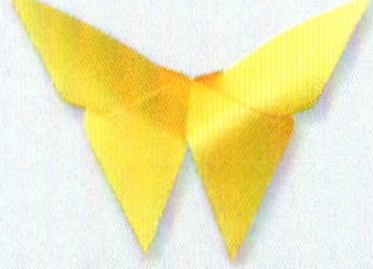

12,5 cm

15 cm

Tipp

Ein Schwarm dieser bunten Schmetterlinge belebt eine Wand oder kann sich auf Regalen niederlassen, um dort ein wenig Freude zu verbreiten. Spiele mit den Formaten und Farben der Origami-Papiere.

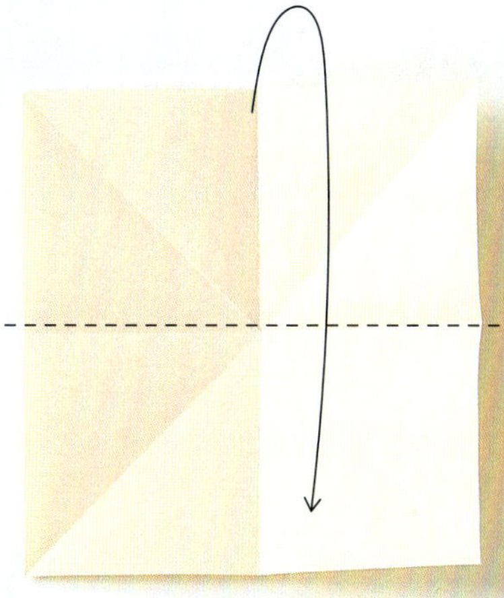

1

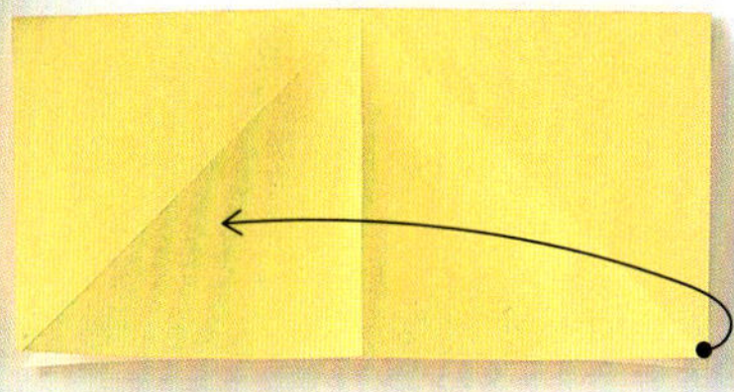

2

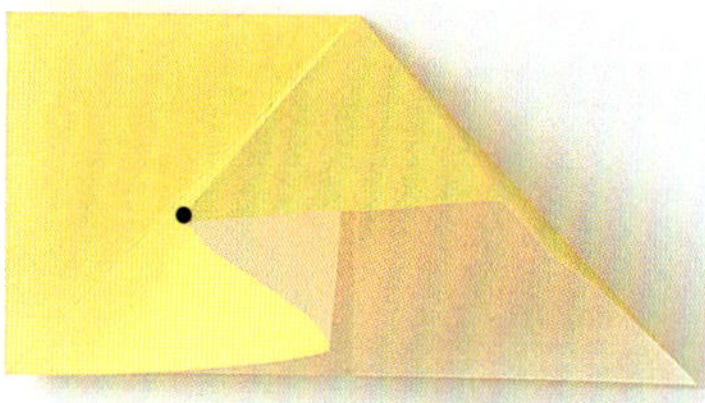

3

4

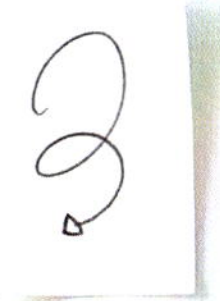

5

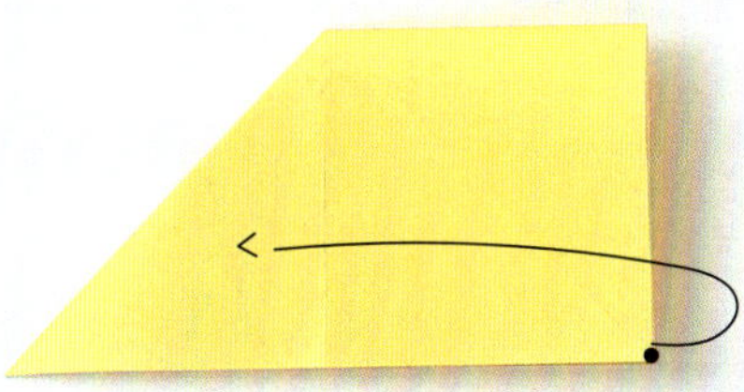

6

7

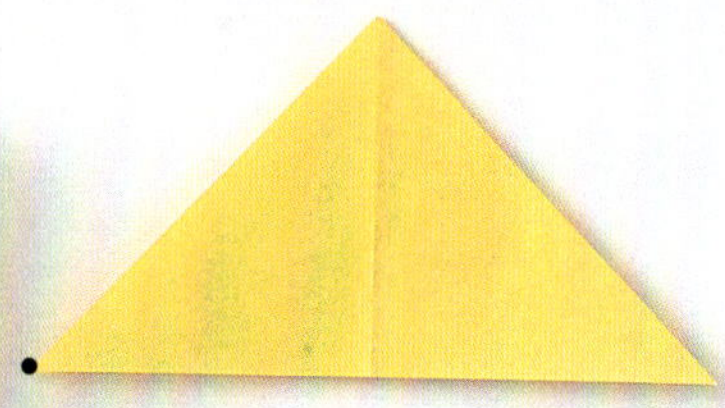

8

1. Richte das Papier normal aus (mit der farbigen Seite nach unten). Markiere die Mittellinien und die Diagonalen. Falte die Oberkante des Quadrats über die horizontale Mittellinie nach unten, um ein Rechteck zu bilden. **2. 3.** Führe die obere Lage der rechten unteren Ecke nach links zur unteren Ecke, um rechts ein Dreieck zu bilden. **4.** Streiche das Dreieck glatt. **5.** Wende die Figur. **6. 7.** Führe die obere Lage der rechten unteren Ecke nach links zur unteren Ecke, um insgesamt ein Dreieck zu bilden. **8.** Streiche das Dreieck glatt.

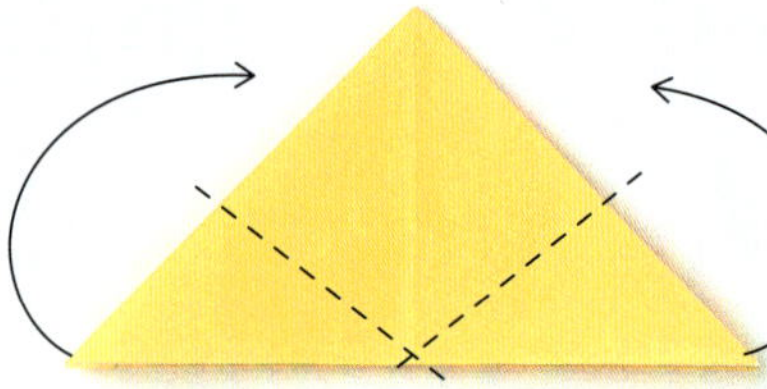

9

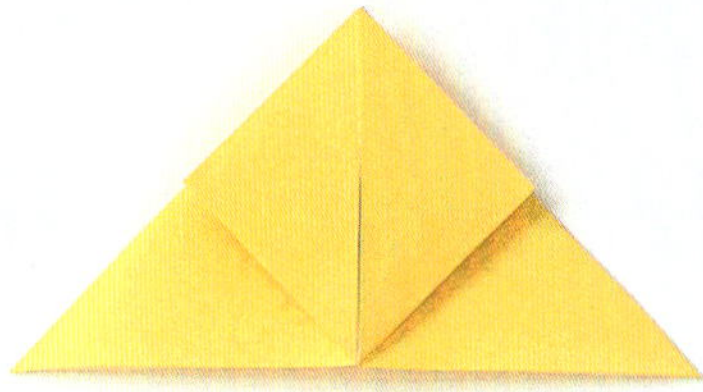

10

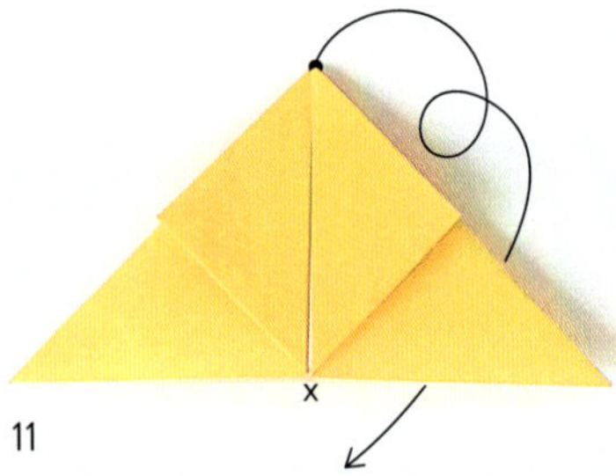

11

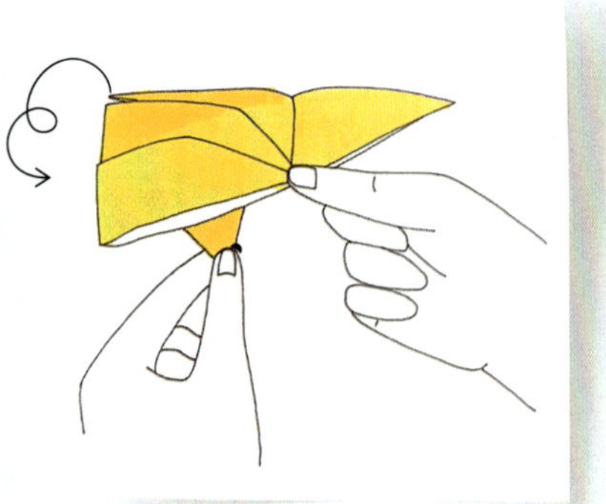

12

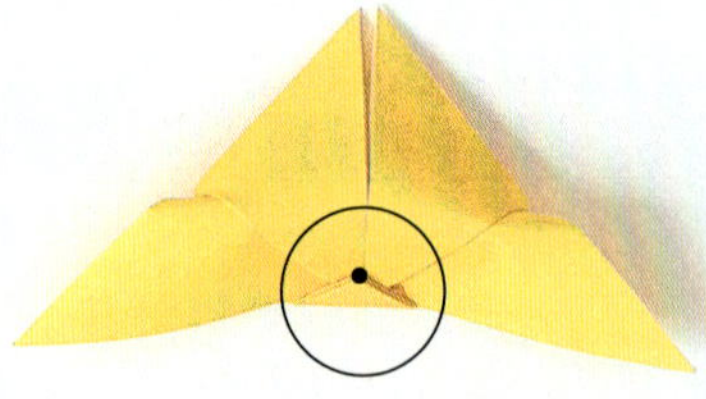

13

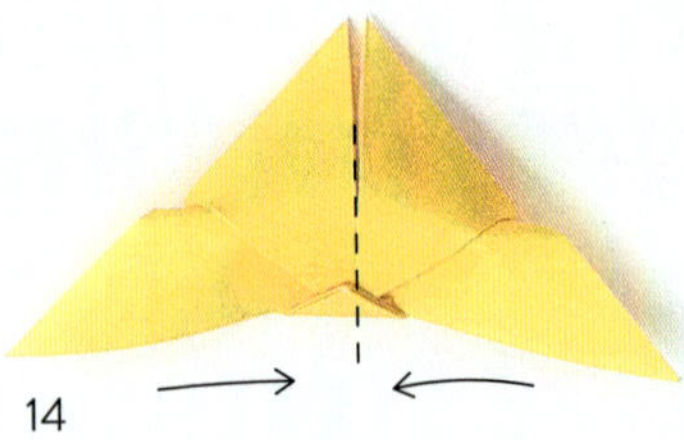

14

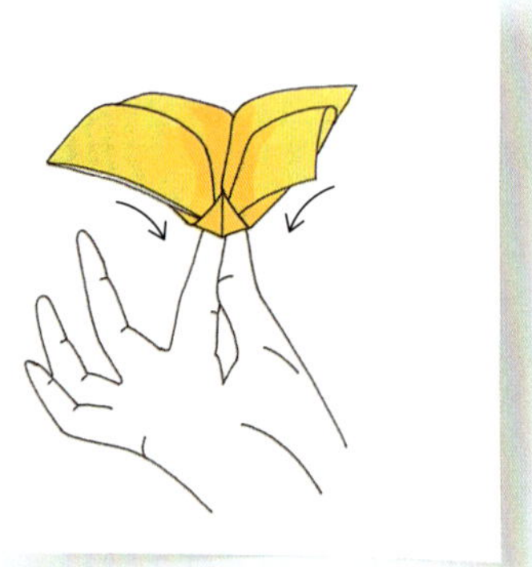

15

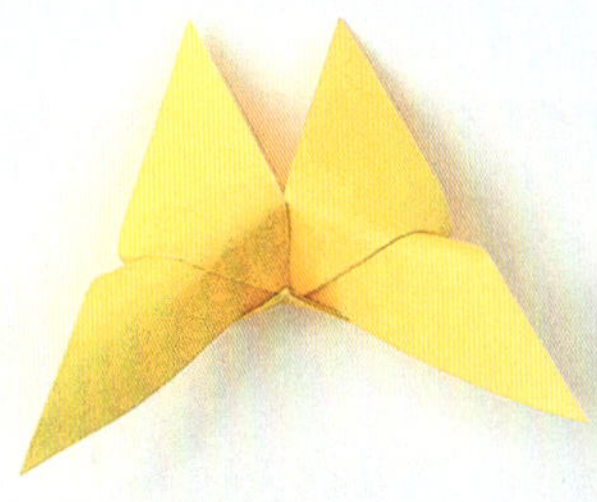

16

9. 10. Falte jeweils die beiden oberen Lagen der seitlichen Spitzen zur Mittellinie. **11. 12. 13.** Greife die beiden unteren Lagen der oberen Spitze am angegebenen Punkt und und führe sie unter der gesamten Figur hindurch in einem Bogen zu der mit x gekennzeichneten Stelle. Knicke das Ende der Spitze um, um den Kopf zu bilden. **14. 15.** Drücke die Figur in der Mitte leicht zusammen. **16.** Der Schmetterling ist fertig.

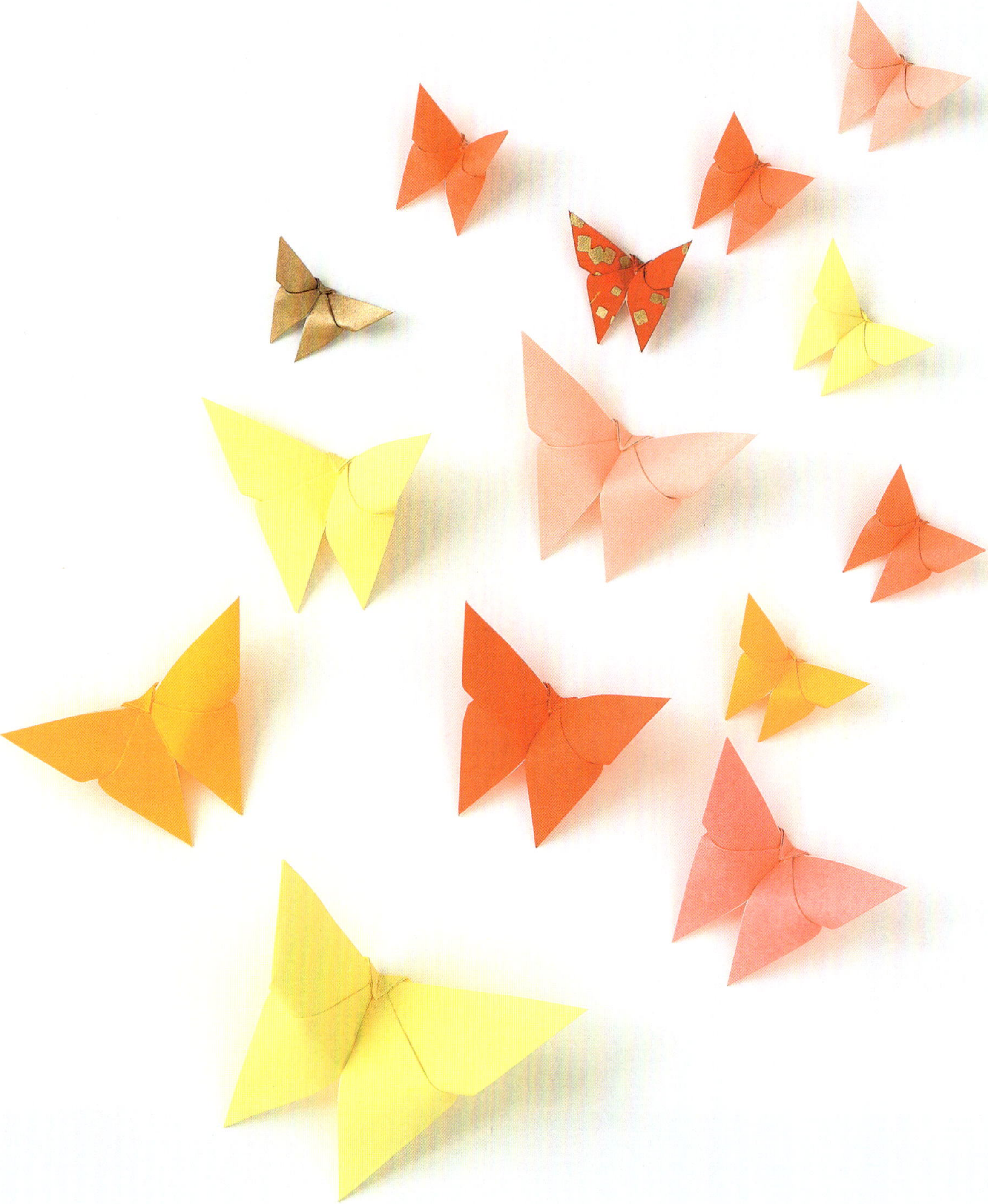

Nachtfalter

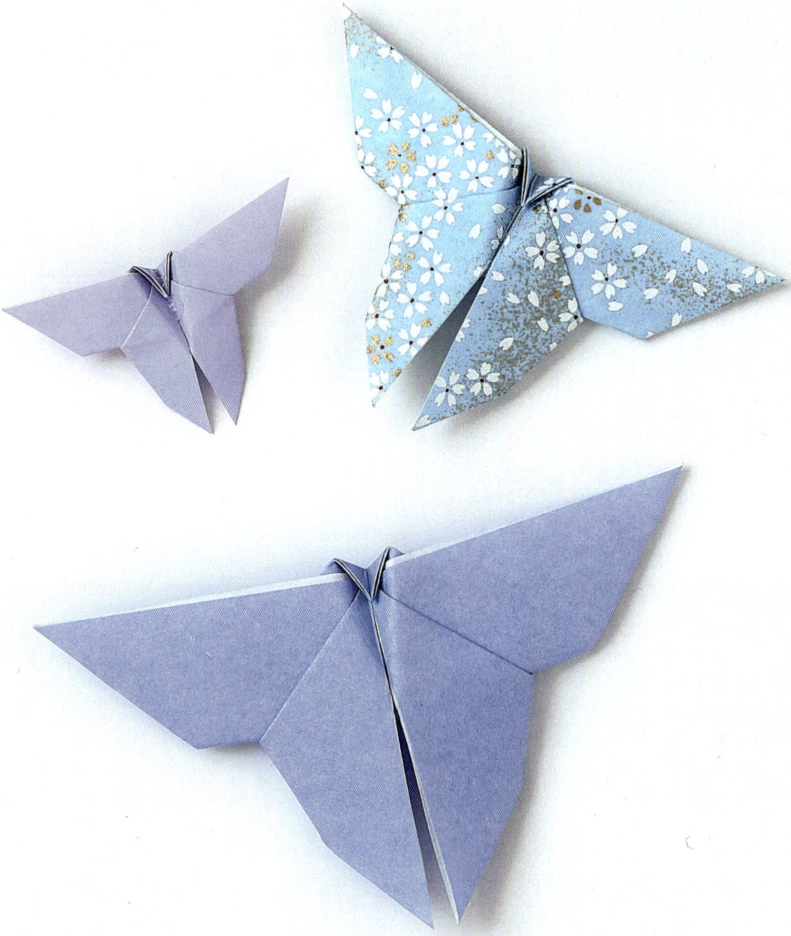

Level ●●○○○

Abmessungen

7,5 cm

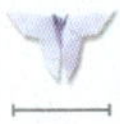

4 cm

7 cm

15 cm

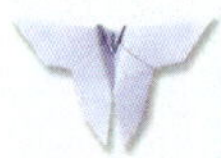

8 cm

14 cm

20 cm

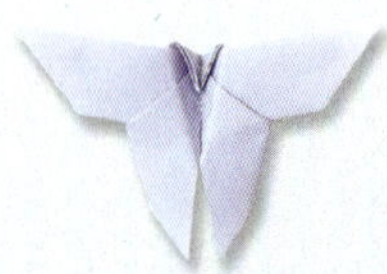

10 cm

17,5 cm

Tipp

Klebe deine Nachtfalter auf Zweige, um daraus eine hübsche Wohndeko zu machen.

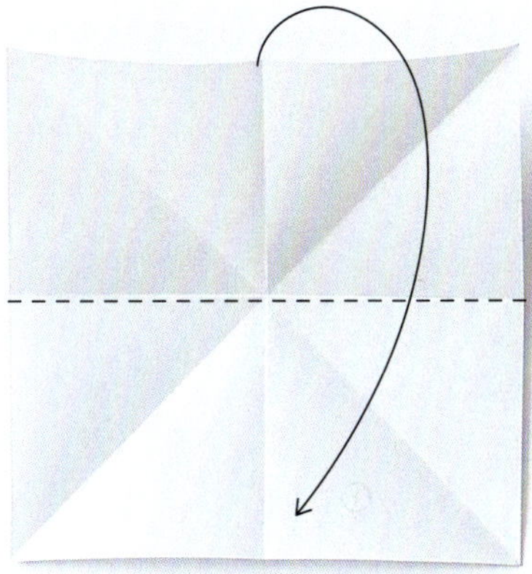

1

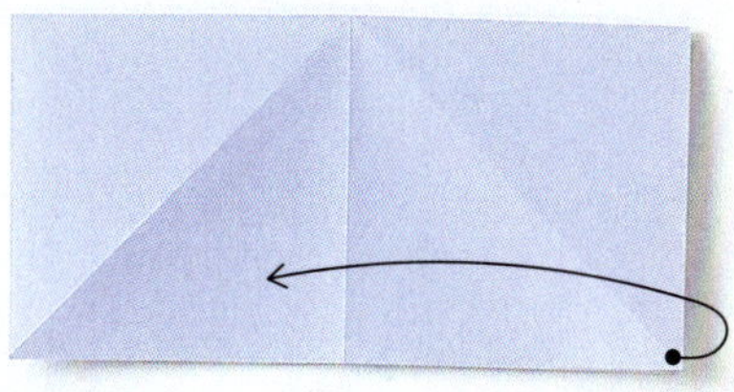

2

3

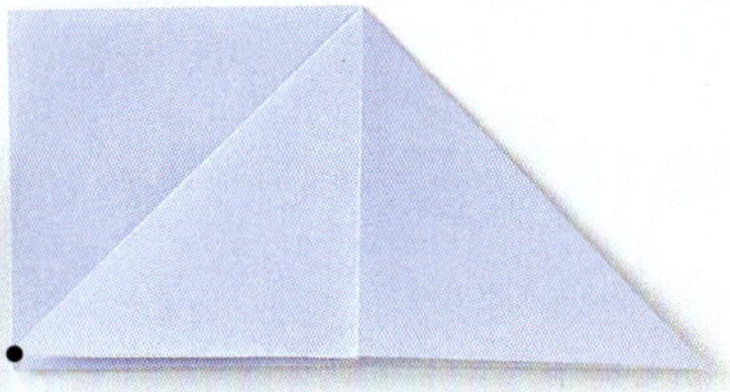

4

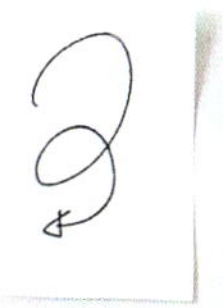

5

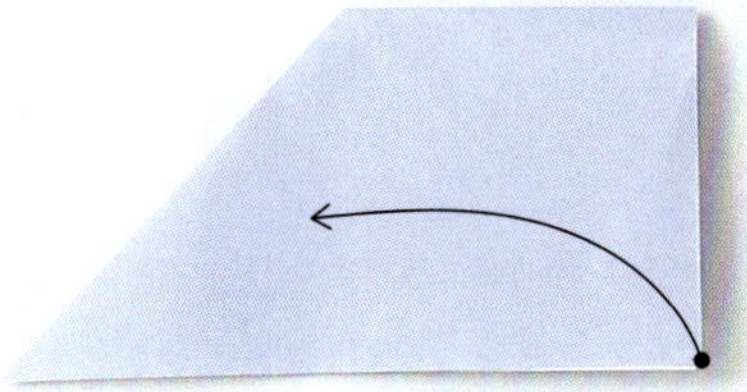

6

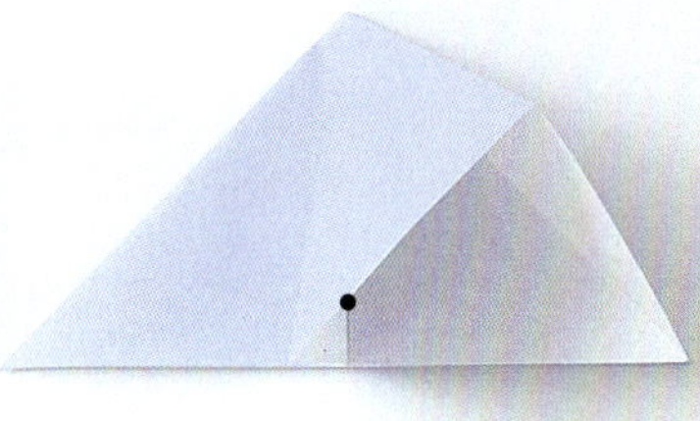

7

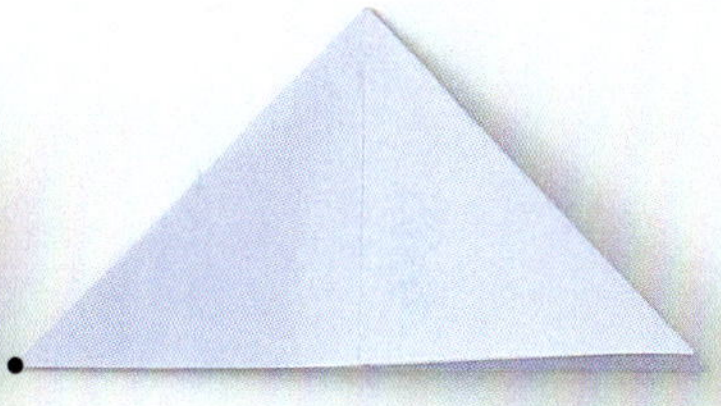

8

1. Richte das Papier normal aus (mit der farbigen Seite nach unten). Markiere die Mittellinien und die Diagonalen. Falte die Oberkante des Quadrats über die horizontale Mittellinie nach unten, um ein Rechteck zu bilden. **2. 3.** Führe die obere Lage der rechten unteren Ecke nach links zur unteren Ecke, um rechts ein Dreieck zu bilden. **4.** Streiche das Dreieck glatt. **5.** Wende die Figur. **6. 7.** Führe die obere Lage der rechten unteren Ecke nach links zur unteren Ecke, um insgesamt ein Dreieck zu bilden. **8.** Streiche das Dreieck glatt.

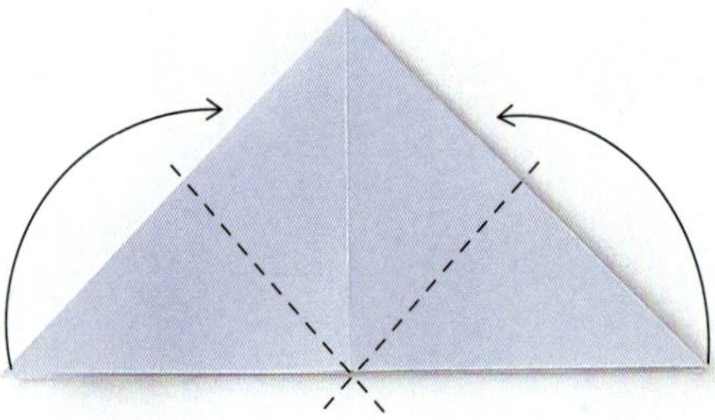

9

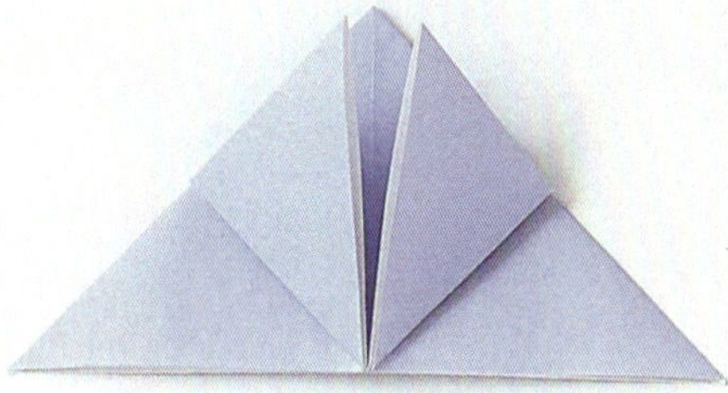

10

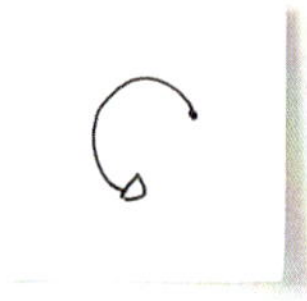

11

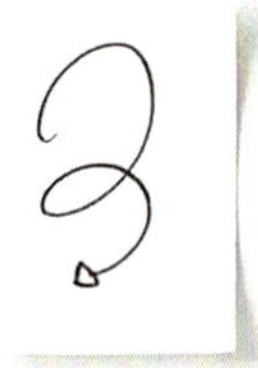

12

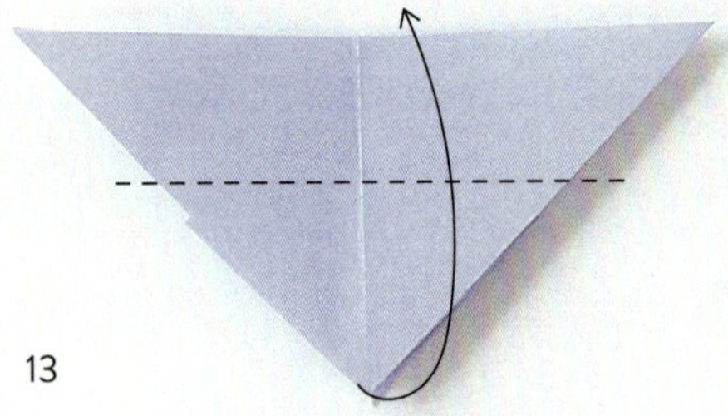

13

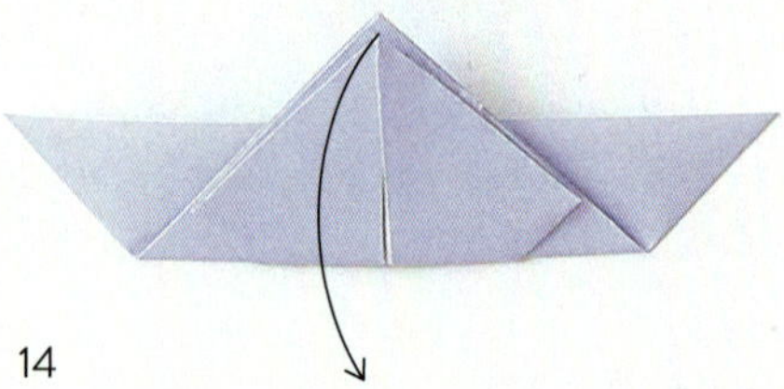

14

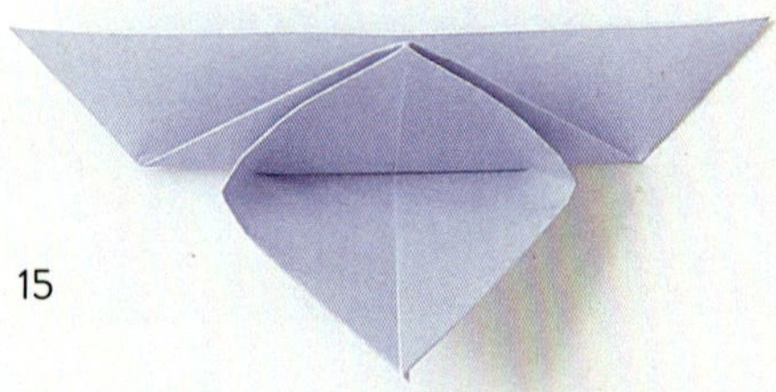

15

9. 10. Falte jeweils die beiden oberen Lagen der seitlichen Spitzen des Dreiecks zur Mittellinie hin um, sodass eine Raute entsteht. **11.** Drehe die Figur um 180 Grad. **12.** Wende die Figur. **13.** Falte die untere Spitze nach oben so über die Faltung, dass sie leicht übersteht. **14. 15.** Greife die beiden oberen Lagen der oberen Spitze und ziehe sie nach unten, um die Faltung wie abgebildet zu öffnen.

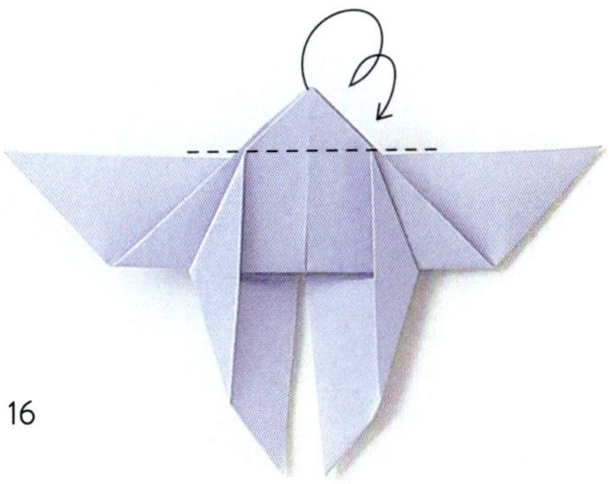
16

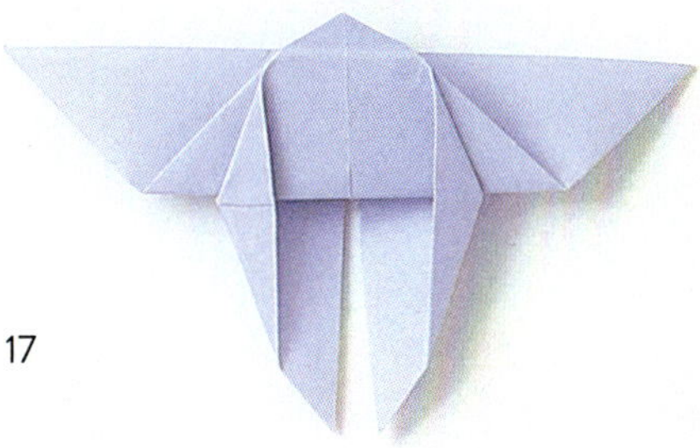
17

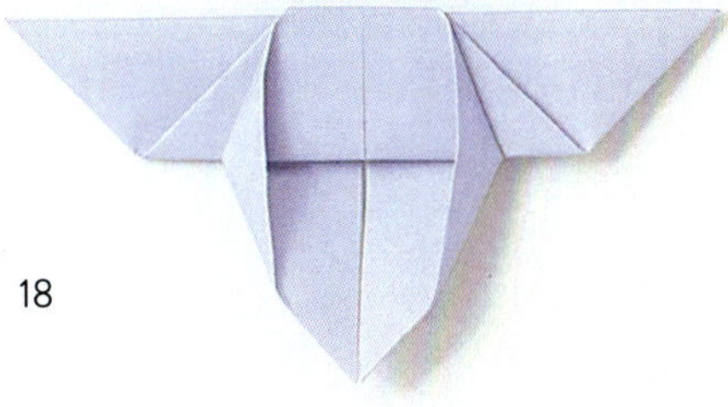
18

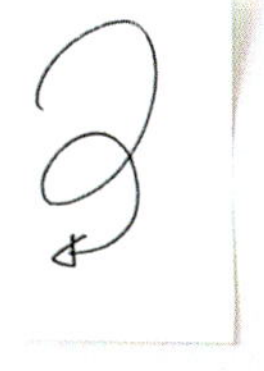
19

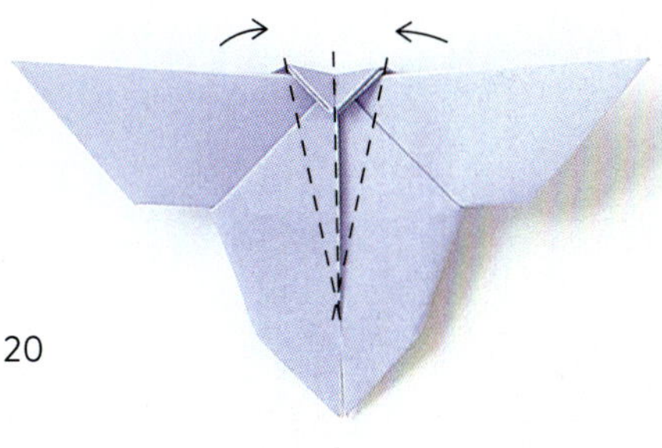
20

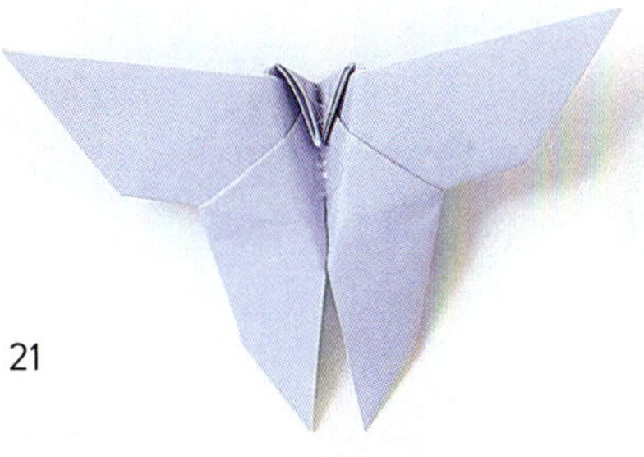
21

16. 17. 18. Falte die beiden Außenkanten der Öffnung wie abgebildet nach innen um und streiche sie glatt. Falte die obere Spitze unter die Faltung und streiche sie glatt. **19.** Wende die Figur. **20**. Falte die Flügel gemäß der gestrichelten Linie und drücke die Figur mittig gemäß der mittleren gestrichelten Linie leicht zusammen. **21.** Der Nachtfalter ist fertig.

Würfel

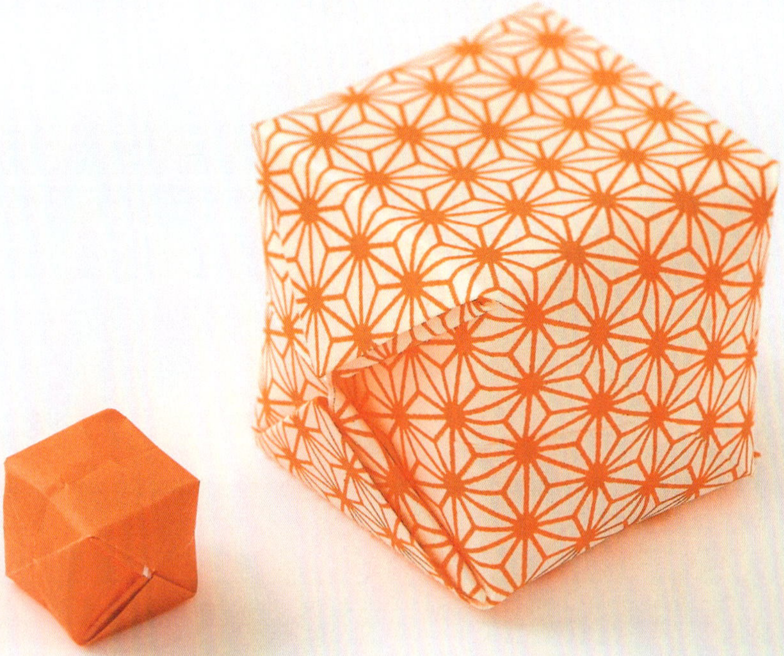

Level ●●○○○

Abmessungen

10 cm

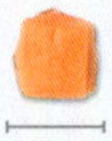

2,5 cm

2,5 cm

15 cm

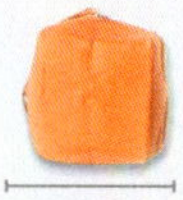

3,8 cm

3,8 cm

20 cm

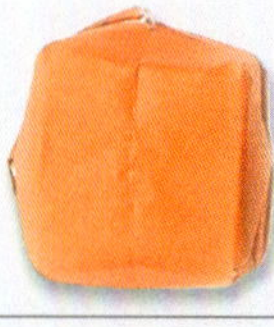

5 cm

5 cm

Tipp

Der Würfel, eine der traditionellen japanischen Faltfiguren, eignet sich hervorragend für Lichterketten. Nimm Papierquadrate mit einer Seitenlänge von 20 cm und eine Lichterkette mit LED-Glühbirnen.

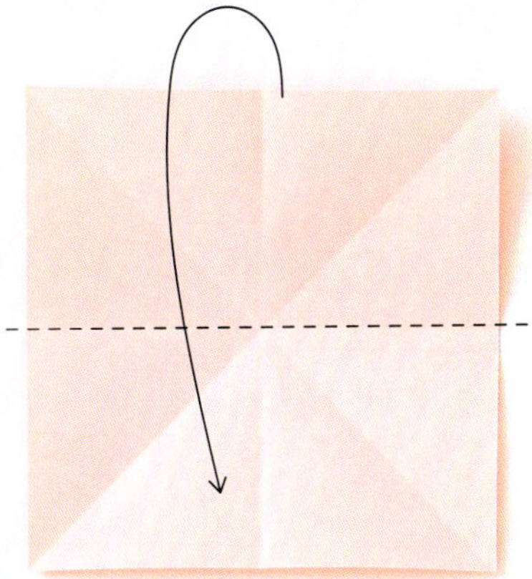

1

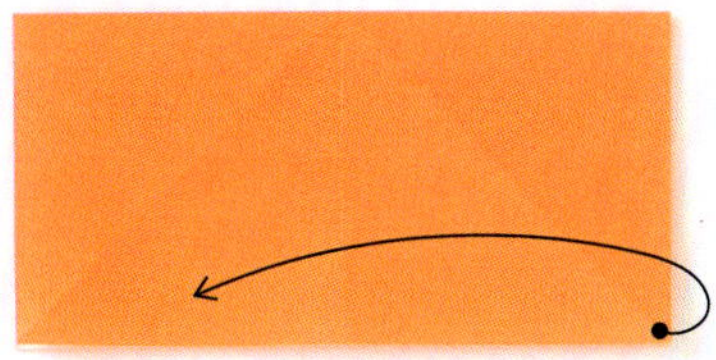

2

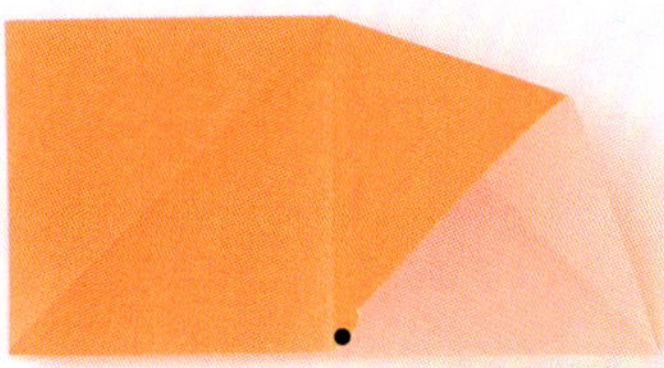

3

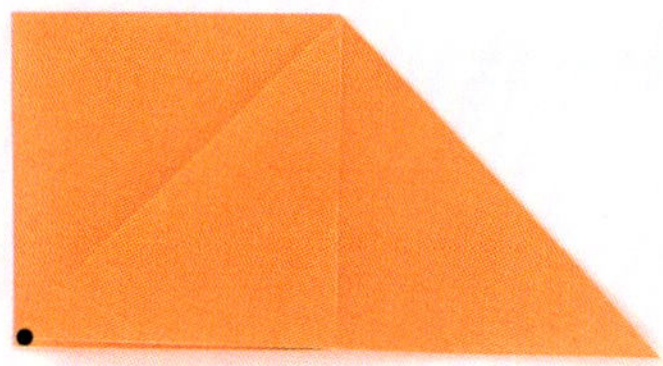

4

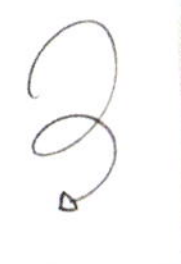

5

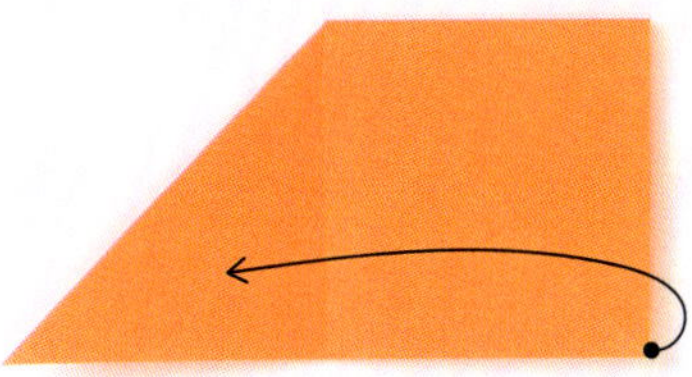

6

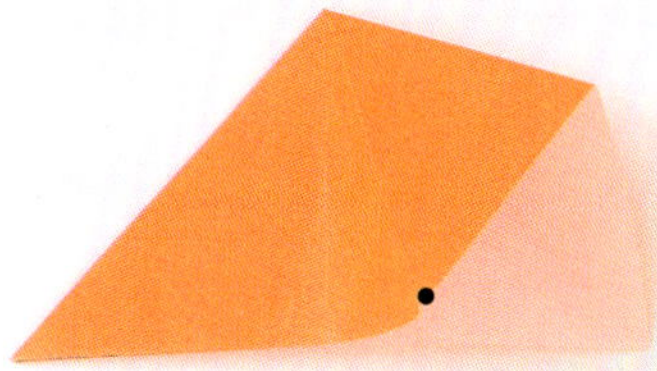

7

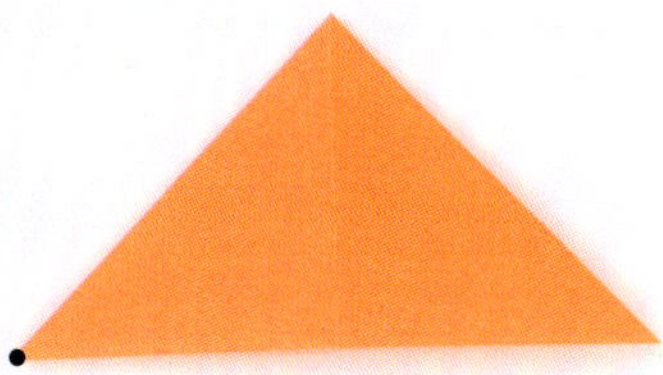

8

1. Richte das Papier normal aus (mit der farbigen Seite nach unten). Markiere die Mittellinien und die Diagonalen. Falte die Oberkante des Quadrats über die horizontale Mittellinie zur unteren Kante, um ein Rechteck zu bilden. **2. 3.** Führe die obere Lage der rechten unteren Ecke nach links zur unteren Ecke, um rechts ein Dreieck zu bilden. **4.** Streiche das Dreieck glatt. **5.** Wende die Figur. **6. 7.** Führe die obere Lage der rechten unteren Ecke nach links zur unteren linken Ecke, um insgesamt ein Dreieck zu bilden. **8.** Streiche das Dreieck glatt.

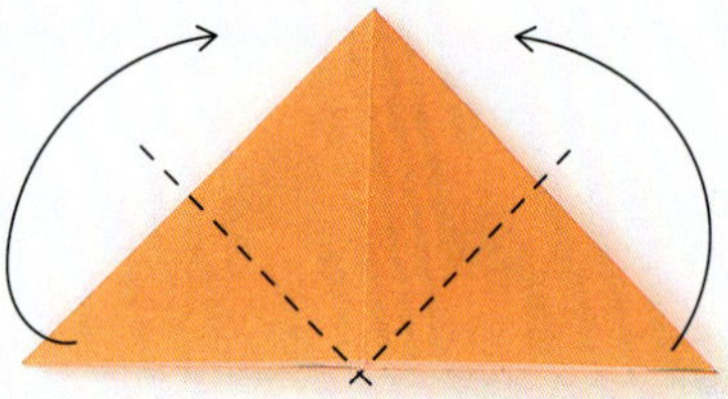

9

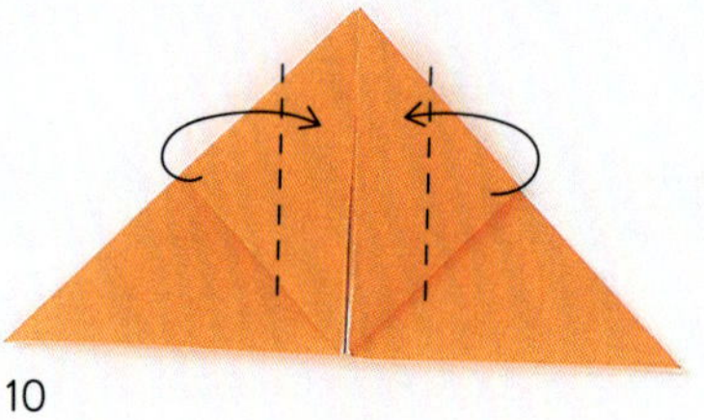

10

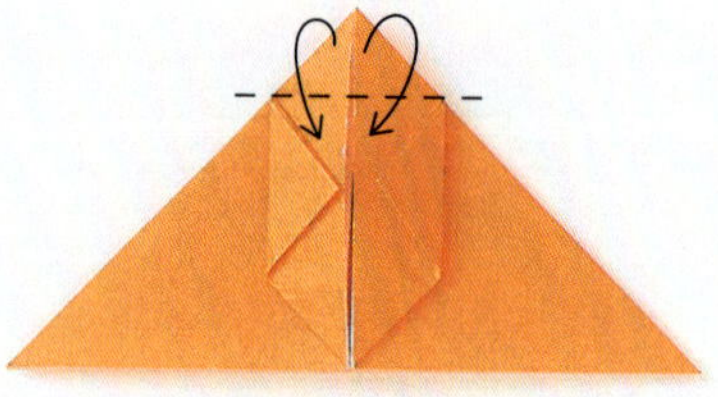

11

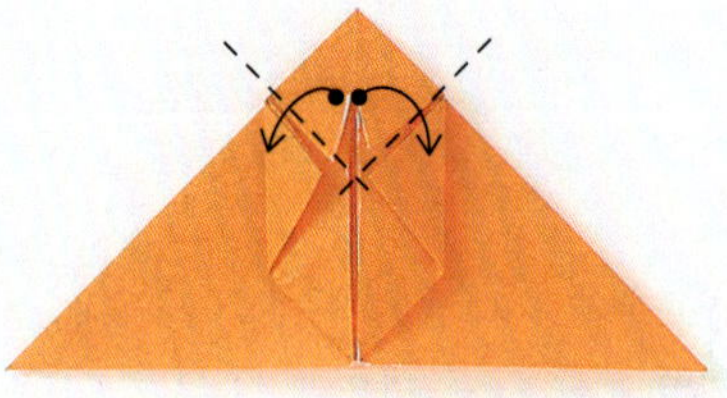

12

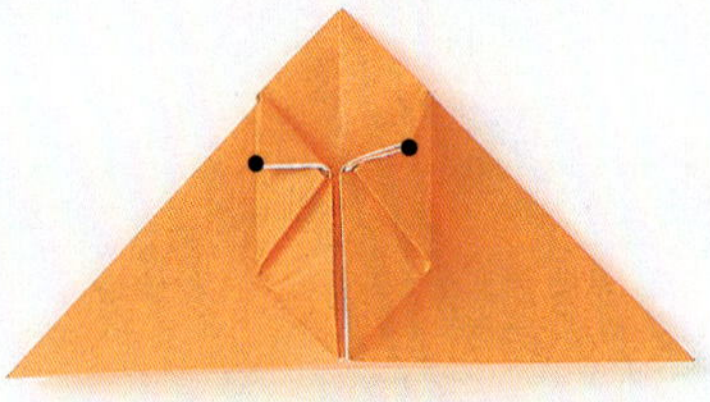

13

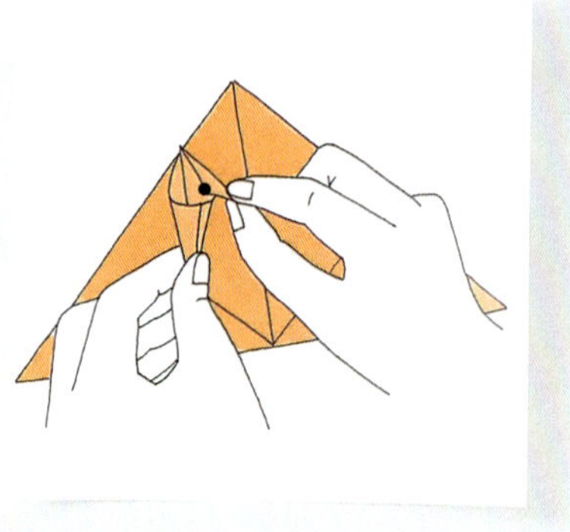

14

9. Falte die beiden oberen Lagen der seitlichen Spitzen des Dreiecks zur Mittellinie hin um, sodass eine Raute entsteht, dann streiche diese glatt. **10.** Falte beide seitlichen Spitzen der Raute gemäß den gestrichelten Linien zur Mittellinie. **11.** Falte die beiden oberen Lagen der oberen Spitze der Raute gemäß der gestrichelten Linie. **12.** Falte die beiden Spitzen erneut, nun gemäß den gestrichelten Linien. **13. 14. 15.** Greife jeweils eine der Spitzen am angegebenen Punkt und schiebe sie in die Lasche der beiden Rautenseiten, um Bild 15 zu erhalten.

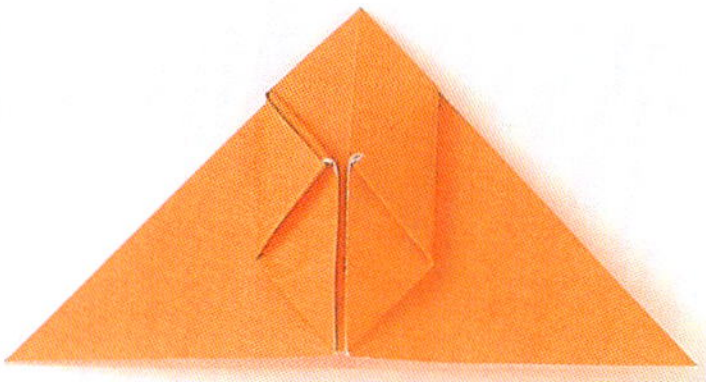

15

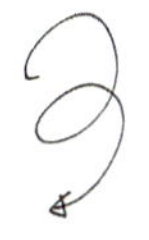

16

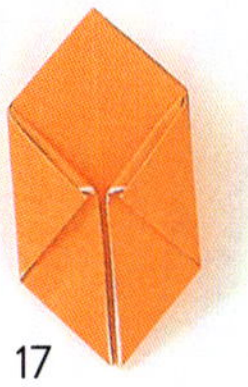

17

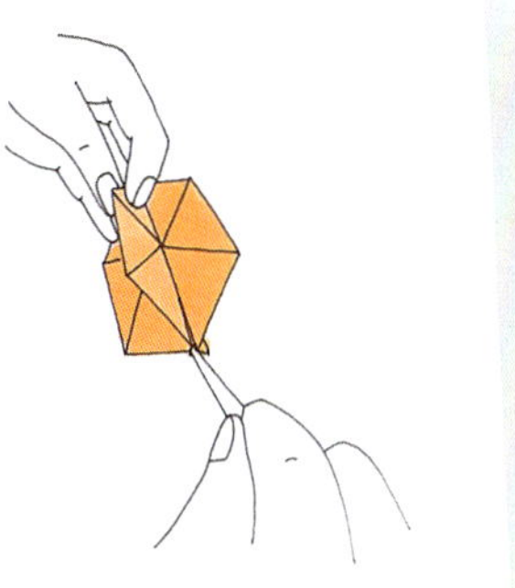

18

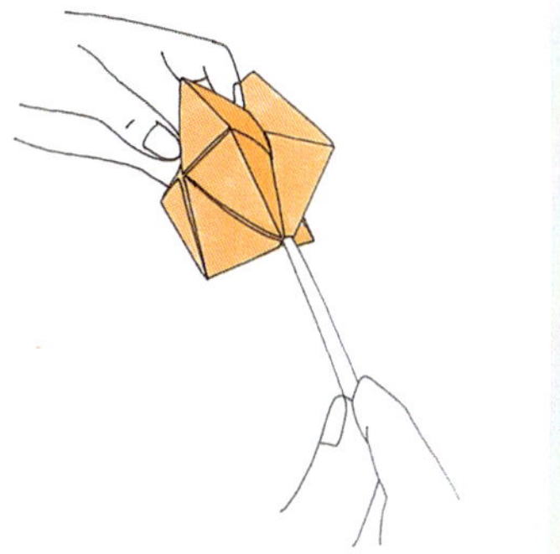

19

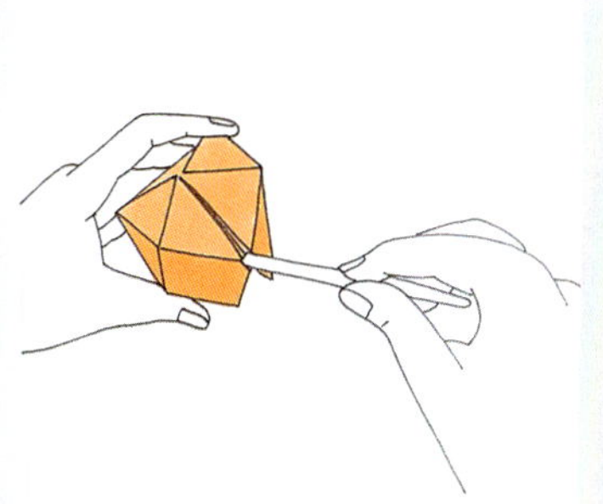

20

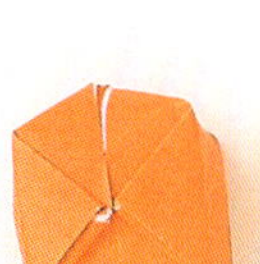

21

16. Wende die Figur. **17.** Wiederhole die Schritte 9–15, um diese Faltung zu erhalten. Jetzt muss der Würfel nur noch in Form gebracht werden. **18. 19. 20.** Stecke hierfür ein Stäbchen in die Faltung und drücke damit die Faltung von innen vorsichtig nach allen Seiten auf. **21.** Der Würfel ist fertig.

Schwan

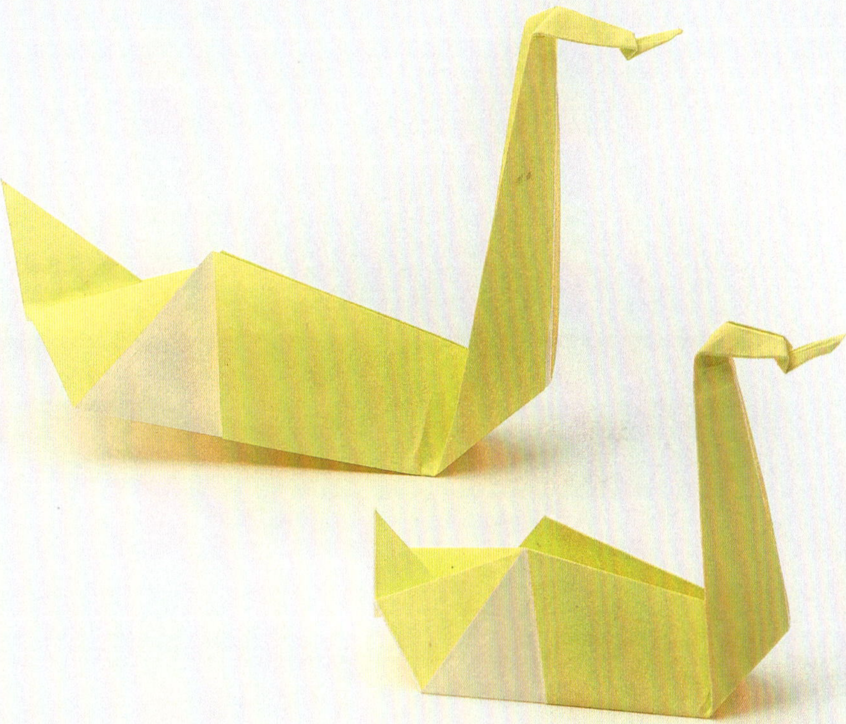

Level ●●○○○

Abmessungen

7,5 cm

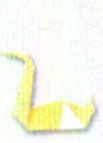

4 cm

6 cm

10 cm

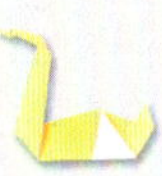

6 cm

7,5 cm

15 cm

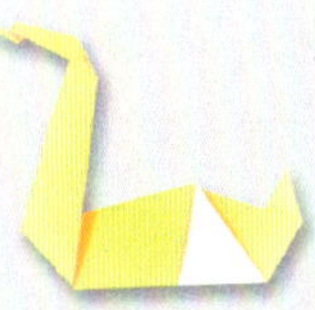

9 cm

11 cm

Tipp
Als Namensschildchen verwendet, ergibt dieser Schwan eine raffinierte Tischdekoration.

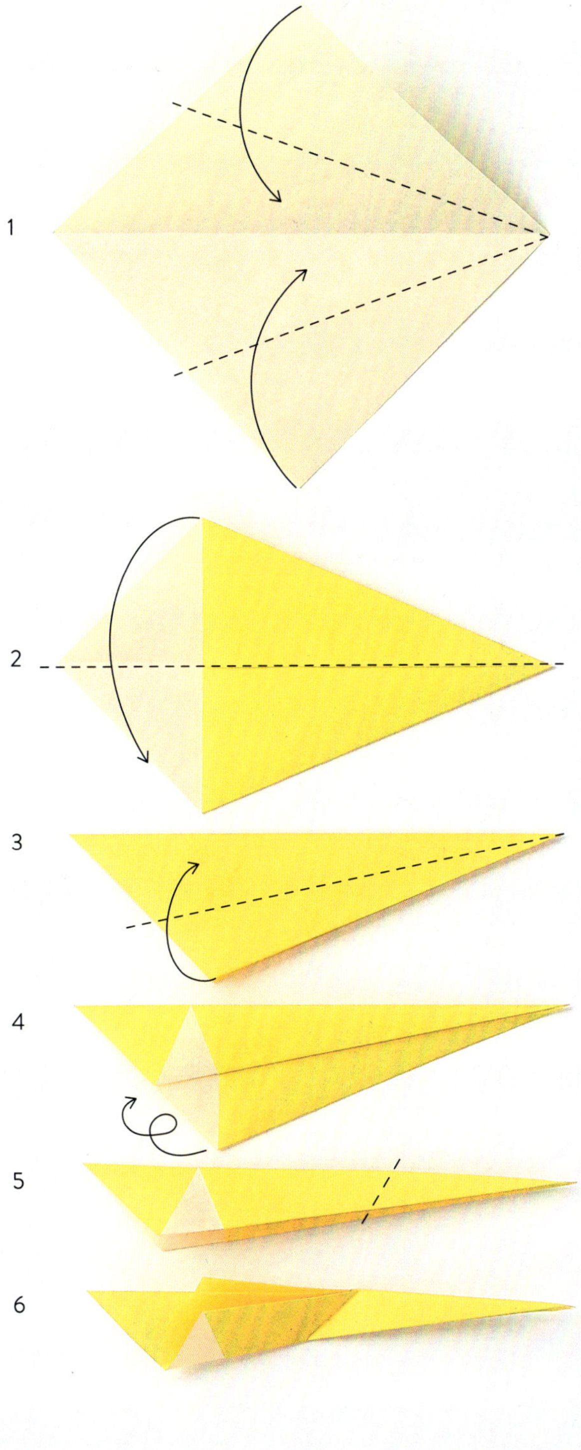

1. Richte das Papier rautenförmig aus (mit der farbigen Seite nach unten). Markiere die horizontale Diagonale. Falte die obere und die untere Spitze gemäß den gestrichelten Linien zur Mittellinie. **2.** Falte die obere Hälfte der Figur über die untere. **3.** Falte die beiden oberen Lagen der unteren Kante gemäß der gestrichelten Linie nach oben. **4.** Falte die unteren beiden Lagen der unteren Kante gemäß der gestrichelten Linie nach hinten. **5. 6.** Falte die rechte Spitze gemäß der gestrichelten Linie nach links.

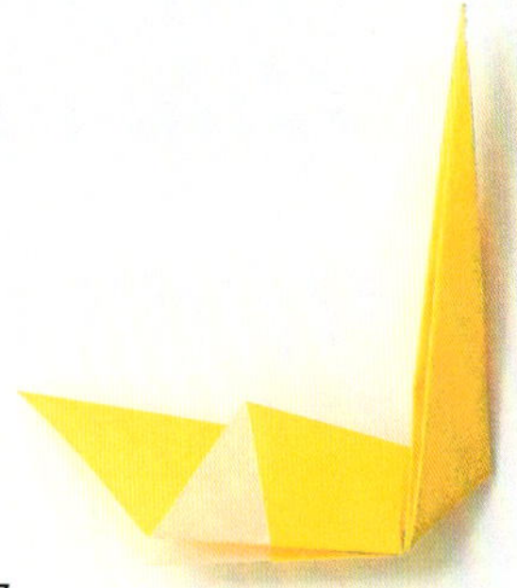
7

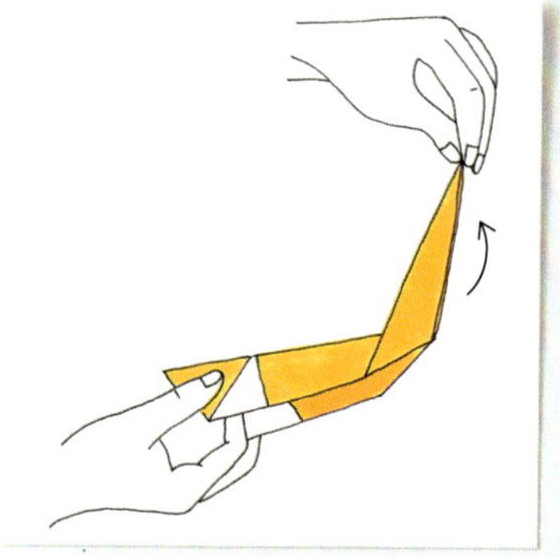
8

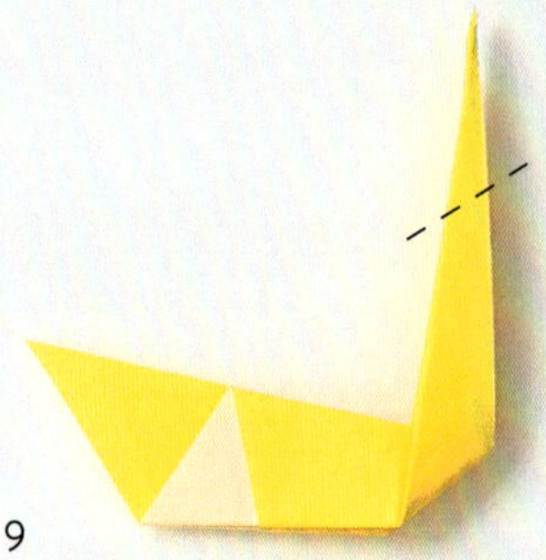
9

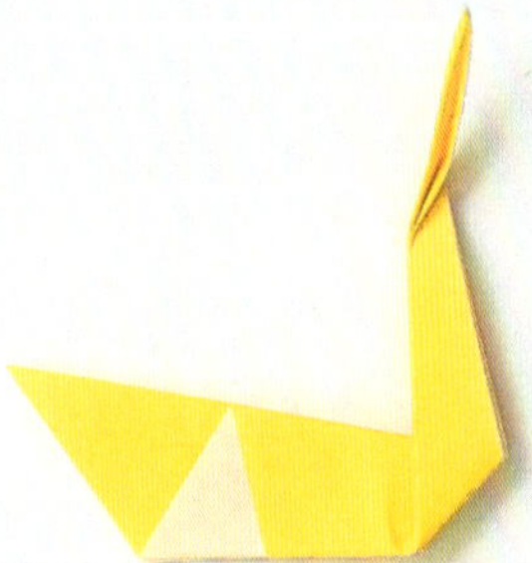
10

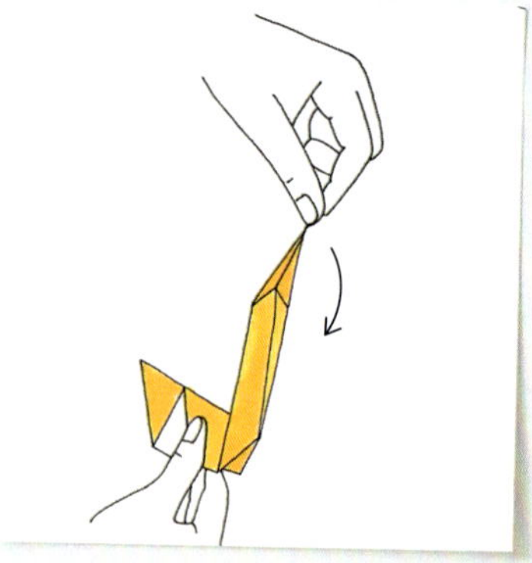
11

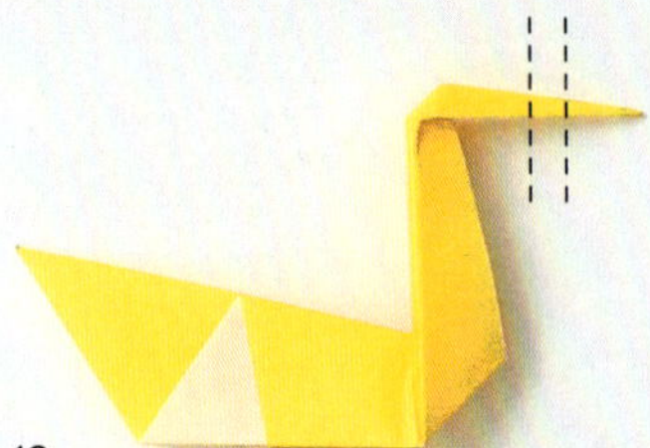
12

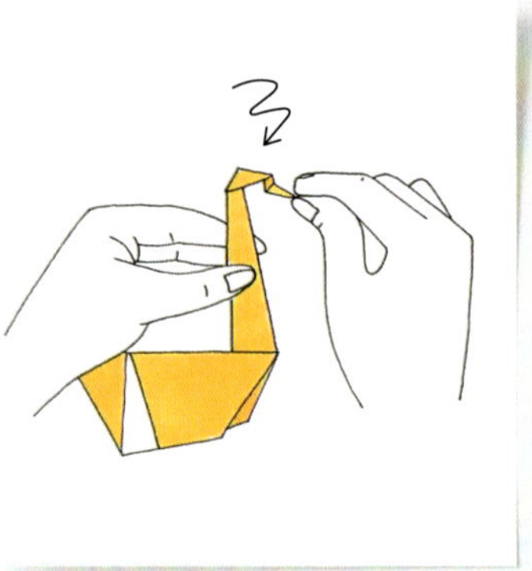
13

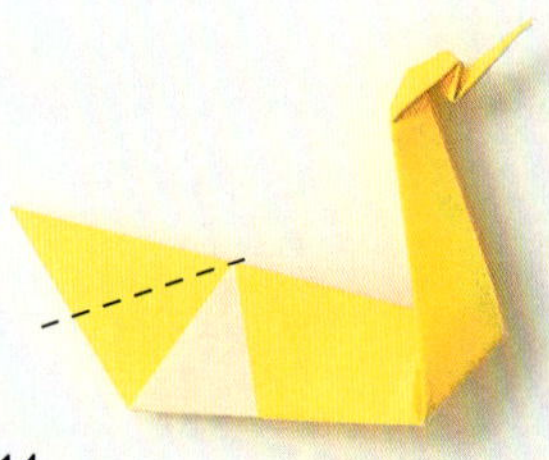
14

7. 8. 9. Greife die Figur mit einer Hand und greife mit der anderen die nach oben ragende Spitze, öffne deren Faltung und kehre sie nach außen um. Der Hals des Schwans ist nun stabil. **9.** Falte die obere Spitze gemäß der gestrichelten Linie um. **10. 11. 12.** Entfalte diese Faltung wieder und drücke auf den Mittelfalz, um die Faltung umzukehren. Streiche die Faltung glatt. **13.** Markiere zwei parallele Falze gemäß den gestrichelten Linien auf dem Schnabel des Schwans und bilde eine Ziehharmonika-Faltung. Streiche die Faltung am Kopf und Schnabel glatt. **14.** Falte am Schwanz gemäß der gestrichelten Linie die linke Spitze um.

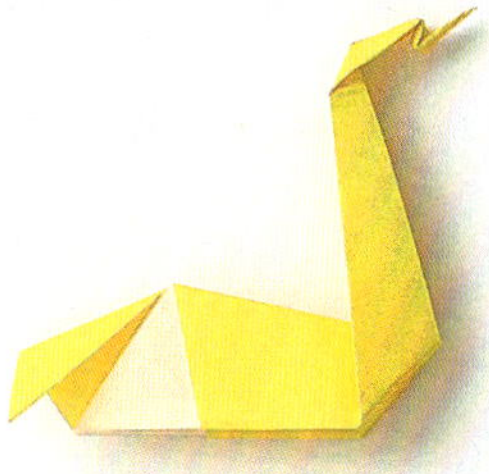

15

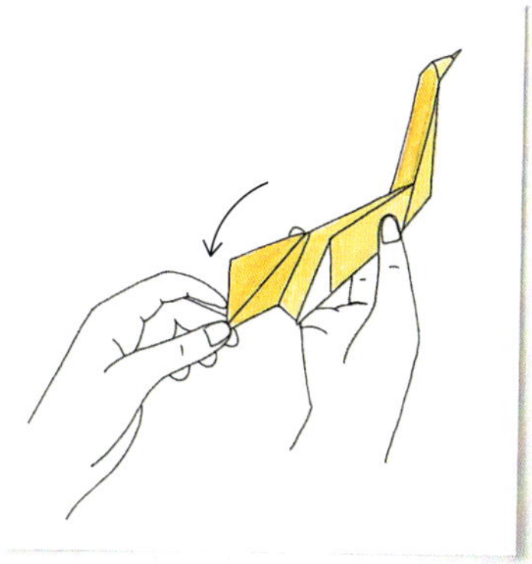

16

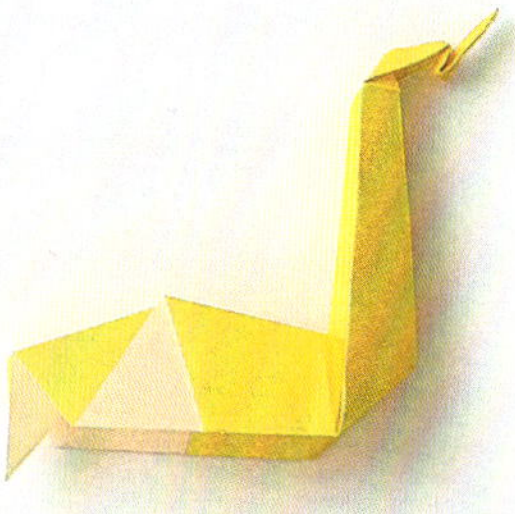

17

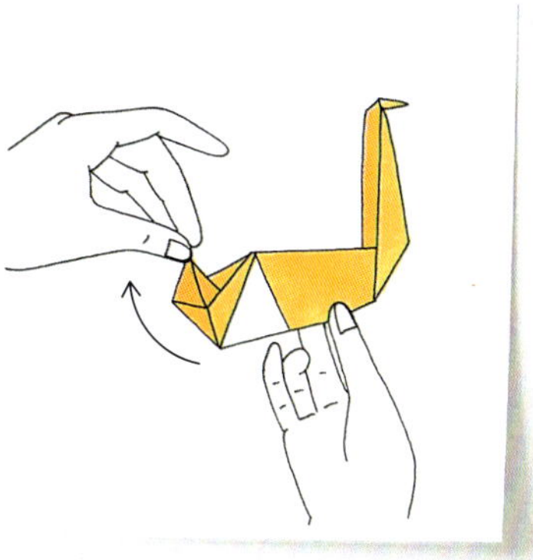

18

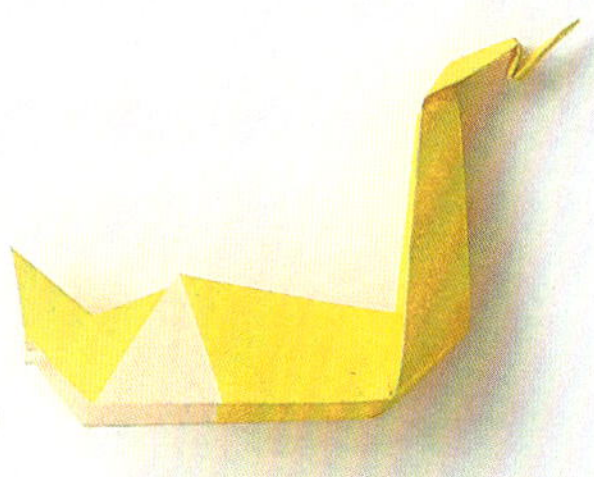

19

15. 16. 17. Öffne diese Faltung und kehre sie nach innen um, sodass der Schwanz zwischen den Flügeln des Schwans zu liegen kommt. **18.** Ziehe die äußere Spitze nach oben, um dem Schwanzende die gewünschte Form zu geben. **19.** Der Schwan ist fertig.

Meise

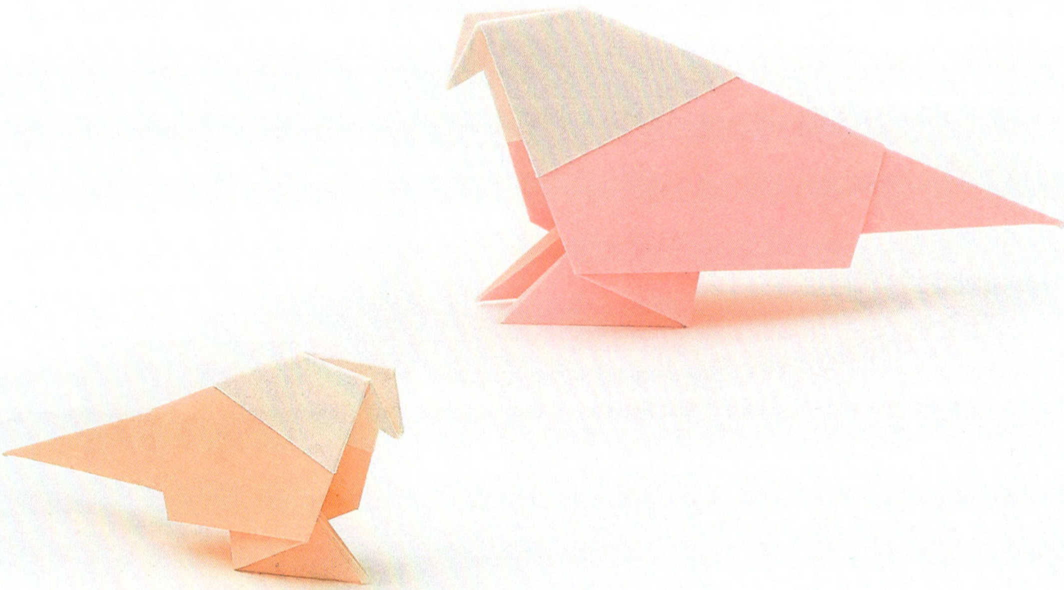

Level ●●○○○

Abmessungen

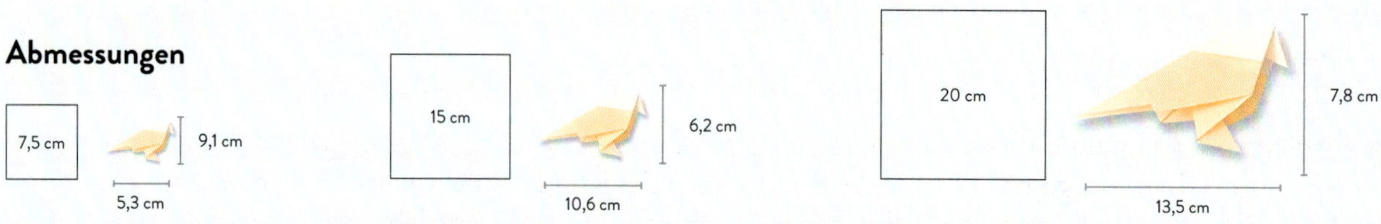

Tipp

Dieser Piepmatz ergibt eine hübsche Zierde für Blumensträuße oder Tischdekorationen. Er kann auch in großem Format angefertigt und in einen Bilderrahmen gesetzt werden.

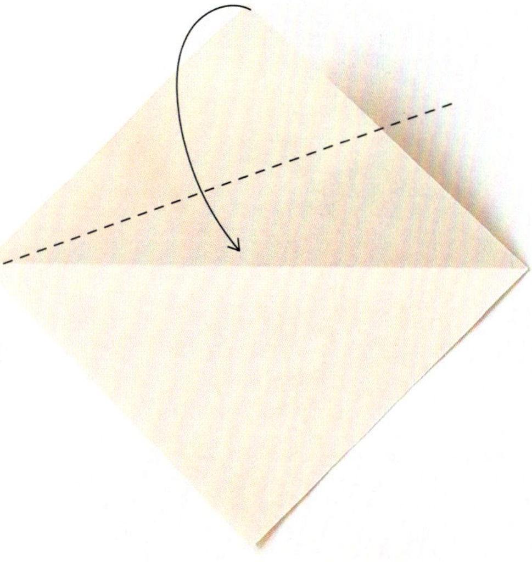

1

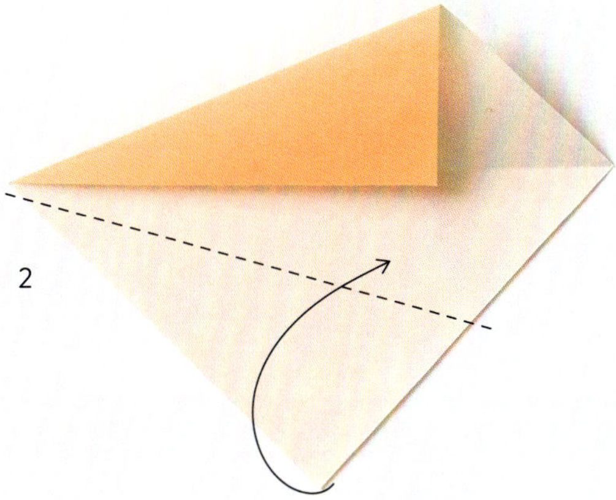

2

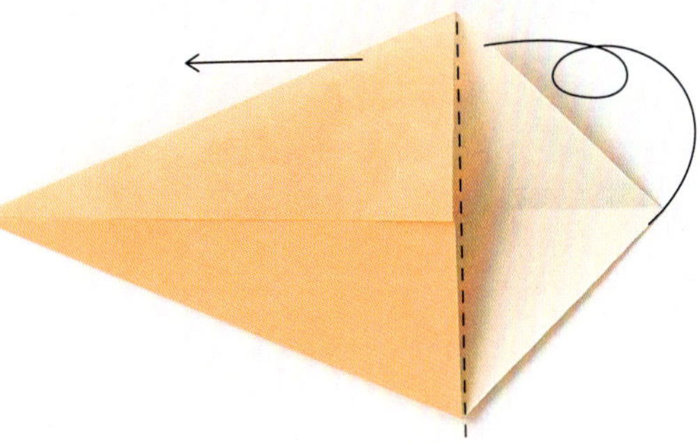

3

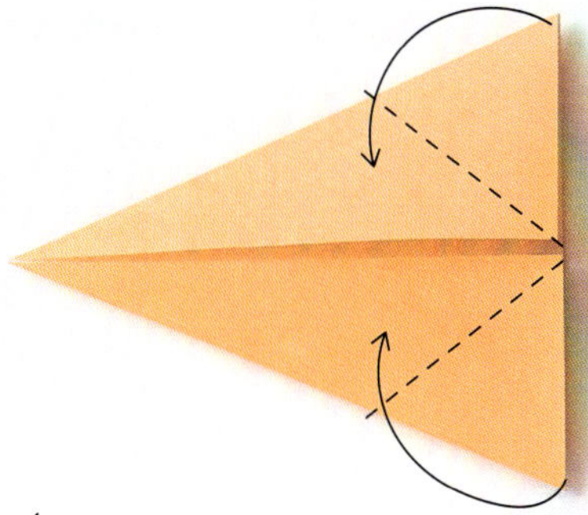

4

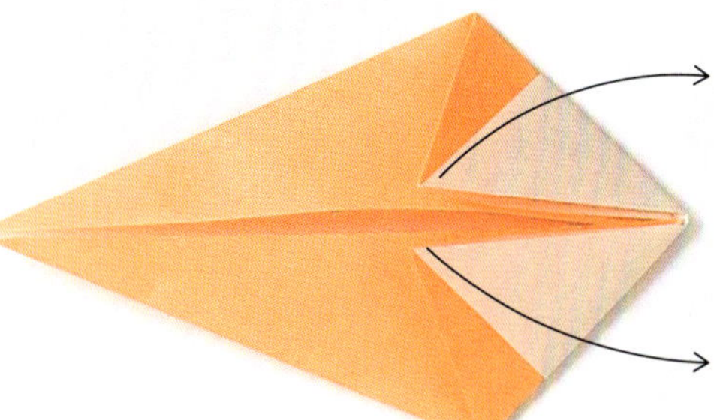

5

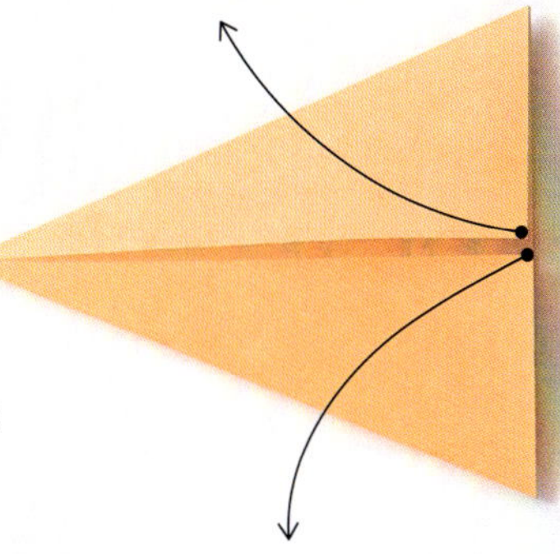

6

1. Richte das Papier rautenförmig aus (mit der farbigen Seite nach unten). Markiere die horizontale Diagonale. Falte die linke Oberkante gemäß der gestrichelten Linie zur Diagonalen. **2.** Falte die rechte Unterkante gemäß den gestrichelten Linien zur Diagonalen. **3.** Falte die rechte Spitze gemäß der gestrichelten Linie nach hinten. **4.** Falte die obere und untere Spitze gemäß den gestrichelten Linien zur horizontalen Mittellinie. **5.** Entfalte die Faltung von Schritt 4. **6.** Greife die Figur und führe das Papier an den angezeigten Punkten gemäß der Pfeile nach links, um die Faltungen in zwei Rautenformen zu bringen (siehe die Abbildungen auf der nächsten Seite).

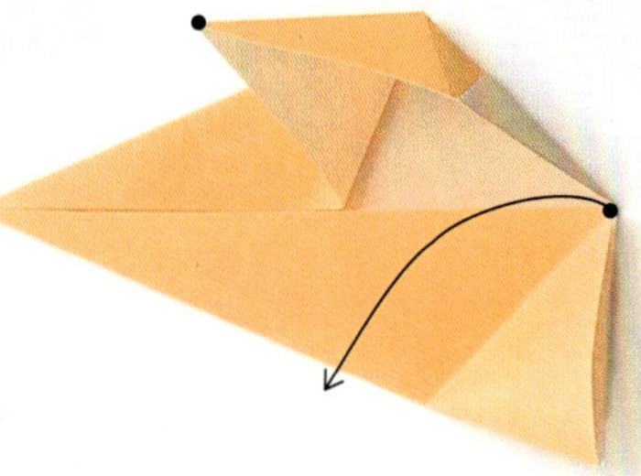

7

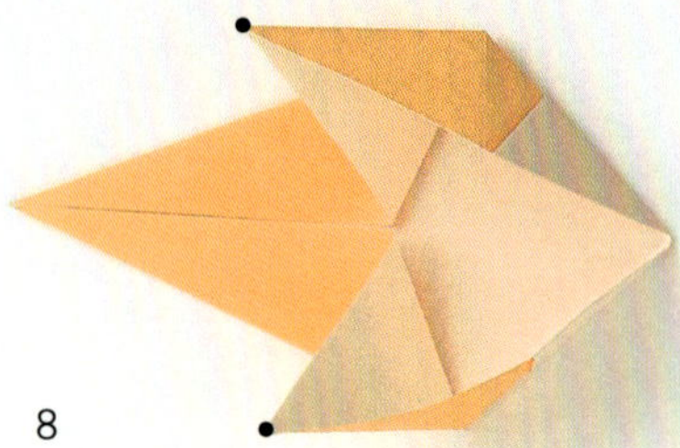

8

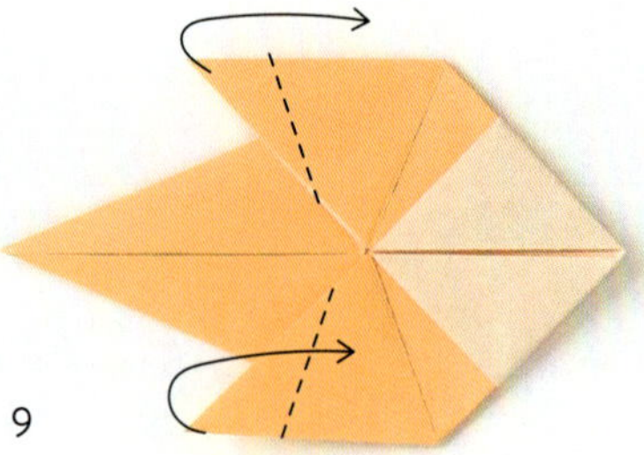

9

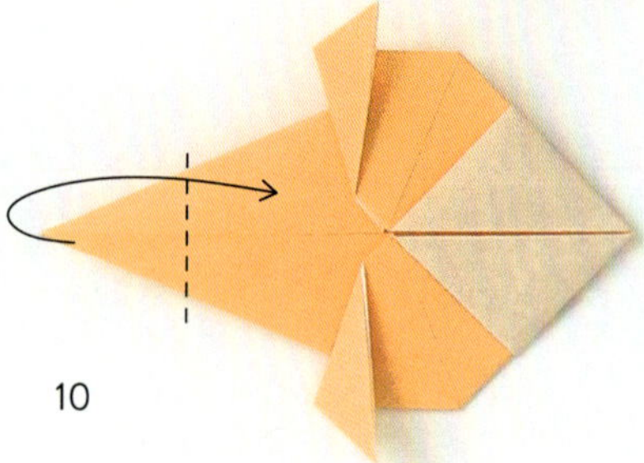

10

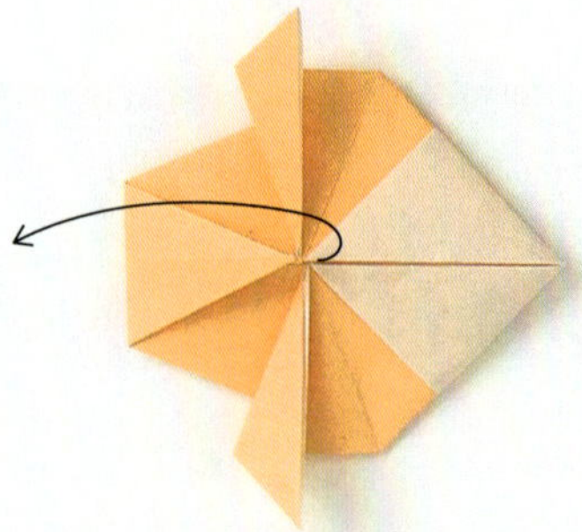

11

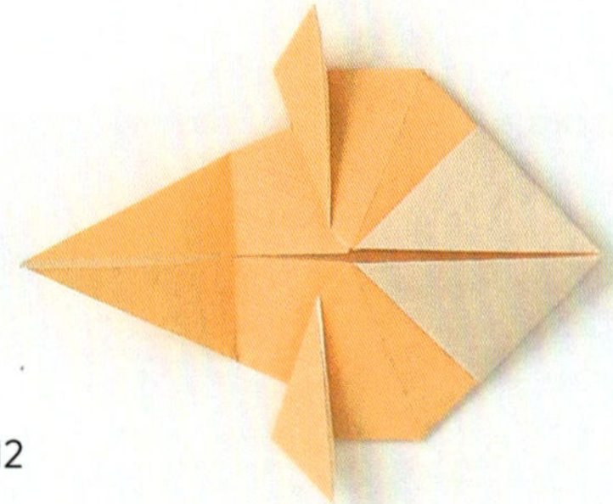

12

7. 8. 9. Greife jeweils die angezeigten Punkte, ziehe die obere rechte Spitze nach links zu einer länglichen Raute auf und streiche diese glatt. Ziehe die untere Spitze ebenso zu einer Raute auf. **9.** Falte die beiden entstandenen kleinen Spitzen gemäß den gestrichelten Linien. **10.** Falte die linke Spitze (sie ergibt den Schwanz) gemäß der gestrichelten Linie zum Mittelpunkt. **11. 12.** Entfalte die Faltung von Schritt 10.

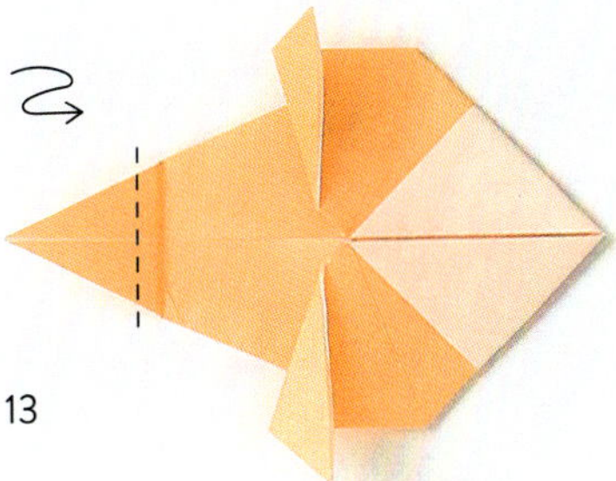
13

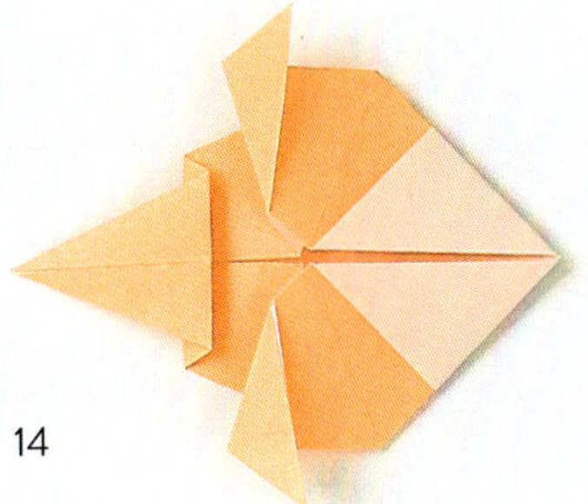
14

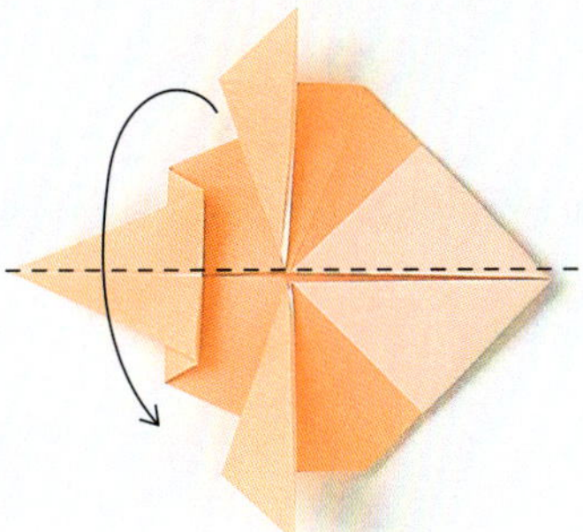
15

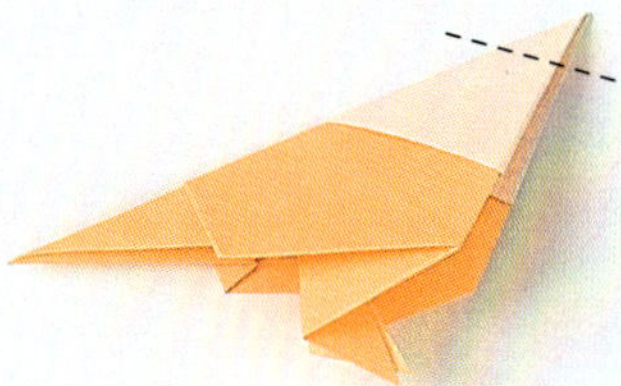
16

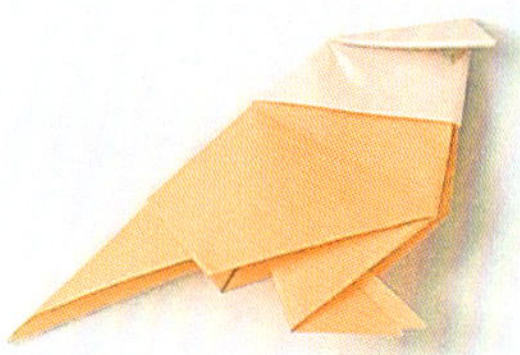
17

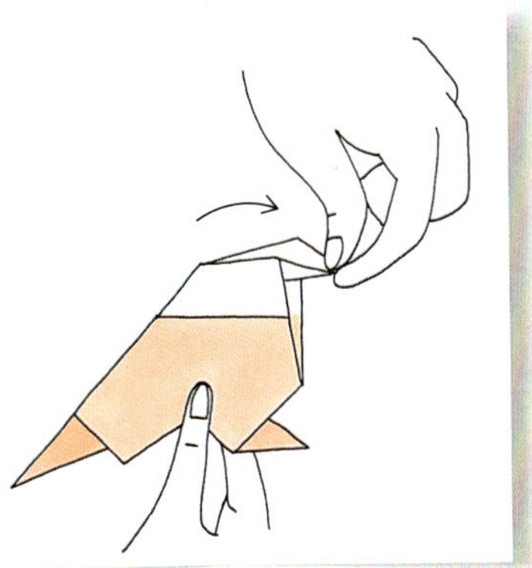
18

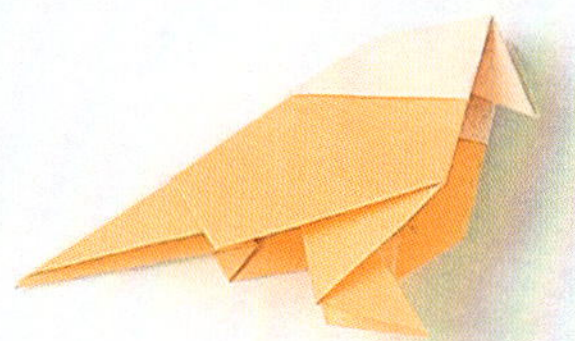
19

13. 14. Falte den Schwanz leicht nach links versetzt erneut gemäß der gestrichelten Linie. Falte den Schwanz an den beiden markierten Falzen im Ziehharmonika-Stil (Zickzackfaltung) wie abgebildet. **15.** Falte die obere Hälfte der Figur mittig nach unten. **16.** Falte die Spitze des Kopfes an der gestrichelten Linie um. **17. 18.** Entfalte diese letzte Faltung und drücke die äußere rechte Spitze nach innen, um die Faltung einzuziehen und den Schnabel zu bilden. **19.** Die Meise ist fertig.

Einfacher Kranich

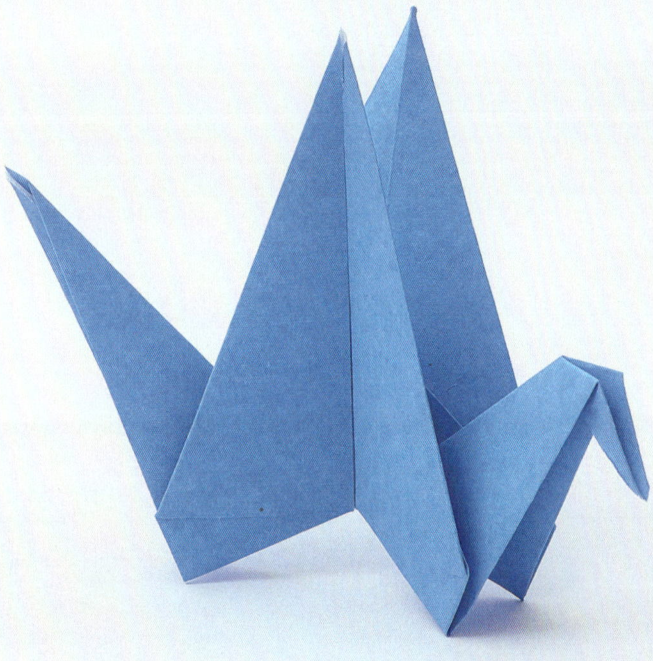

Level ●●○○○

Abmessungen

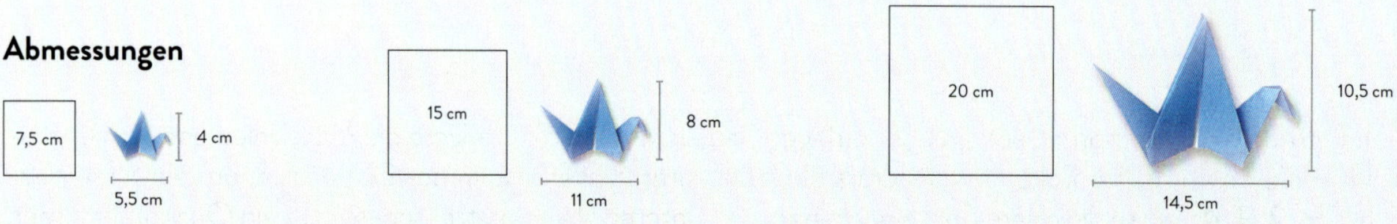

Tipp

Diese einfache traditionelle Faltung ist ideal für die Gestaltung von Einladungen.

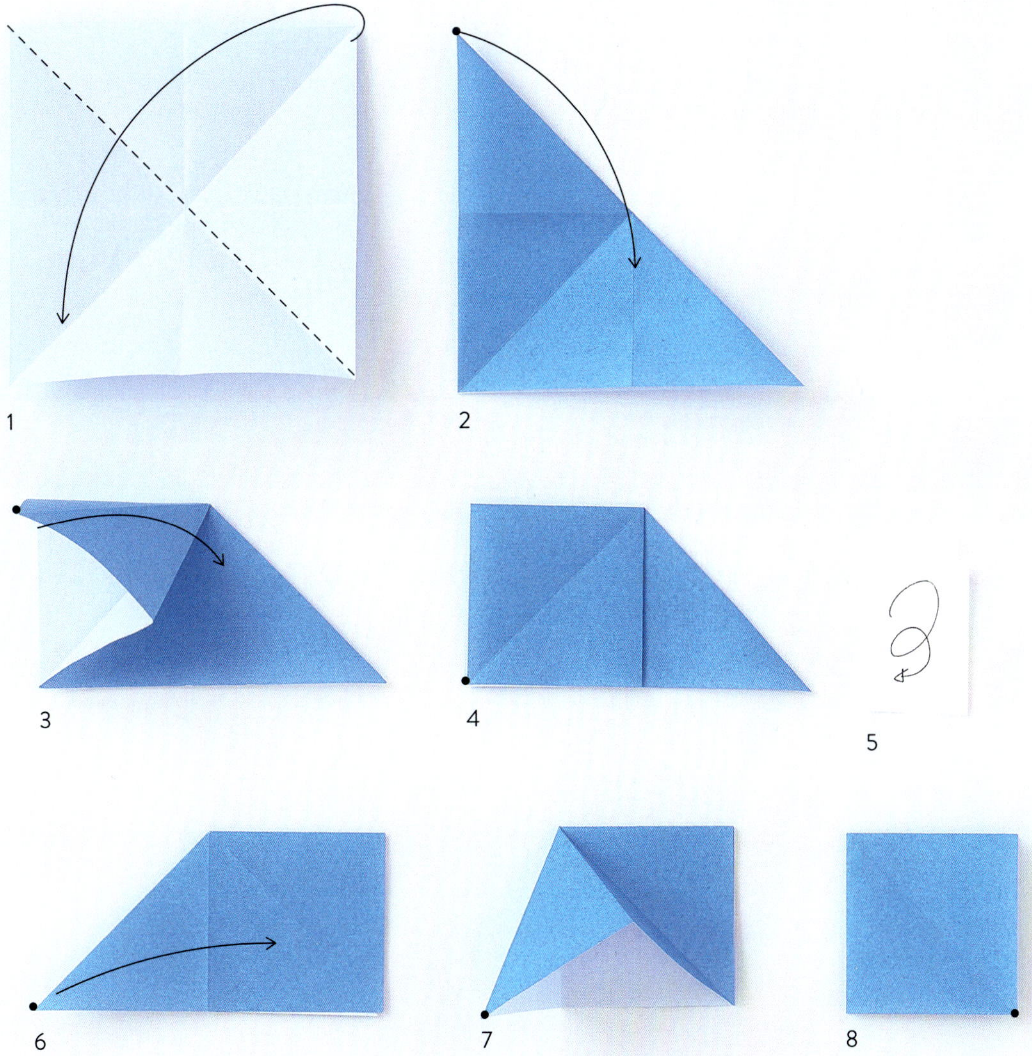

1. Richte das Papier normal aus (mit der farbigen Seite nach unten). Markiere die Mittellinien und Diagonalen. Falte die obere rechte Ecke des Quadrats über die untere linke Ecke in der Diagonalen, um ein Dreieck zu bilden. **2. 3. 4.** Führe die obere Spitze nach innen zur unteren linken Spitze, sodass links ein Quadrat entsteht. Streiche dieses glatt. **5.** Wende die Figur. **6. 7. 8.** Führe die obere Spitze nach innen zur unteren linken Spitze, sodass insgesamt ein Quadrat entsteht, dann streiche alles glatt. Drehe die Figur um 90 Grad gegen den Uhrzeigersinn.

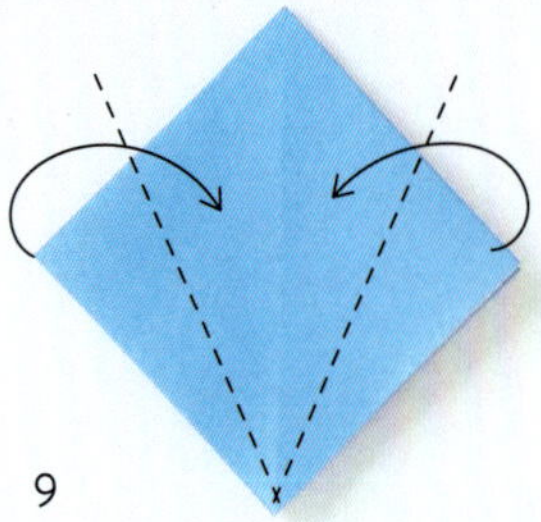

9

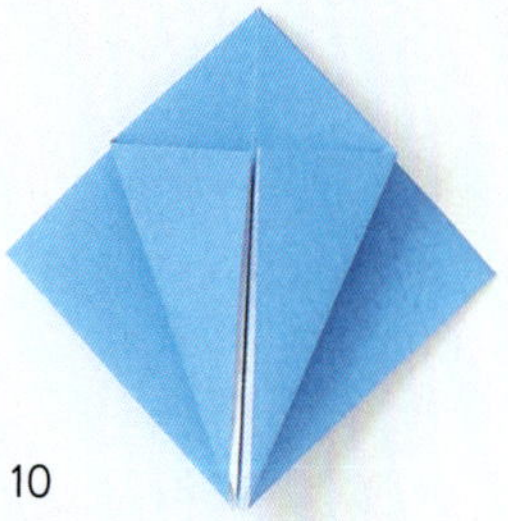

10

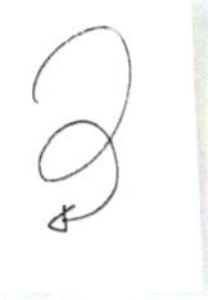

11

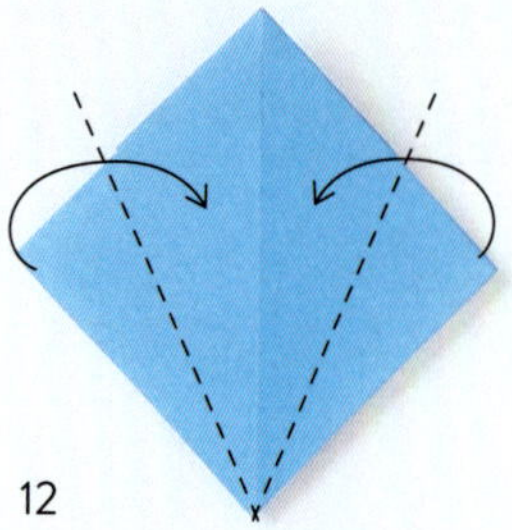

12

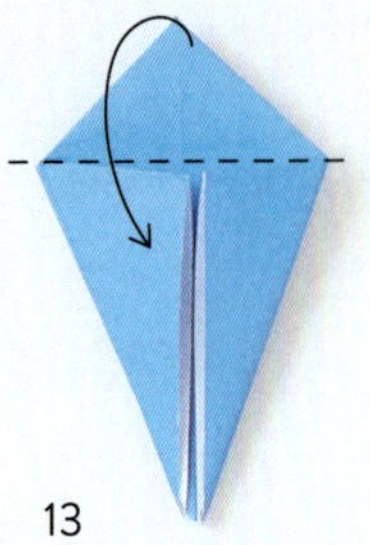

13

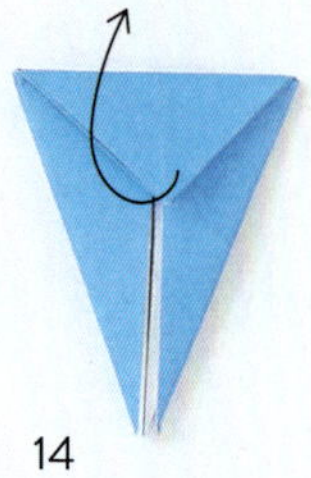

14

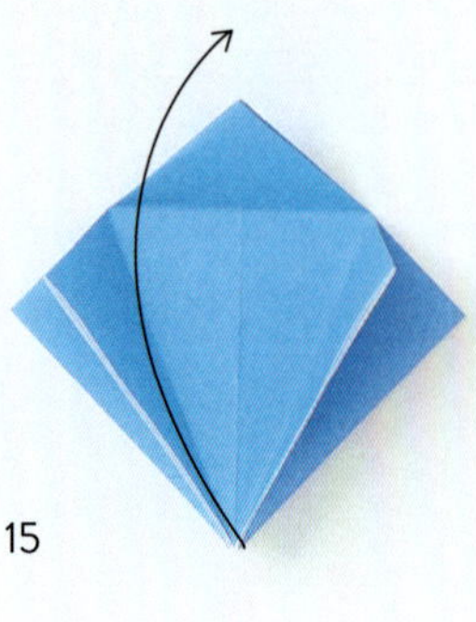

15

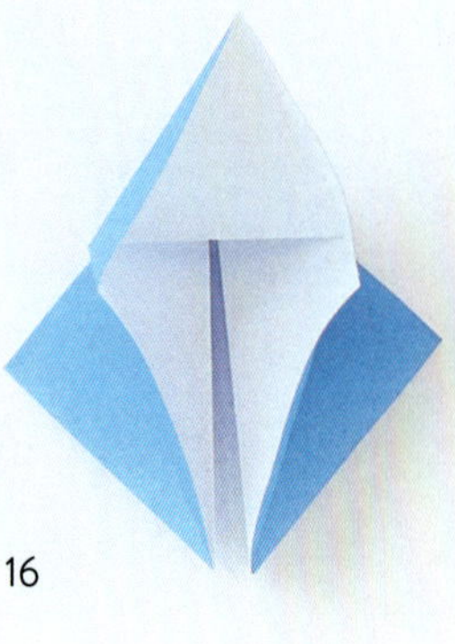

16

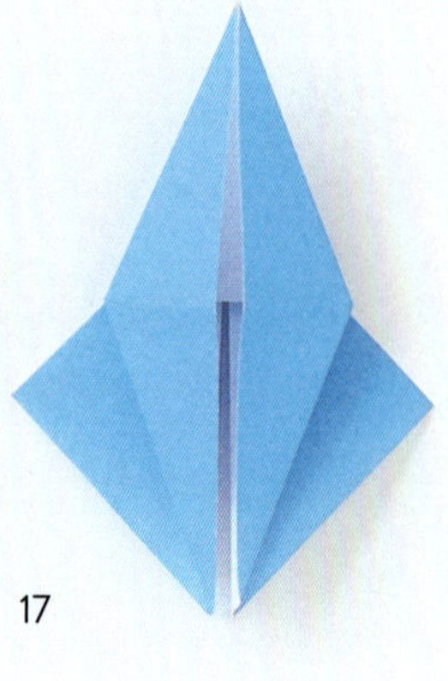

17

9. 10. Falte jeweils die beiden oberen Lagen der rechten und der linken Ecke gemäß den gestrichelten Linien zum Mittelfalz. **11.** Wende die Figur. **12. 13.** Falte jeweils die beiden oberen Lagen der rechten und der linken Ecke gemäß den gestrichelten Linien zum Mittelfalz. **13. 14.** Falte alle Lagen der oberen Ecke über die Faltung. **14. 15.** Entfalte die letzten Faltungen, sodass wieder das Quadrat zu sehen ist. **15. 16. 17.** Greife die untere Spitze am angegebenen Punkt, ziehe deren Faltung nach oben auf und streiche die entstehende hohe Raute glatt.

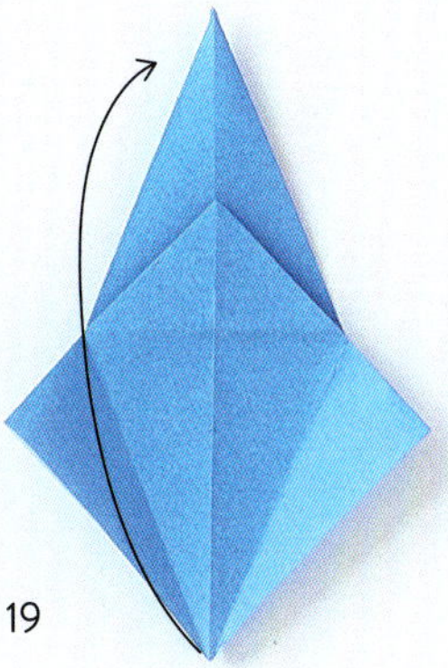

19

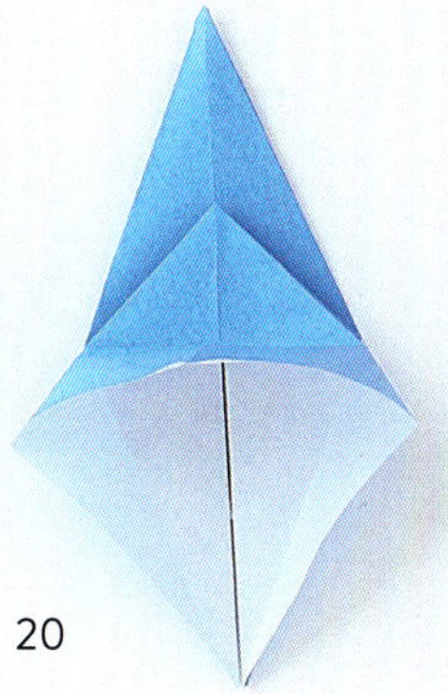

20

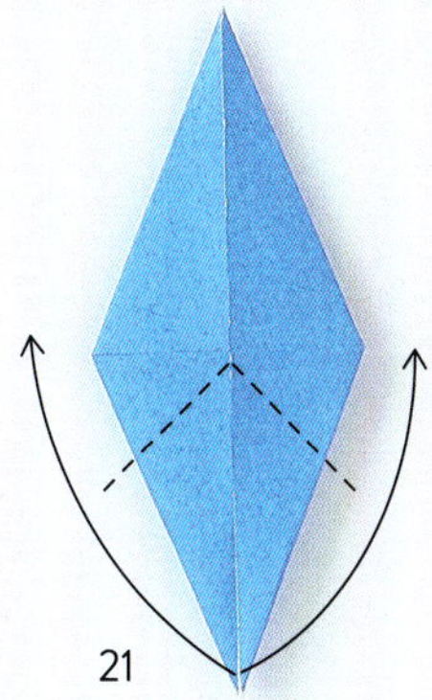

21

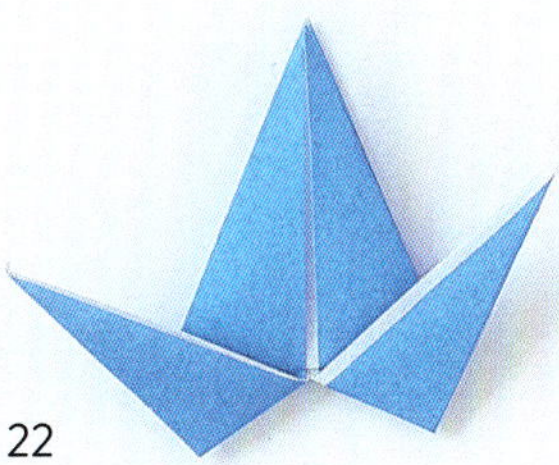

22

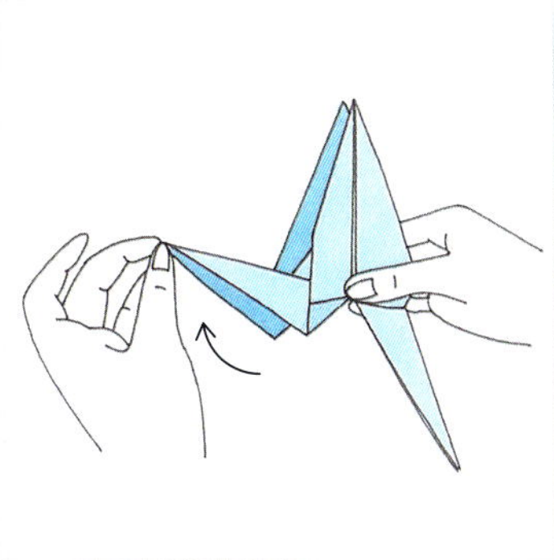

23

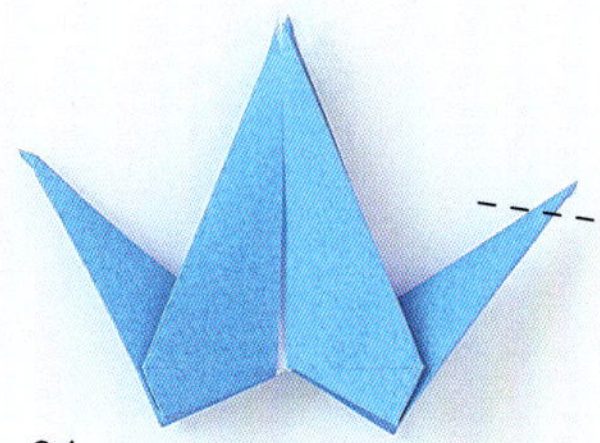

24

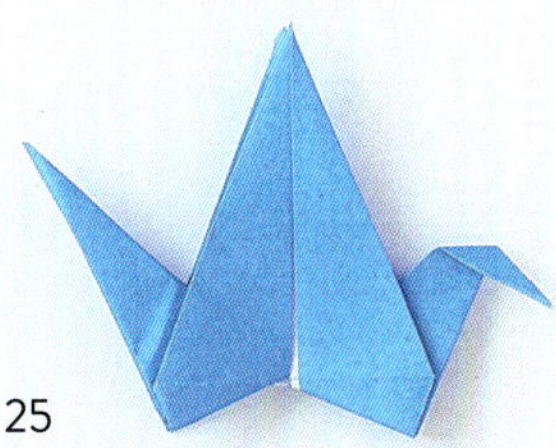

25

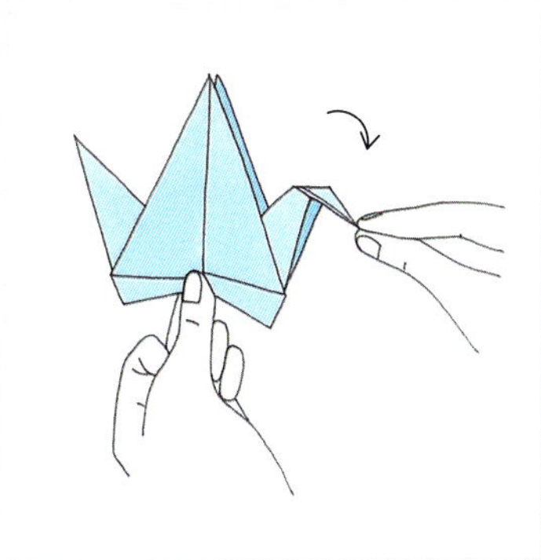

26

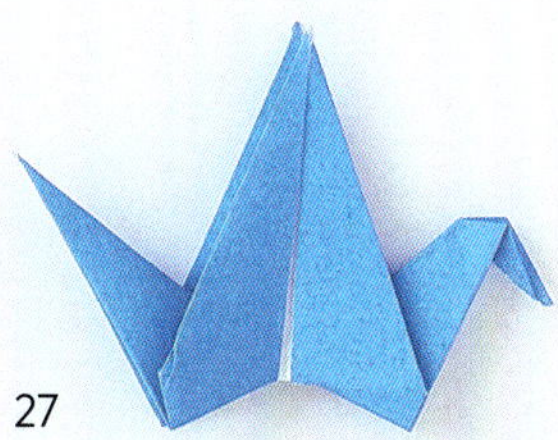

27

18. Wende die Figur. **19. 20. 21.** Greife die untere Spitze am angegebenen Punkt, ziehe deren Faltung nach oben auf und streiche die entstehende hohe Raute glatt. **21.** Falte die unteren Spitzen gemäß den gestrichelten Linien über die Faltung. **22. 23. 24.** Öffne diese Faltung und schiebe den Falz nach innen, um die Faltungen umzukehren. **24.** Falte die rechte Spitze gemäß der gestrichelten Linie um. **25. 26.** Öffne diese Faltung und schiebe den Falz nach innen, um die Faltung umzukehren und Kopf und Schnabel zu formen. **27.** Der Kranich ist fertig.

Teichhuhn

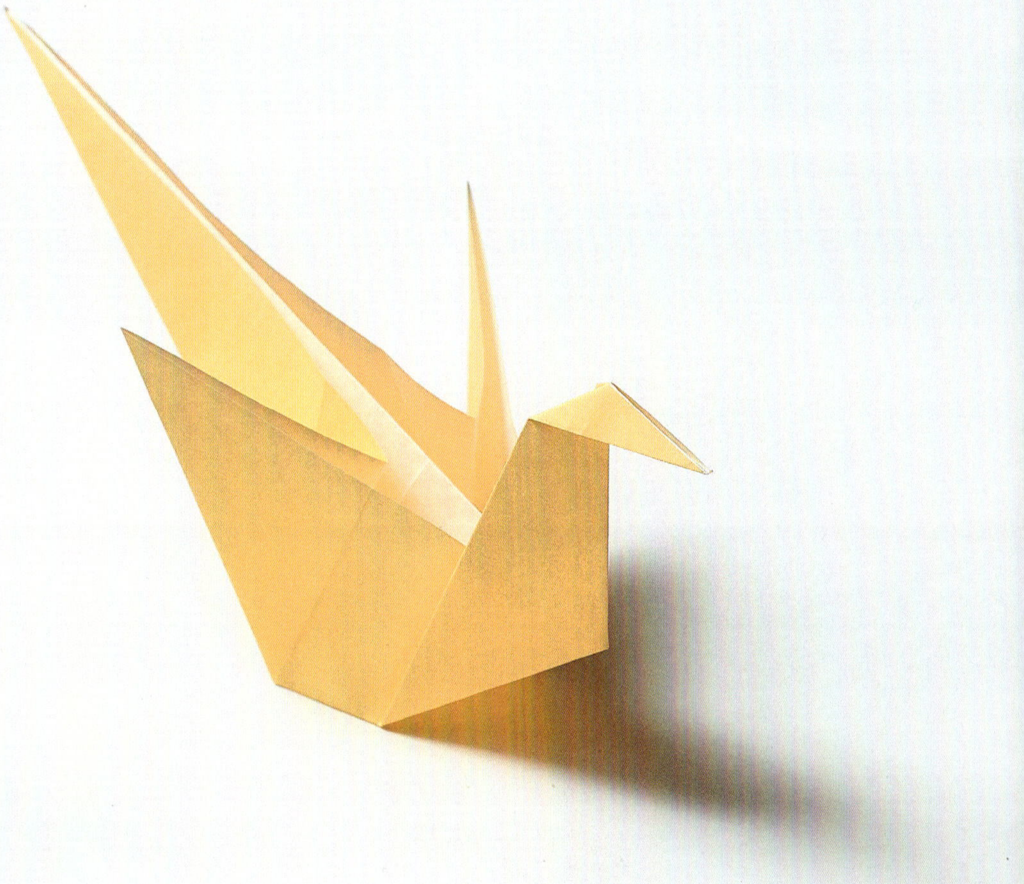

Level ●●○○○

Abmessungen

7,5 cm 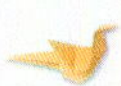 4 cm, 8 cm

15 cm 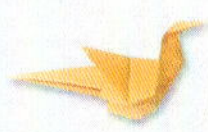 8 cm, 16 cm

20 cm 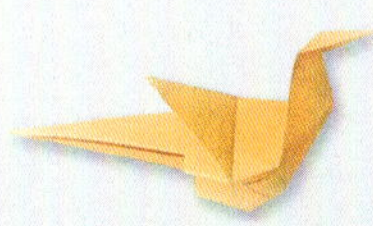 10 cm, 21 cm

Tipp

Diese einfache traditionelle Faltung ist ideal für Anfängerinnen und Anfänger. Du benötigst eine Schere.

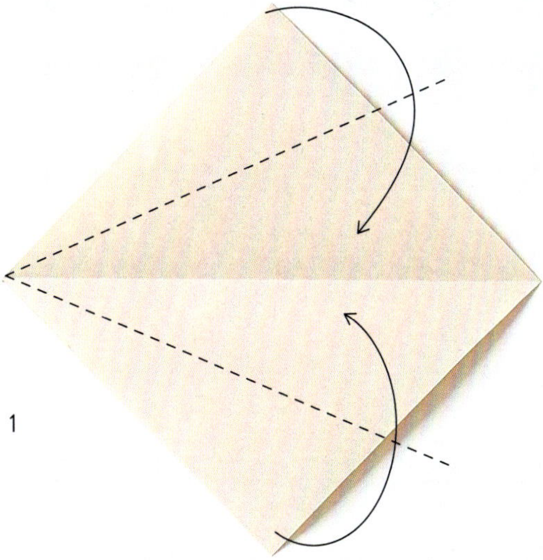

1

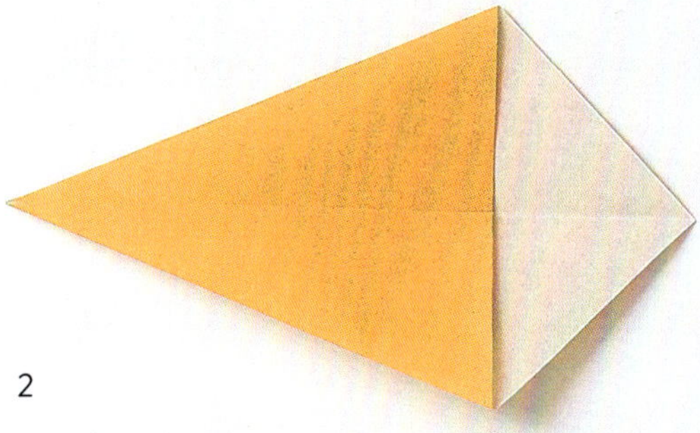

2

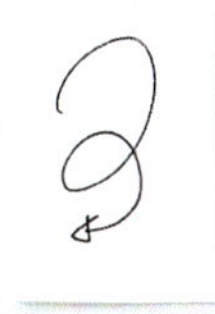

3

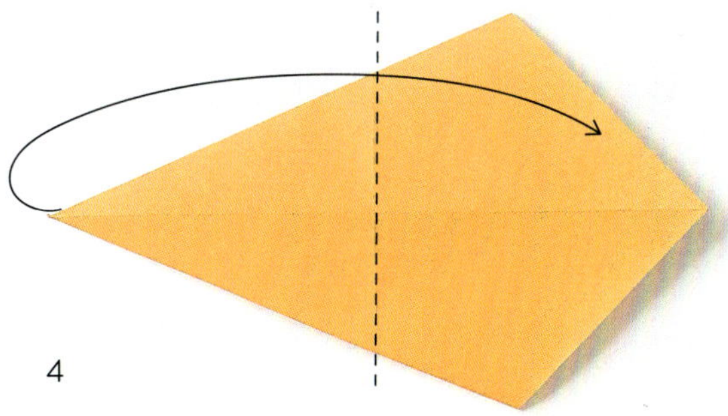

4

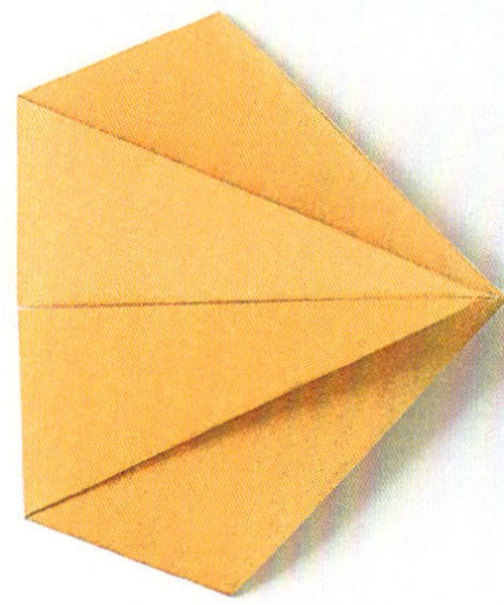

5

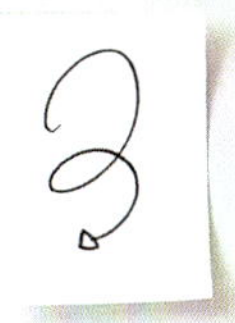

6

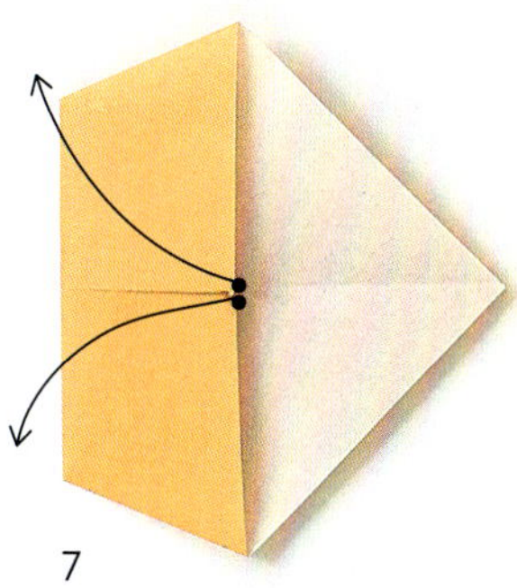

7

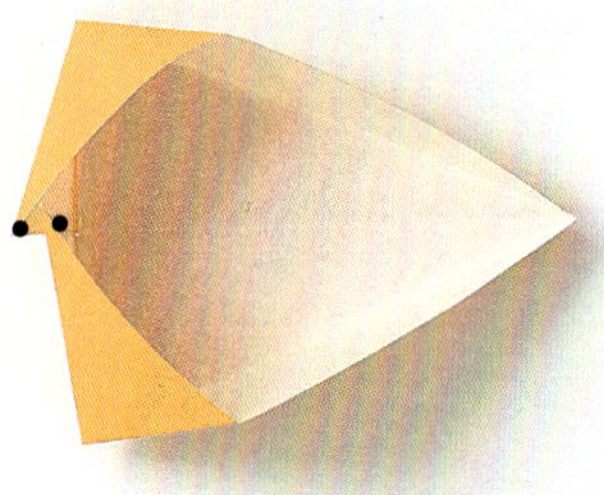

8

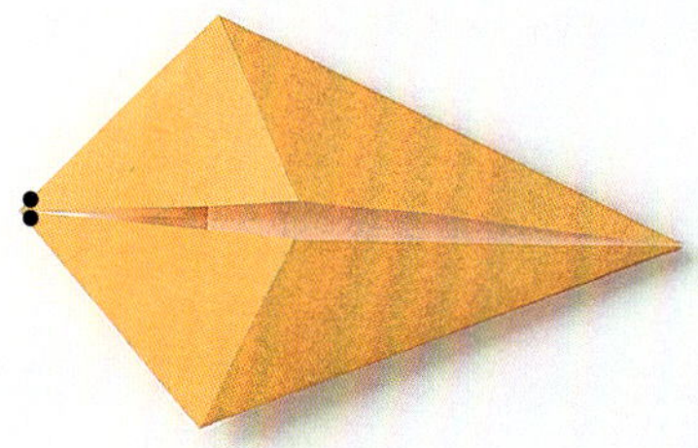

9

1. 2. Richte das Papier rautenförmig aus (mit der farbigen Seite nach unten). Markiere die horizontale Diagonale. Falte die linke obere und die rechte untere Spitze gemäß den gestrichelten Linien zum Falz. **3.** Wende die Figur. **4. 5.** Falte die linke Spitze gemäß der gestrichelten Linie zur rechten Spitze. **6.** Wende die Figur. **7. 8. 9.** Öffne die Faltung, indem du sie an den Punkten greifst und in Pfeilrichtung nach links außen ziehst. Streiche die nun entstandene Figur glatt.

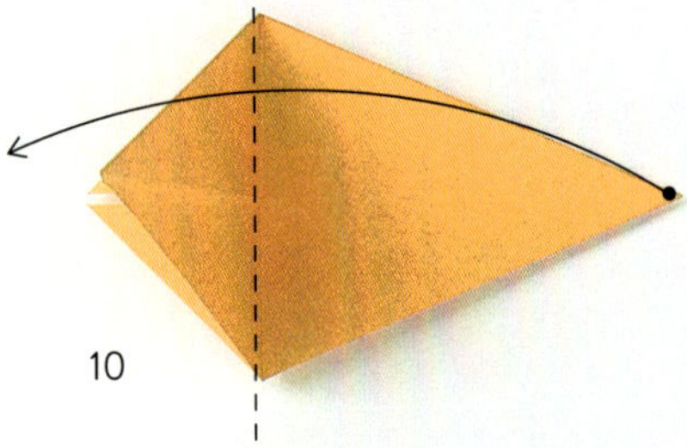
10

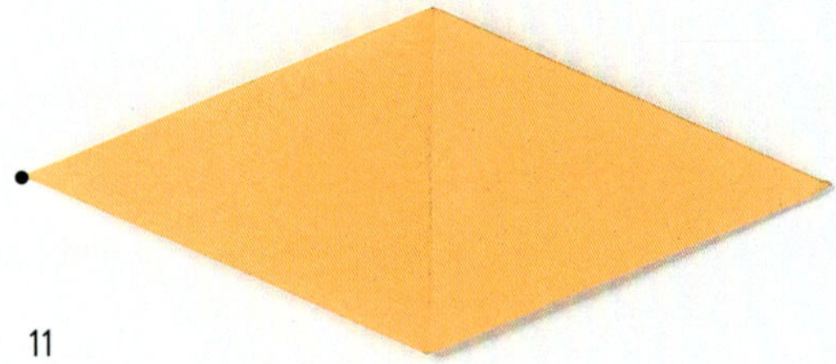
11

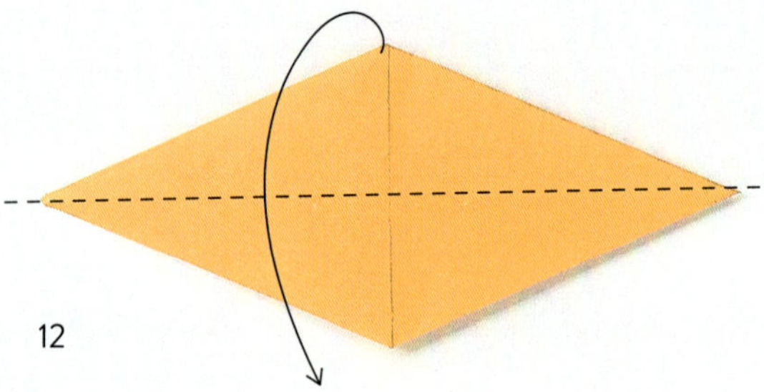
12

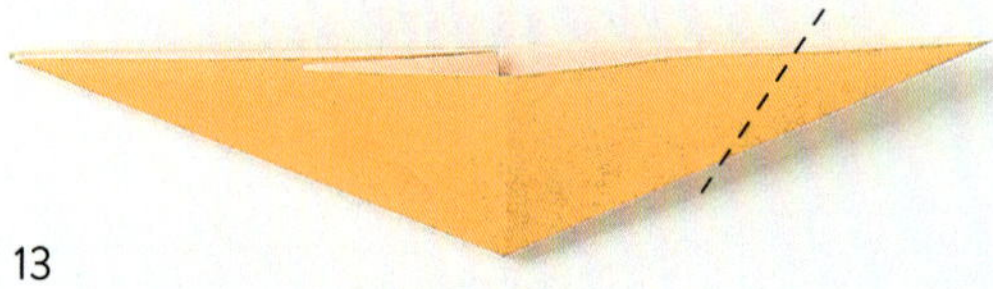
13

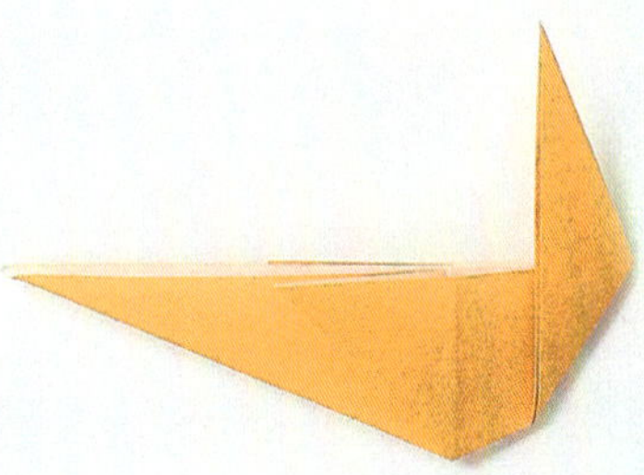
14

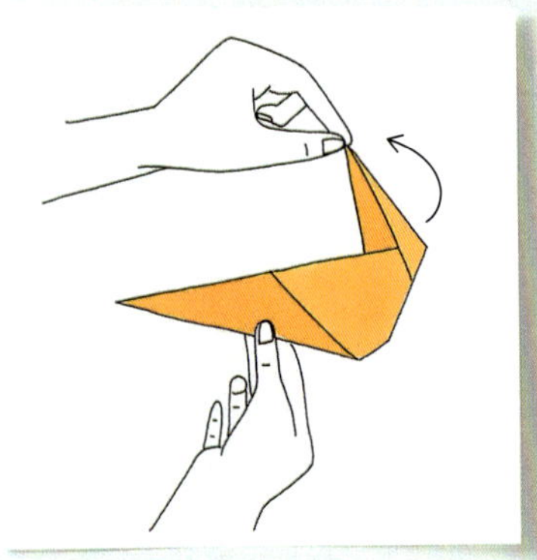
15

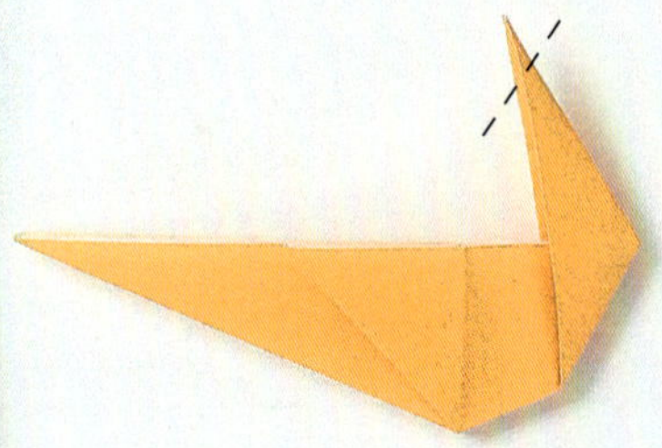
16

10. 11. Greife die beiden oberen Lagen der rechten Spitze am angegebenen Punkt, führe sie nach links und drücke sie glatt. **12.** Falte die Figur in der horizontalen Mitte. **13.** Falte die rechte Spitze gemäß der gestrichelten Linie. **14. 15. 16.** Öffne diese Faltung und kehre sie um. Der Hals ist nun stabil. Streiche die Faltung glatt. **16.** Falte das obere Ende der Spitze gemäß der gestrichelten Linie.

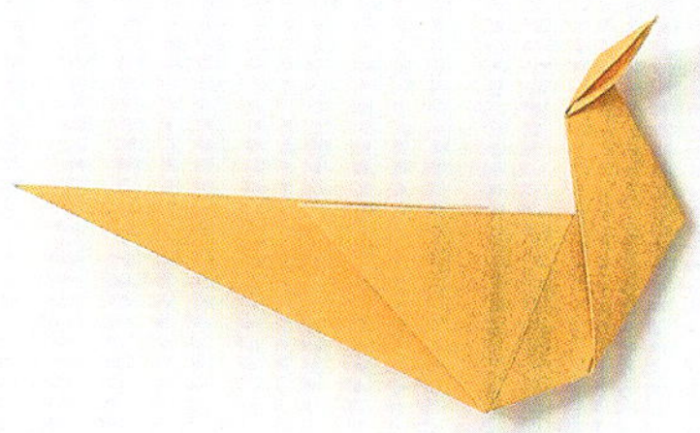

17

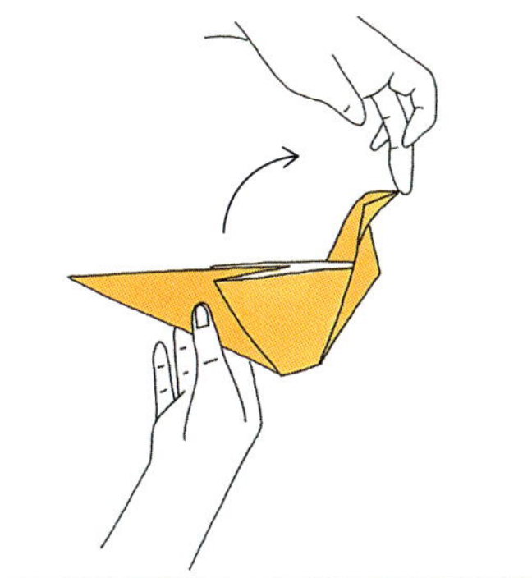

18

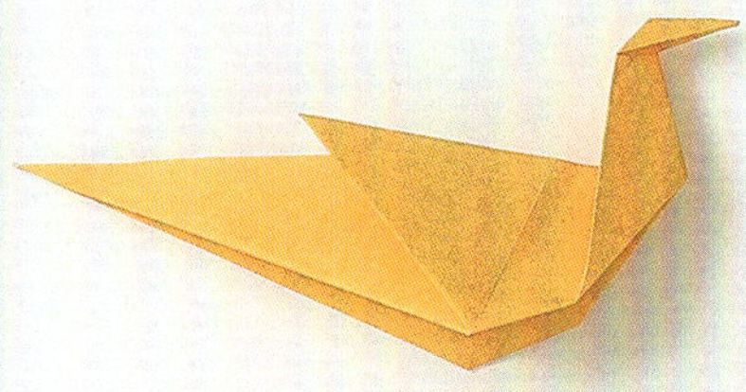

19

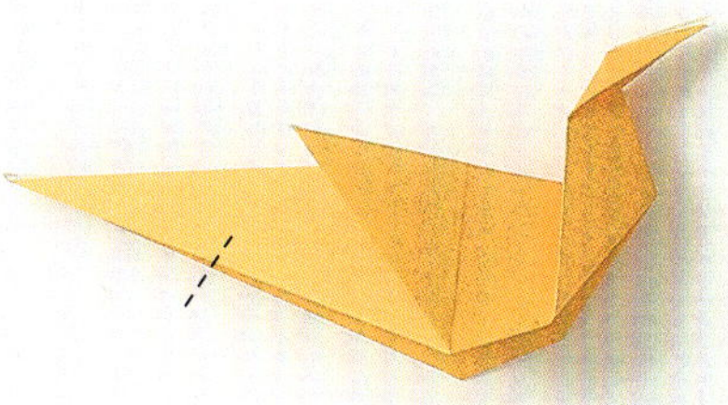

20

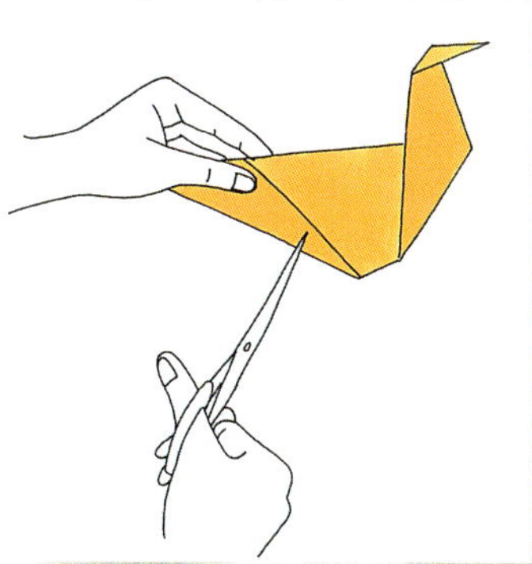

21

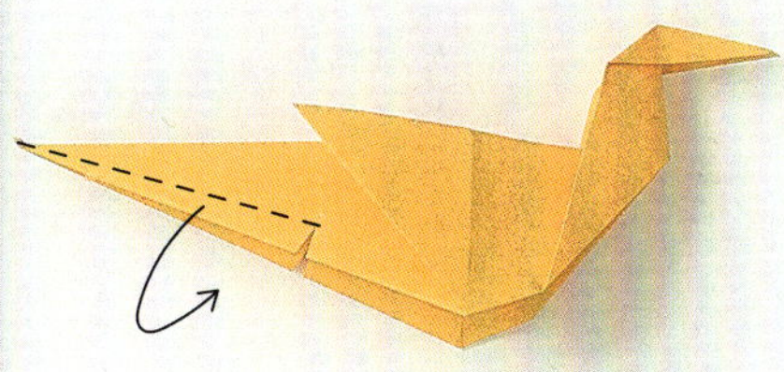

22

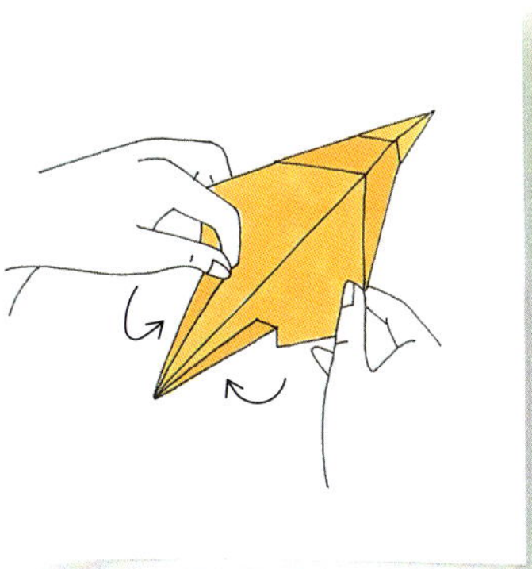

23

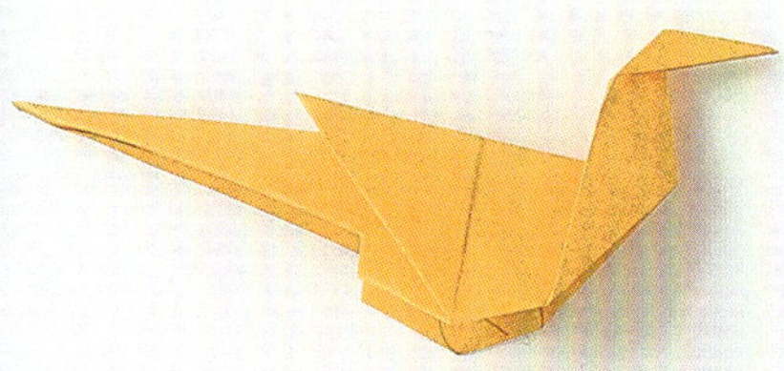

24

17. 18. 19. Öffne diese Faltung und kehre sie um. Streiche sie glatt. Der Kopf mit dem Schnabel ist nun geformt. **20. 21.** Schneide den unteren Teil der Figur gemäß der Abbildung einige Millimeter mit einer Schere ein. **22. 23.** Falte die Flügelenden auf jeder Seite gemäß der gestrichelten Linie nach innen. Streiche die Figur glatt. Der Schwanz ist geformt. **24.** Das Teichhuhn ist fertig.

Muschel

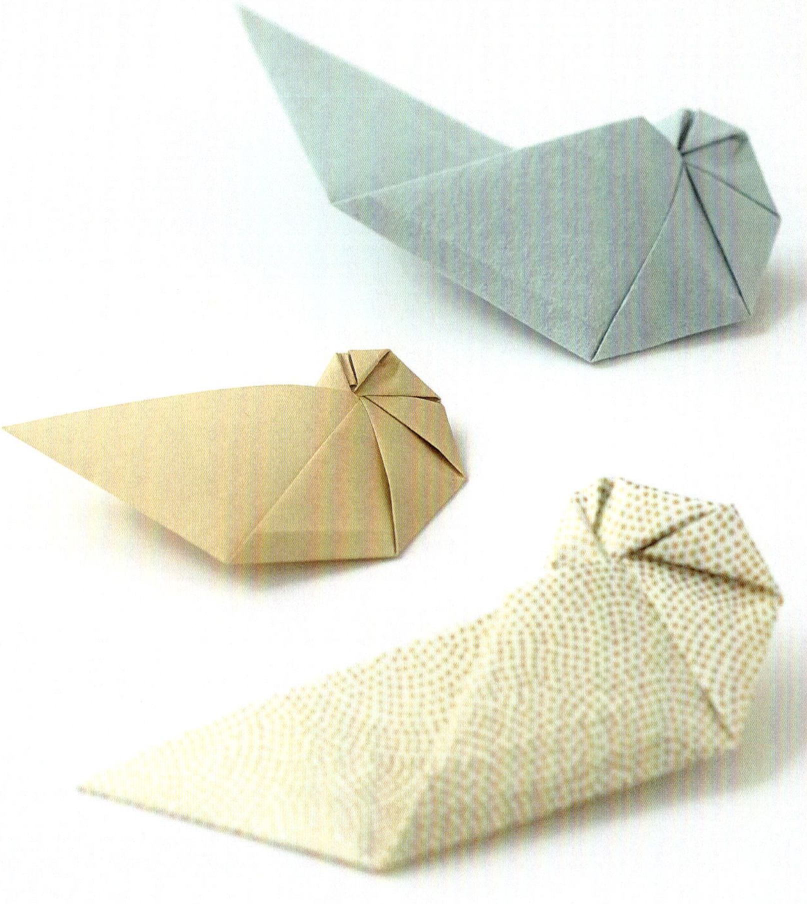

Level ●●○○○

Abmessungen

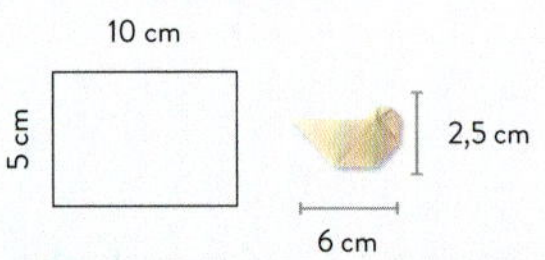

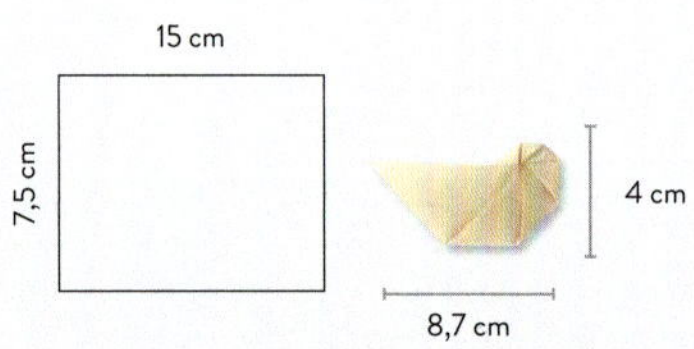

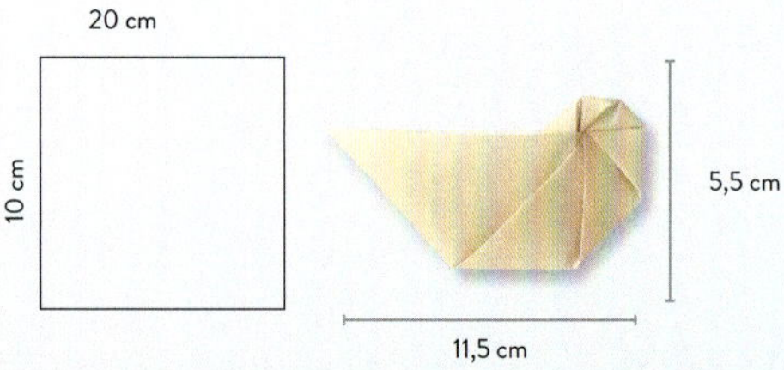

Tipp

Diese einfache Faltung ist ideal, um sommerlich maritime Dekorationen herzustellen. Du benötigst für diese Muschel ein rechteckiges Papier, kein quadratisches.

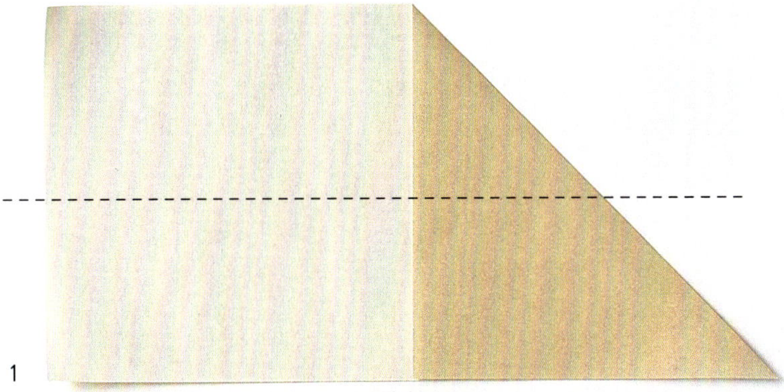

1

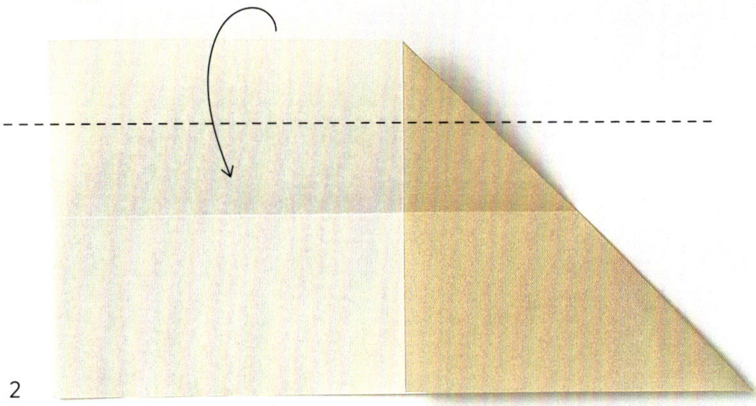

2

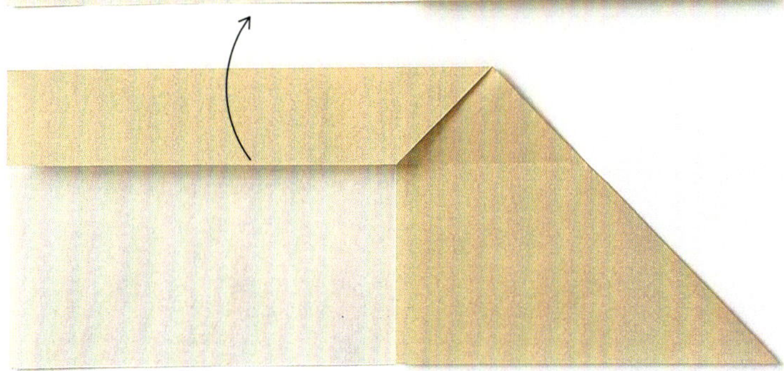

3

1. Richte das Papier quer aus (mit der farbigen Seite nach unten). Falte die rechte obere Ecke gemüß der gestrichelten Linie zur unteren Kante, sodass rechts ein Dreieck entsteht. Markiere den horizontalen Falz in der Mitte. **2.** Falte den oberen Teil in der horizontalen Mitte, um eine horizontale Falte zu markieren. **3.** Entfalte diese letze Faltung.

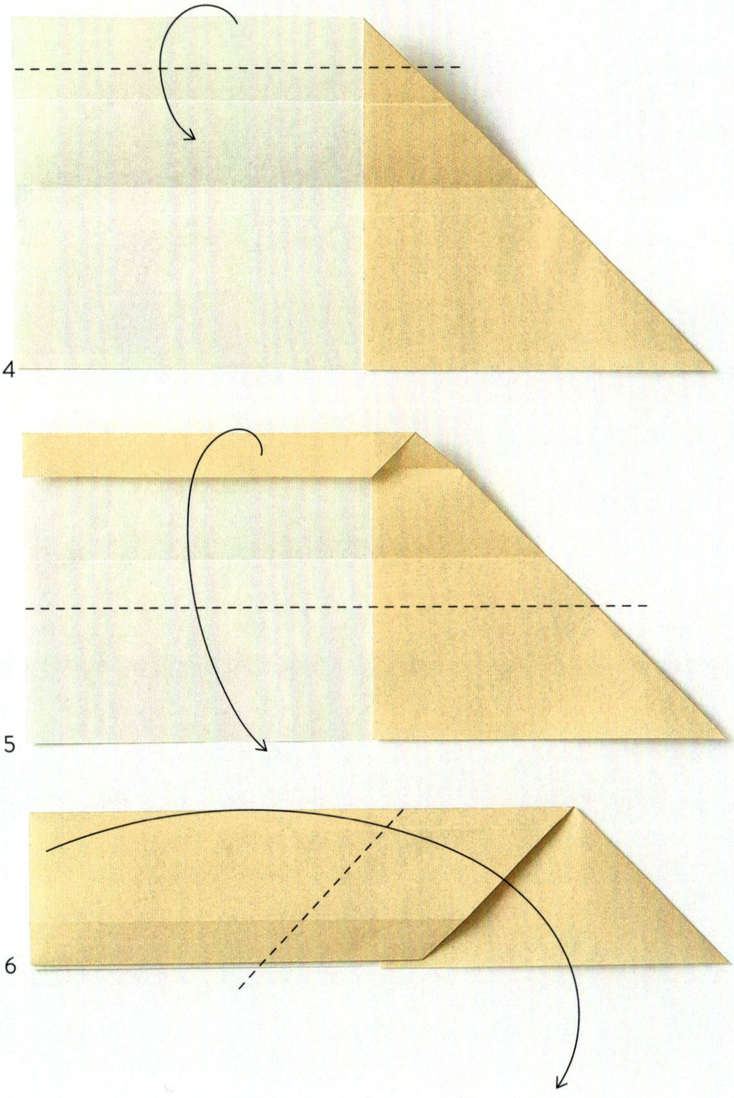

4

5

6

4. Falte den obersten Teil der Figur in seiner horizontalen Mitte, um einen Falz zu markieren und falte die Kante gemäß der gestrichelten Linie um. **5.** Falte die gesamte Figur in ihrer horizontalen Mitte. **6.** Falte den linken Teil gemäß der gestrichelten Linie nach rechts.

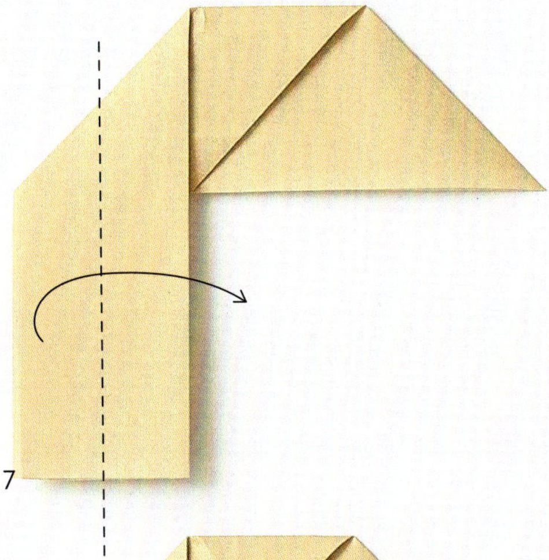

7

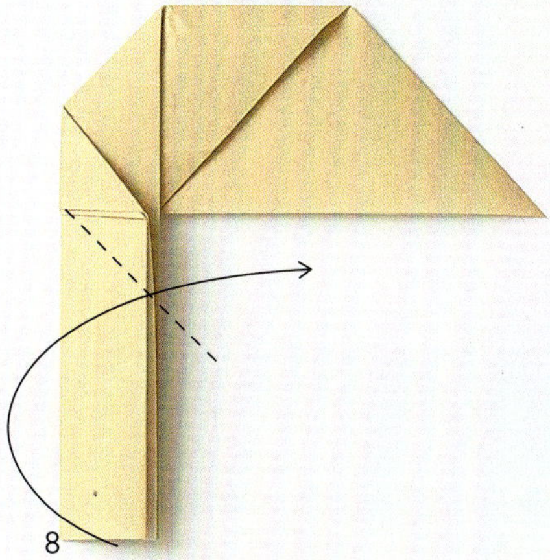

8

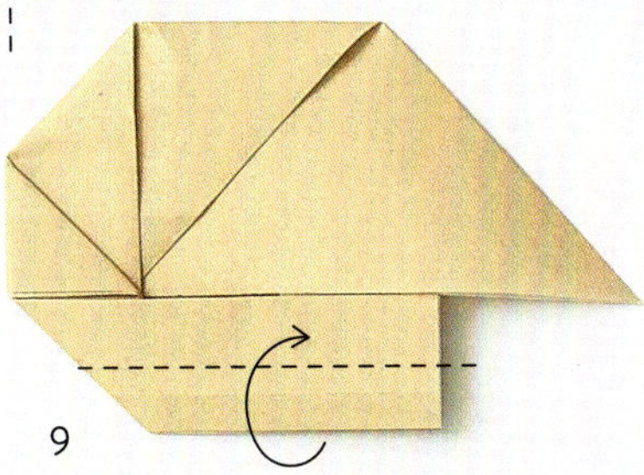

9

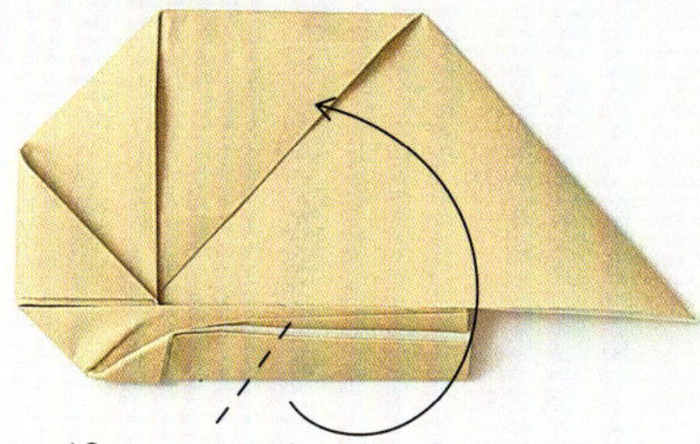

10

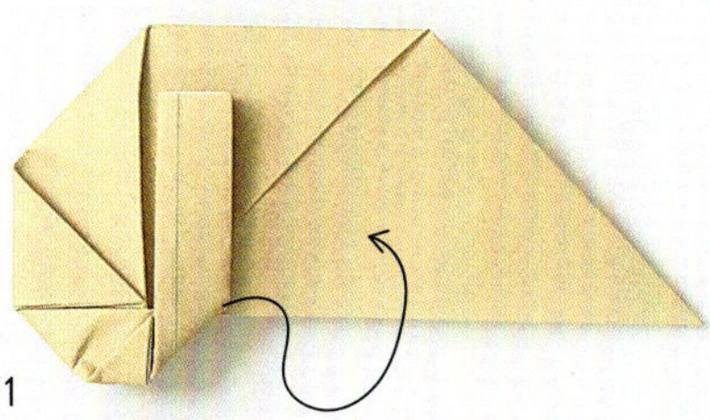

11

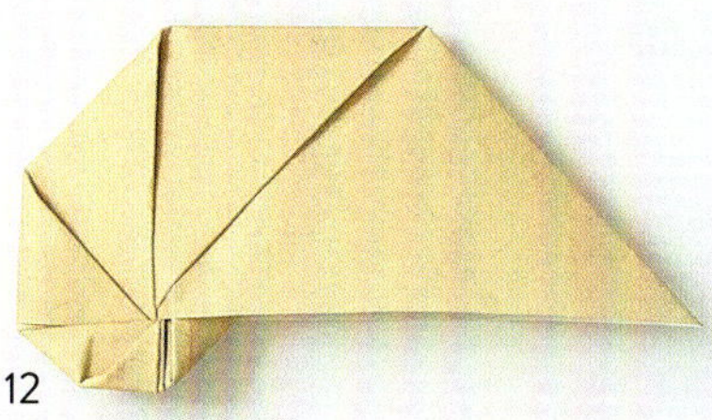

12

7. Falte die linke Teilfigur gemäß der gestrichelten Linie in ihrer vertikalen Mitte. **8.** Falte die linke Teilfigur gemäß der gestrichelten Linie nach oben. **9.** Falte sie gemäß der gestrichelten Linie in ihrer horizontalen Mitte. **10.** Falte sie gemäß der gestrichelten Linie schräg nach oben. **11.** Stecke das Ende der Teilfigur in die Schale. **12.** Die Muschel ist fertig.

Tropischer Fisch

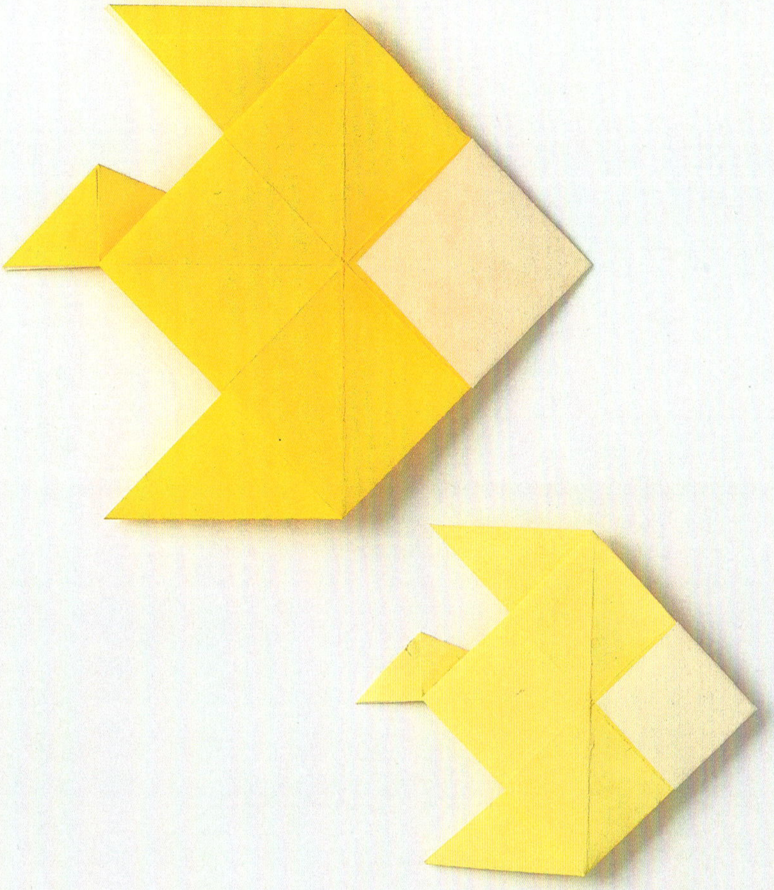

Level ●●○○○

Abmessungen

7,5 cm

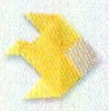

5,5 cm

6,5 cm

15 cm

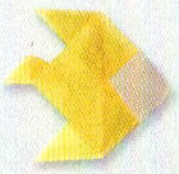

10,5 cm

12,5 cm

20 cm

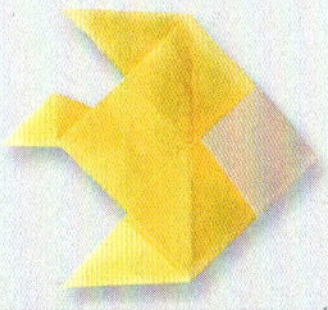

14 cm

16,5 cm

Tipp

Diese einfache traditionelle Faltung ist ideal für Anfängerinnen und Anfänger.

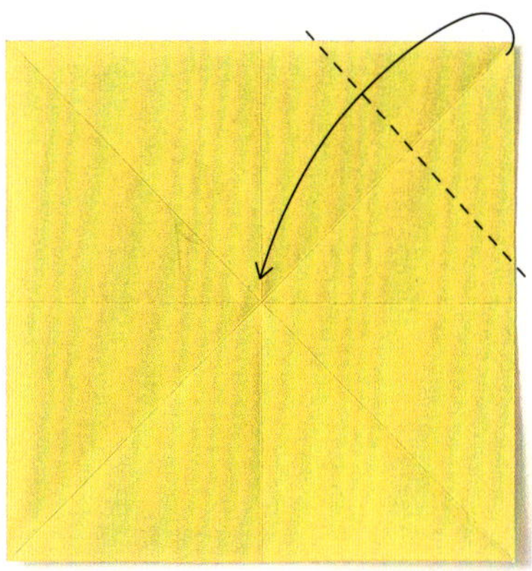

1

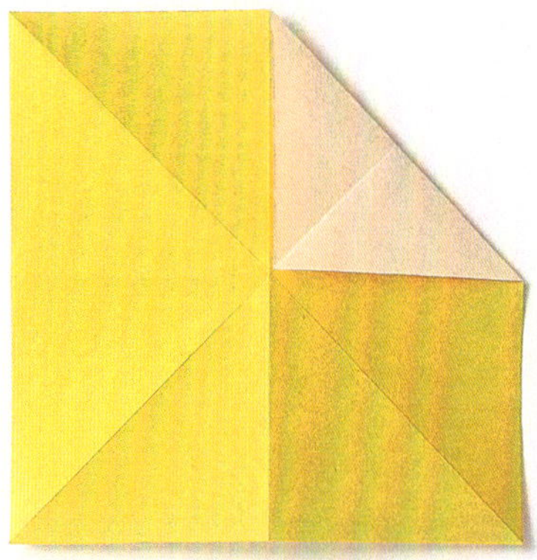

2

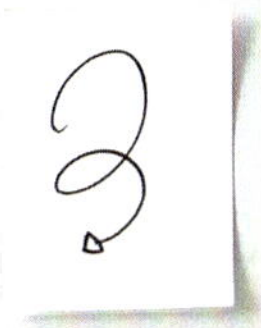

3

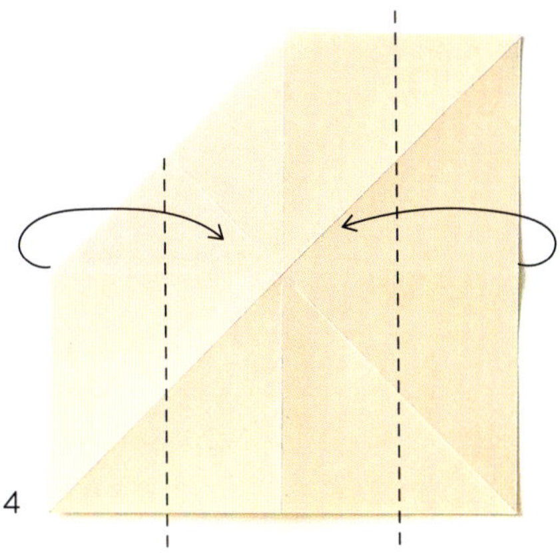

4

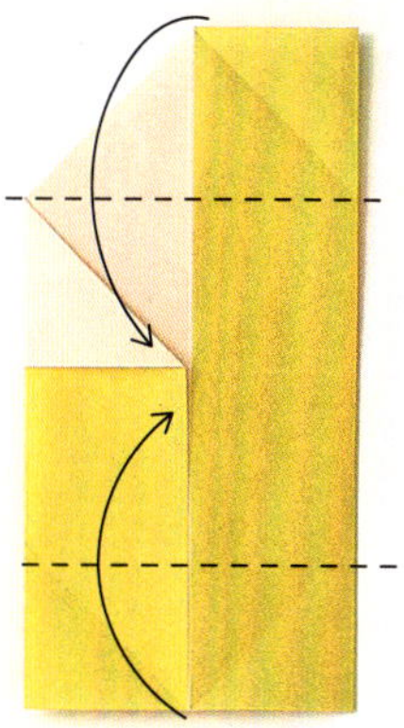

5

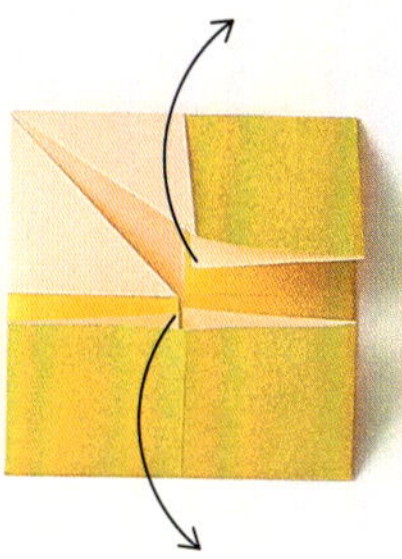

6

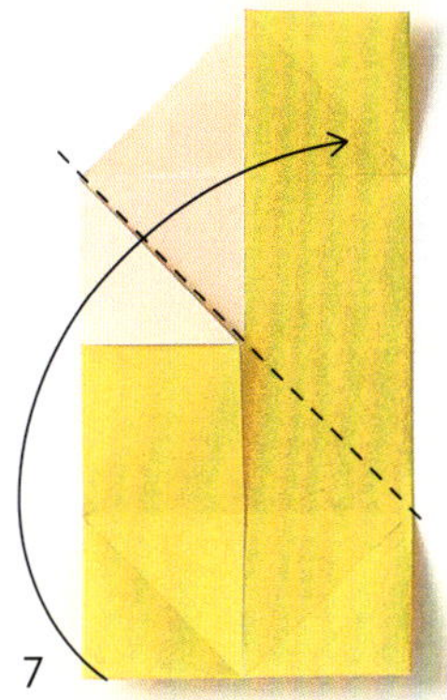

7

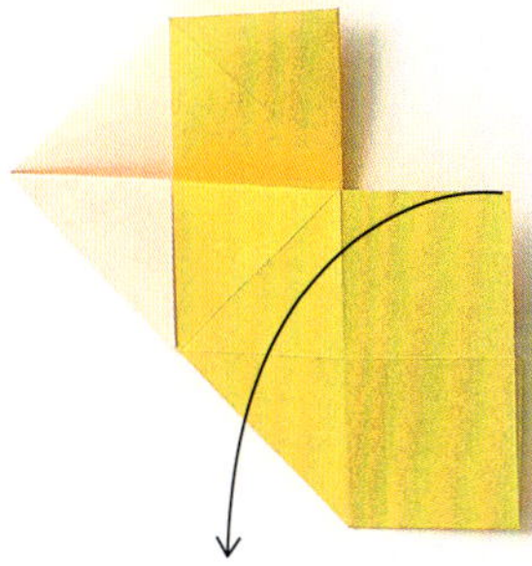

8

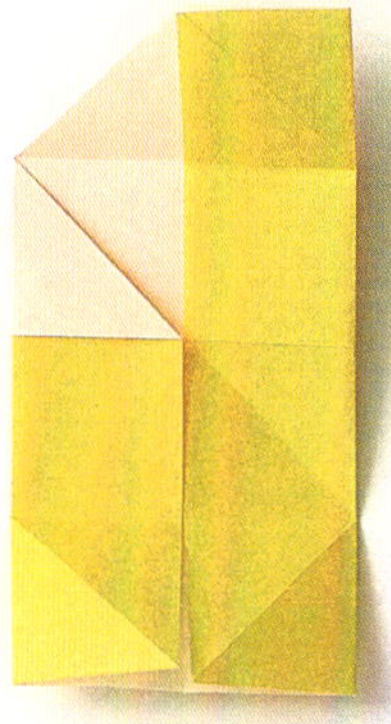

9

1. 2. Richte das Papier normal aus (mit der farbigen Seite nach oben). Markiere die Mittellinien und die Diagonalen. Falte die rechte obere Spitze zum Mittelpunkt. **3.** Wende die Figur. **4.** Falte beide Seitenkanten zum vertikalen Mittelfalz. **5.** Falte die obere und untere Kante der Faltung zum horizontalen Mittelfalz. **6.** Entfalte die Faltungen aus Schritt 5. **7.** Falte die Figur schräg gemäß der gestrichelten Linie. **8. 9.** Entfalte diese Faltung.

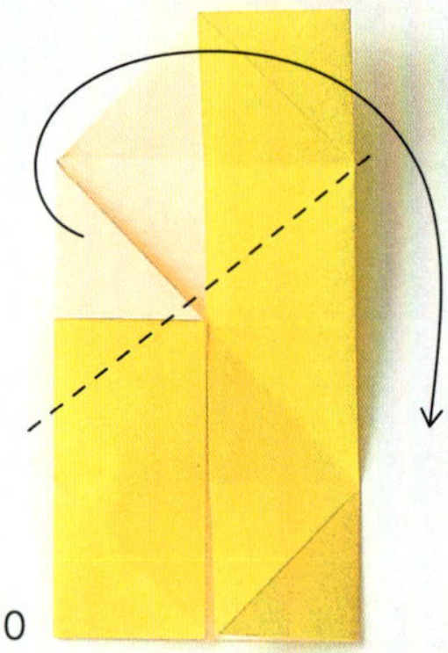

10

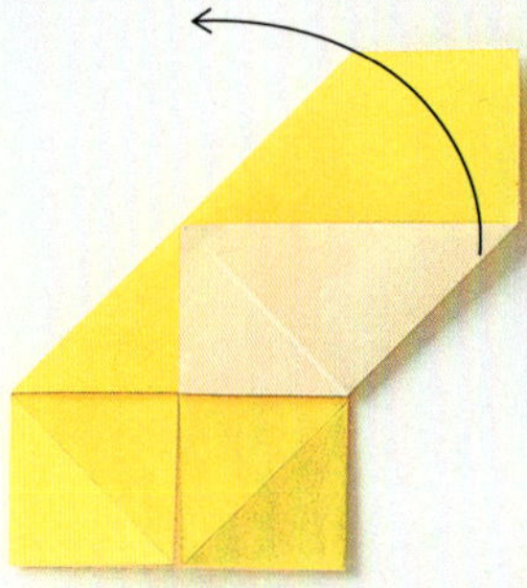

11

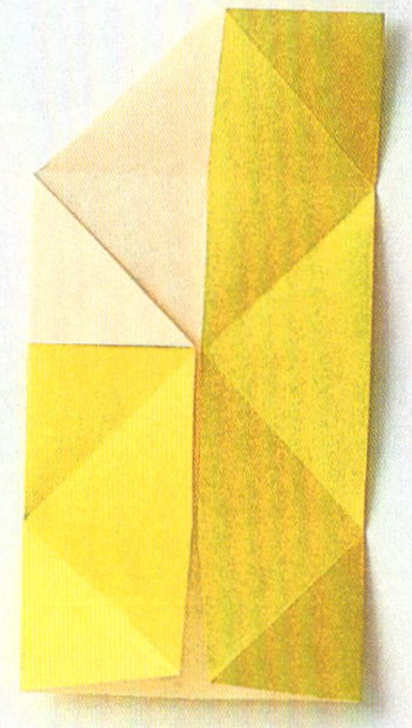

12

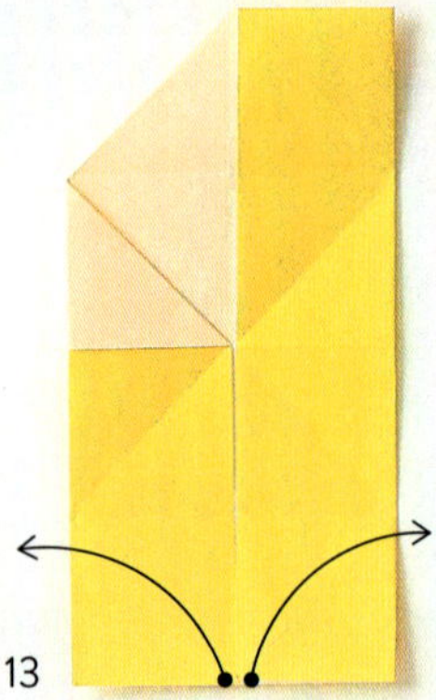

13

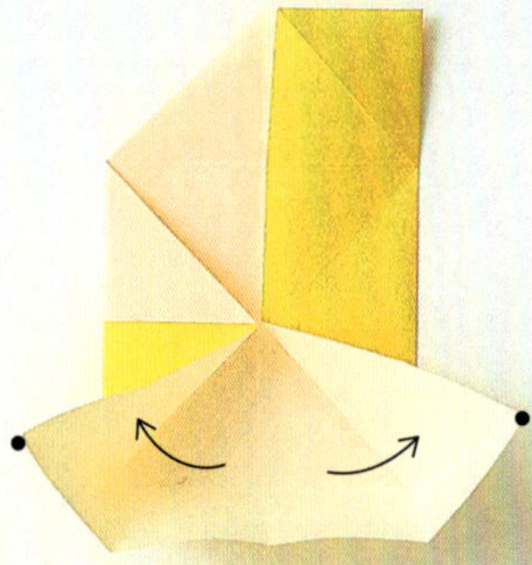

14

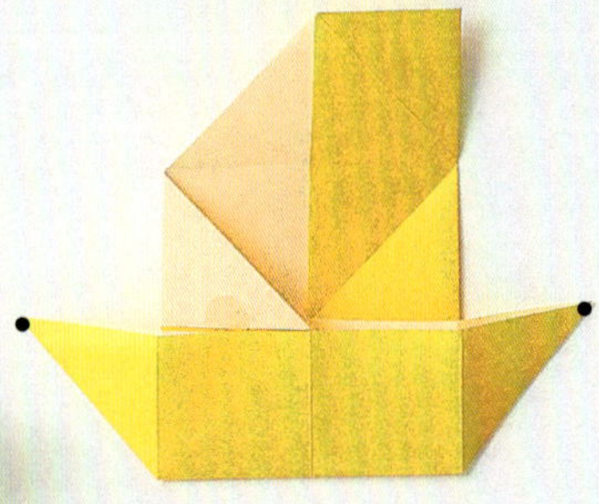

15

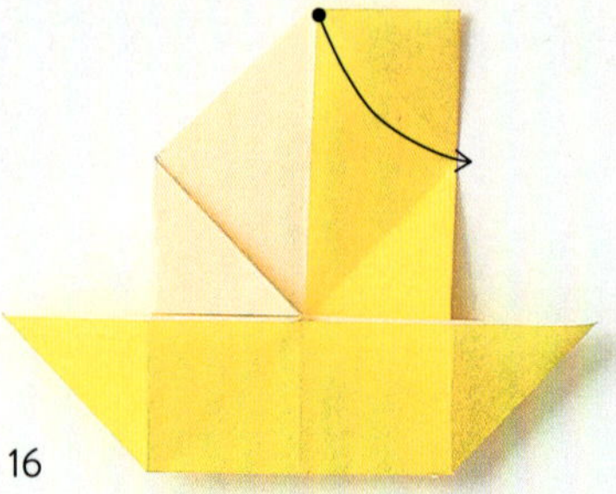

16

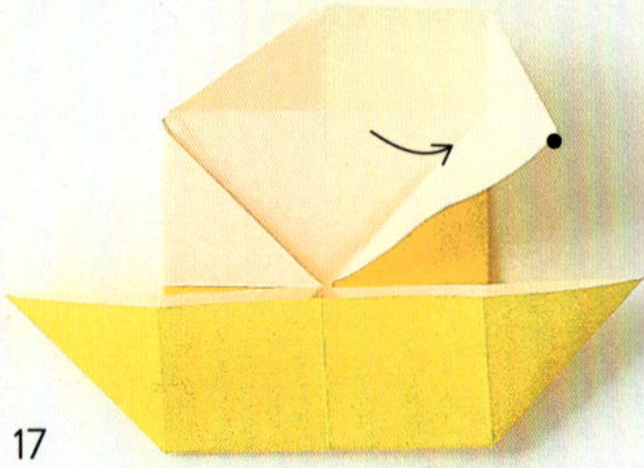

17

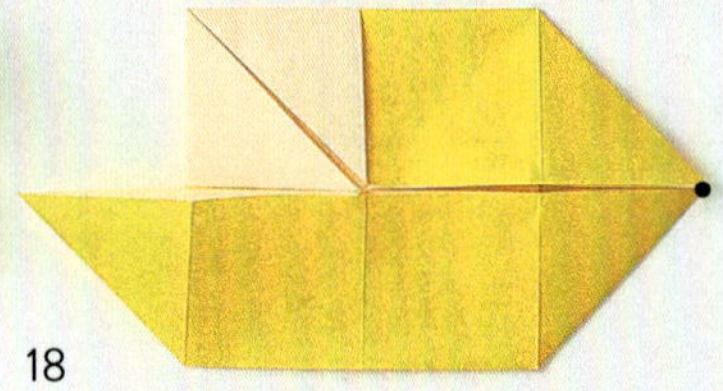

18

10. Falte gemäß der gestrichelten Linie. **11. 12.** Entfalte diese Faltung. **13. 14. 15.** Greife die Faltung an den angegebenen Punkten. Ziehe sie vorsichtig nach oben und dann nach außen. Streiche alles glatt. **16. 17. 18.** Greife die Faltung am angegebenen Punkt. Ziehe sie nach unten und außen. Streiche alles glatt.

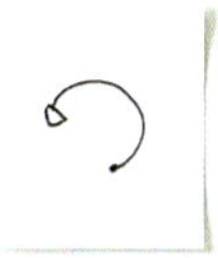
19

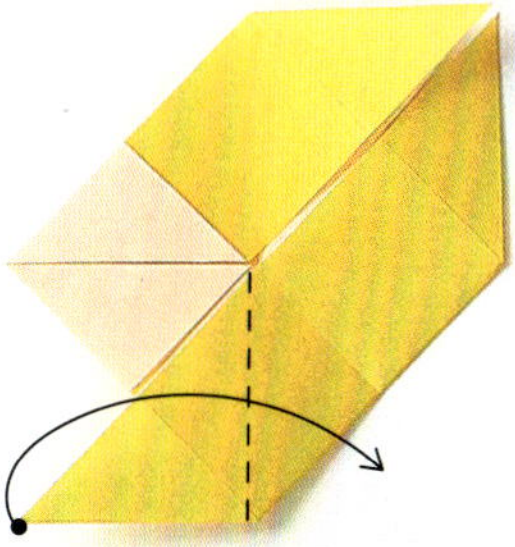
20

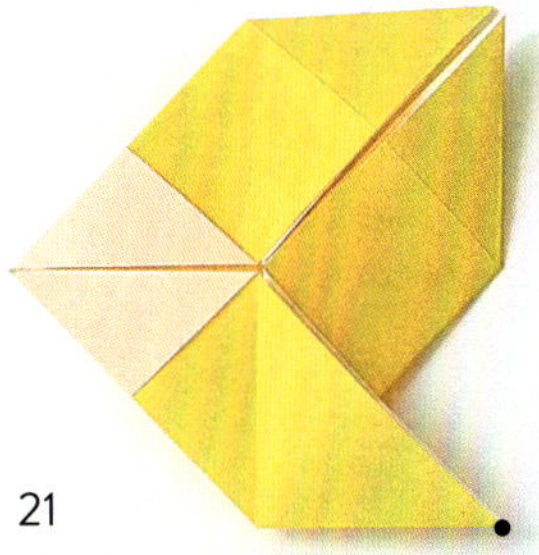
21

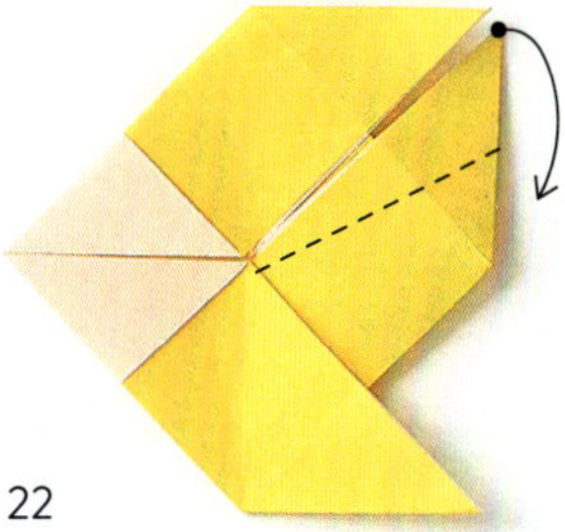
22

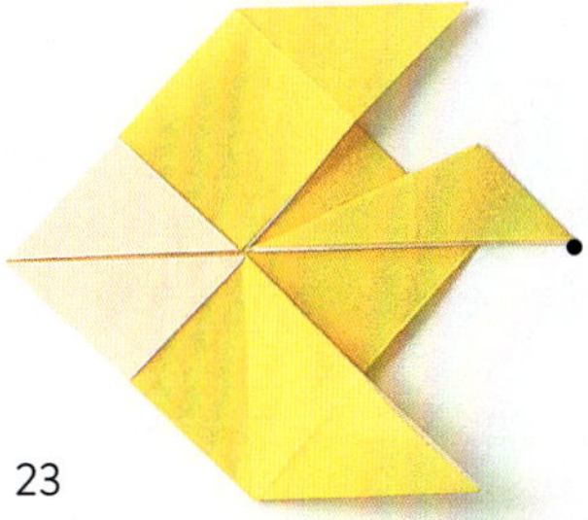
23

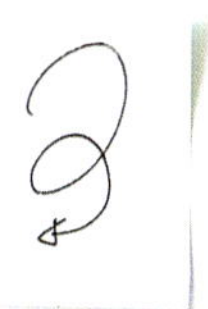
24

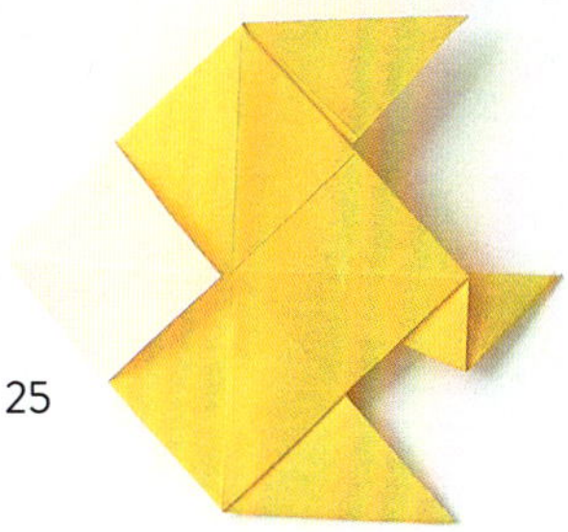
25

19. Drehe die Figur um 90 Grad gegen den Uhrzeigersinn. **20. 21.** Greife die Faltung am angegebenen Punkt und ziehe sie nach rechts, um eine Flosse zu formen. **22. 23.** Falte gemäß der gestrichelten Linie, um den Schwanz des Fisches zu bilden. **24.** Wende die Figur. **25.** Der Fisch ist fertig.

Kleines Boot

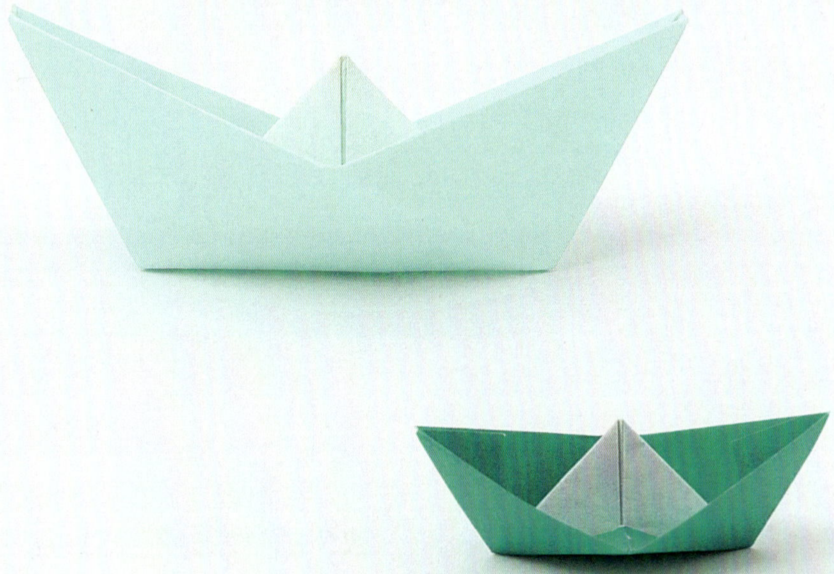

Level ●●○○○

Abmessungen

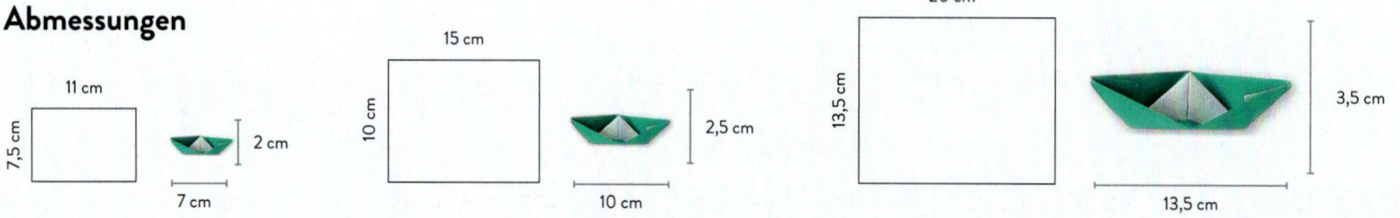

Tipp

Diese einfache traditionelle Faltung ergibt hübsche Platzkarten für eine Tischdekoration. Du kannst auch mehrere Boote als Girlande auf einer Schnur montieren. Du benötigst ein rechteckiges Papier, kein quadratisches.

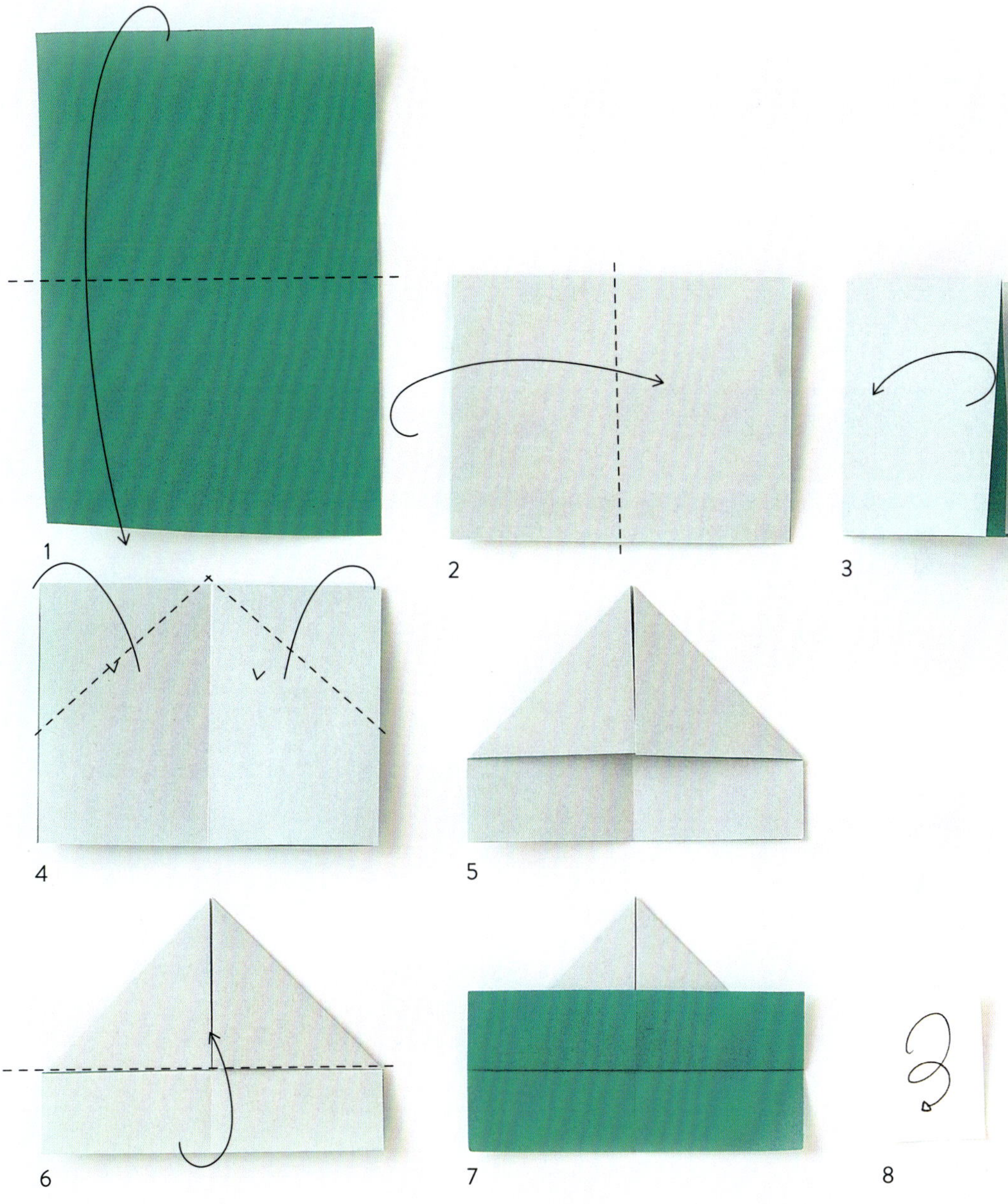

1. Richte das Papier hochkant aus (mit der farbigen Seite nach oben). Falte es gemäß der gestrichelten Linie in der horizontalen Mitte. **2.** Falte das entstandene kleinere Rechteck gemäß der gestrichelten Linie in der vertikalen Mitte. **3.** Entfalte diese letzte Faltung. **4. 5.** Falte die beiden oberen Ecken gemäß den gestrichelten Linien zum Mittelfalz. **6. 7.** Falte die obere Lage der Unterkante gemäß der gestrichelten Linie. **8.** Wende die Figur.

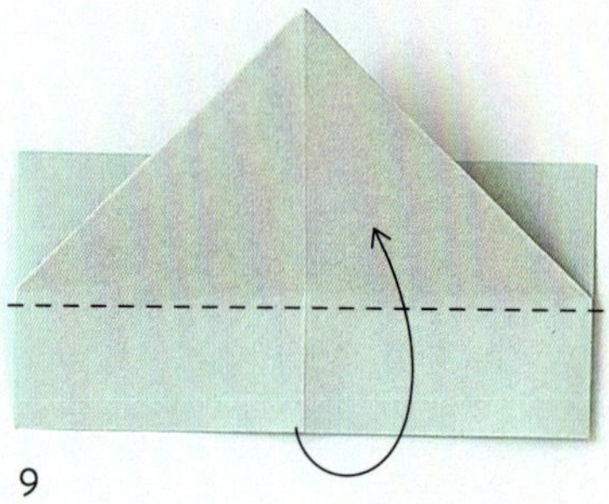

9

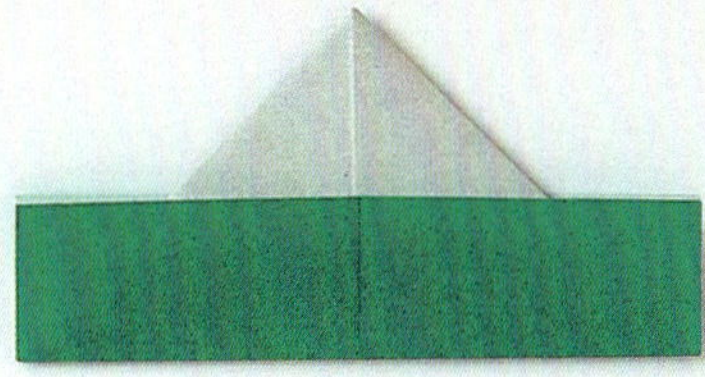

10

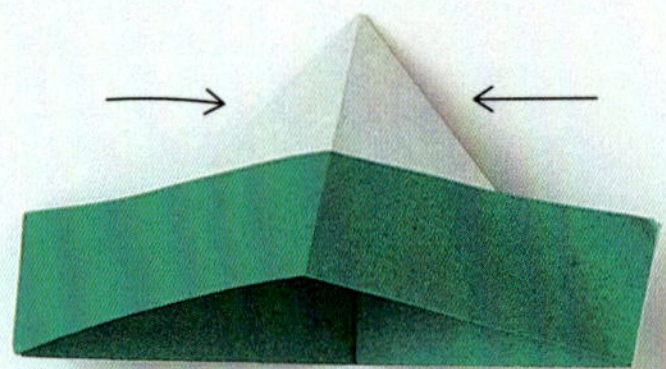

11

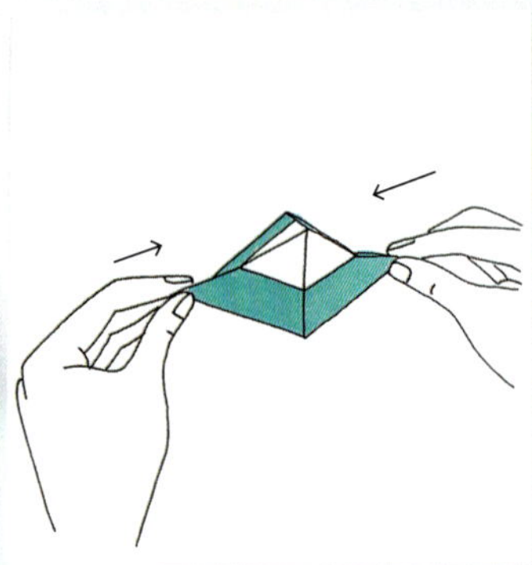

12

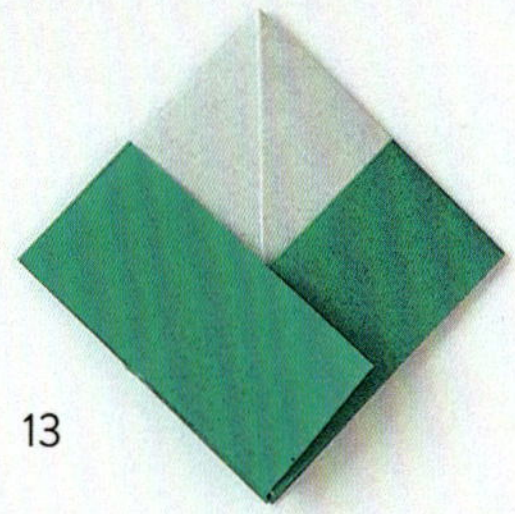

13

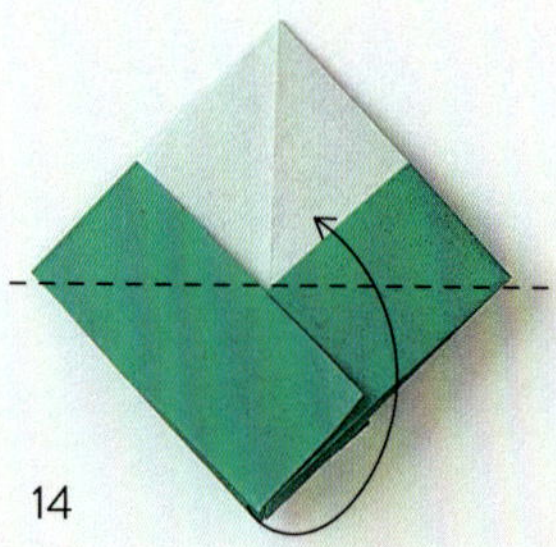

14

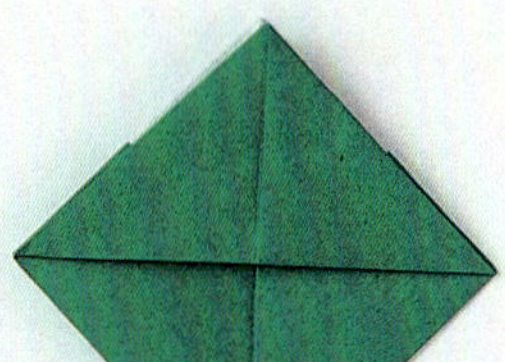

15

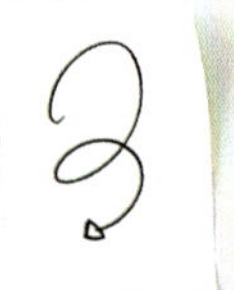

16

9. 10. Falte die obere Lage der Unterkante gemäß der gestrichelten Linie. **11. 12. 13.** Schiebe die Seiten der Figur gegeneinander, sodass die abgebildete Raute entsteht. **14. 15.** Falte die oberen Lagen der unteren Spitze gemäß der gestrichelten Linie zur oberen Spitze. **16.** Wende die Figur.

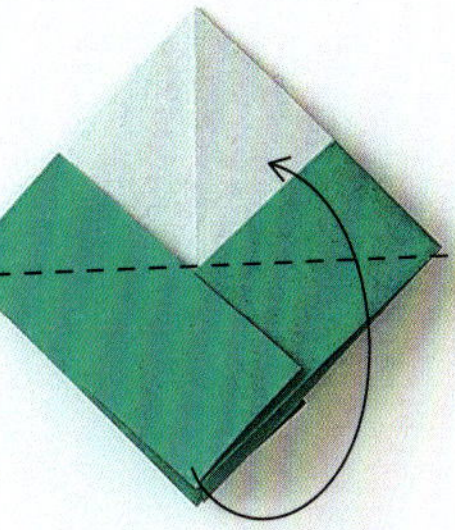

17

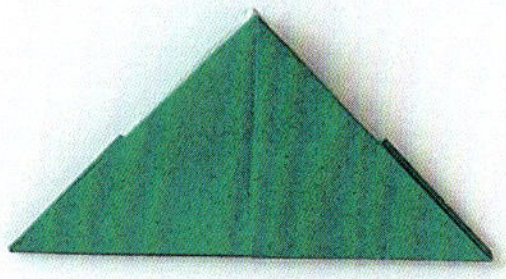

18

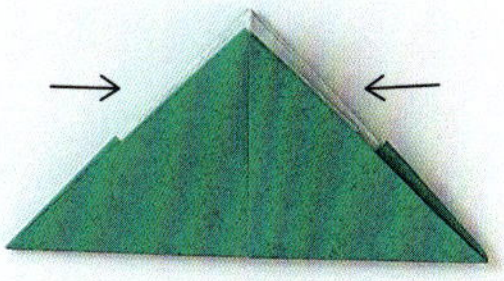

19

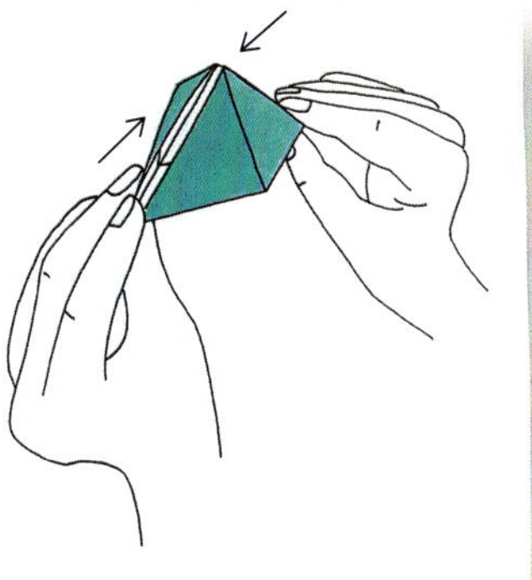

20

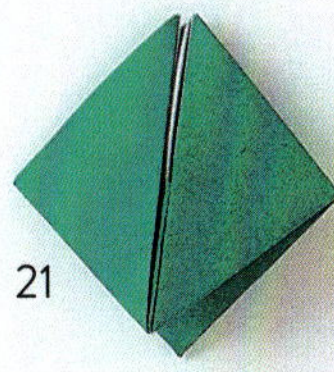

21

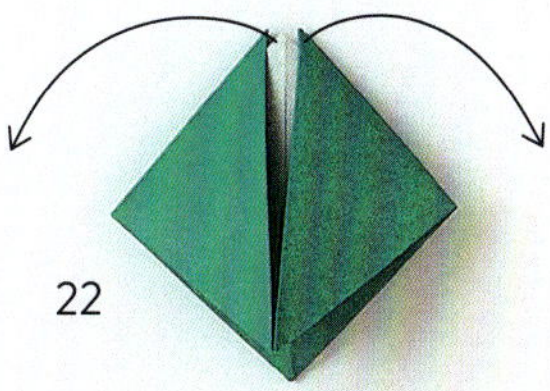

22

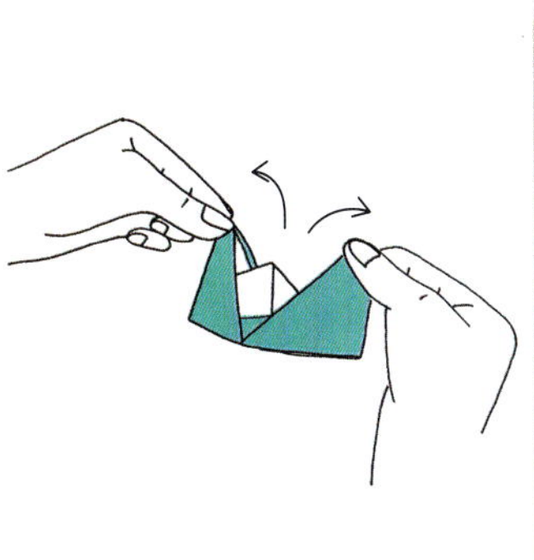

23

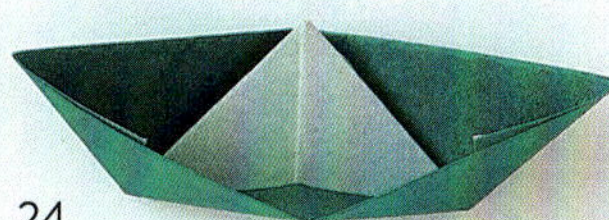

24

17. 18. Falte die oberen Lagen der unteren Spitze gemäß der gestrichelten Linie zur oberen Spitze. **19. 20. 21.** Schiebe die Seiten des Dreiecks gegeneinander, sodass eine Raute entsteht. **22. 23.** Ziehe die beiden Spitzen der Raute auseinander, um das Boot zu formen. **24.** Das Boot ist fertig.

Clownfisch

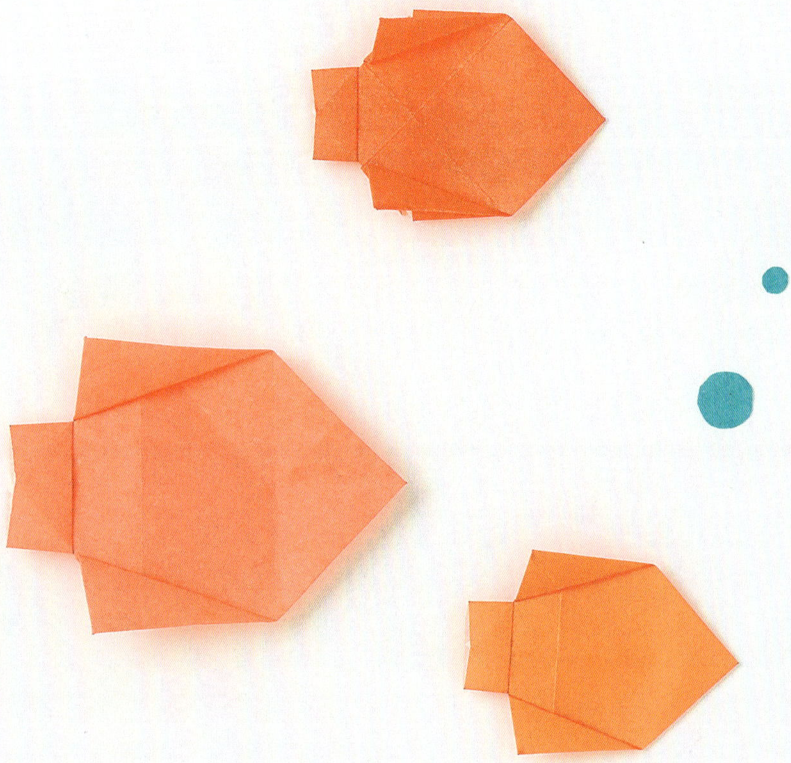

Level ●●○○○

Abmessungen

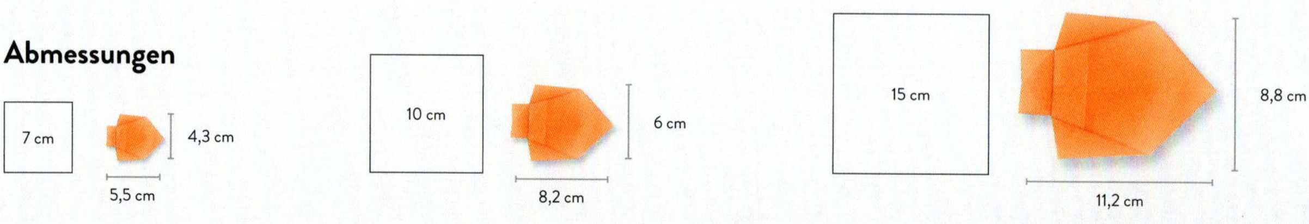

Tipp

Diese einfache traditionelle Faltung ist ideal für Anfängerinnen und Anfänger. Falte mehrere Fische in verschiedenen Größen, um ein ganzes Origami-Aquarium zu gestalten.

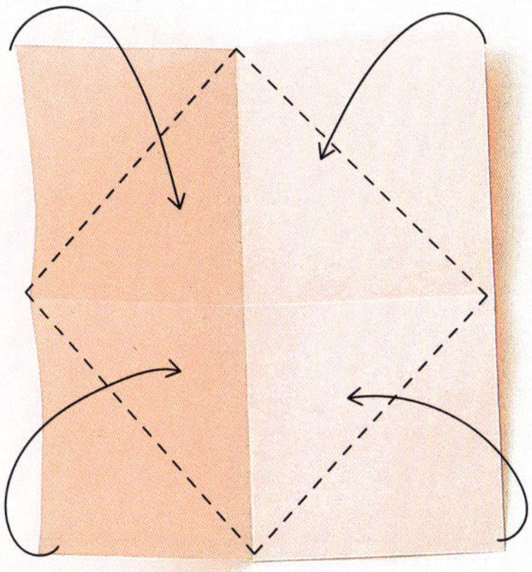
1

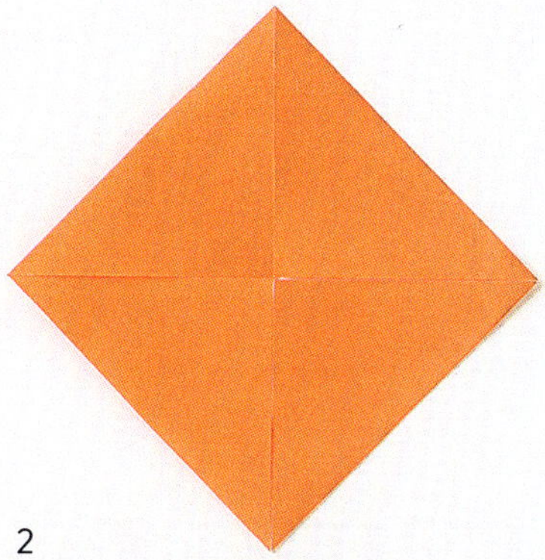
2

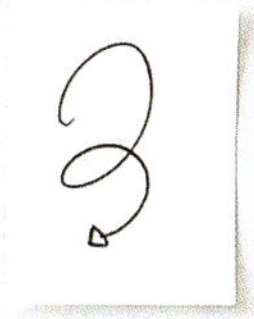
3

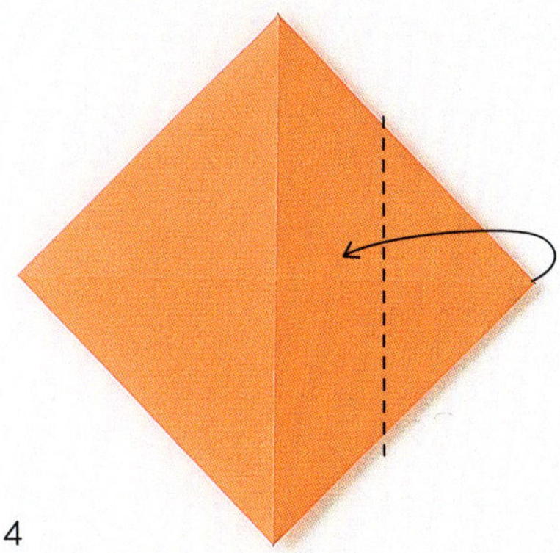
4

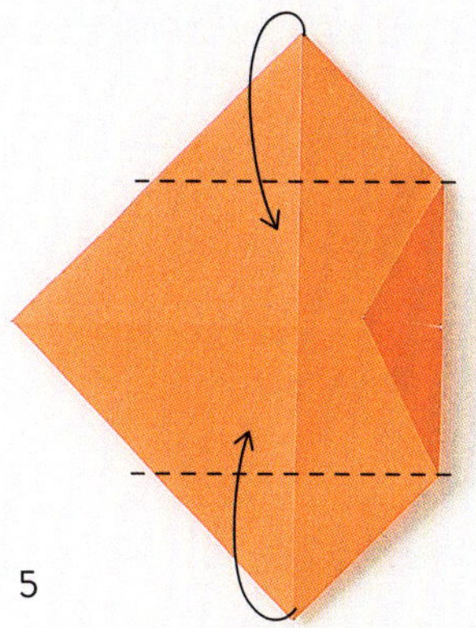
5

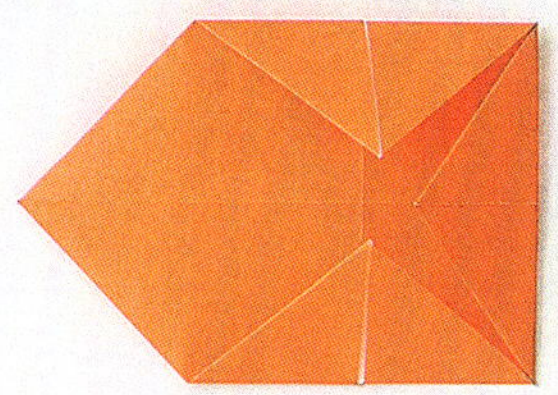
6

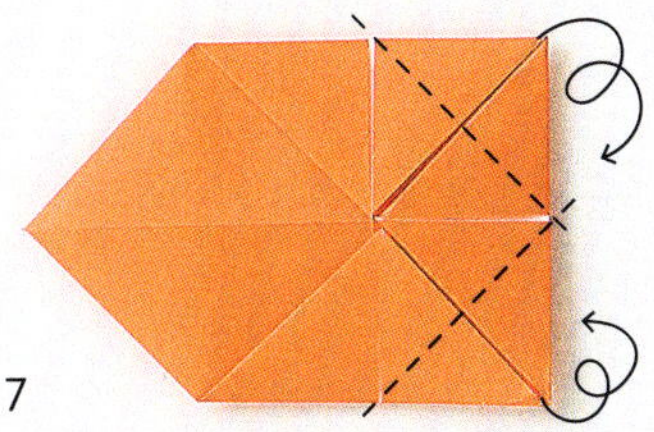
7

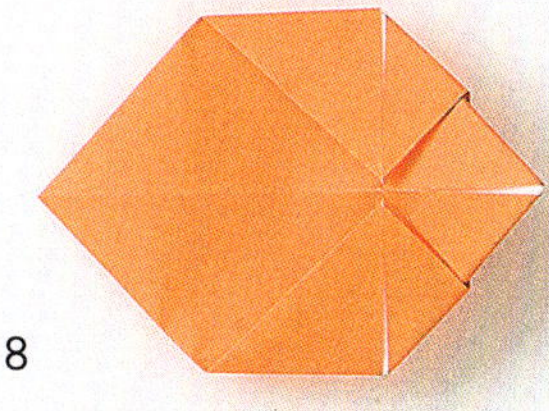
8

1. Richte das Papier normal aus (mit der farbigen Seite nach unten). Markiere die Mittellinien. Falte die vier Ecken zum Mittelpunkt. **2.** So entsteht eine Raute. **3.** Wende die Figur. **4.** Falte die rechte Spitze zum Mittelpunkt. **5. 6.** Falte die obere und untere Spitze zum Mittelpunkt. **7. 8.** Falte die beiden rechten Spitzen nach hinten zum Mittelpunkt auf die Rückseite der Figur.

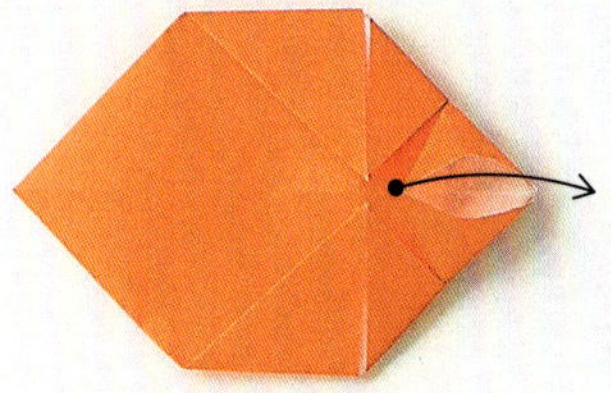

9

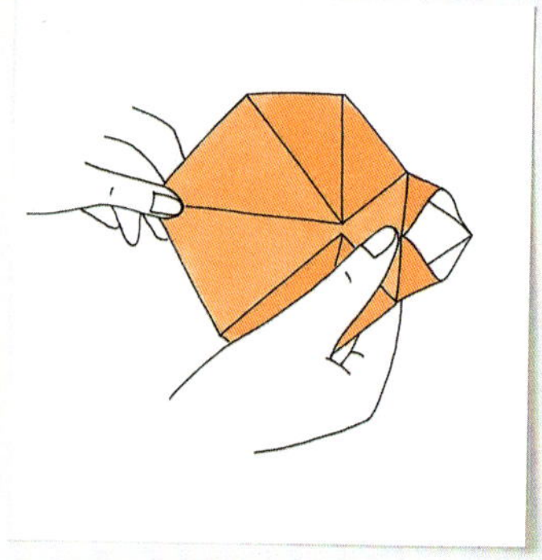

10

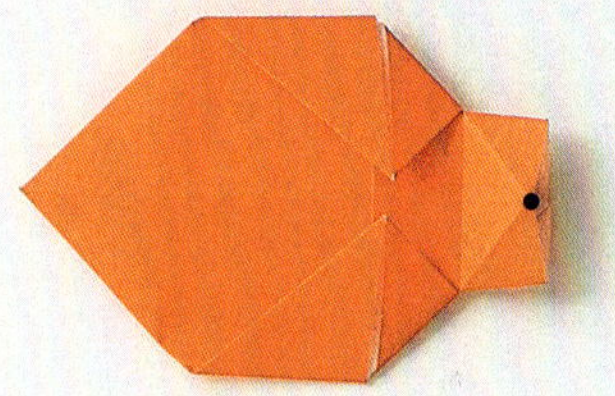

11

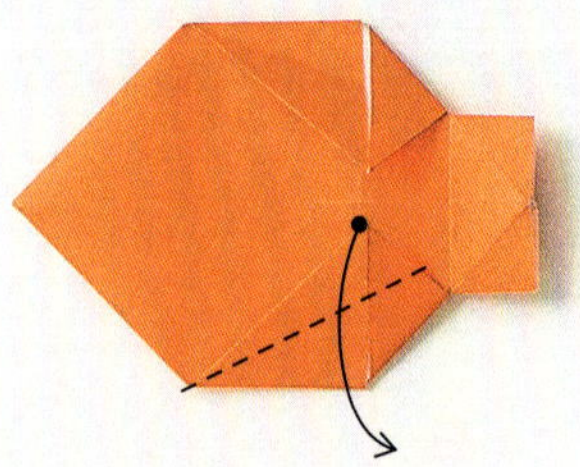

12

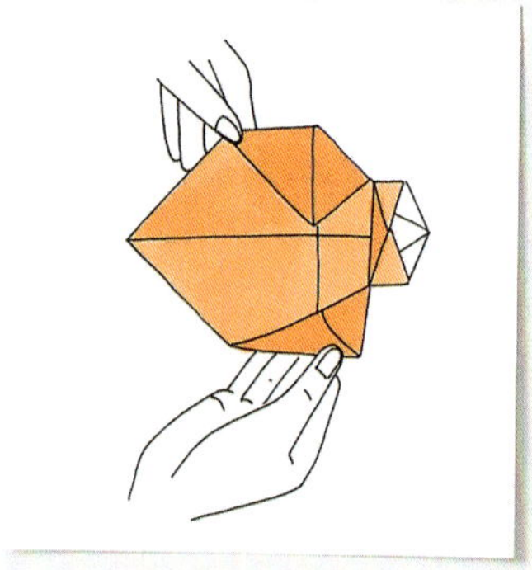

13

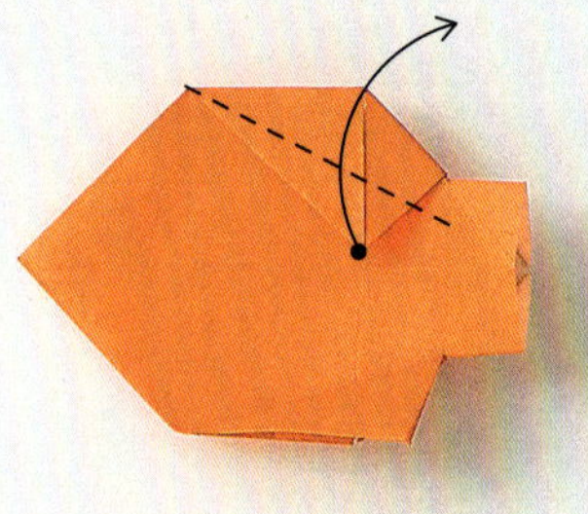

14

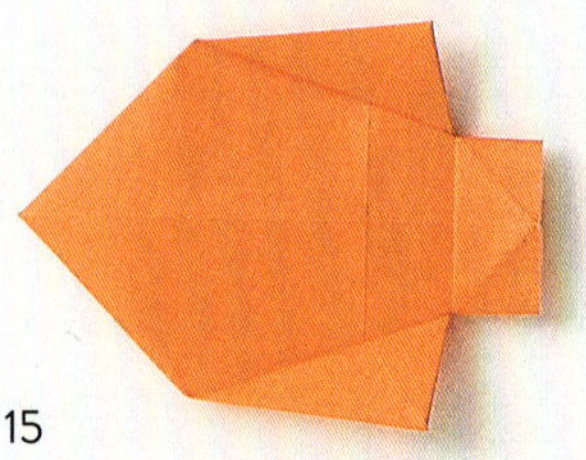

15

9. 10. 11. Greife die kleine Raute am angezeigten Punkt, schiebe sie nach rechts auf und streiche die Form glatt. Es entsteht ein rechteckiger Schwanz. **12. 13.** Falte die Spitze der unteren Flosse gemäß der gestrichelten Linie nach unten. **14.** Falte die Spitze der oberen Flosse nach oben. **15.** Der Fisch ist fertig.

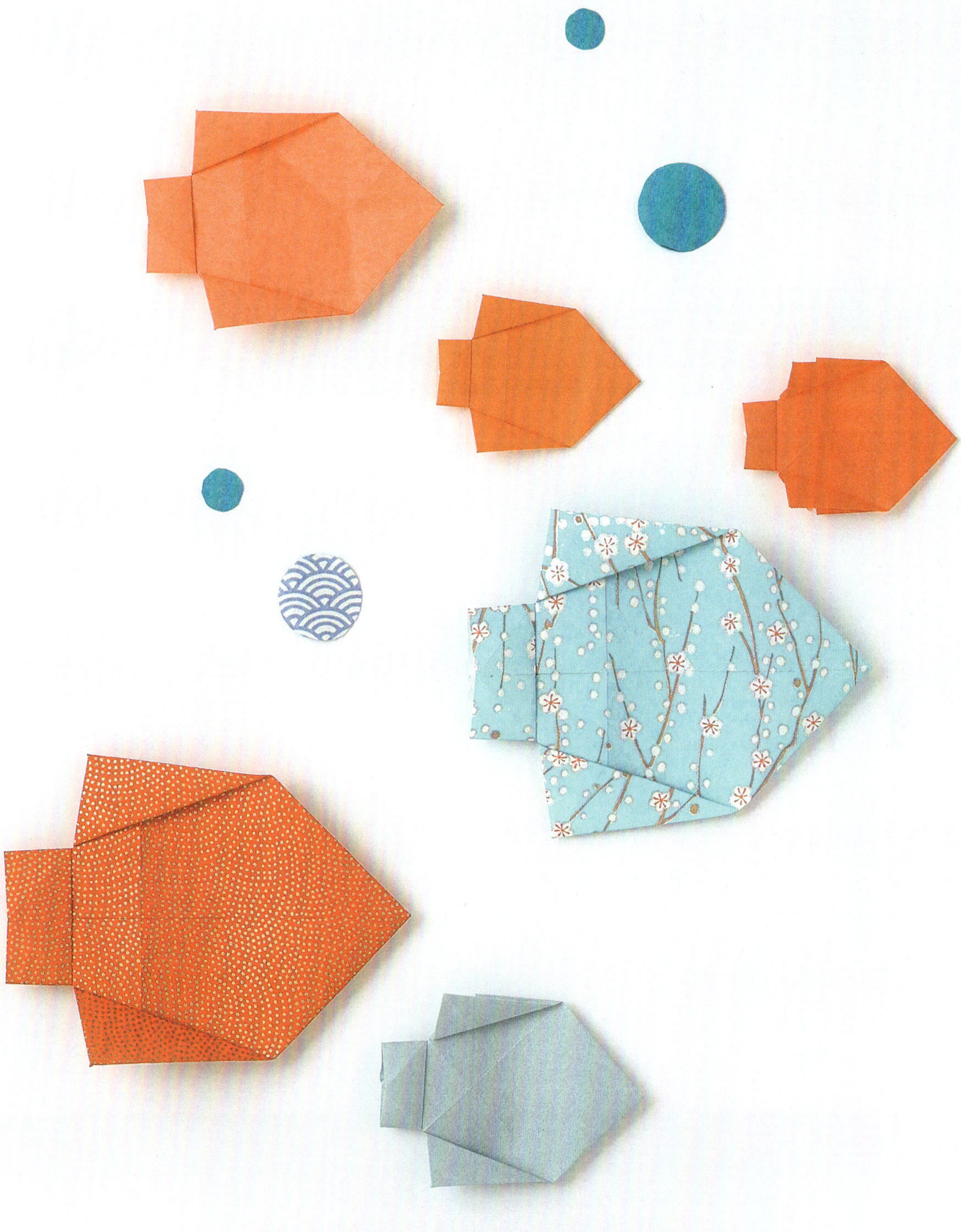

Segelschiff

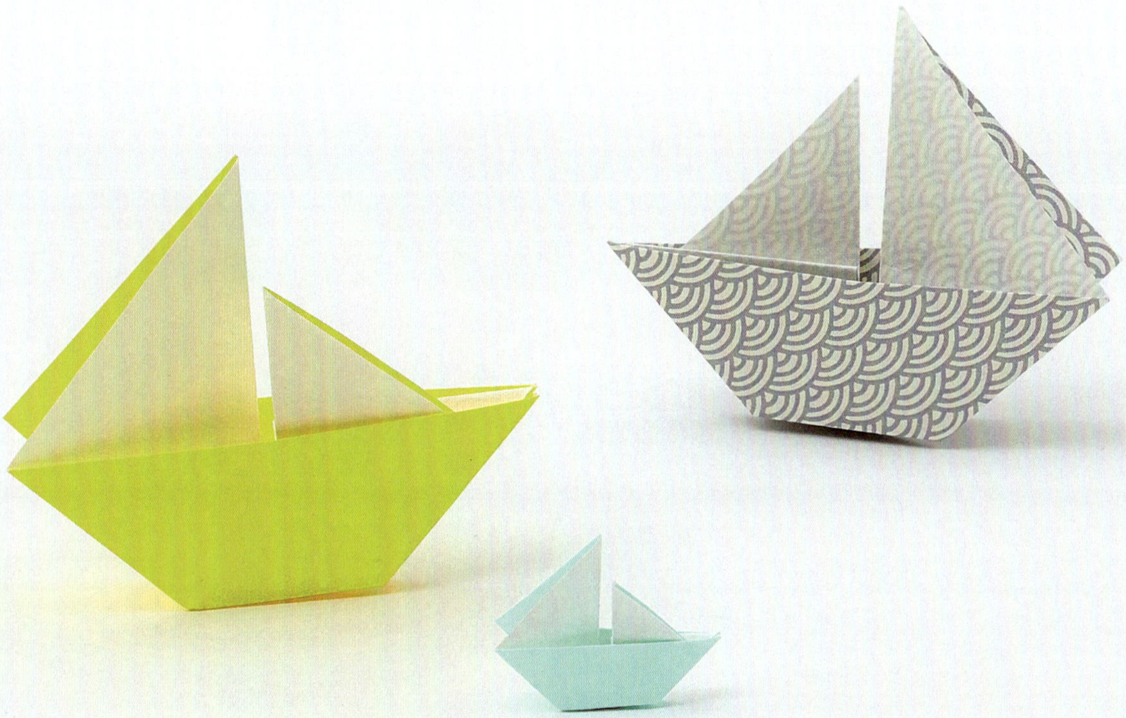

Level ●●○○○

Abmessungen

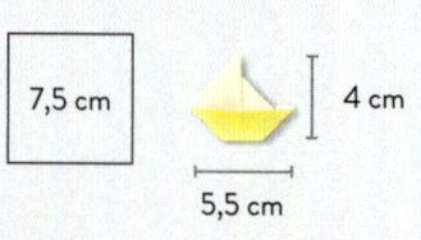

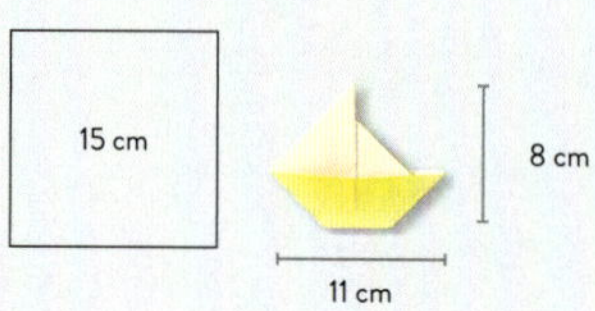

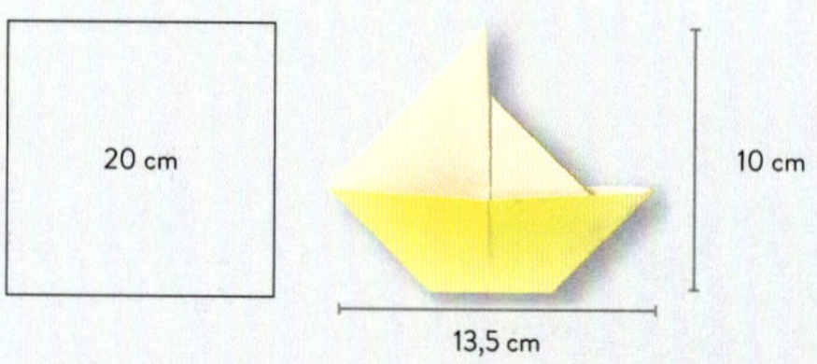

Tipp
Diese Faltung ist ideal für maritime Dekos. Klebe die Faltung auf ein Reisetagebuch oder eine Urlaubskarte.

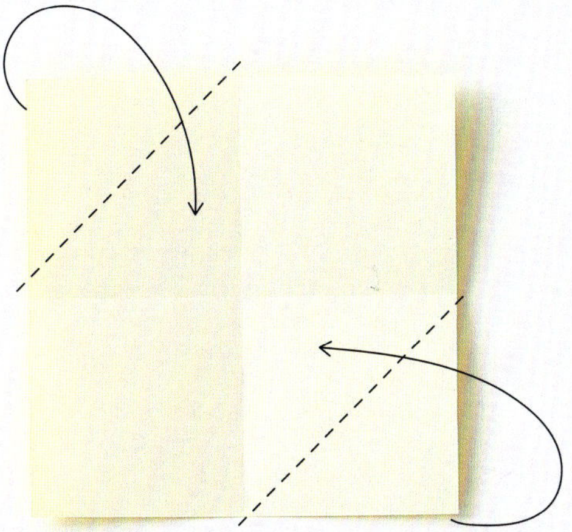

1

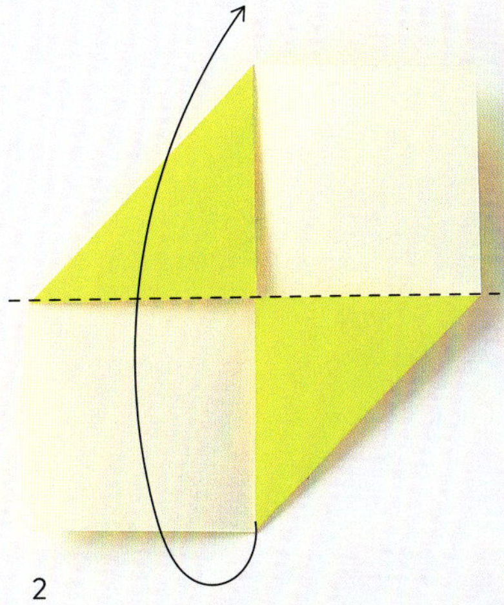

2

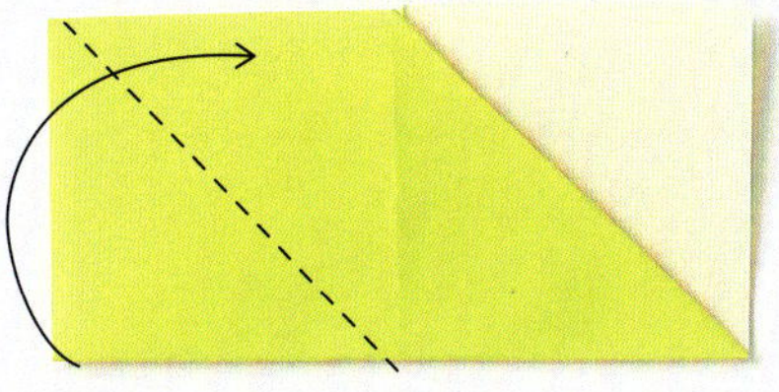

3

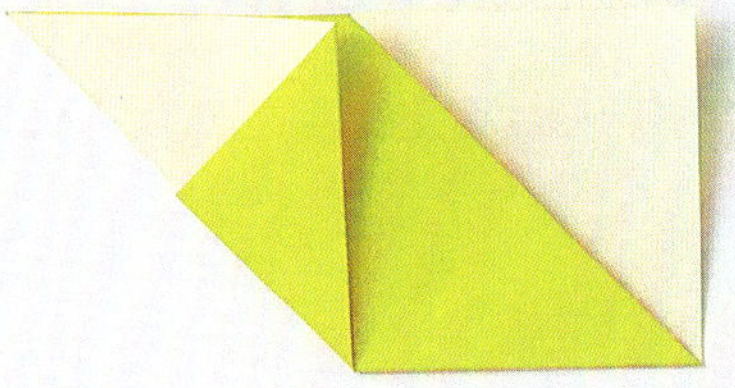

4

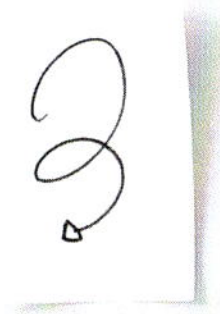

5

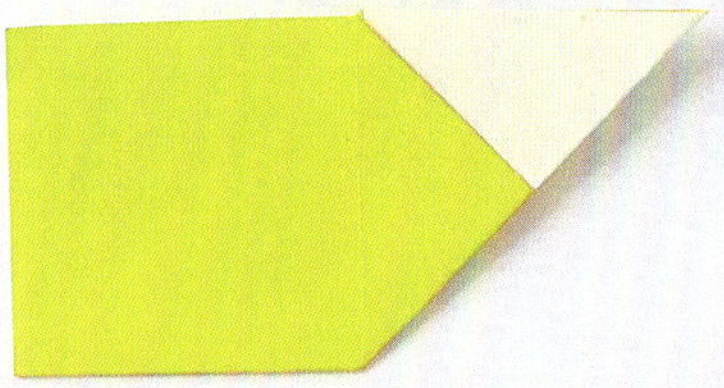

6

1. 2. Richte das Papier normal aus (mit der farbigen Seite nach unten). Markiere die Mittellinien. Falte die linke obere und die rechte untere Ecke zum Mittelpunkt. **2.** Falte die gesamte Figur in der horizontalen Mitte nach oben. **3. 4.** Falte die linke Ecke gemäß der gestrichelten Linie. **5. 6.** Wende die Figur.

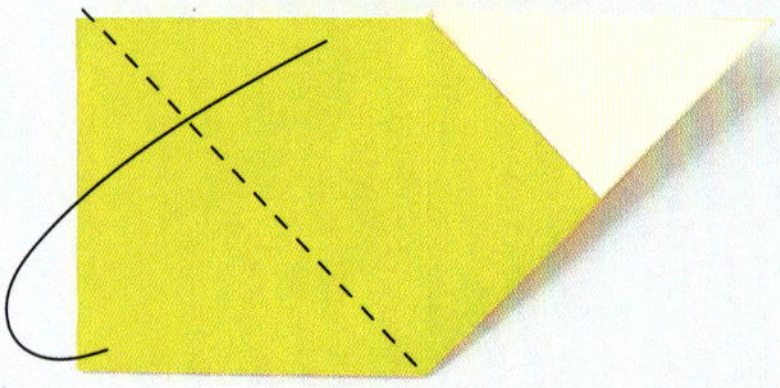

7

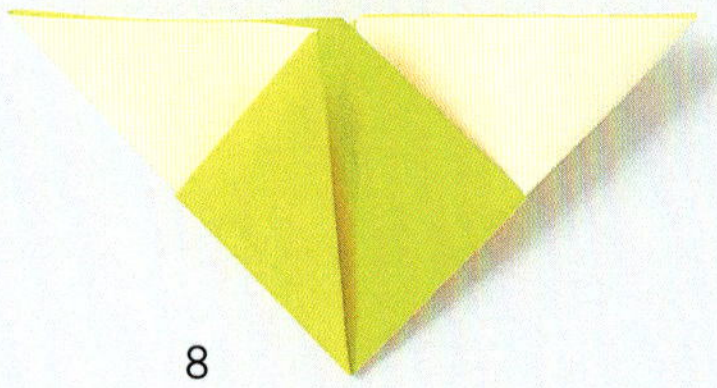

8

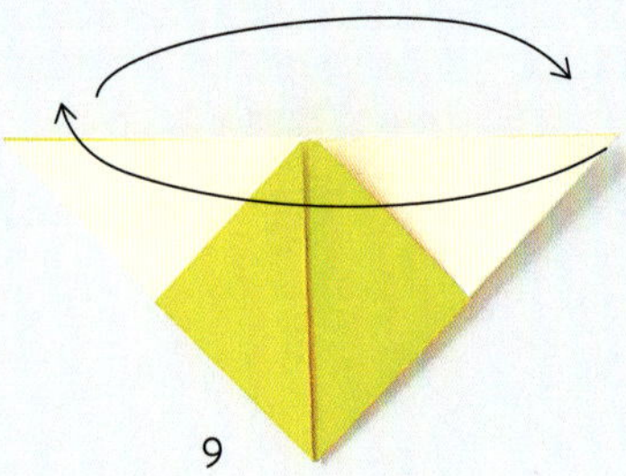

9

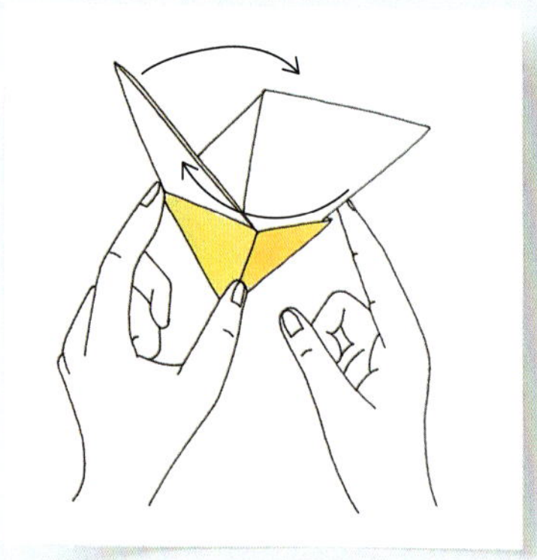

10

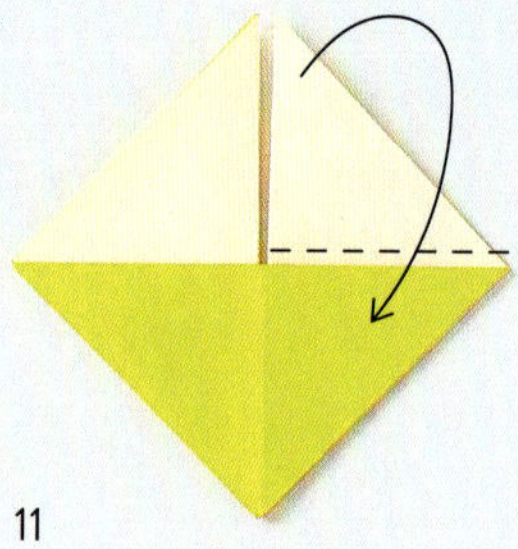

11

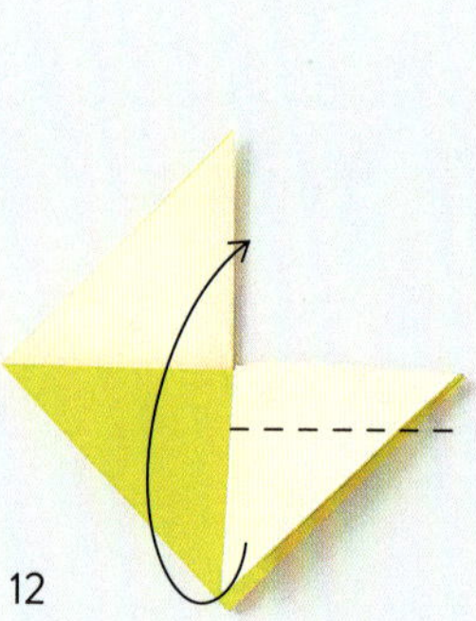

12

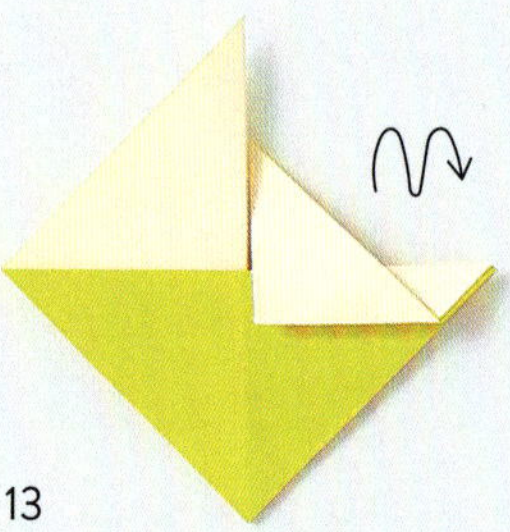

13

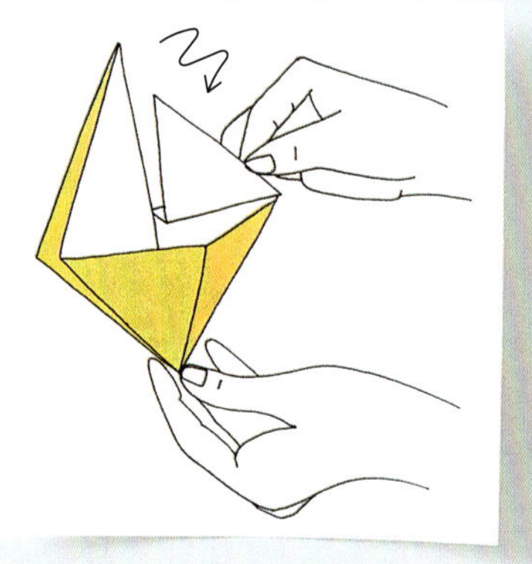

14

7. 8. Falte die linke untere Ecke gemäß der gestrichelten Linie nach oben. **9. 10. 11.** Greife die oberen Spitzen und verschiebe sie gemäß der Pfeile so gegeneinander, dass eine Raute entsteht, die oben zwei »Flügelchen« hat. Streiche die Raute glatt. Falte das rechte »Flügelchen« gemäß der gestrichelten Linie nach unten. **12.** Falte das Ende des »Flügelchens« gemäß der gestrichelten Linie nach oben. **13. 14.** Ziehe diese Faltung leicht nach oben und stecke sie als Segel ins Innere des Rumpfes.

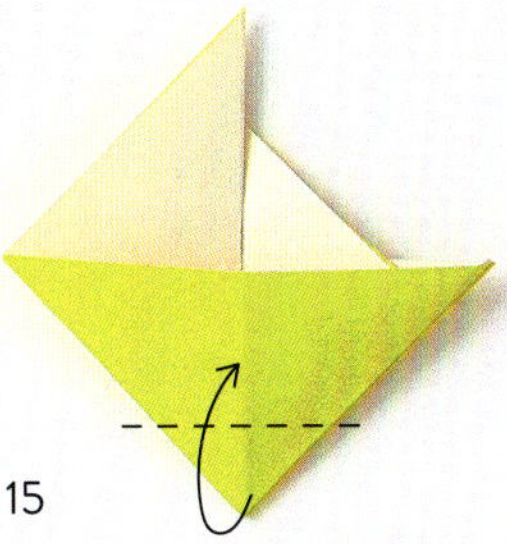

15

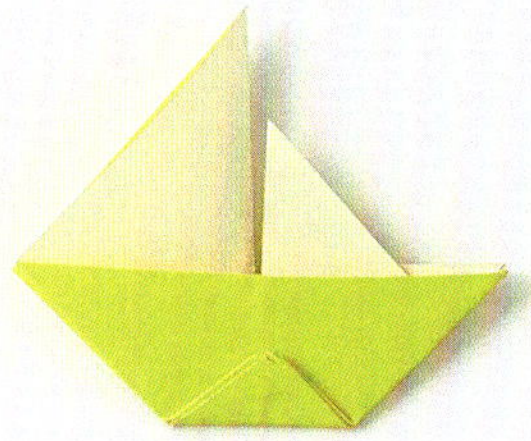

16

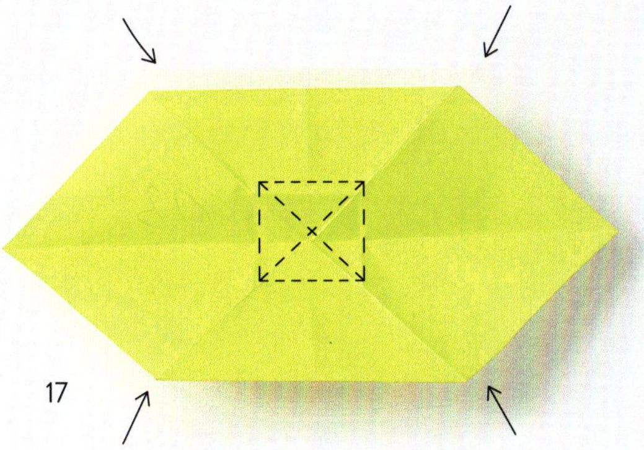

17

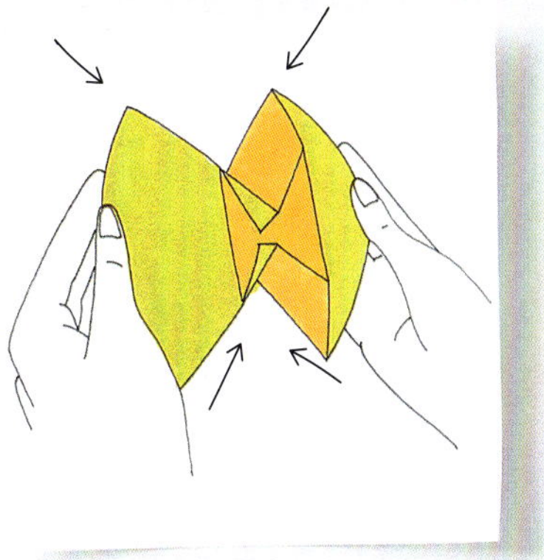

18

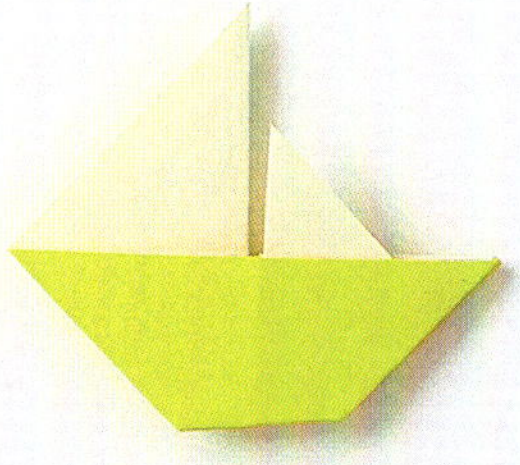

19

15. 16. Falte die untere Spitze des Rumpfes gemäß der gestrichelten Linie. **17. 18. 19.** Öffne die Figur leicht und kehre die Falze der unteren Rumpfspitze so um, dass du Abbildung 17 erhältst (drücke hierfür die gestrichelt gekennzeichneten Falze des kleinen Quadrats zur Mitte hin ein und streiche die Figur dann glatt). **19.** Das Schiff ist fertig.

Walfisch

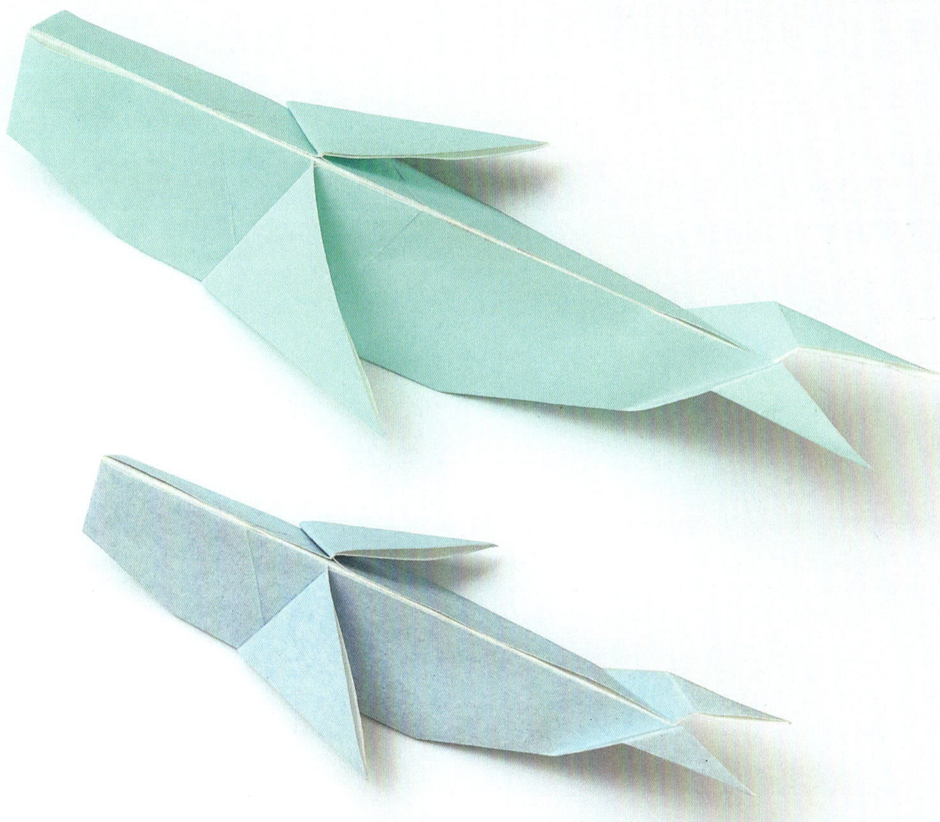

Level ●●○○○

Abmessungen

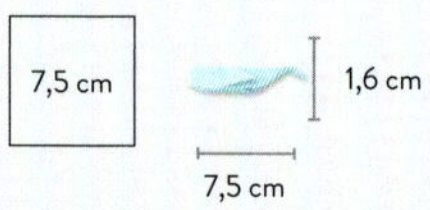

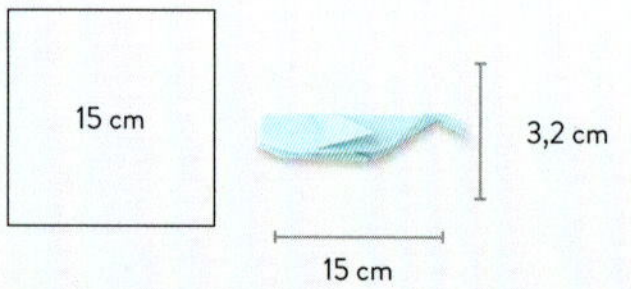

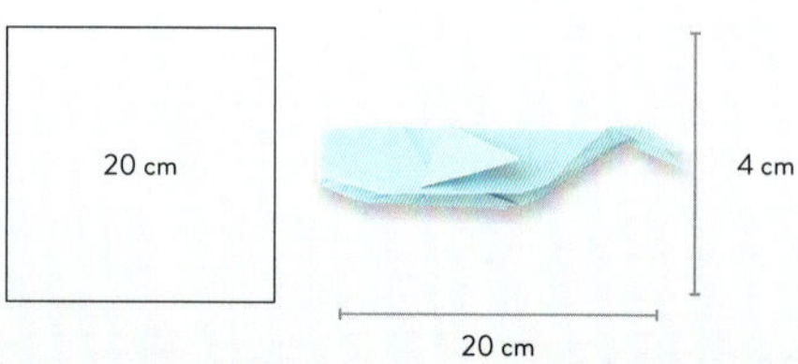

Tipp

Diese einfache Faltung ist ideal für Anfängerinnen und Anfänger und eignet sich darüber hinaus hervorragend als Wand- oder Fensterdekoration im Kinderzimmer. Du benötigst eine Schere.

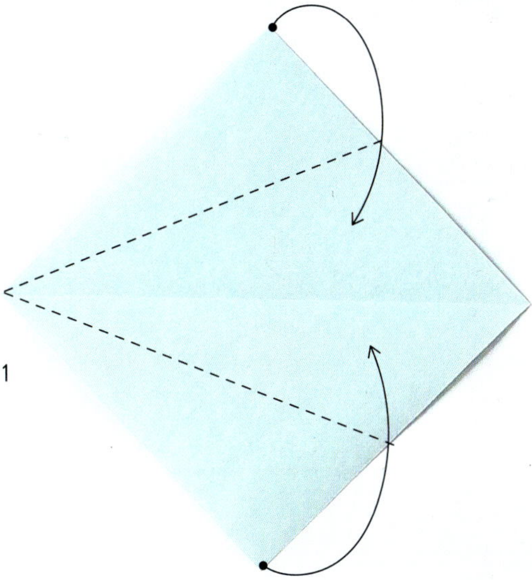

1

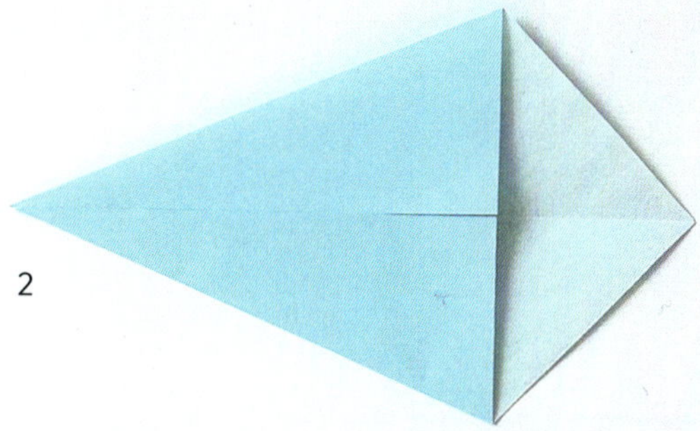

2

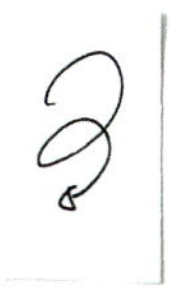

3

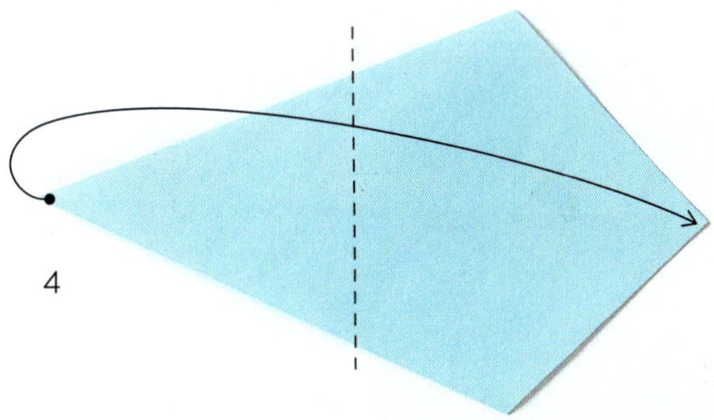

4

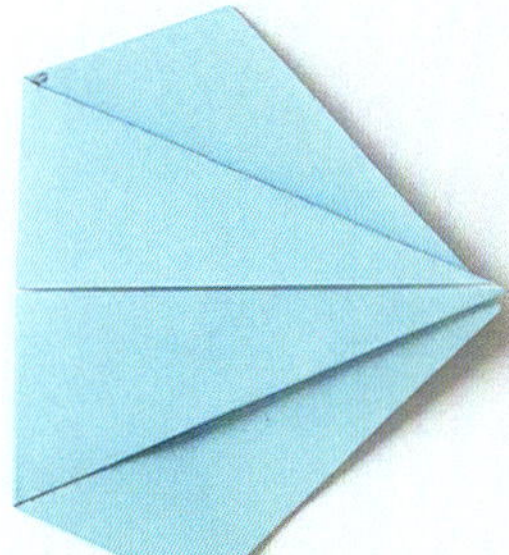

5

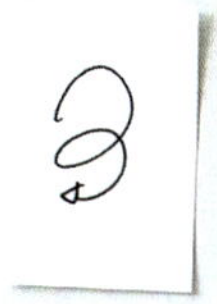

6

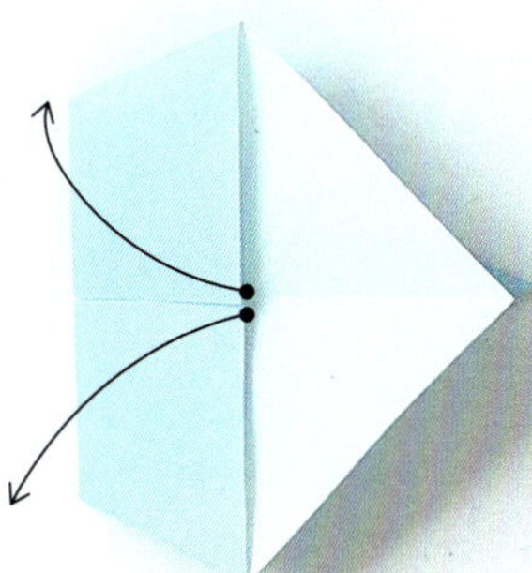

7

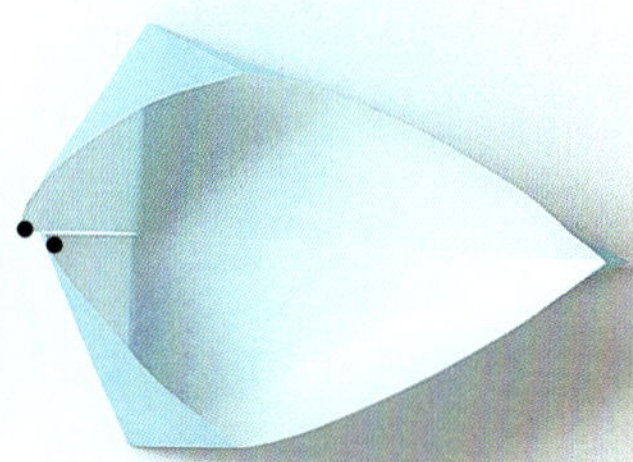

8

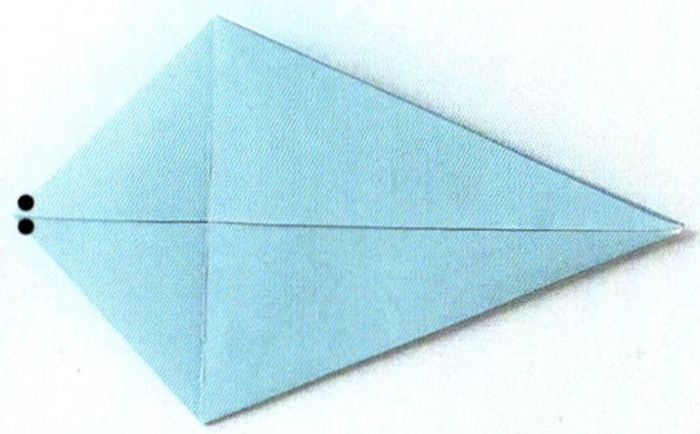

9

1. 2. Richte das Papier rautenförmig aus (mit der farbigen Seite nach unten). Markiere die horizontale Diagonale. Falte die obere und die untere Ecke zum Mittelfalz um. **3.** Wende die Figur. **4. 5.** Falte die linke Spitze zur rechten Spitze. **6.** Wende die Figur. **7. 8. 9.** Greife die beiden mittleren Spitzen an den angezeigten Punkten und ziehe sie nach links auf, sodass die »Drachenform« gemäß Abbildung 9 entsteht. Streiche die Figur glatt.

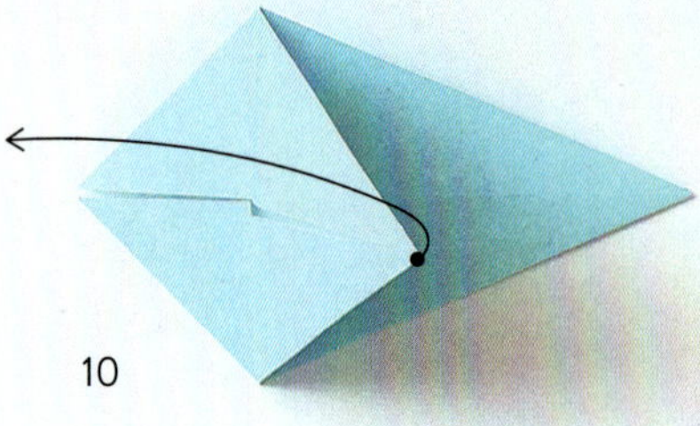

10

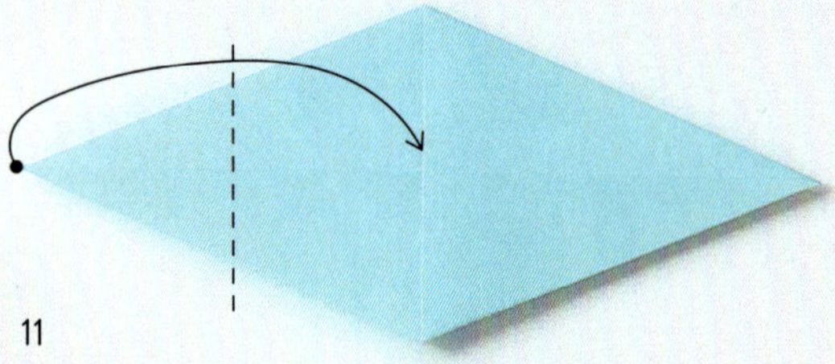

11

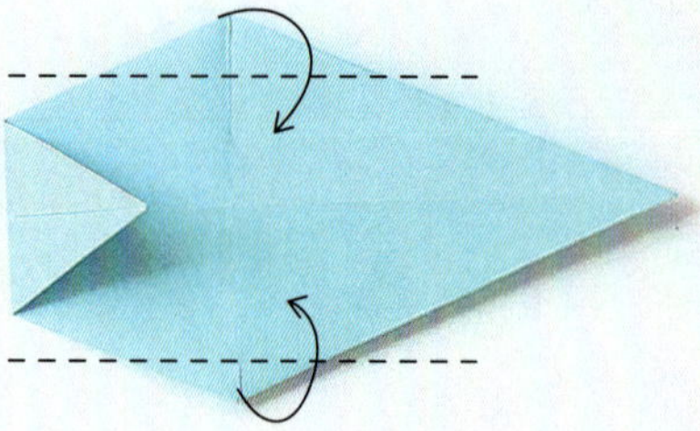

12

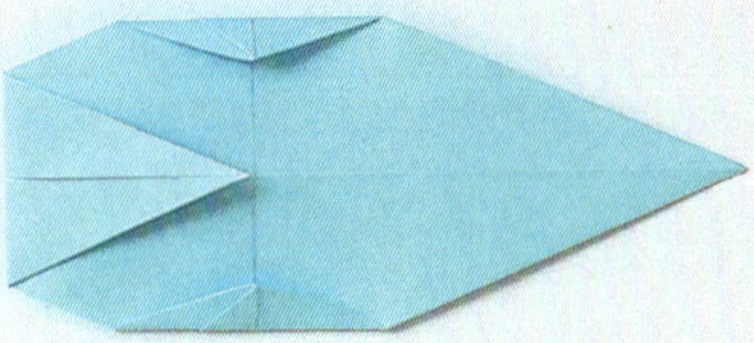

13

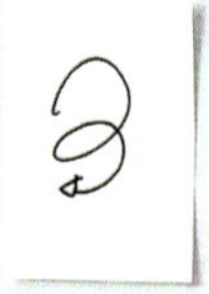

14

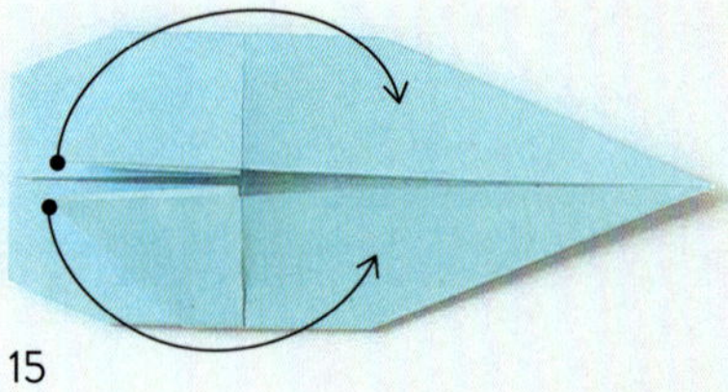

15

10. Greife die beiden oberen Lagen der rechten Spitze, führe sie nach links und drücke die Figur glatt. **11.** Falte die linke Spitze gemäß der gestrichelten Linie zum Mittelpunkt. **12. 13.** Falte die obere und untere Spitze gemäß den gestrichelten Linien. **14.** Wende die Figur. **15.** Greife die Spitzen an den markierten Punkten und falte sie jeweils nach rechts.

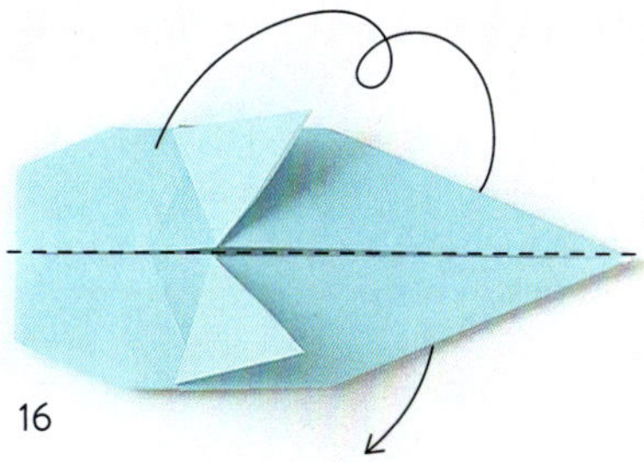

16

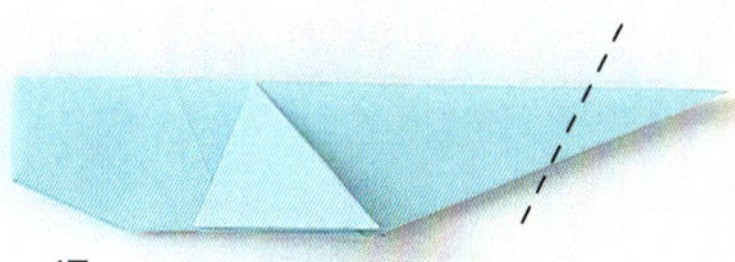

17

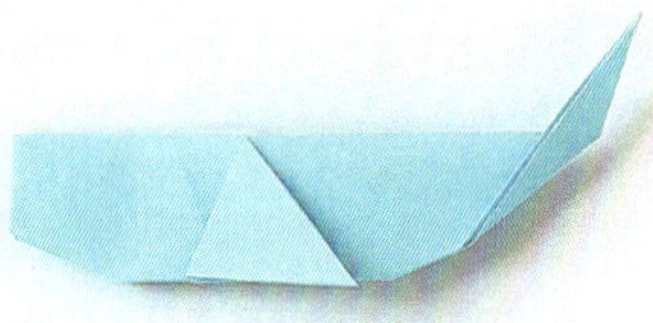

18

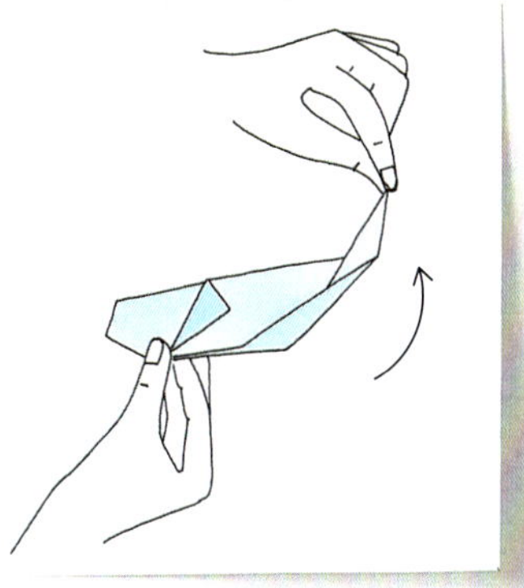

19

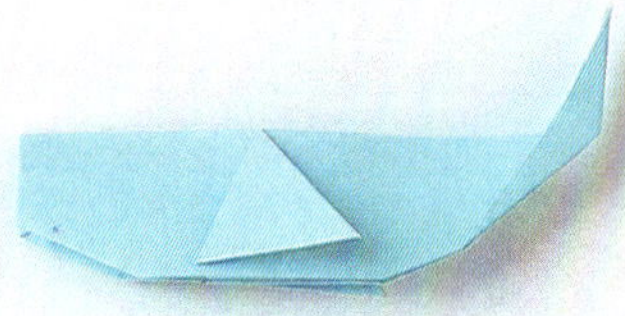

20

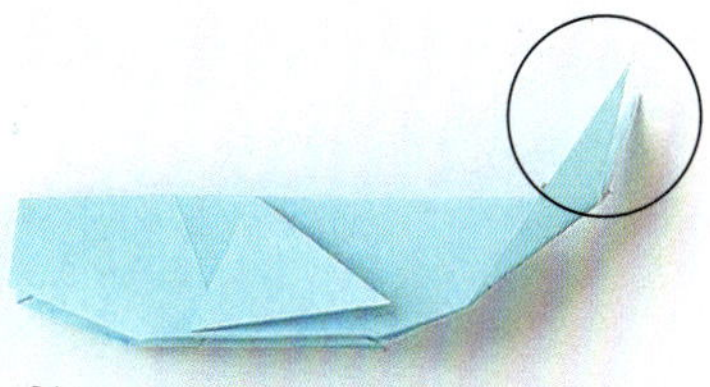

21

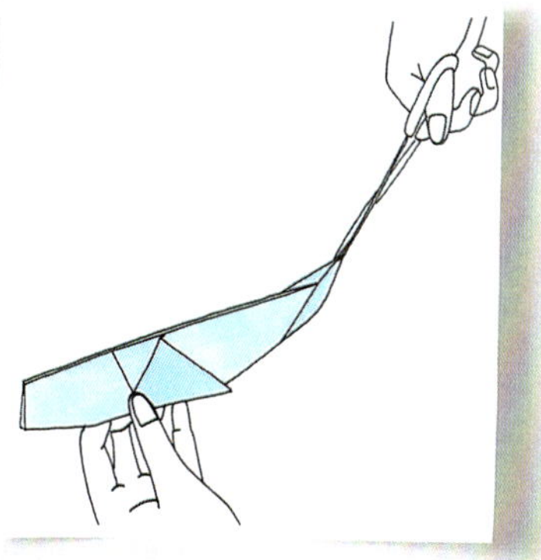

22

23

16. Falte die Figur gemäß der gestrichelten Linie mittig nach hinten. **17.** Falte den Schwanz gemäß der gestrichelten Linie schräg nach oben. **18. 19. 20.** Öffne diese Faltung und kehre sie um, indem du das Schwanzende nach oben ziehst. **21. 22.** Schneide das Schwanzende in der Mitte durch und falte dann die beiden Spitzen nach unten. **23.** Der Wal ist fertig.

Schwein

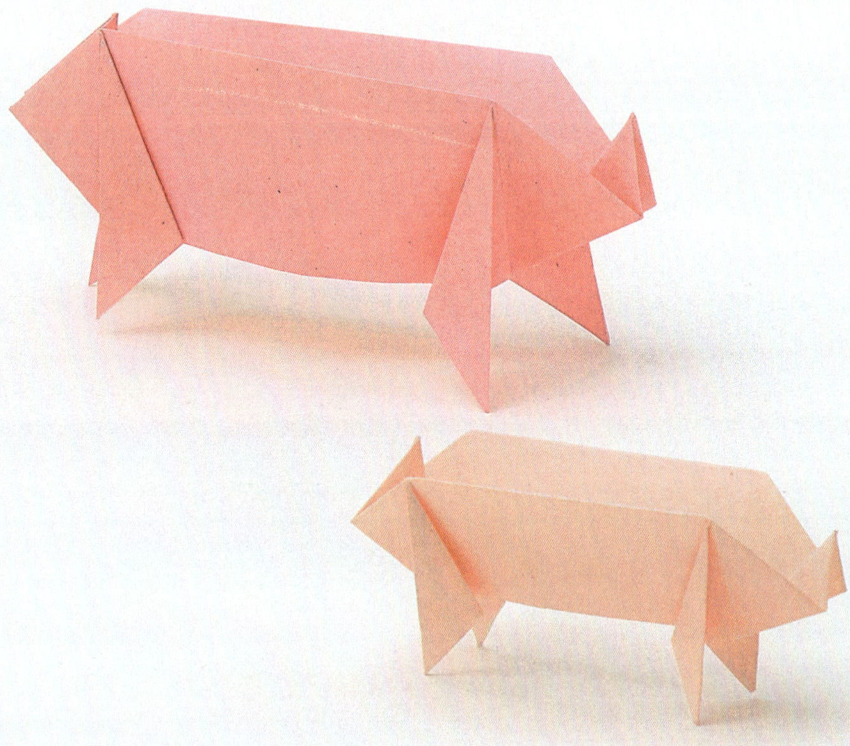

Level ●●○○○

Abmessungen

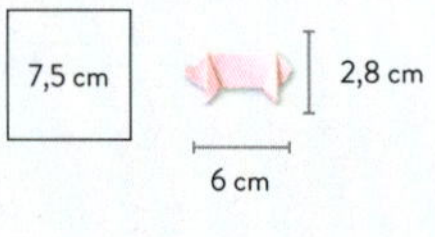

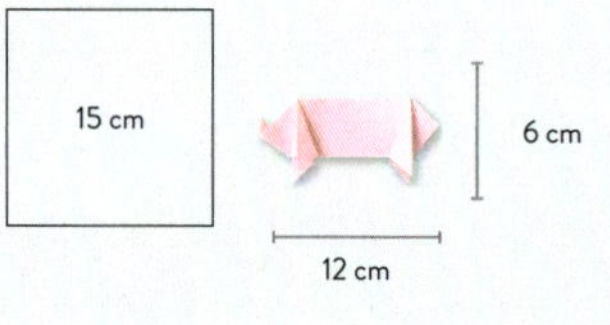

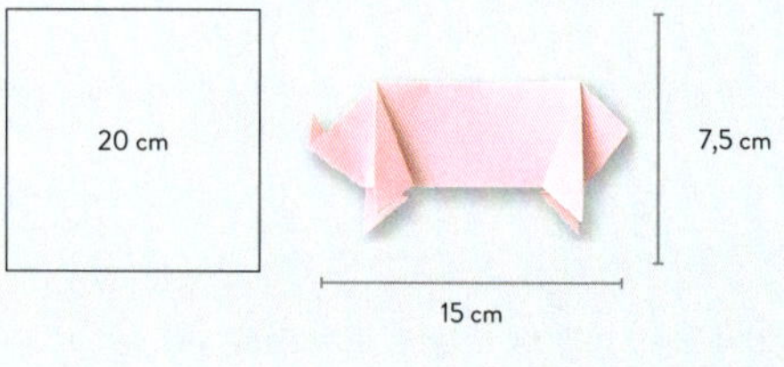

Tipp
Diese einfache traditionelle Faltung ist ideal für Anfängerinnen und Anfänger.

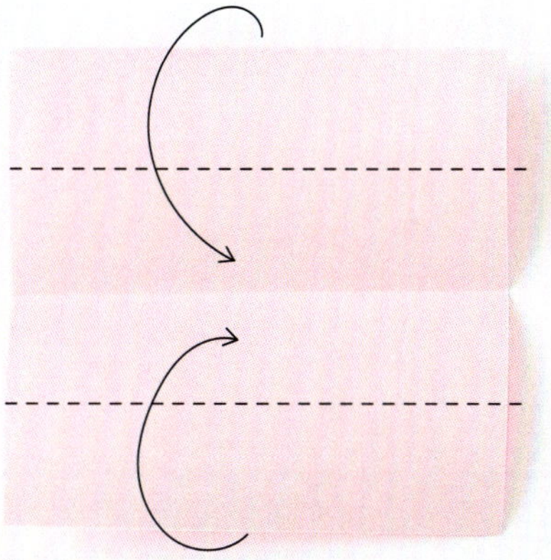

1

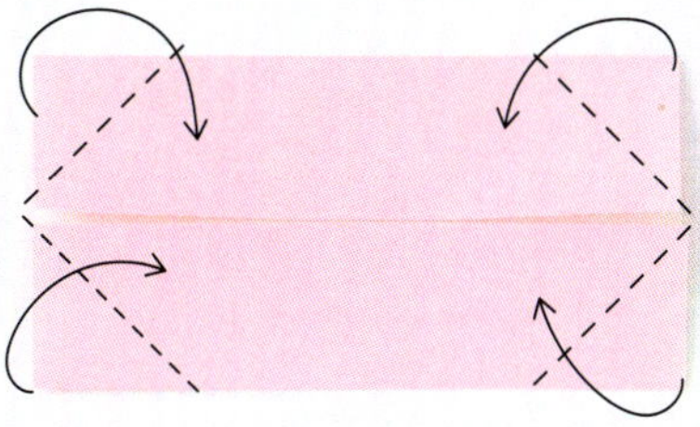

2

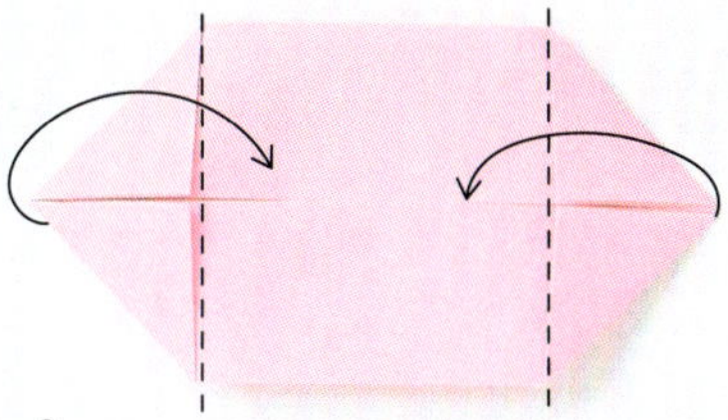

3

4

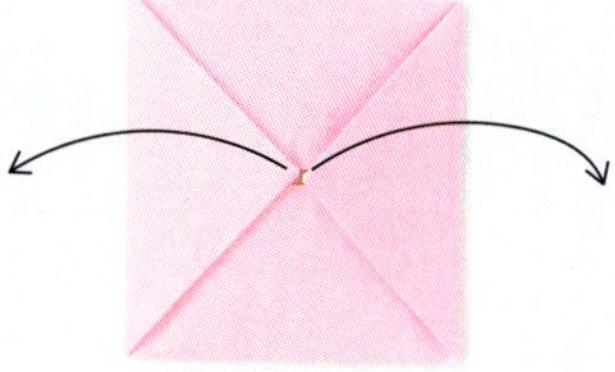

5

6

1. Richte das Papier normal aus (am besten eines, das auf beiden Seiten gleichfarbig ist). Markiere die horizontale Mittellinie. Falte die obere und untere Kante auf die Mittellinie, sodass ein Rechteck entsteht. **2.** Falte die vier Ecken gemäß den gestrichelten Linien. **3. 4.** Falte die seitlichen Spitzen gemäß den gestrichelten Linien, um ein Quadrat zu bilden. **5. 6.** Entfalte die Figur wieder zum Rechteck aus Schritt 2.

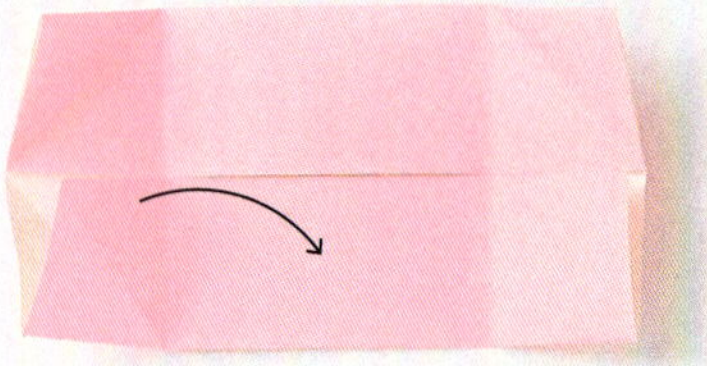

7

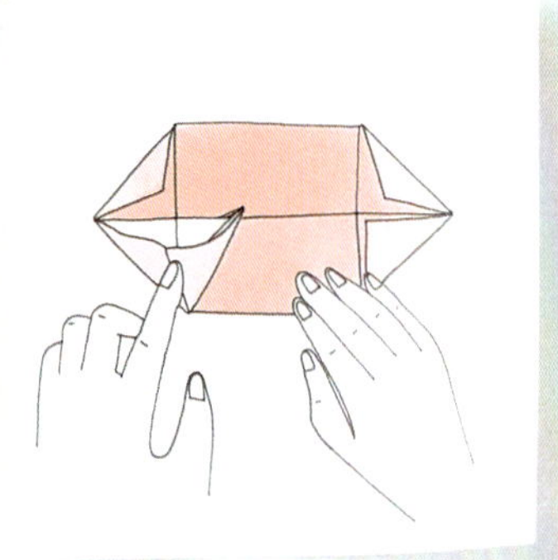

8

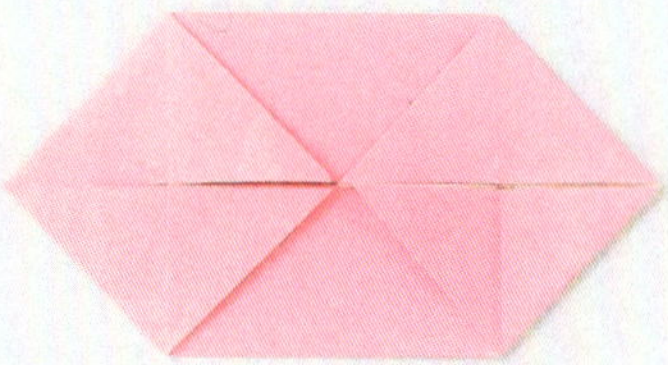

9

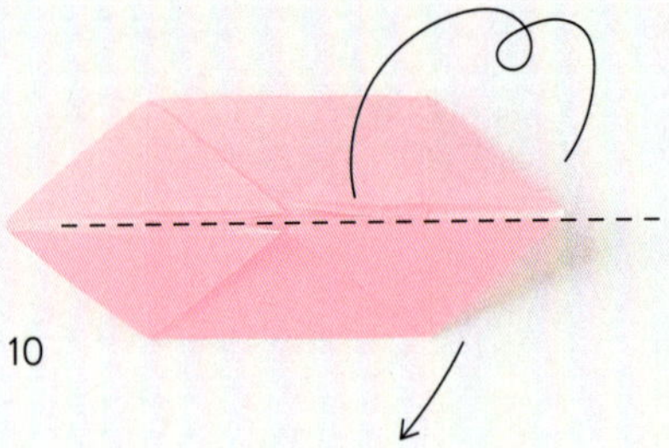

10

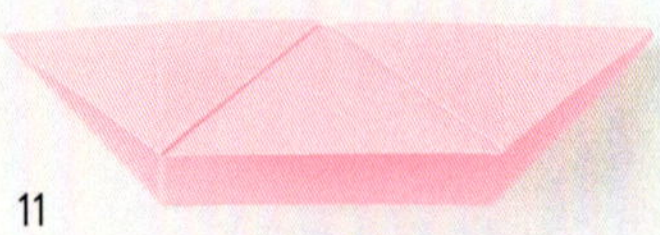

11

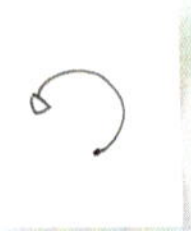

12

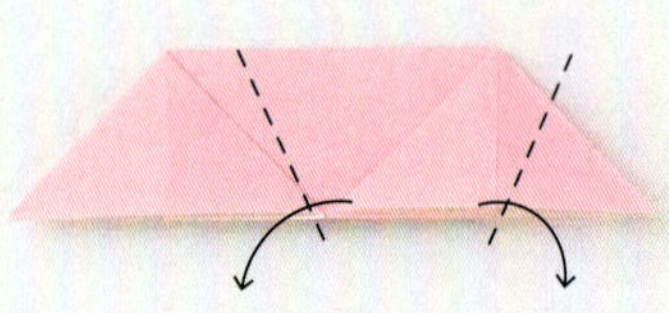

13

14

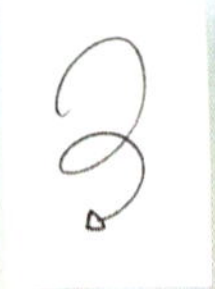

15

7. 8. 9. Greife die untere linke Ecke und ziehe sie nach rechts, um die Faltung zu einem Dreieck zu öffnen. Streiche das Dreieck glatt. Falte die anderen drei Ecken auf die gleiche Weise. **10. 11.** Falte die Figur in der horizontalen Mitte nach hinten. **12.** Drehe die Figur um 180 Grad. **13. 14.** Falte die rechte Spitze des linken Dreiecks nach links und die linke Spitze des rechten Dreiecks nach rechts, um die Beine des Schweins zu bilden. **15.** Wende die Figur.

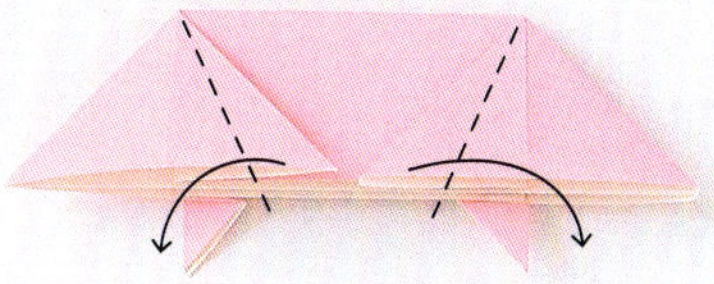

16

17

18

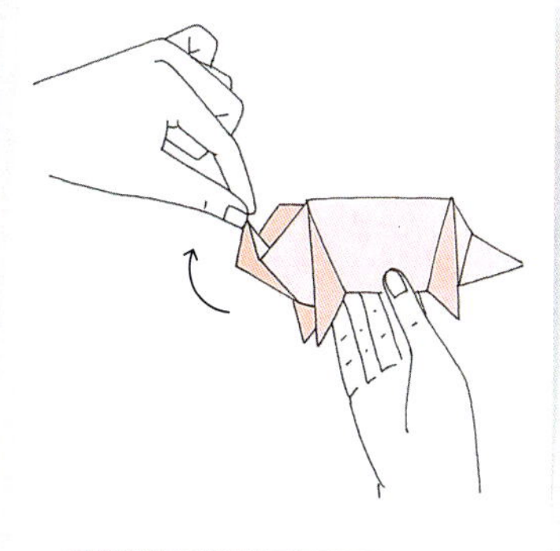

19

20

21

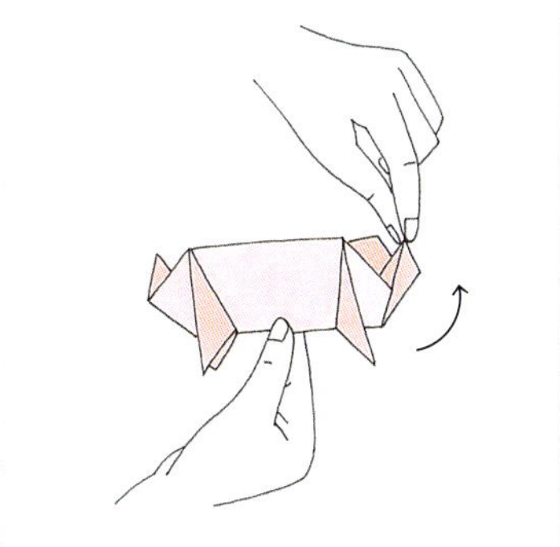

22

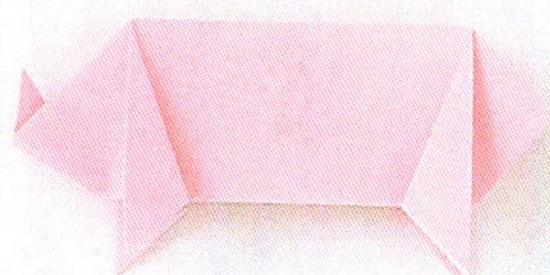

23

16. 17. Falte die Beine wie in Schritt 13 und 14 beschrieben. **17.** Markiere den Schwanz mit einer schrägen Faltung gemäß der gestrichelten Linie. **18. 19.** Öffne diese Faltung, kehre sie durch Hochziehen um und streiche sie glatt. Der Schwanz des Schweins ist geformt. **20.** Markiere den Kopf mit einer schrägen Faltung gemäß der gestrichelten Linie. **21. 22. 23.** Öffne diese Faltung, kehre sie durch Hochziehen um und streiche sie glatt. Das Schwein ist nun fertig.

Rosette

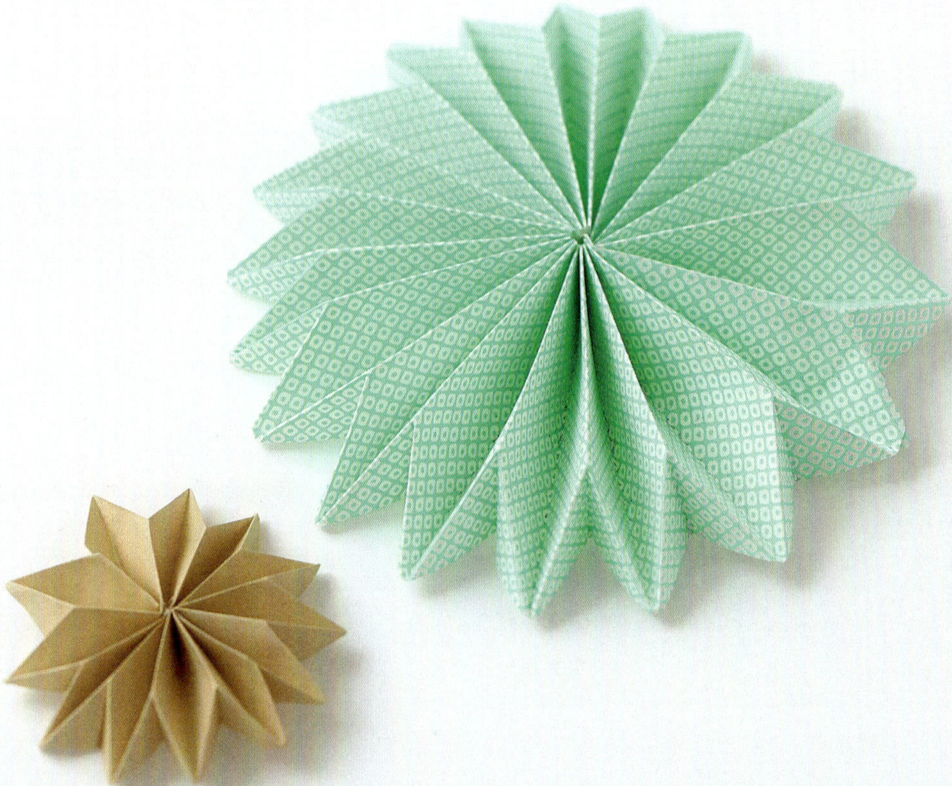

Level ●●○○○

Abmessungen

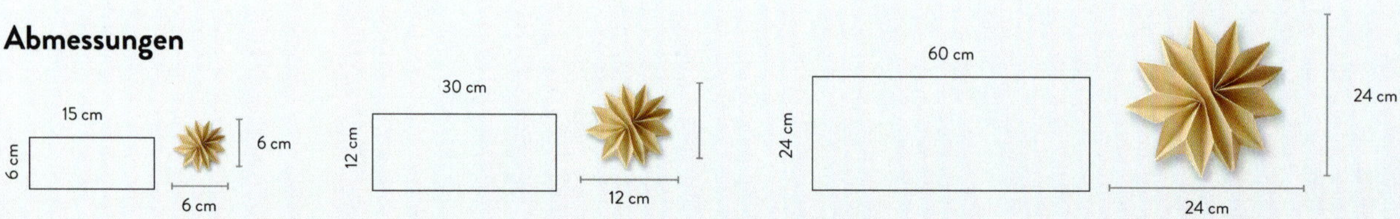

Tipp
Mit dieser Figur lassen sich festliche Dekorationen herstellen. Du benötigst Klebstoff.

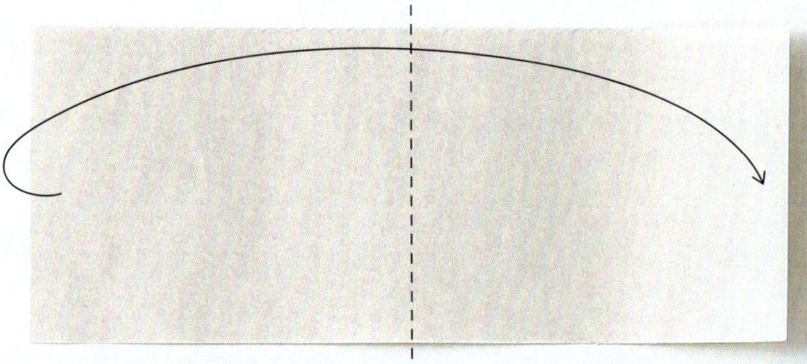

1

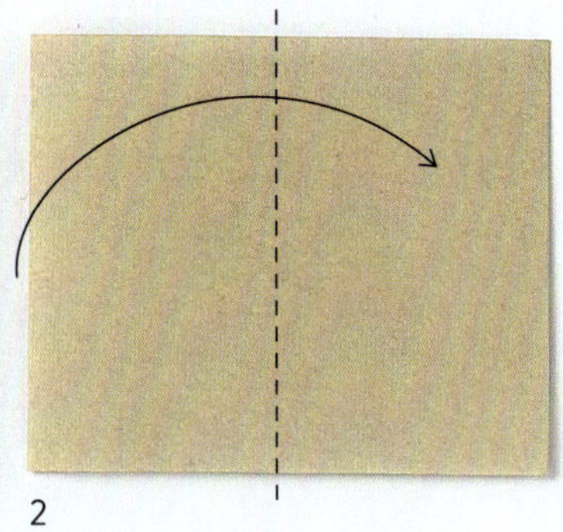

2

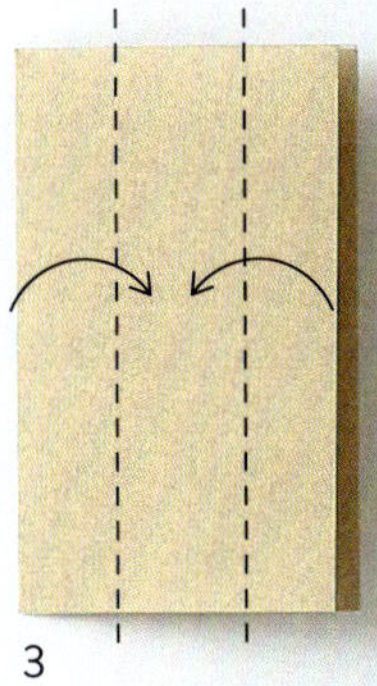

3

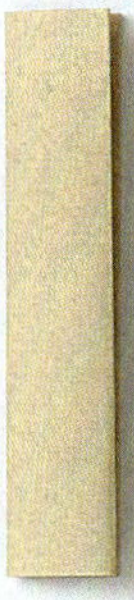

4

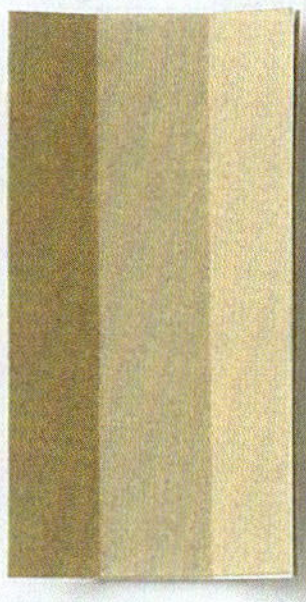

5

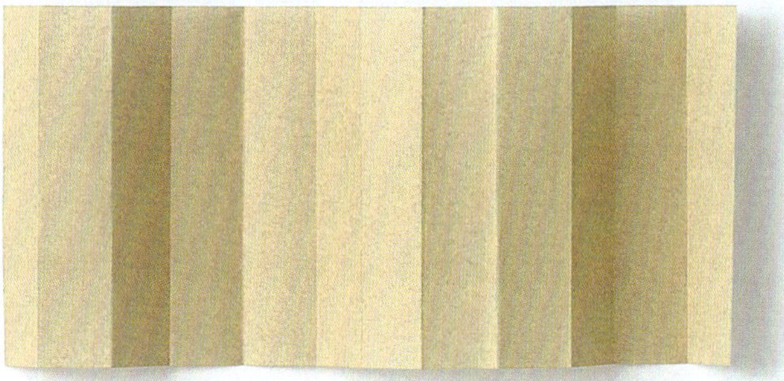

6

1. Richte das Papier quer aus (mit der farbigen Seite nach unten). Falte es in der vertikalen Mitte. **2.** Falte das entstandene kleinere Rechteck in der vertikalen Mitte. **3.** Falte die Seiten gemäß den gestrichelten Linien jeweils zur Mitte. **4. 5. 6.** Entfalte alle diese Faltungen.

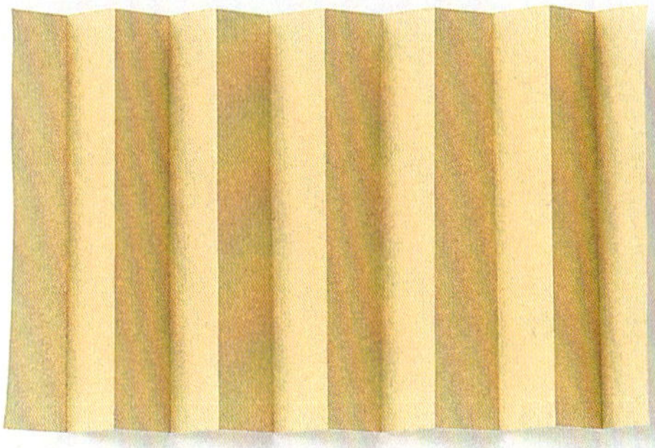

7

8

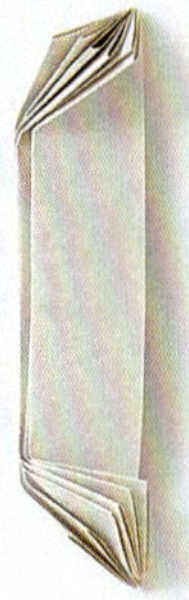

9

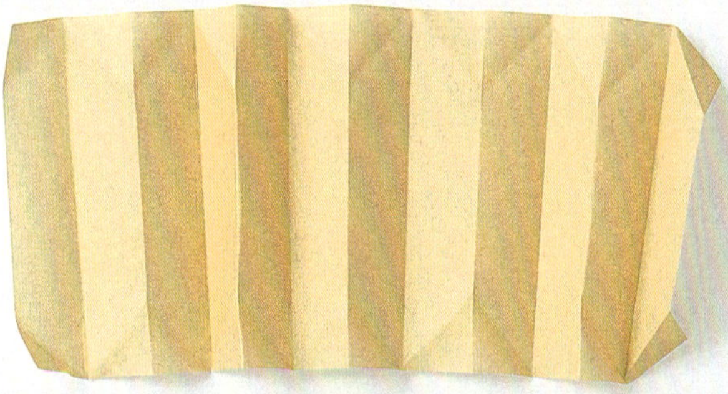

10

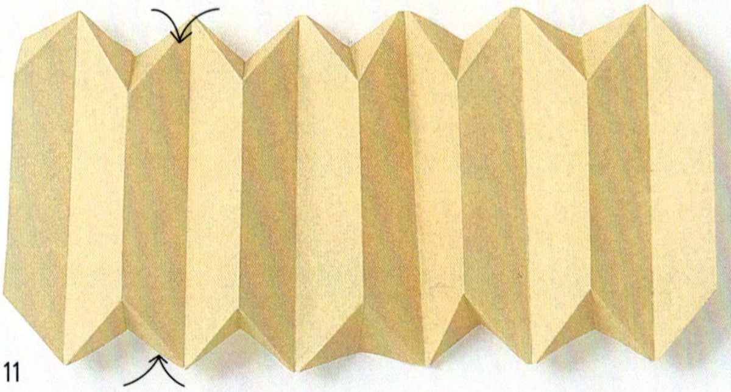

11

7. 8. Falte im Zickzack eine schöne Ziehharmonika und lege sie zu einem vertikalen schmalen Stapel zusammen. **8. 9.** Falte den Stapel schräg gemäß den gestrichelten Linien. **10.** Entfalte alles. **11.** Falte erneut eine Ziehharmonika, indem du das Papier an den Dreieckfalzen oben und unten nach innen einknickst.

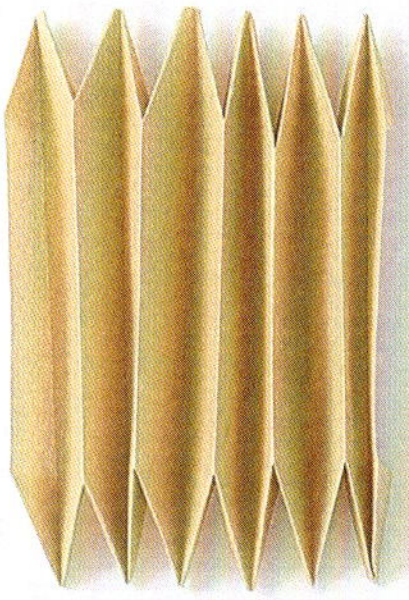

12

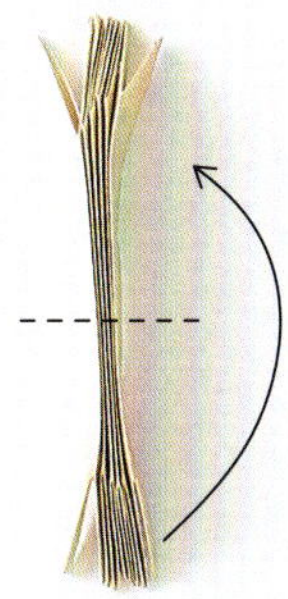

13

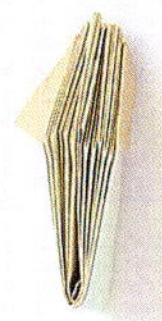

14

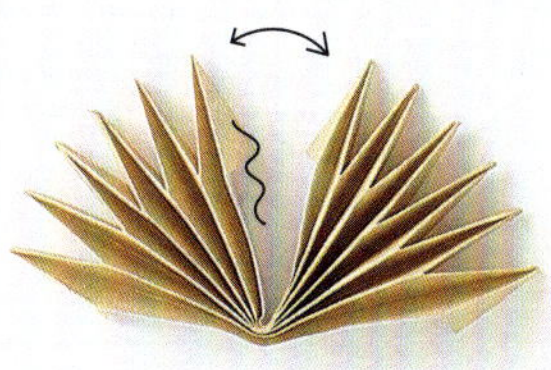

15

16

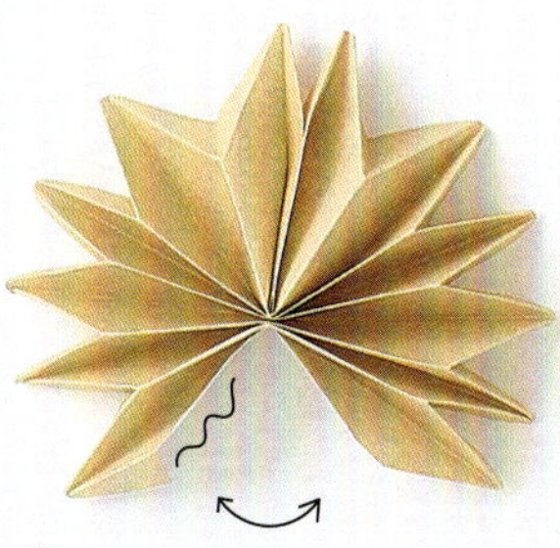

17

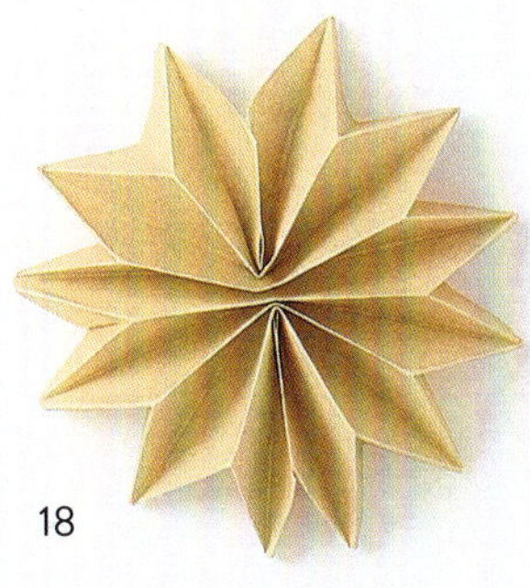

18

12. Falte die Ziehharmonika vollständig zu einem Stapel zusammen. **13. 14.** Falte den Stapel in der Mitte. **15. 16.** Klebe die linke oberste Lage der Rosette an der angezeigten Stelle an die rechte oberste Lage. **17.** Ziehe die Rosette zu ihrer kompletten Form auf und klebe die Lagen an der angezeigten Stelle zusammen. **18.** Die Rosette ist fertig.

Haus

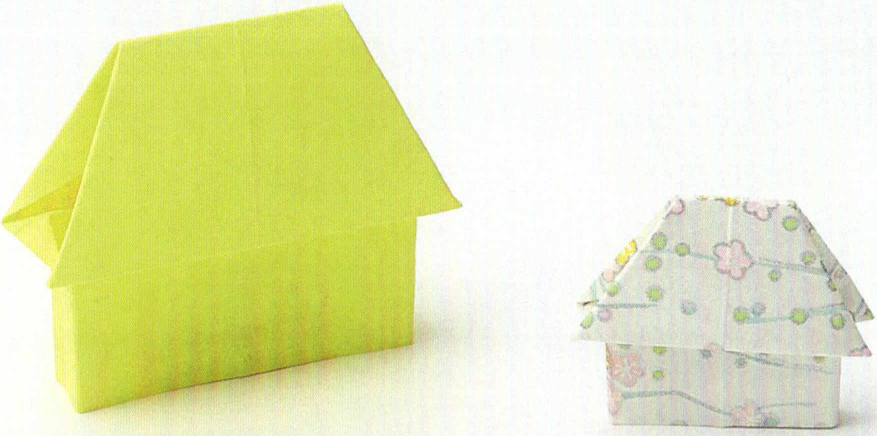

Level ●●○○○

Abmessungen

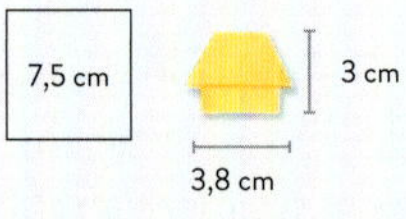

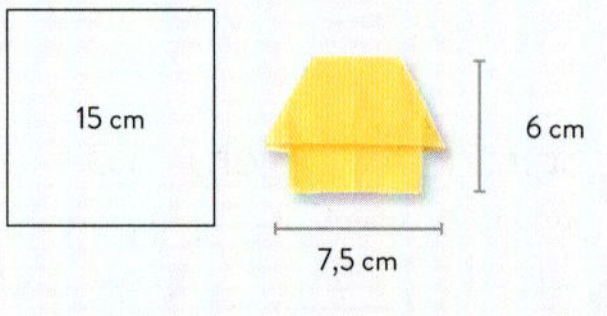

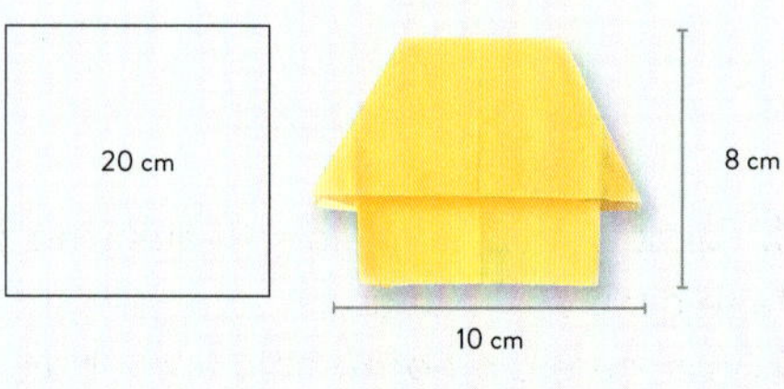

Tipp

Diese Häuschen können für ein Miniaturdorf oder eine Girlande verwendet werden.

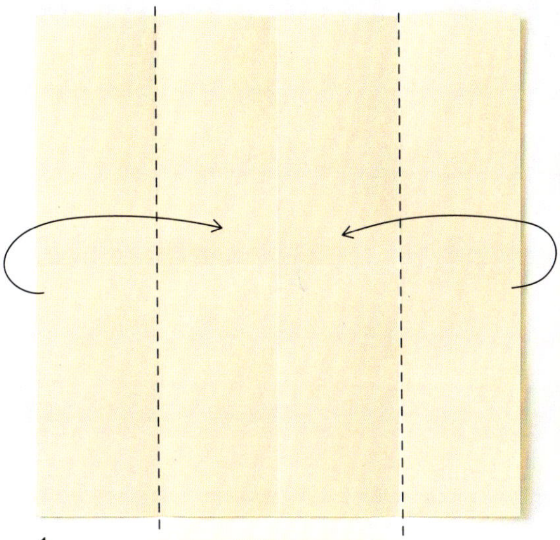

1

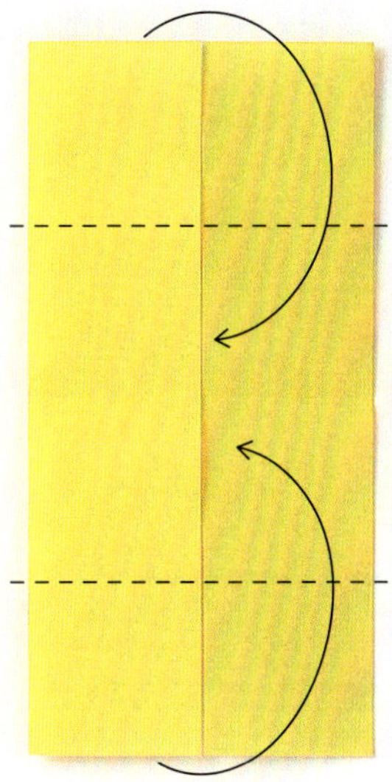

2

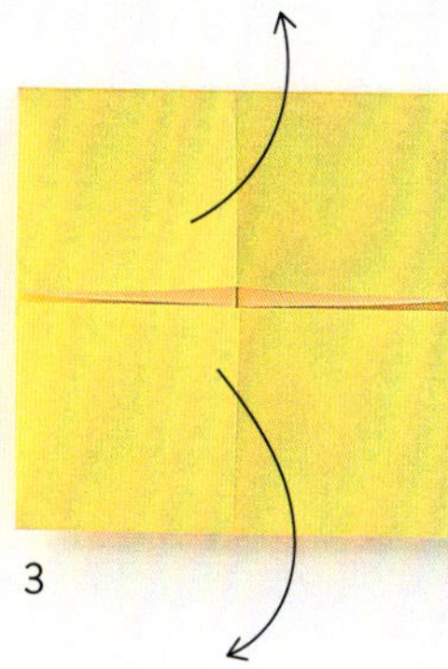

3

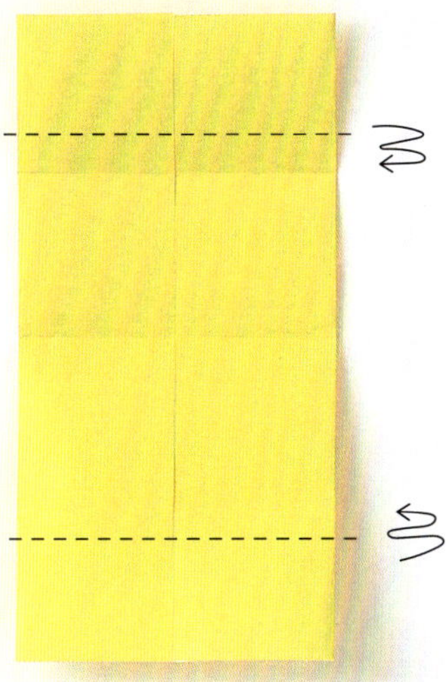

4

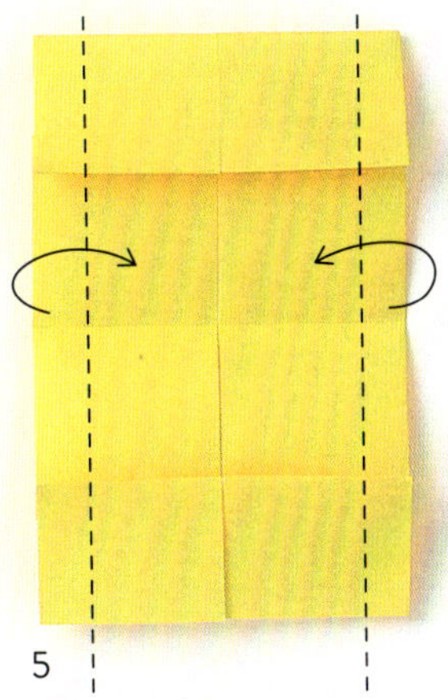

5

1. Richte das Papier normal aus (mit der farbigen Seite nach unten). Markiere die vertikale Mittellinie und falte dann die linke und rechte Seitenkante zu dem markierten Falz, sodass ein stehendes Rechteck entsteht. **2.** Markiere die horizontale Mittellinie und falte die obere und untere Seitenkante zu dem markierten Falz. **3.** Entfalte diese letzten beiden Faltungen. **4.** Markiere gemäß den gestrichelten Linien symmetrisch parallel versetzt zum oberen und unteren Falz je einen Falz, dann schlage das Papier an diesen Falzen im Ziehharmonika-Stil (Zickzackfaltung) um. **5.** Falte die linke und rechte Seitenkante gemäß den gestrichelten Linien.

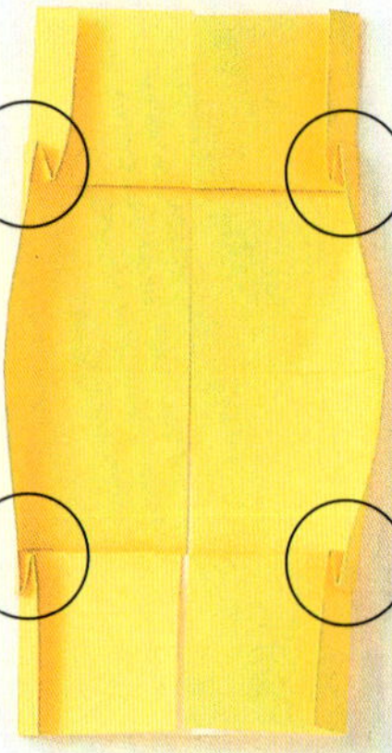

6

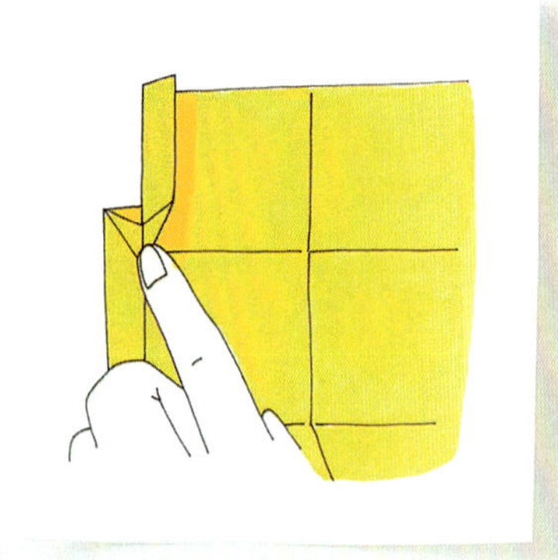

7

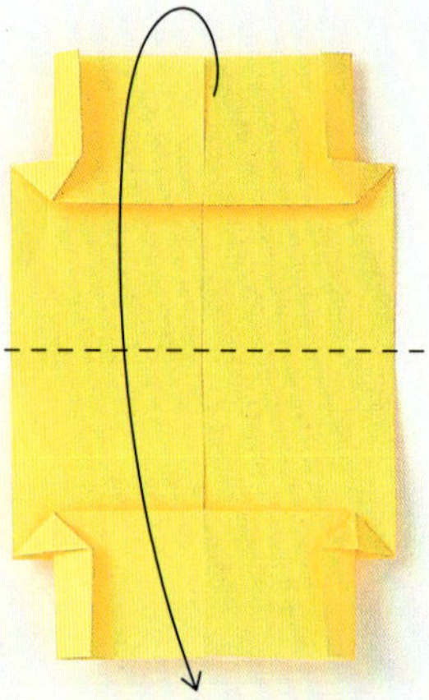

8

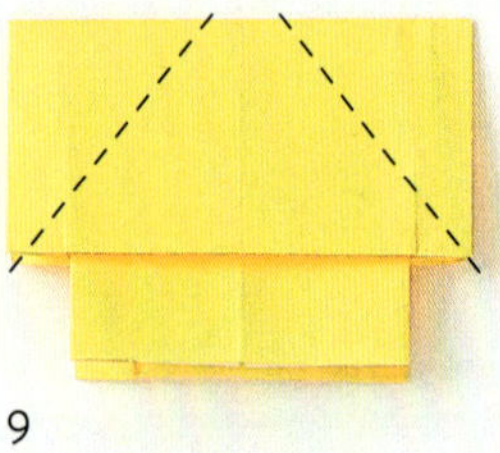

9

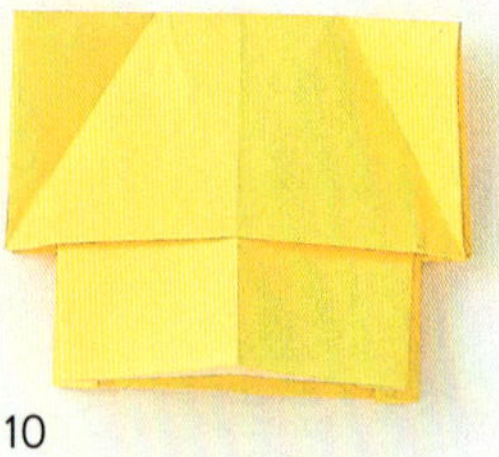

10

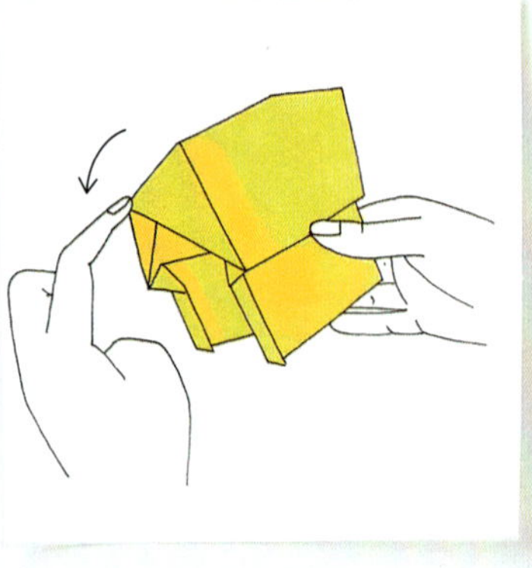

11

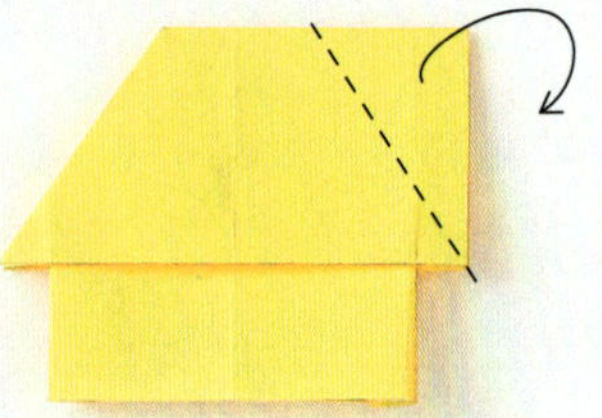

12

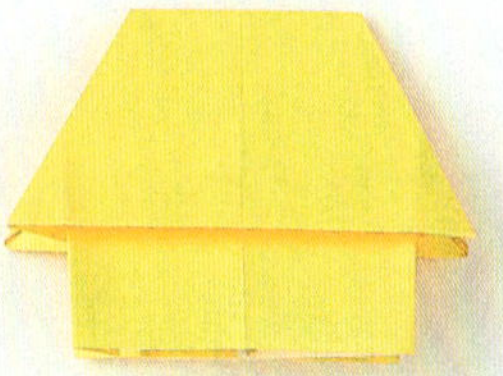

13

6. 7. Ziehe jede der entstandenen kleinen Faltungen auf und kehre ihre Faltung durch Ziehen um, sodass kleine Dreiecke entstehen. Streiche die kleinen Dreiecke glatt. **8.** Falte die Figur in der horizontalen Mitte. **9. 10.** Markiere zwei schräge Falze gemäß den gestrichelten Linien. **11.** Öffne die Faltung der linken oberen Ecke und kehre ihre Faltung durch Drücken um, indem du den Falz nach innen knickst. **12.** Knicke die rechte Ecke auf die gleiche Weise ein. **13.** Das Haus ist fertig.

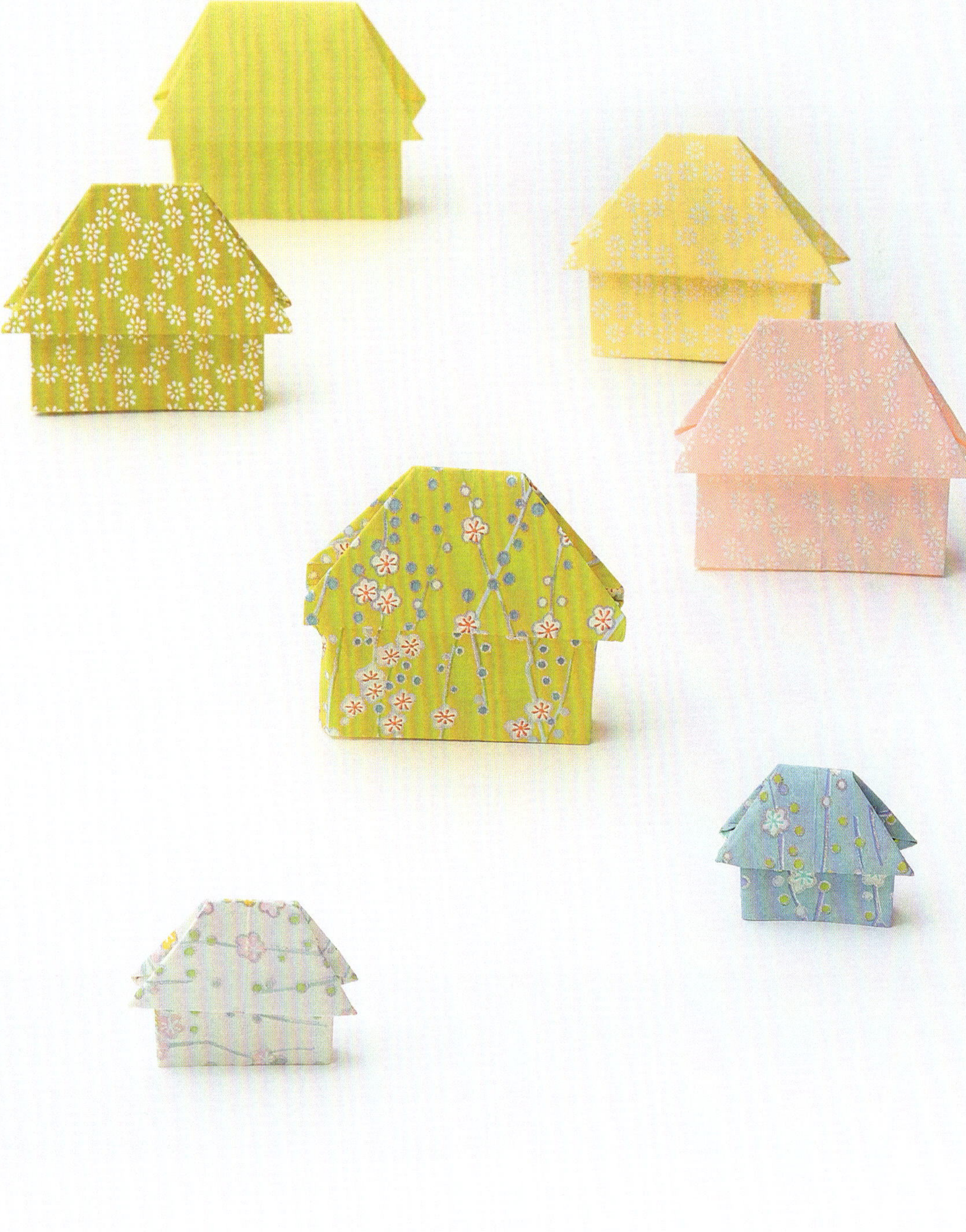

Rakete

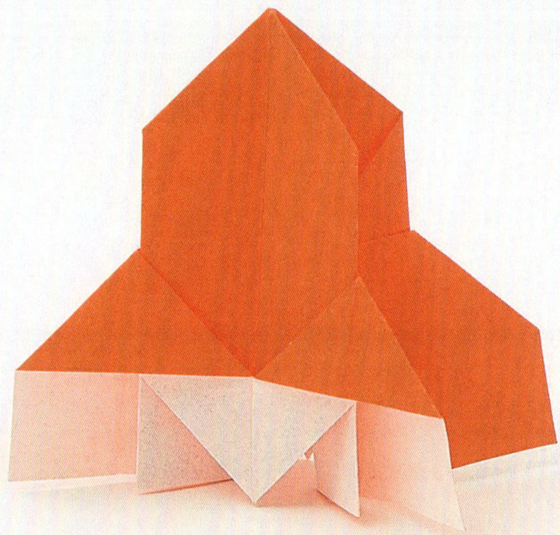

Level ●●●○○

Abmessungen

7,5 cm

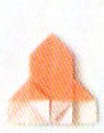

3,7 cm

3,7 cm

15 cm

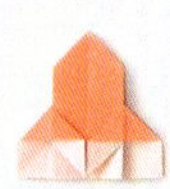

7,5 cm

7,5 cm

20 cm

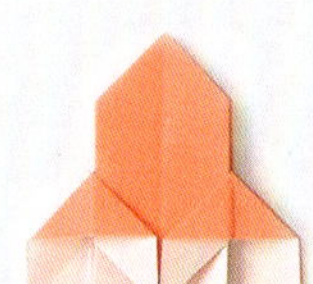

9,3 cm

9,3 cm

Tipp

Variiere die Größen, um eine ganze Weltraumflotte oder eine Girlande zur Dekoration eines Kinderzimmers zu kreieren.

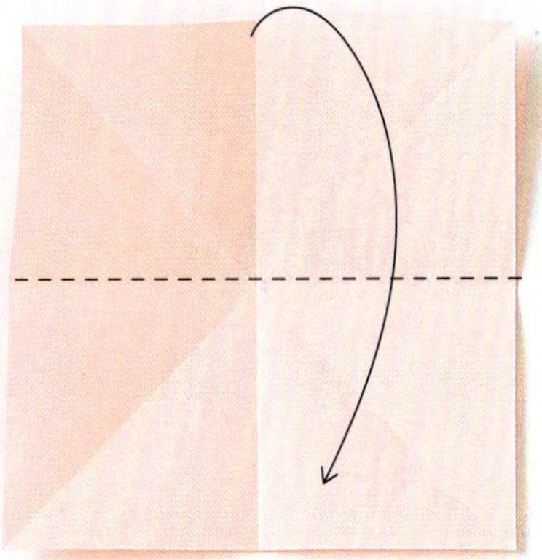

1

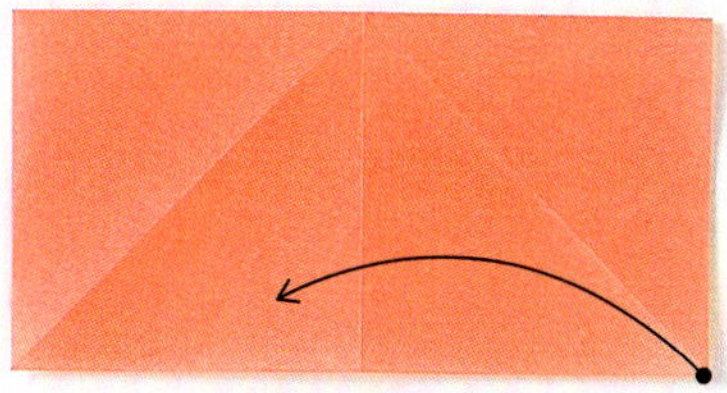

2

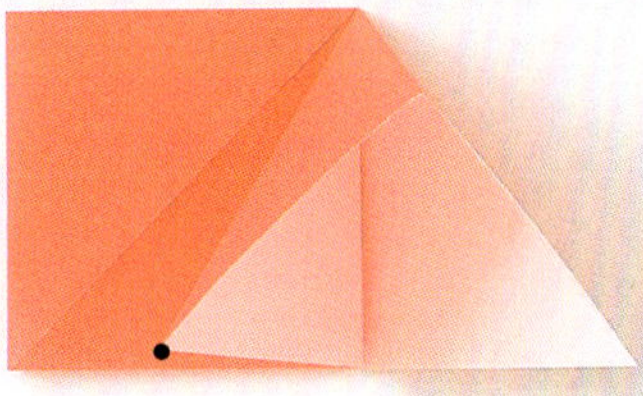

3

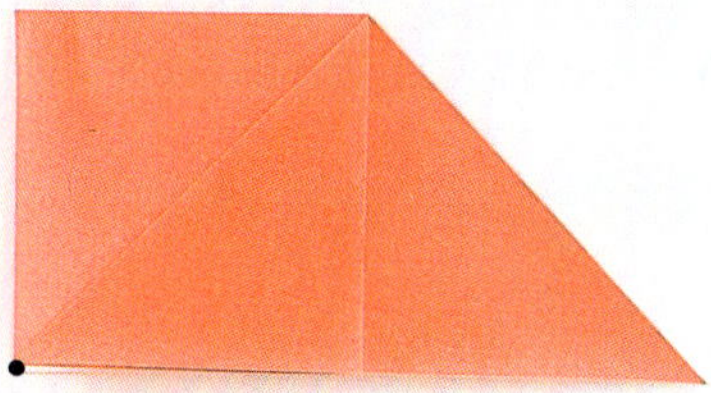

4

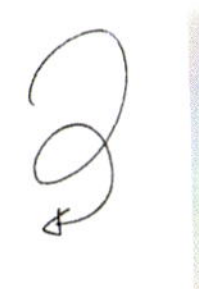

5

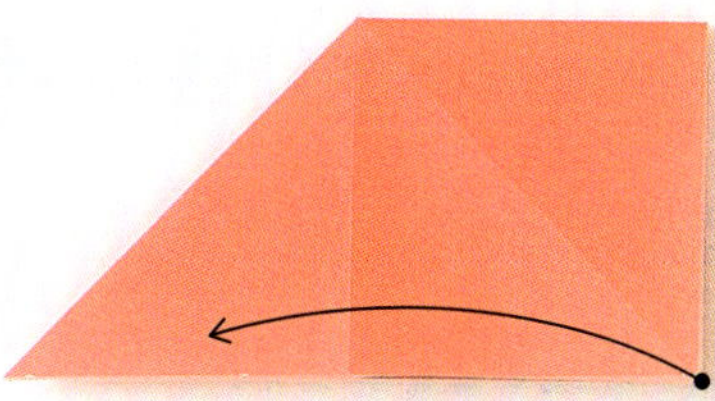

6

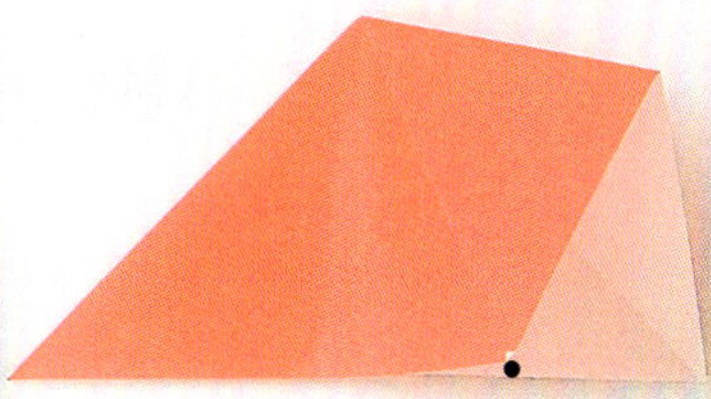

7

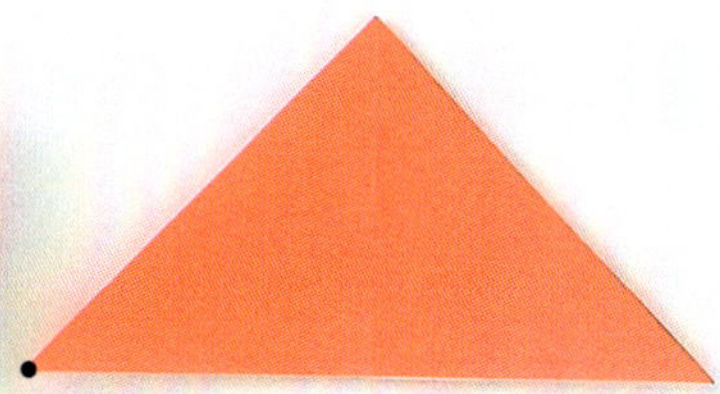

8

1. Richte das Papier normal aus (mit der farbigen Seite nach unten). Markiere die Mittellinien und die Diagonalen. Falte die Oberkante gemäß der gestrichelten Linie über die horizontale Mittellinie nach unten, sodass ein liegendes Rechteck entsteht. **2. 3. 4.** Führe die obere Lage der rechten unteren Ecke zur linken unteren Ecke, sodass rechts ein Dreieck entsteht. **5.** Wende die Figur. **6. 7.** Führe die obere Lage der rechten Ecke zur linken Ecke, sodass insgesamt ein Dreieck entsteht. **8.** Streiche das Dreieck glatt.

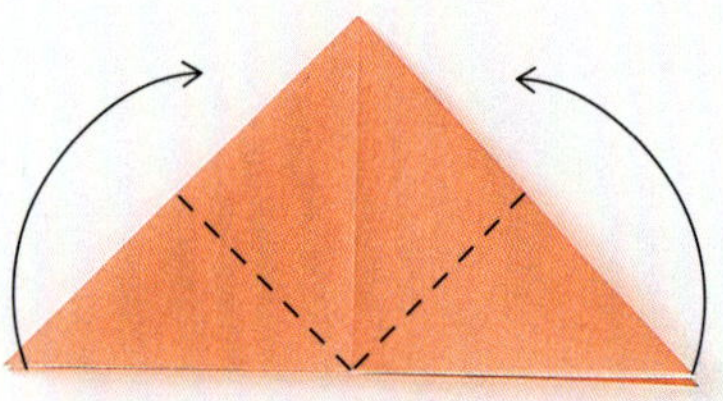

9

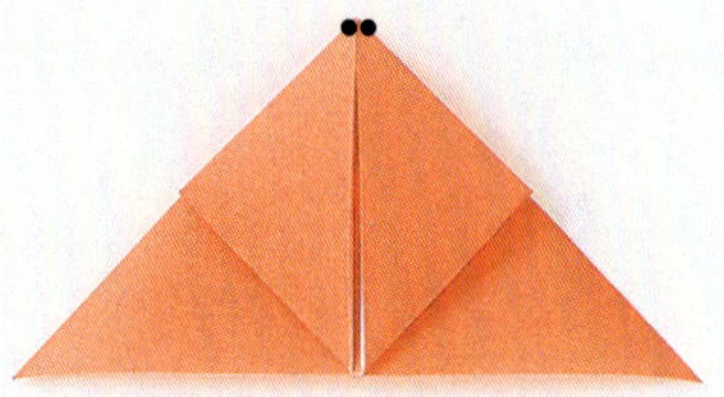

10

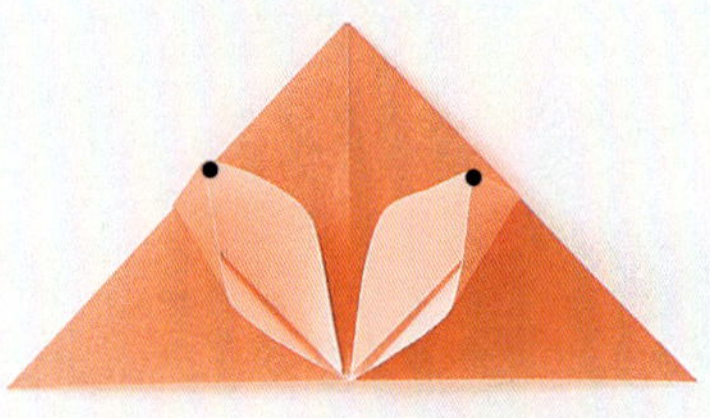

11

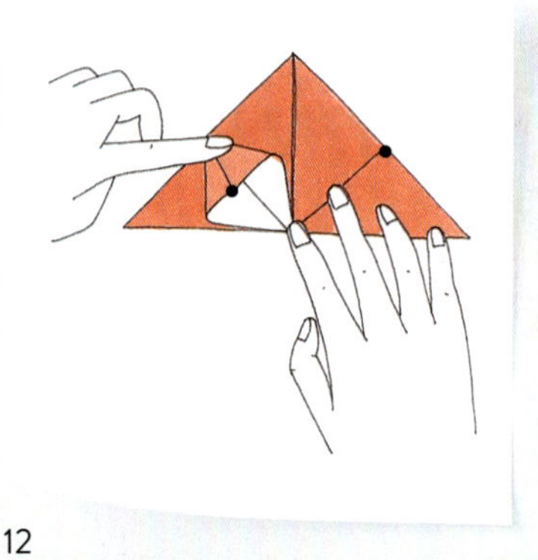

12

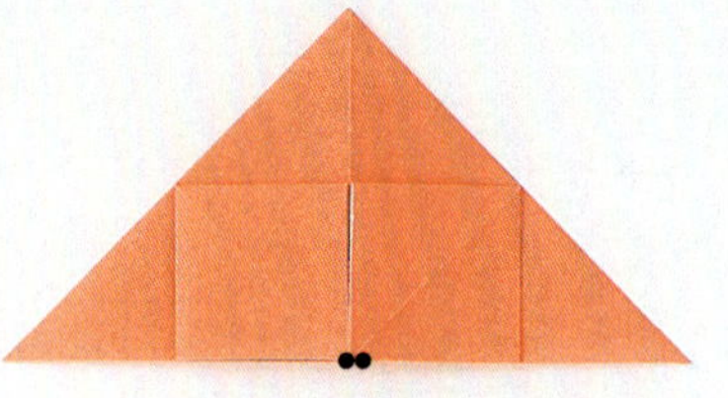

13

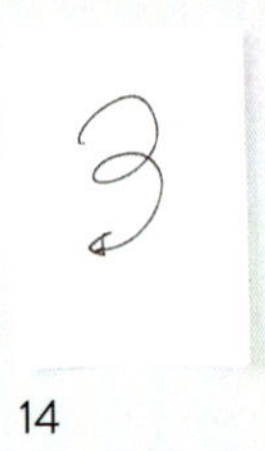

14

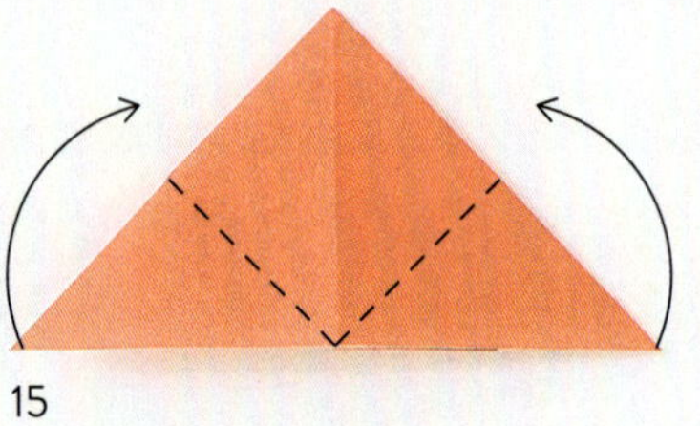

15

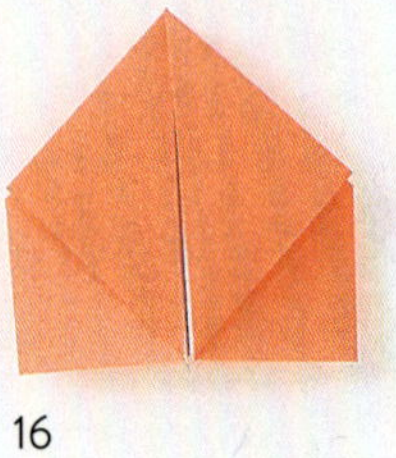

16

9. 10. Falte die oberen beiden Lagen der seitlichen Spitzen zur oberen Spitze. **10. 11. 12. 13.** Greife nacheinander jeweils die obere Lage der oberen Spitzen und schiebe sie zu den in Bild 13 gekennzeichneten Punkten nach unten, um die Dreiecke zu kleinen Quadraten aufzuziehen. Streiche die Quadrate glatt. **14.** Wende die Figur. **15.** Falte die seitlichen Spitzen zur oberen Spitze. **16.** Du hast nun diese Figur erhalten.

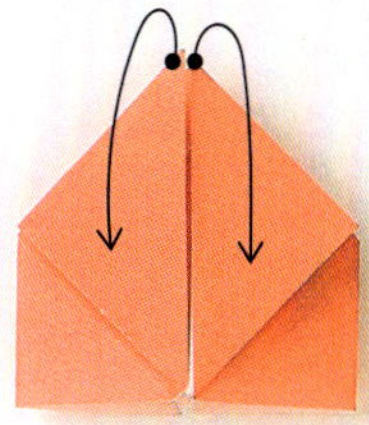

17

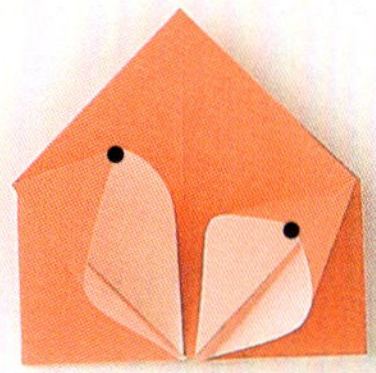

18

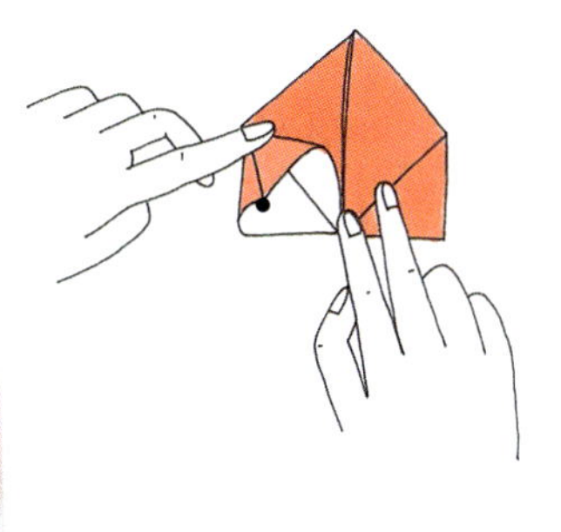

19

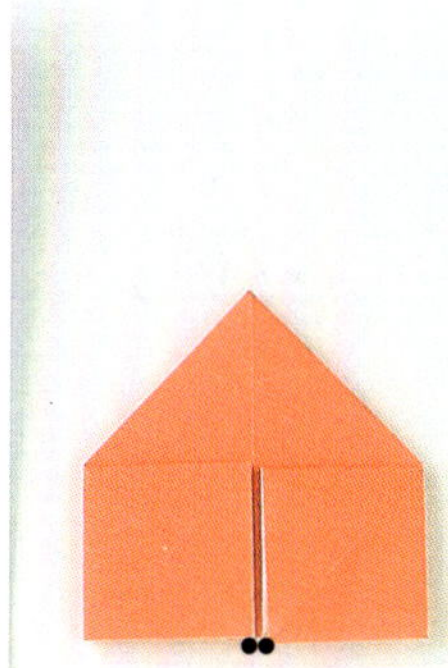

20

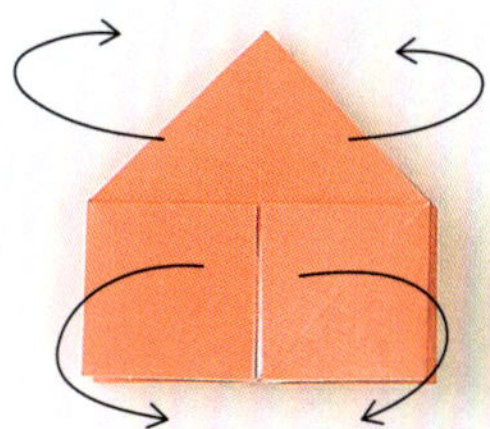

21

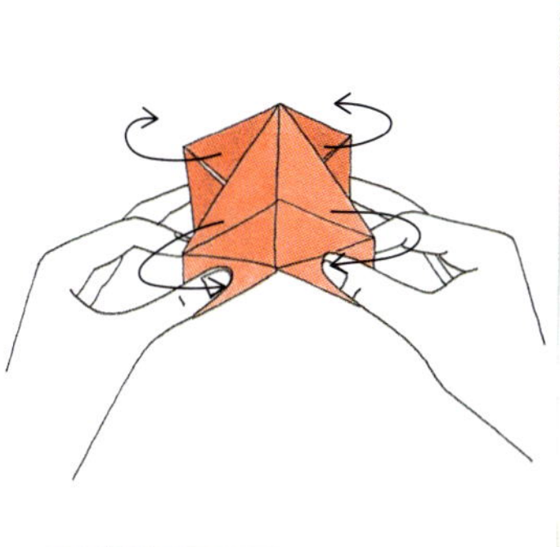

22

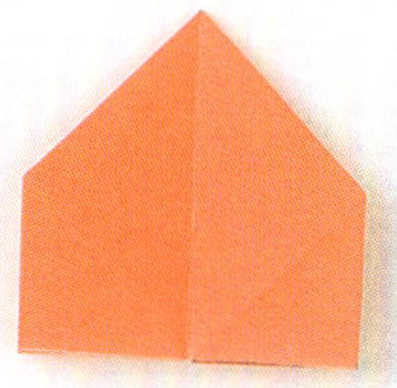

23

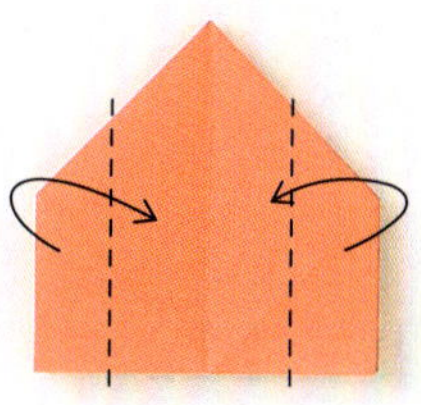

24

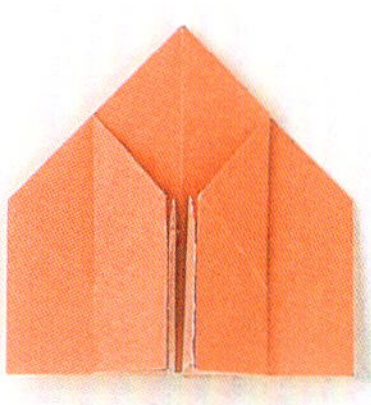

25

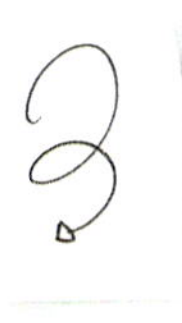

26

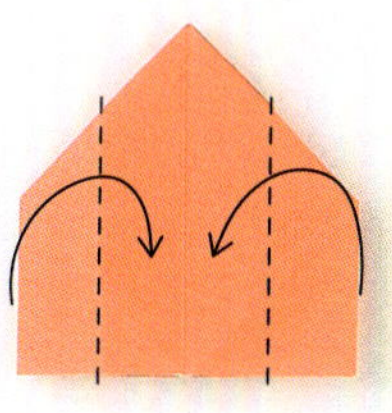

27

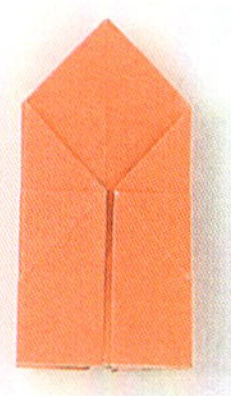

28

17. 18. 19. 20. Greife die oberen Spitzen an den angezeigten Punkten und ziehe die beiden Dreiecke ebenfalls zu kleinen Quadraten auf. Streiche die Quadrate glatt. **21.** Klappe die rechte obere Ecke des linken Quadrats nach unten zur linken Ecke. Klappe die linke obere Ecke des rechten Quadrats nach unten zur rechten Ecke. Mache dies auch auf der Rückseite der Figur. **22. 23.** Schlage die Faltung in sich um, klappe also die beiden Faltfiguren der Vorderseite und die der Rückseite gegeneinander. Streiche die Figur glatt. **24. 25.** Falte die oberen Lagen der Seitenkanten gemäß den gestrichelten Linien. **26.** Wende die Figur. **27. 28.** Falte die Seitenkanten gemäß den gestrichelten Linien.

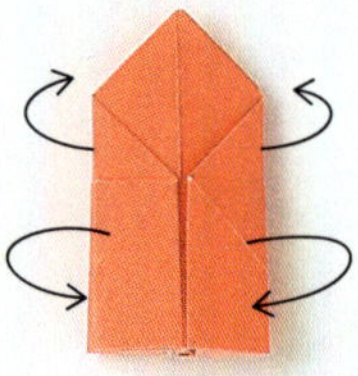

29

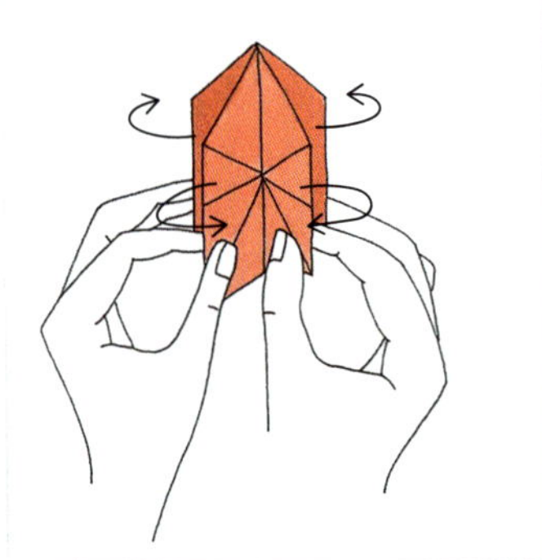

30

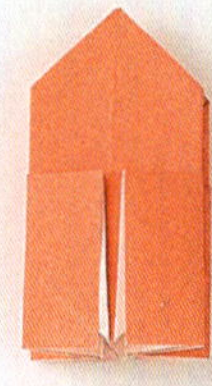

31

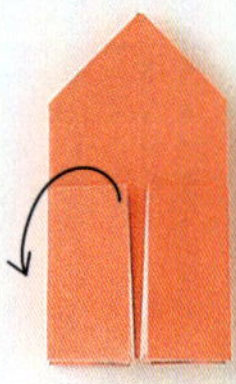

32

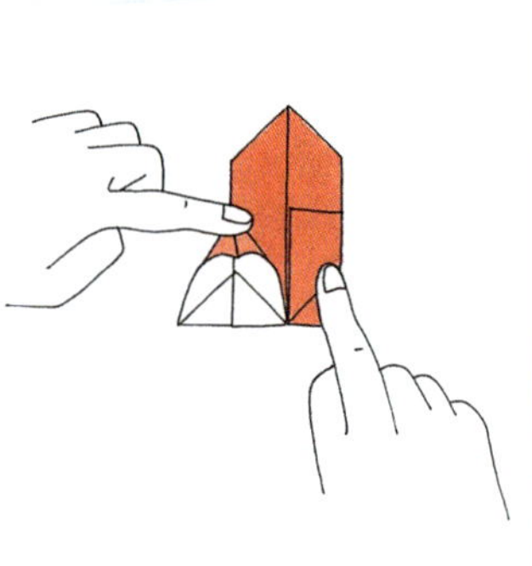

33

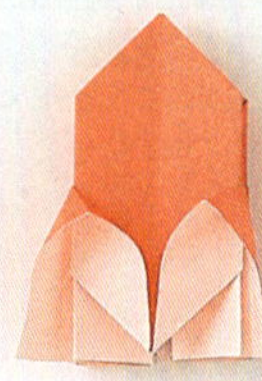

34

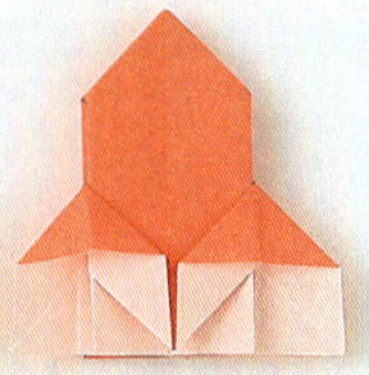

35

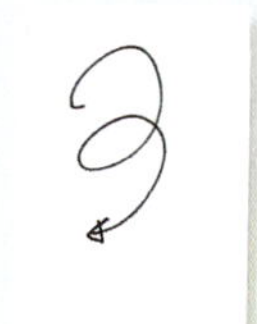

36

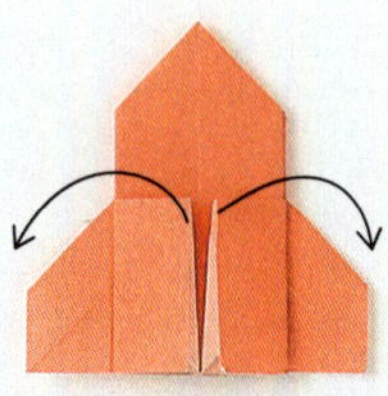

37

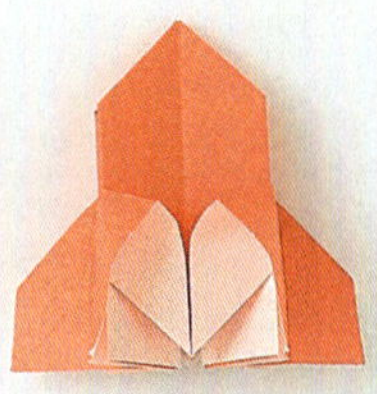

38

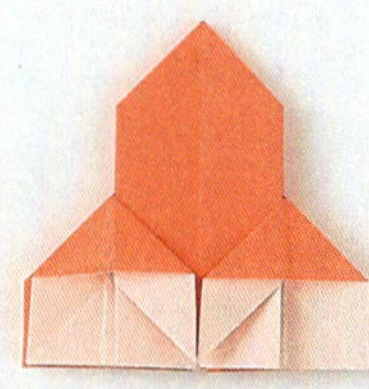

39

29. 30. 31. Schlage die Figur in sich selbst um, klappe also die Seiten der Vorderseite und die der Rückseite gegeneinander. **31.** Glätte die Formen. **32. 33. 34. 35.** Öffne die kleinen Quadrate wie abgebildet zu kleinen Dreiecken und streiche sie glatt. **36.** Wende die Figur. **37. 38. 39.** Öffne auch hier die kleinen Quadrate und streiche sie glatt. **39.** Die Rakete ist fertig.

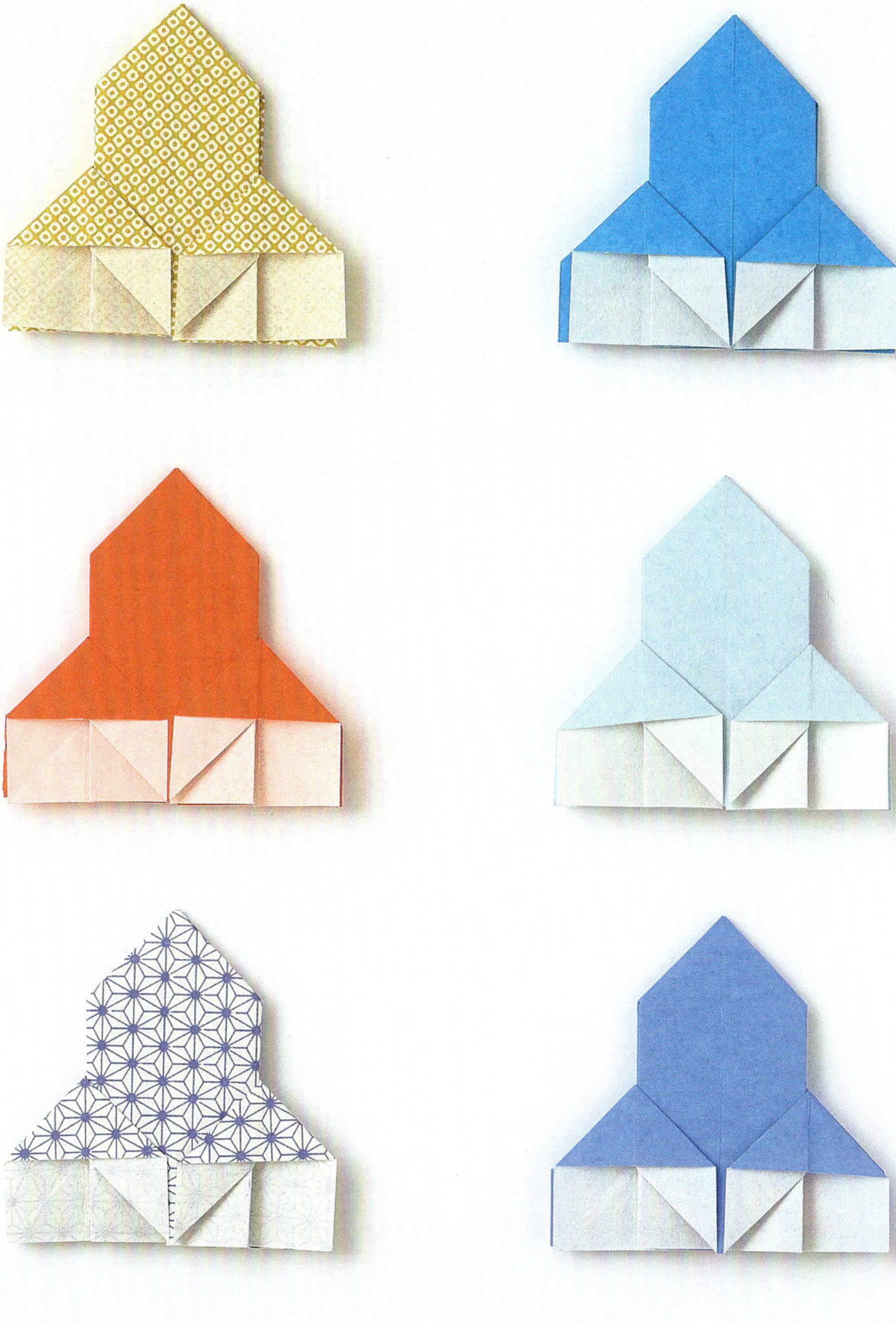

Kranich

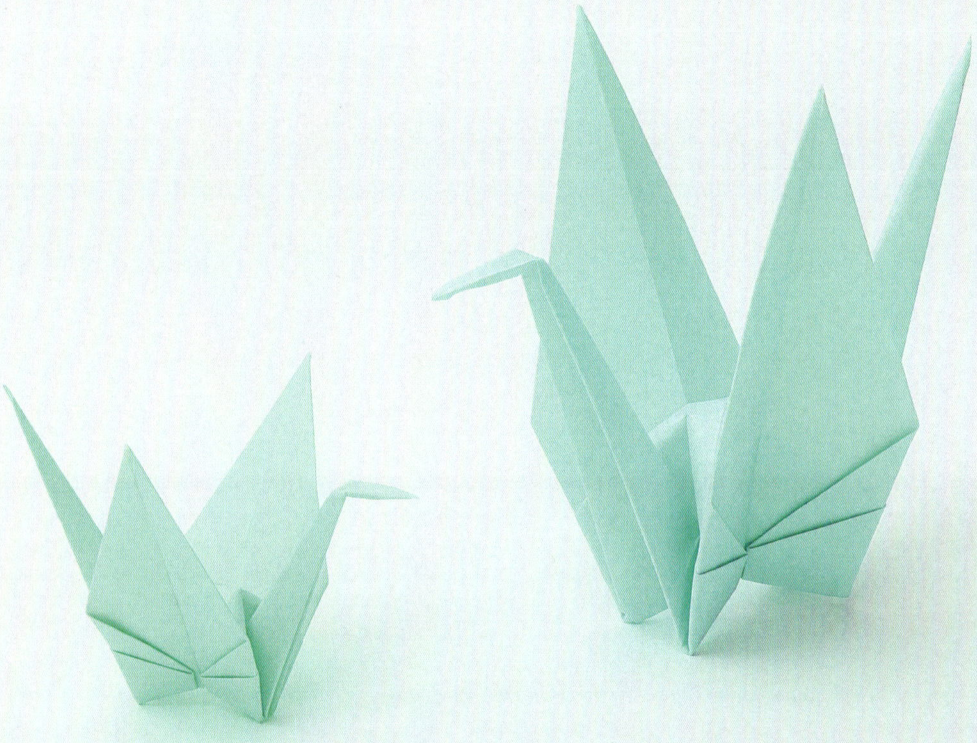

Level ●●●○○

Abmessungen

7,5 cm 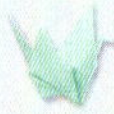 3,8 cm
3,3 cm

15 cm 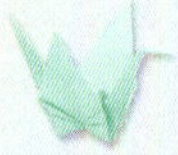 7,6 cm
6,6 cm

20 cm 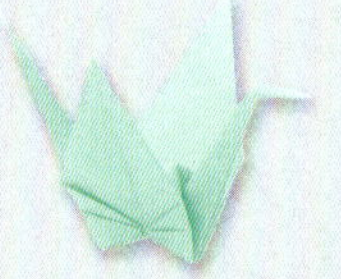 9,5 cm
8,3 cm

Tipp

Diese traditionelle Faltung, die zu den bekanntesten Origamifiguren gehört, kann als Tischdekoration oder für Einladungskarten verwendet werden, macht sich aber auch in einer Reihe als Girlande aufgefädelt sehr gut.

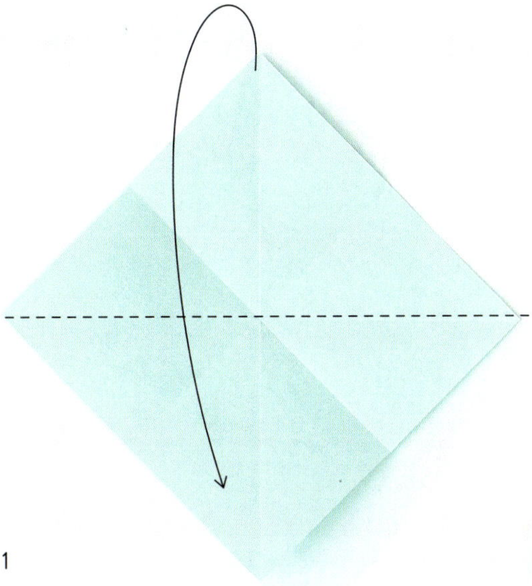
1

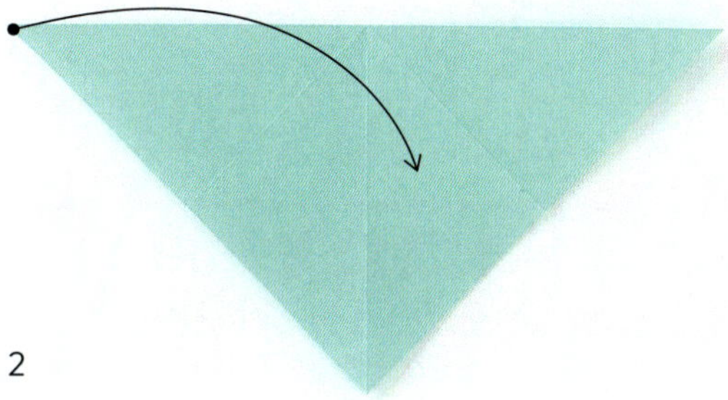
2

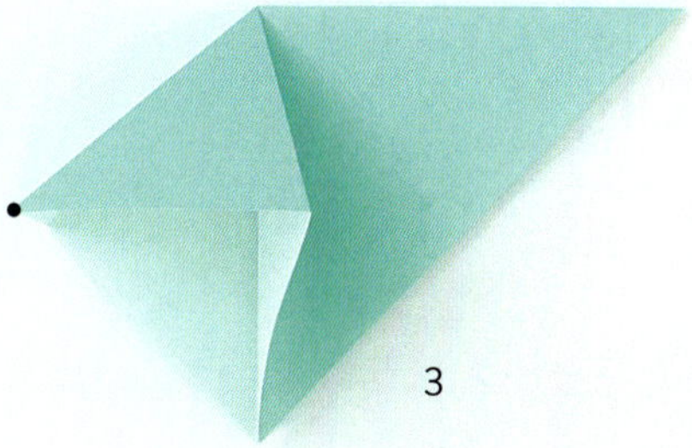
3

4

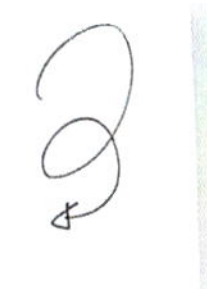
5

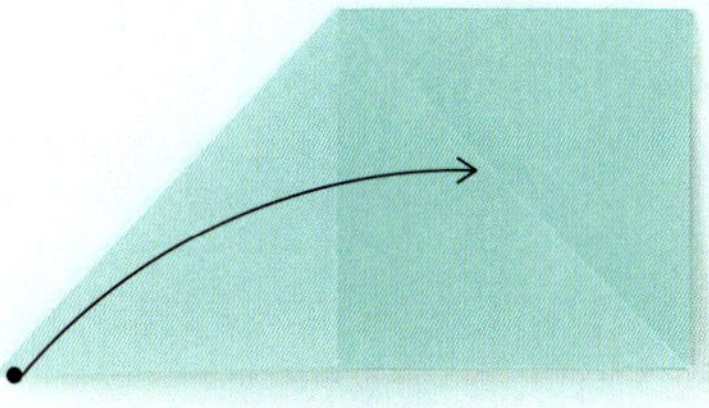
6

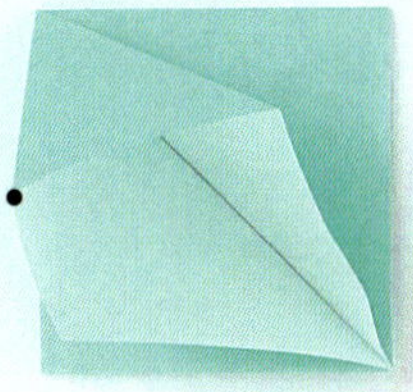
7

8

1. 2. Richte das Papier rautenförmig aus (mit der farbigen Seite nach unten). Markiere die Mittellinien und die Diagonalen. Falte das Quadrat in der horizontalen Mitte, sodass ein Dreieck entsteht. **3. 4.** Greife die linke Spitze am angezeigten Punkt und führe sie zur unteren Spitze, um links ein kleines Quadrat zu bilden. Streiche das Quadrat glatt. **5.** Wende die Figur. **6. 7. 8.** Greife die linke Spitze am angezeigten Punkt und führe sie zur unteren Spitze, um insgesamt ein Quadrat zu bilden. Streiche das Quadrat glatt.

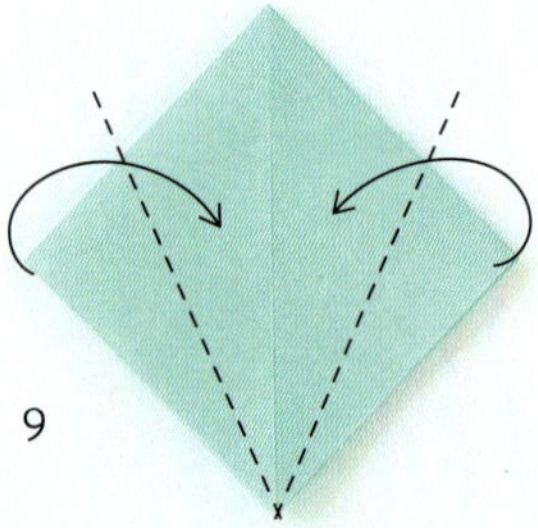

9

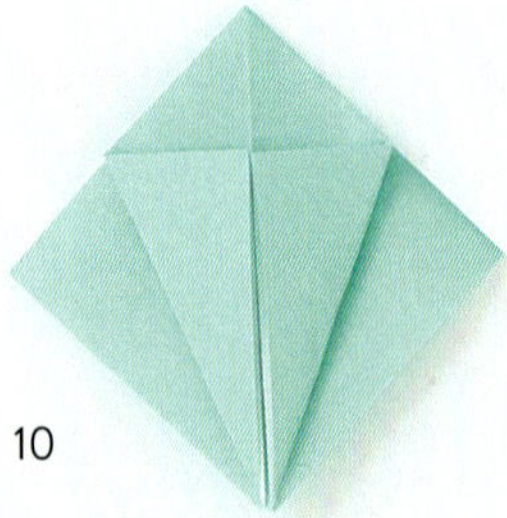

10

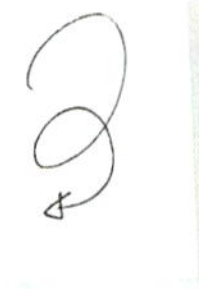

11

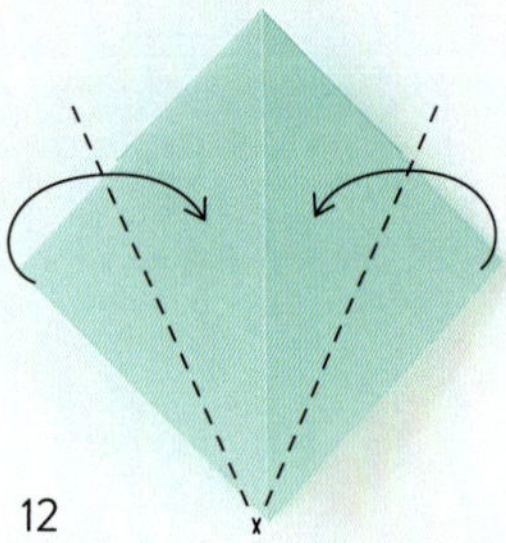

12

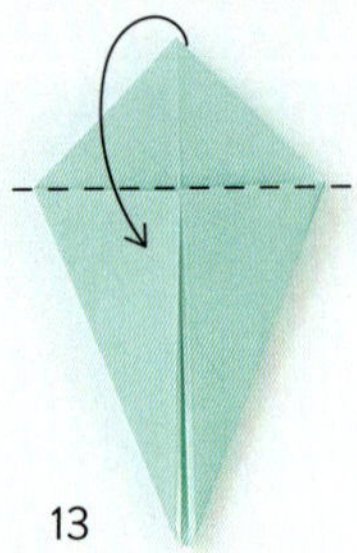

13

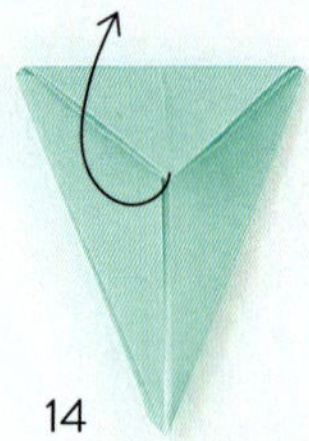

14

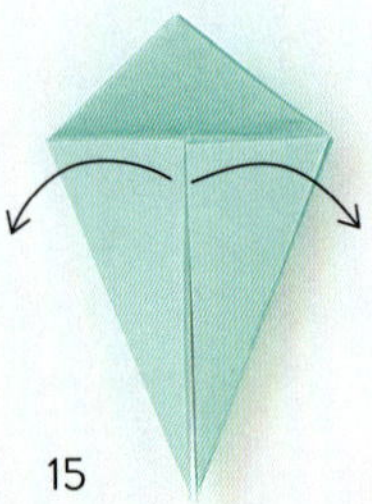

15

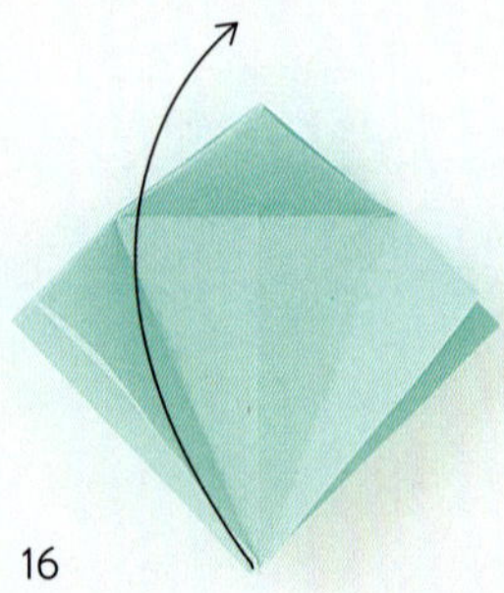

16

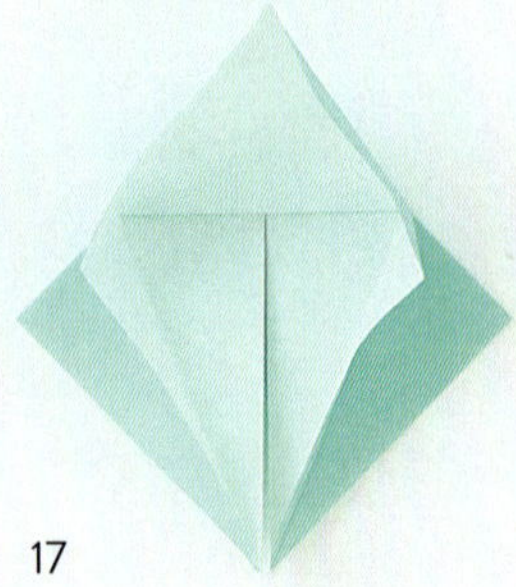

17

9. 10. Richte das gefaltete Quadrat rautenförmig aus und klappe die linke Spitze nach rechts, um die Figur in sich umzuschlagen. Falte die oberen Lagen der rechten und linke Spitze gemäß den gestrichelten Linien zur vertikalen Mitte. **11.** Wende die Figur. **12.** Falte die rechte und linke Ecke gemäß den gestrichelten Linien zur vertikalen Mitte. **13.** Falte die Spitze der Drachenform gemäß der gestrichelten Linie. **14. 15.** Entfalte die Figur wieder zur Raute. **16. 17. 18.** Greife die obere Lage der unteren Spitze und ziehe die Faltung nach oben zu einer hohen Raute auf. Streiche sie glatt.

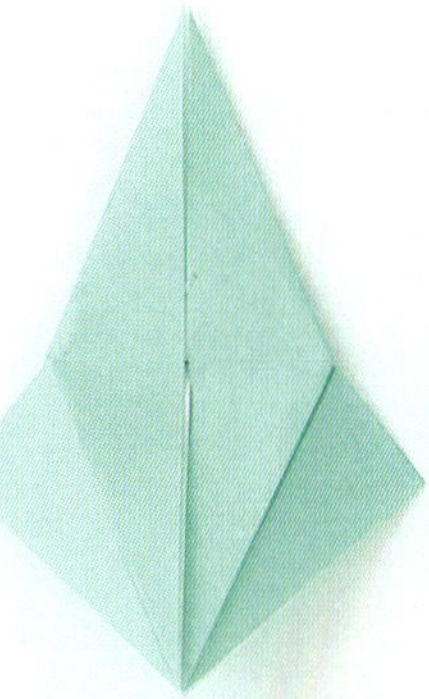
18
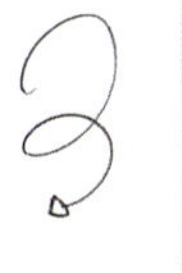
19
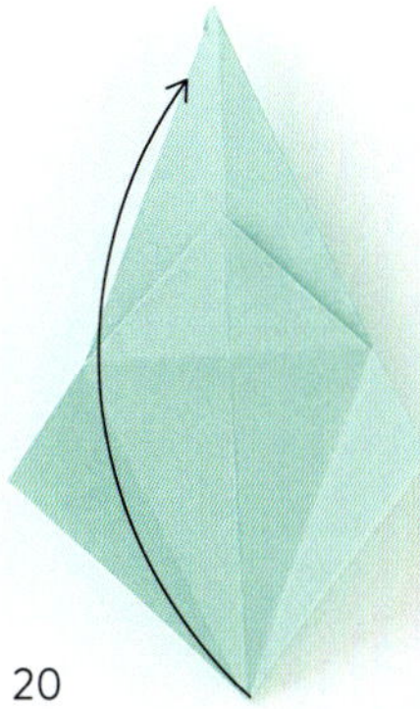
20

21

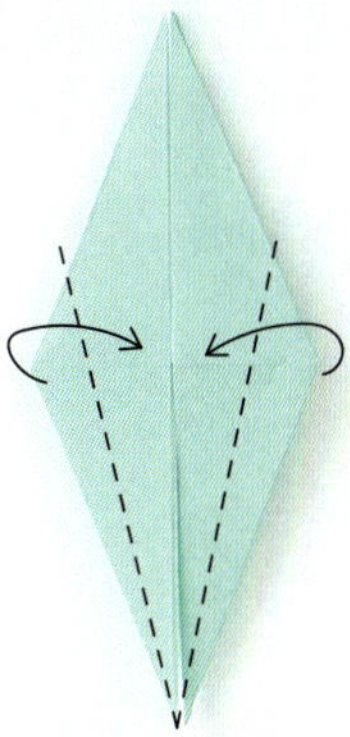
22
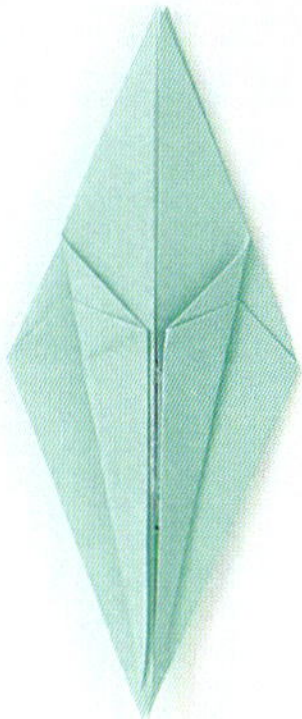
23
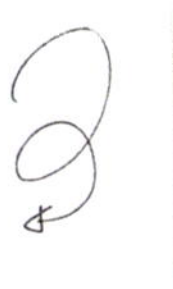
24
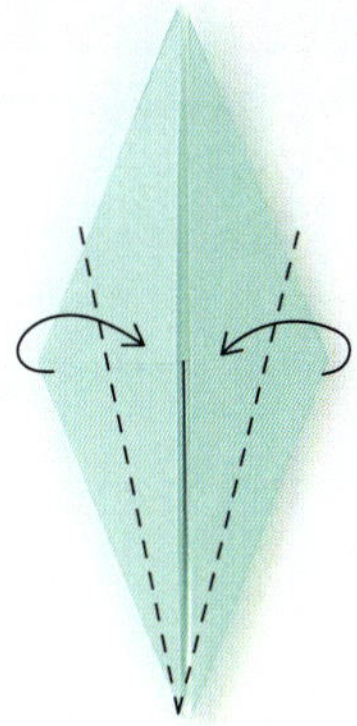
25
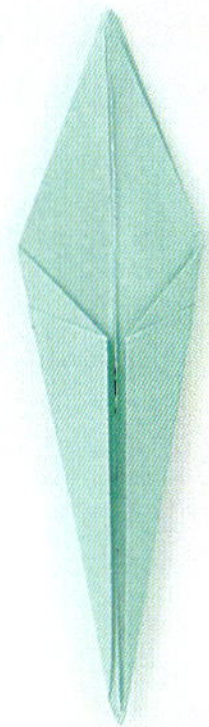
26

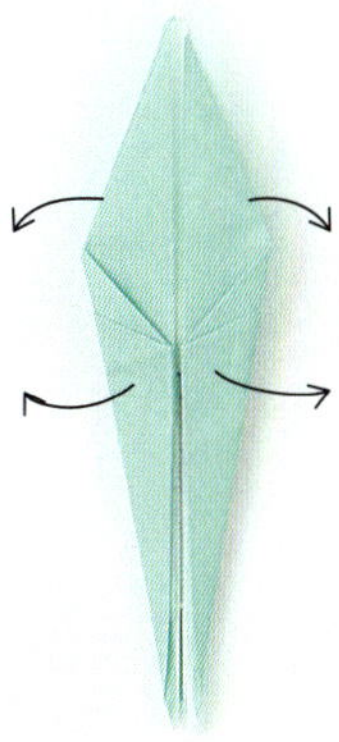
27
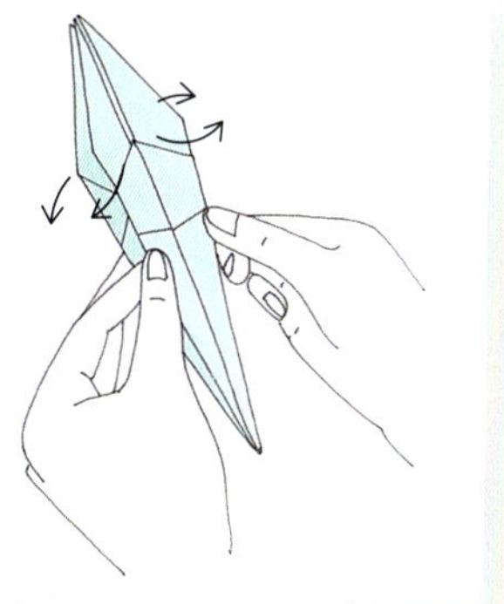
28
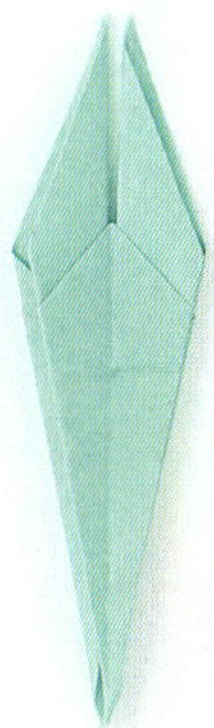
29

19. Wende die Figur. **20**. **21.** Wiederhole die Schritte 16–18 auch auf dieser Seite. **22. 23.** Falte die seitlichen Ecken gemäß den gestrichelten Linien. **24.** Wende die Faltung. **25. 26.** Falte gemäß den gestrichelten Linien. **27. 28. 29.** Klappe die vordere linke Spitze nach rechts um und die hintere rechte Spitze nach links, um die Figur in sich umzuschlagen, dann streiche alles glatt.

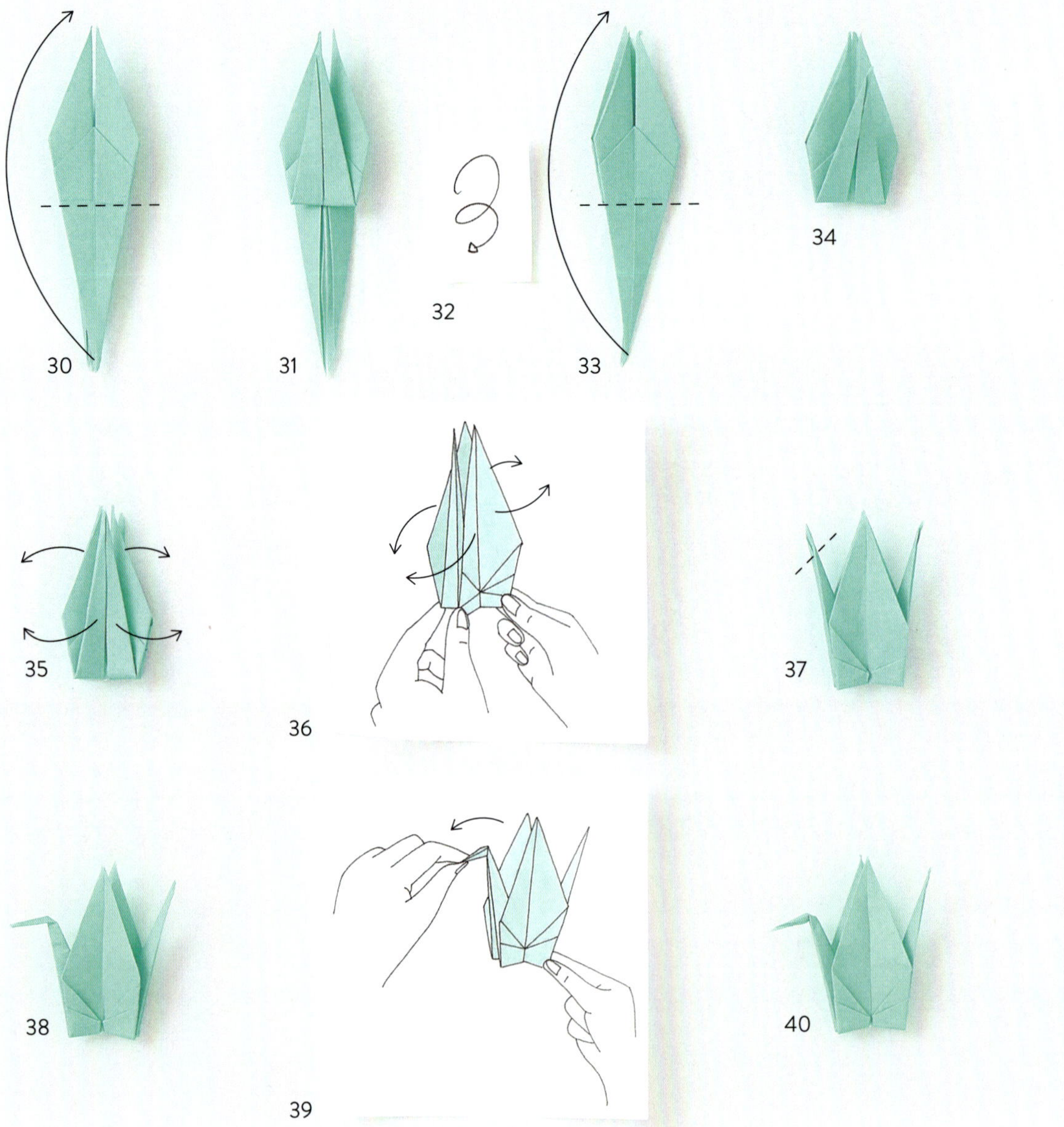

30. Greife die obere Lage der unteren Spitze und falte sie zur oberen Spitze. **31.** Streiche die Faltung glatt. **32.** Wende die Figur. **33. 34.** Wiederhole die Schritte 30 und 31. **35. 36.** Klappe jeweils die beiden Faltungen der Vorderseite und die der Rückseite gegeneinander, um die Figur in sich umzuschlagen. **37.** Falte die linke Spitze gemäß der gestrichelten Linie, um den Kopf zu markieren. **38. 39.** Kehre diese Faltung nach innen um, um den Kopf zu bilden. **40.** Der Kranich sieht nun so aus.

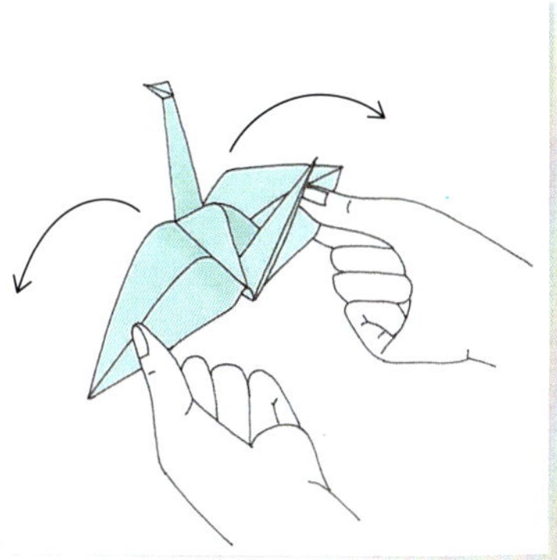

41

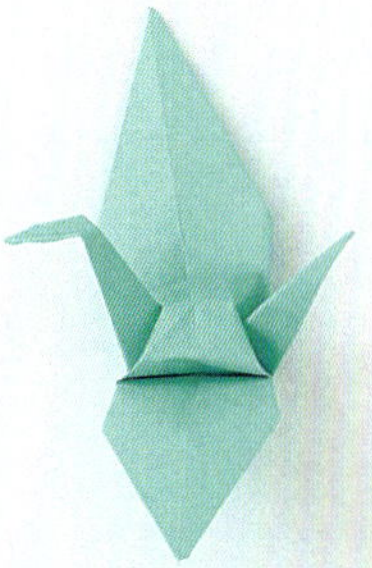

42

41. Ziehe (optional) vorsichtig die Flügel nach unten. **42.** Der Kranich ist fertig.

Seelöwe

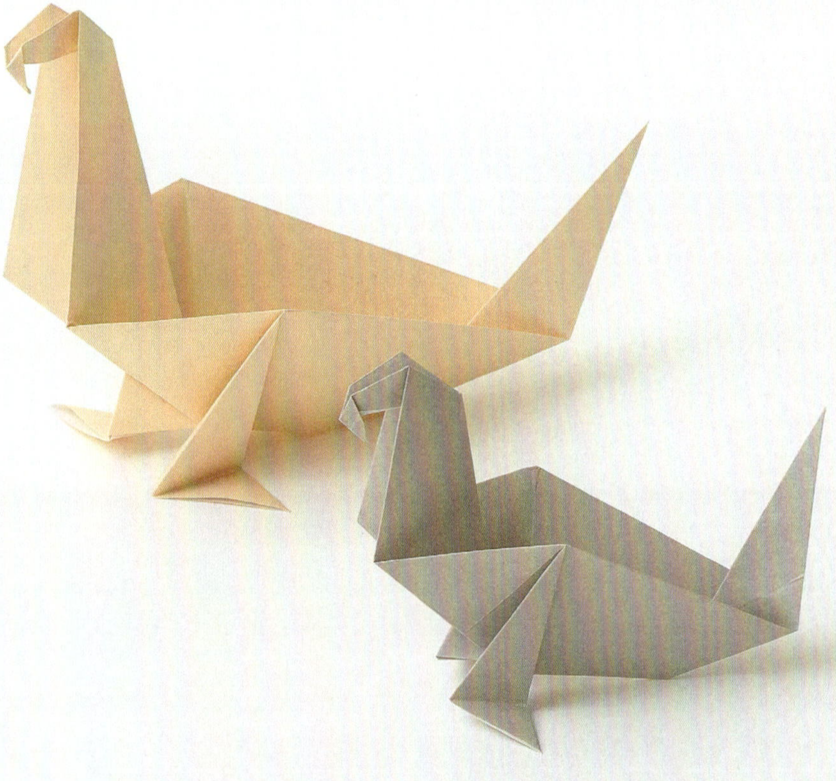

Level ●●●○○

Abmessungen

7,5 cm 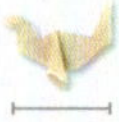 4,5 cm 6 cm

15 cm 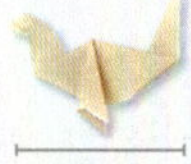 7 cm 9,5 cm

20 cm 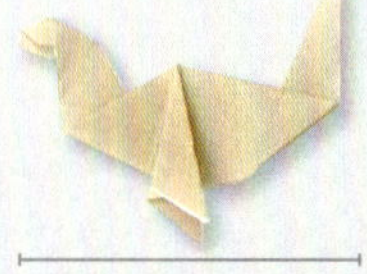 11 cm 14,5 cm

Tipp

Als soziales Tier fühlt sich der Seelöwe in einer Kolonie wohl. Falte daher Exemplare in verschiedenen Formaten und Grau- und Beigetönen.

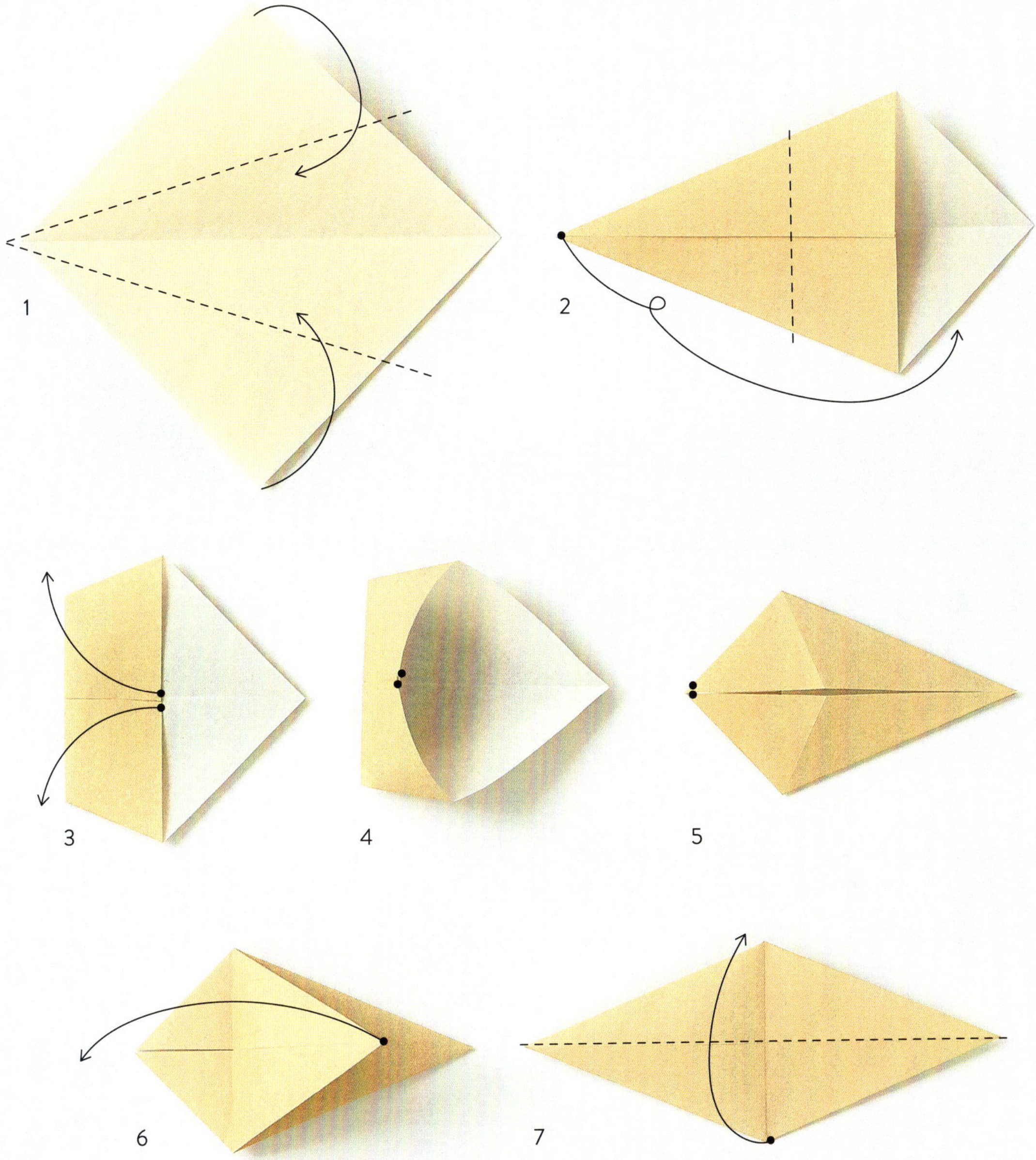

1. 2. Richte das Papier rautenförmig aus (mit der farbigen Seite nach unten). Markiere die horizontale Diagonale. Falte die obere und die untere Spitze gemäß den gestrichelten Linien zum Mittelfalz. **2.** Falte die Figur in der vertikalen Mitte, indem du die linke Spitze nach hinten zur rechten Spitze klappst. **3. 4. 5.** Greife nacheinander die Spitzen an den angezeigten Punkten und führe sie nach außen, um sie zu einer »Drachenform« aufzuziehen. Streiche die Figur glatt. **6. 7.** Greife die obere Doppellage der rechten Spitze, ziehe sie nach links, sodass eine längliche Raute entsteht. Streiche die Figur glatt. **7.** Falte die Figur gemäß der gestrichelten Linie.

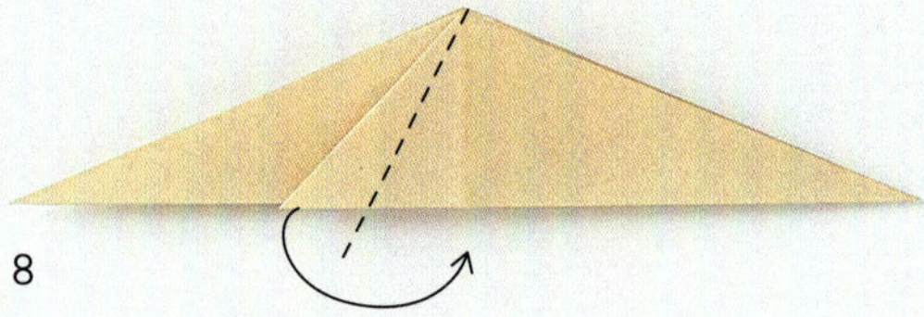

8

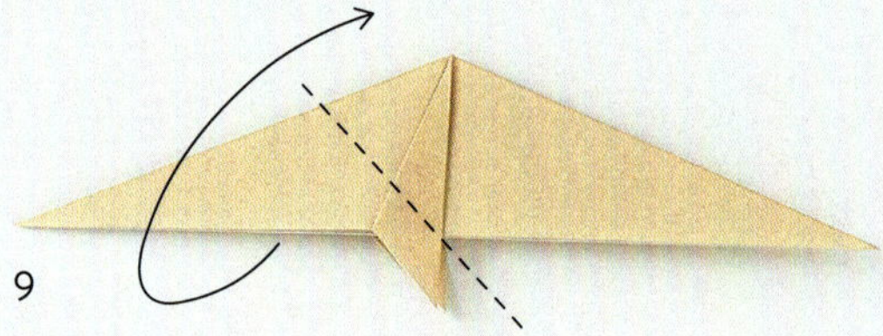

9

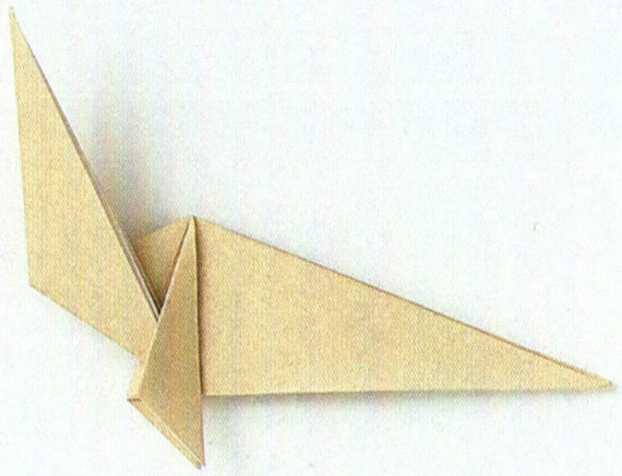

10

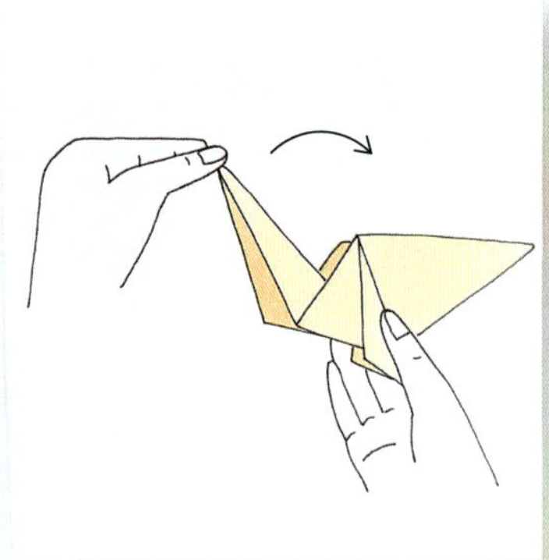

11

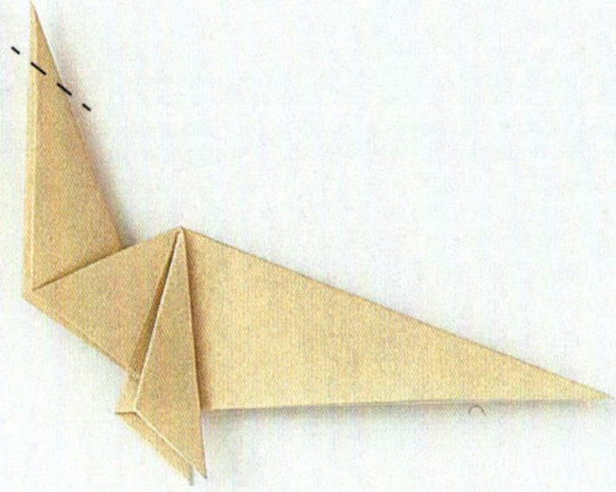

12

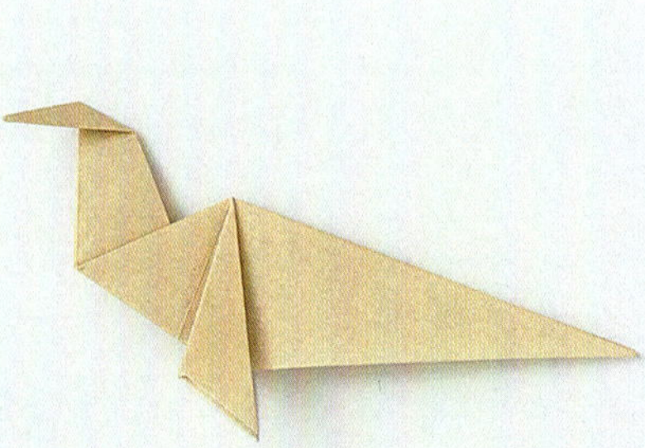

13

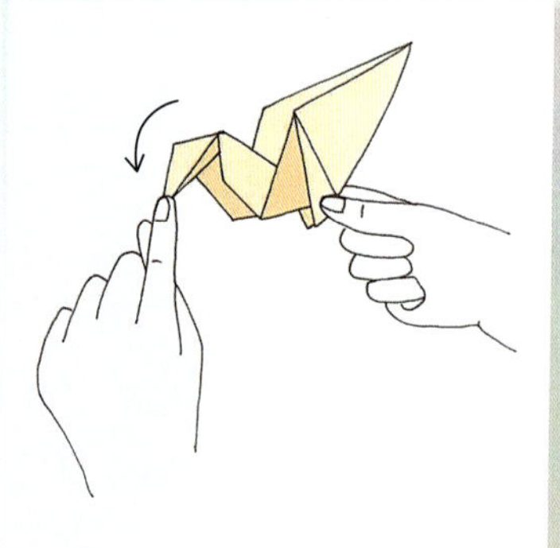

14

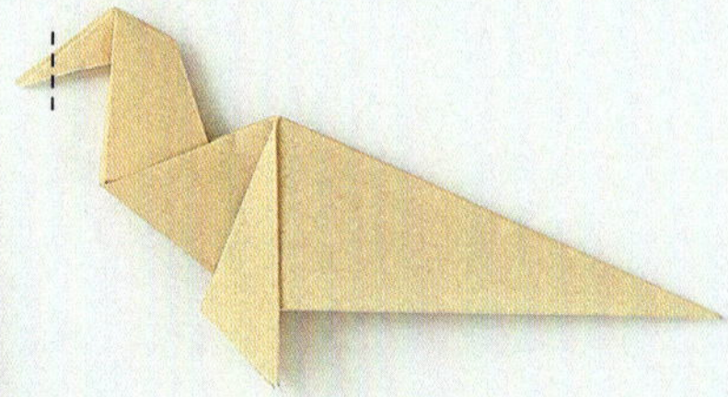

15

8. 9. Falte die linke Seite des kleinen Dreiecks gemäß der gestrichelten Linie, um die Flosse zu bilden. Falte die linke Seite des kleinen Dreiecks auf der Rückseite der Figur auf die gleiche Weise. **9.** Falte die linke Spitze gemäß der gestrichelten Linie, um den Hals zu markieren. **10. 11. 12.** Öffne diese Faltung und kehre sie nach innen um. Streiche die Faltung glatt. Der Hals des Seelöwen ist geformt. **12.** Falte das äußere Ende der Spitze gemäß der gestrichelten Linie, um den Kopf zu markieren. **13. 14. 15.** Öffne diese Faltung und kehre sie nach innen um. Streiche die Faltung glatt. Der Kopf des Seelöwen ist geformt. **15.** Markiere am Ende der linken Spitze gemäß der gestrichelten Linie die Schnauze.

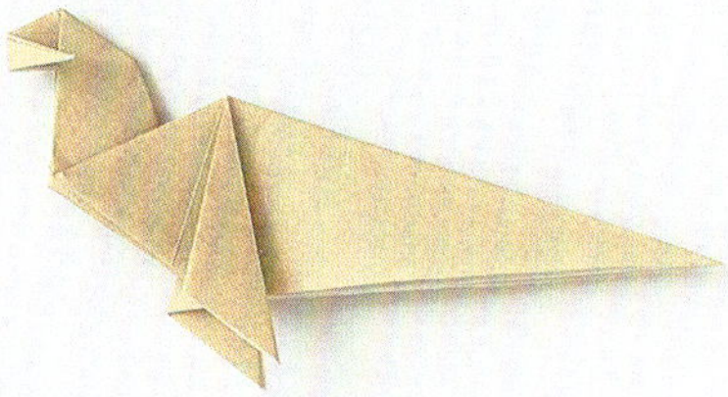

16

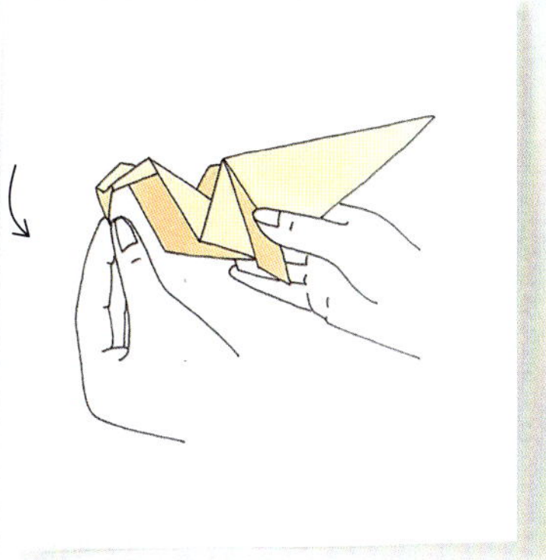

17

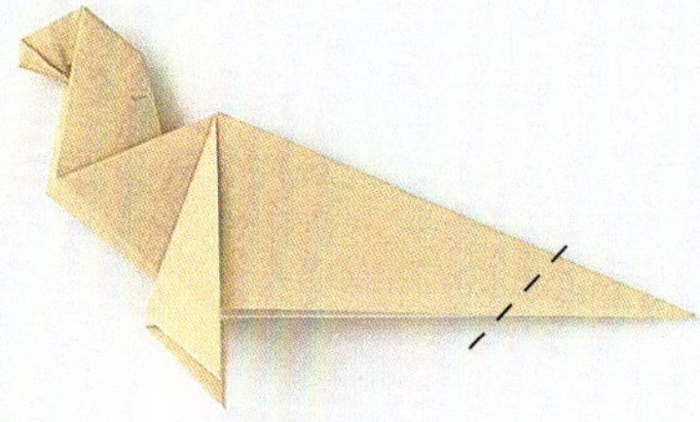

18

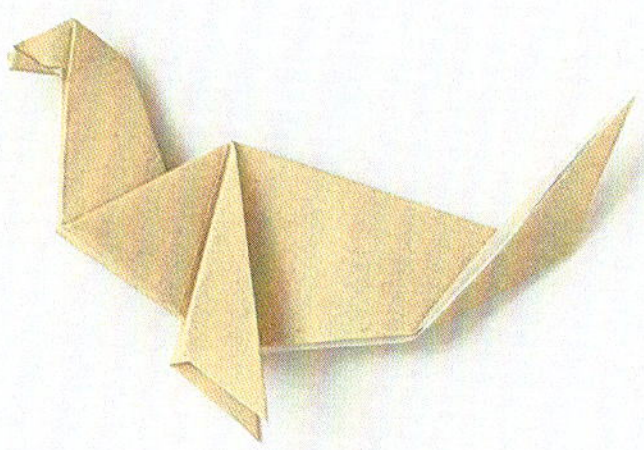

19

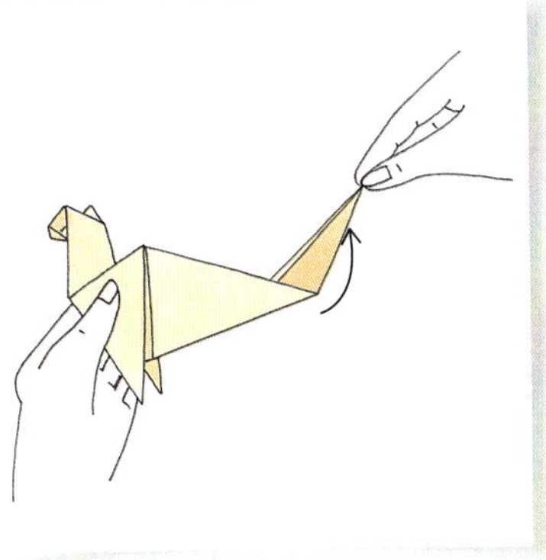

20

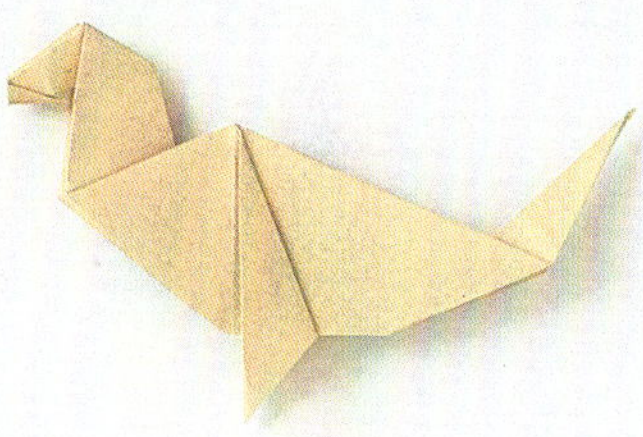

21

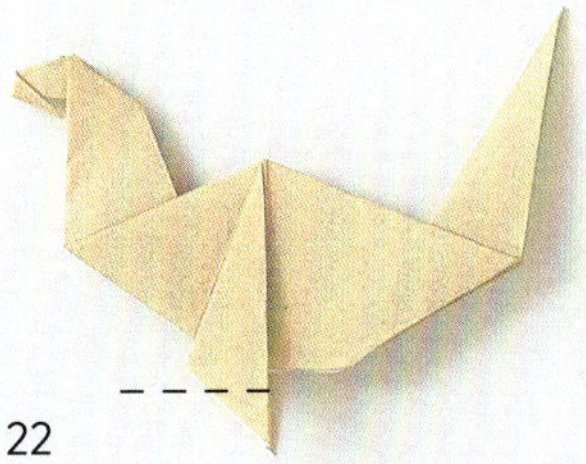

22

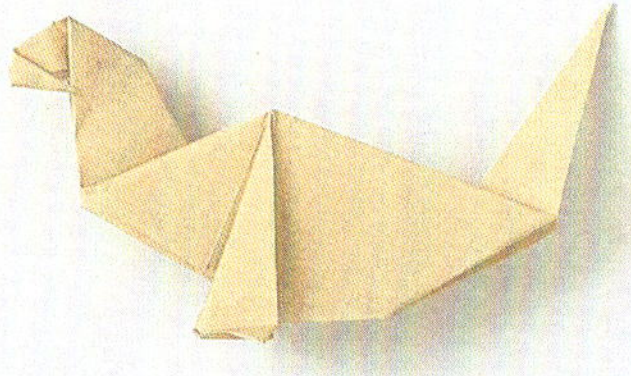

23

16. 17. 18. Öffne diese Faltung und kehre sie um. Streiche die Faltung glatt. Die Schnauze ist geformt. **18.** Bilde an der rechten Spitze eine schräge Falte. **19. 20. 21.** Öffne die Faltung, kehre sie um und streiche sie glatt. Der Schwanz des Seelöwen ist geformt. **22.** Falte die Flosse auf jeder Seite gemäß der gestrichelten Linie. **23.** Der Seelöwe ist fertig.

Goldfisch

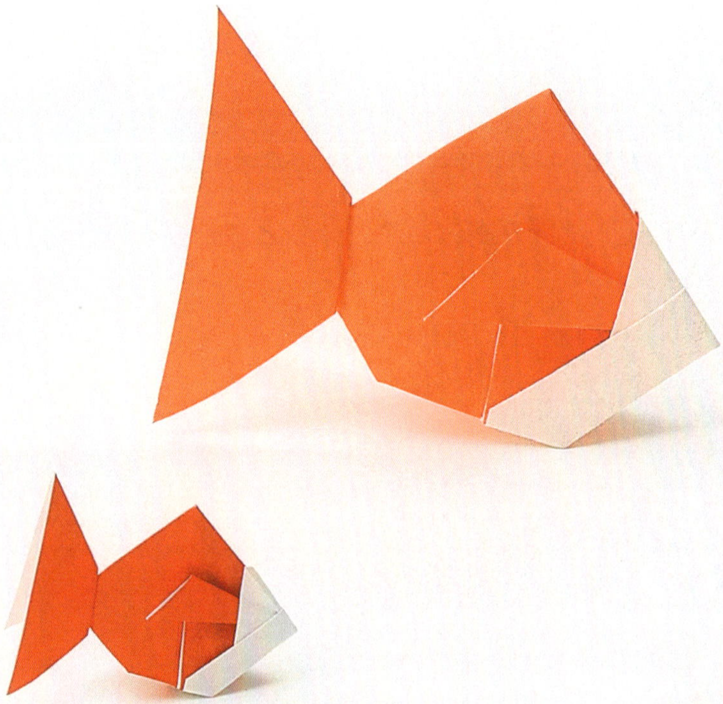

Level ●●●○○

Abmessungen

7,5 cm

4 cm

4,5 cm

10 cm

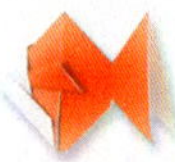

5 cm

6 cm

15 cm

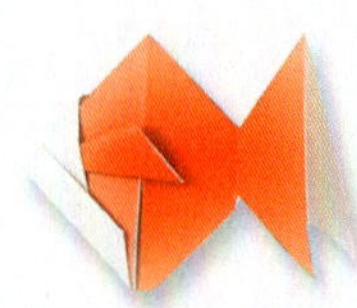

7,5 cm

9 cm

Tipp

Wenn du bei Schritt 13 aufhörst, kannst du einen Samurai-Hut falten! Verwende für einen Kinderhut ein großes Papier mit einer Seitenlänge von 60 cm.

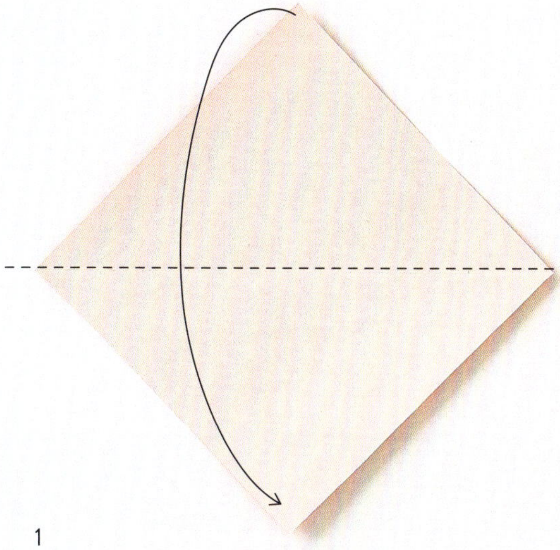
1

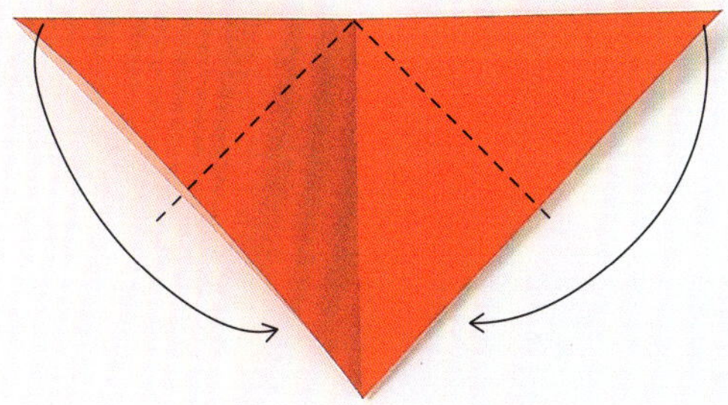
2

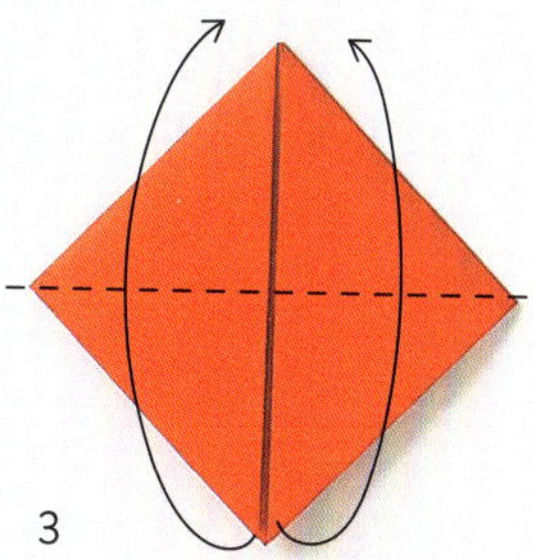
3

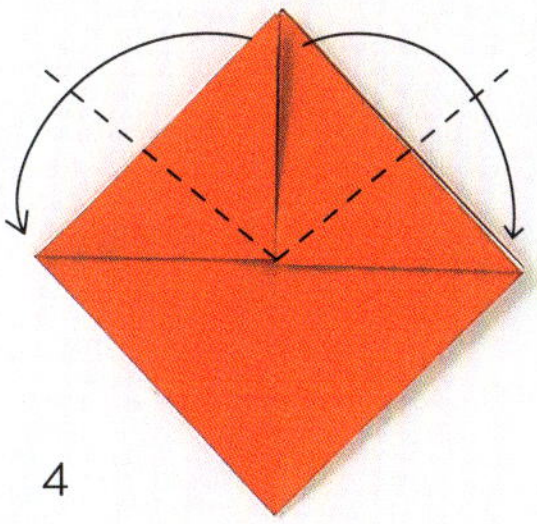
4

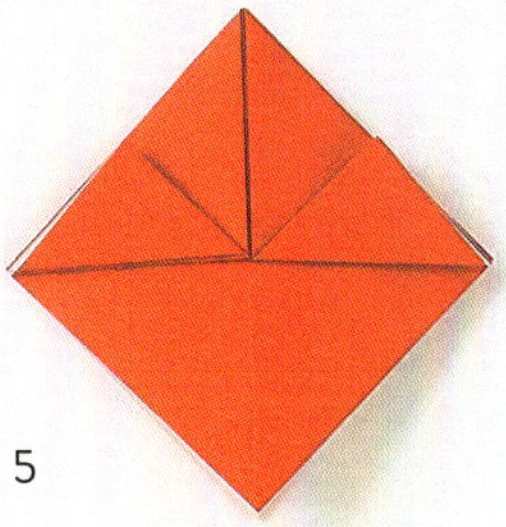
5

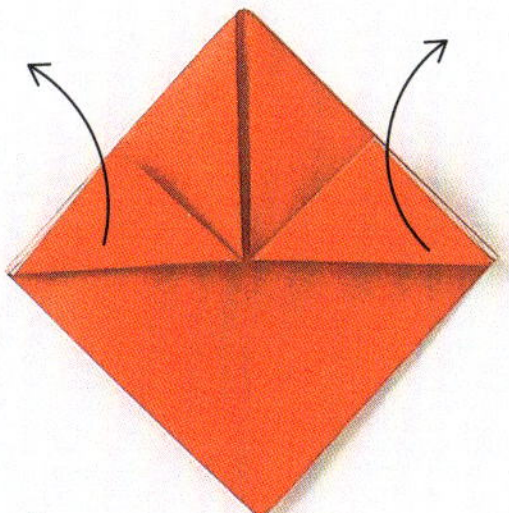
6

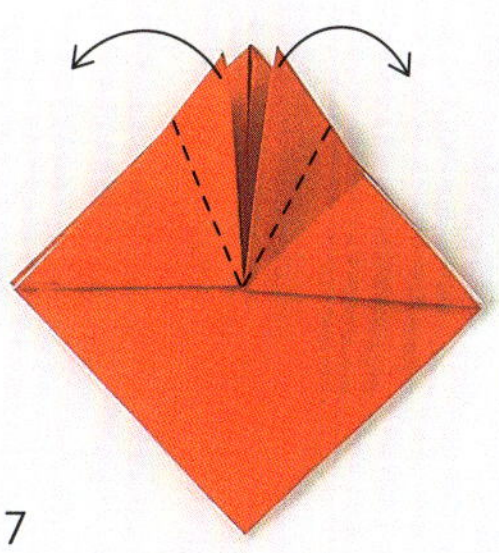
7

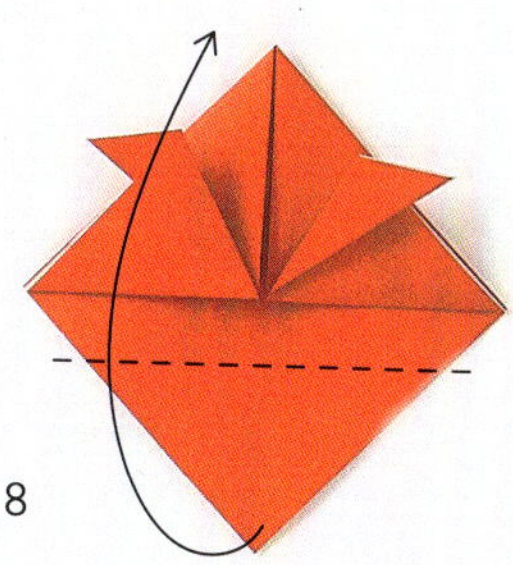
8

1. Richte das Papier rautenförmig aus (mit der farbigen Seite nach unten). Markiere die Diagonalen. Falte die Figur in der horizontalen Mitte. **2.** Falte die beiden seitlichen Spitzen zur unteren Spitze. **3.** Falte die beiden oberen Lagen der unteren Spitze über die obere Spitze. **4. 5.** Falte die beiden oberen Lagen der oberen Spitze gemäß den gestrichelten Linien. **6.** Entfalte die Faltungen von Schritt 4 und 5. **7.** Falte die beiden Spitzen gemäß den gestrichelten Linien. **8.** Falte die obere Lage der unteren Spitze gemäß der gestrichelten Linie.

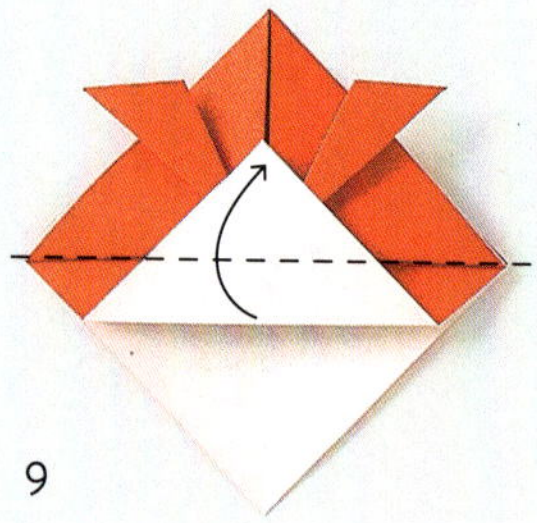

9

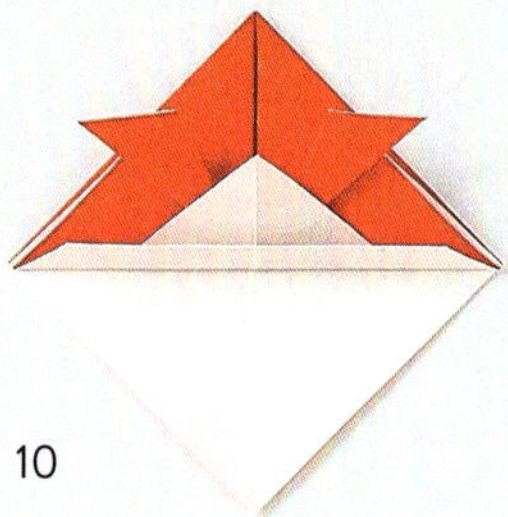

10

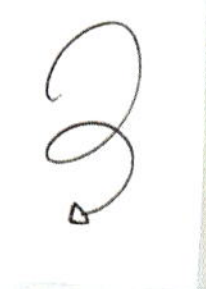

11

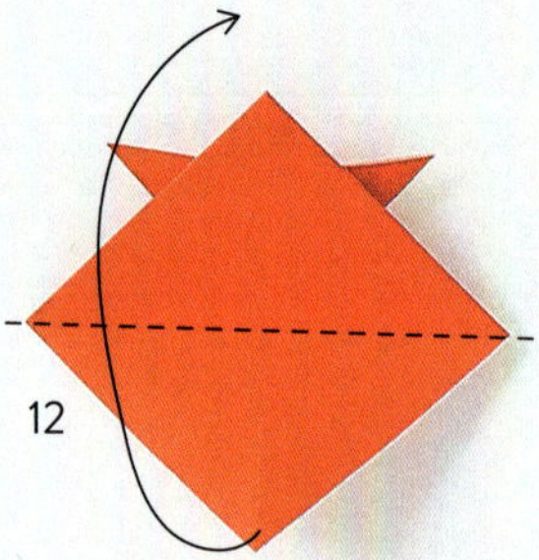

12

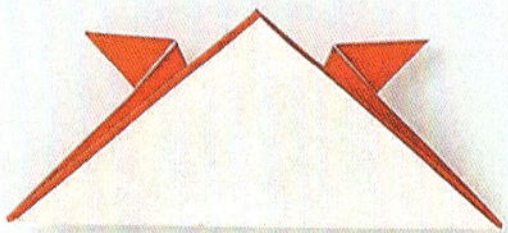

13

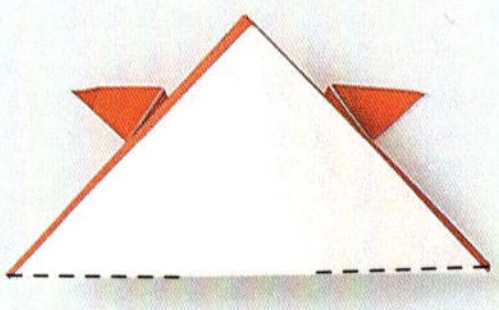

14

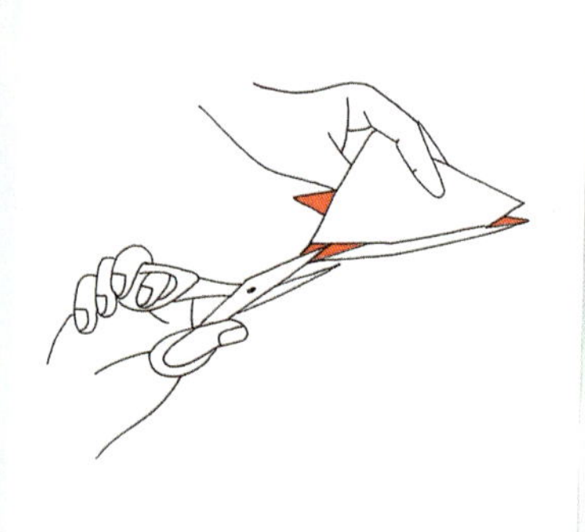

15

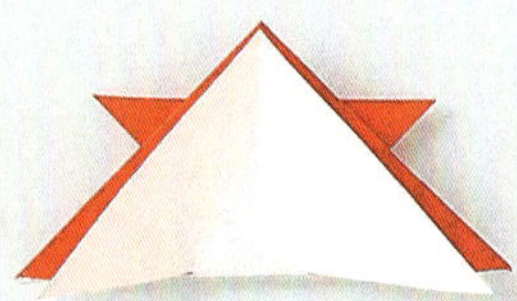

16

9. 10. Falte gemäß der gestrichelten Linie. **11.** Wende die Figur. **12. 13.** Falte die untere Spitze über die obere. **14. 15. 16.** Schneide die beiden Seiten vorsichtig gemäß den gestrichelten Linien ein.

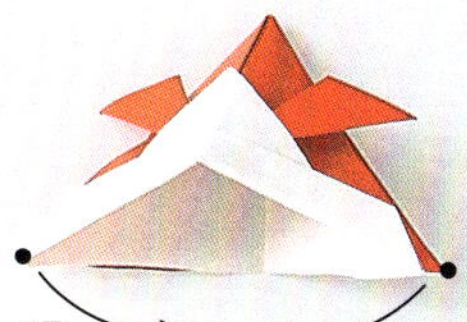

17

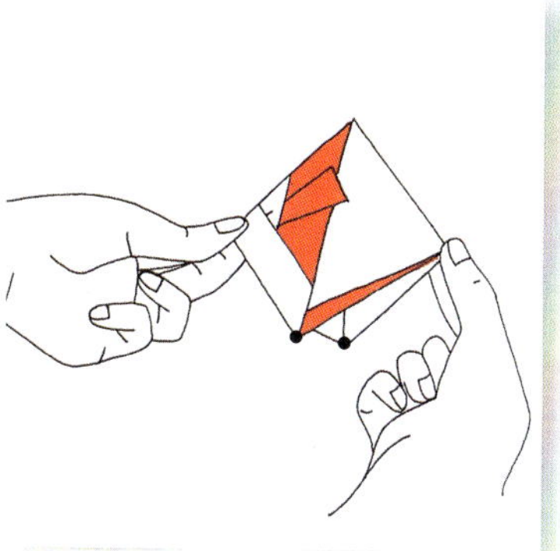

18

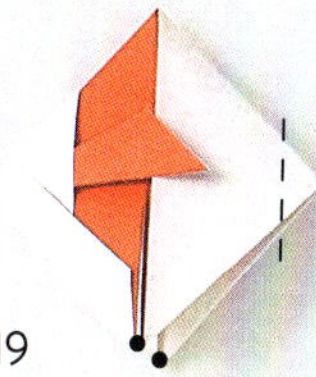

19

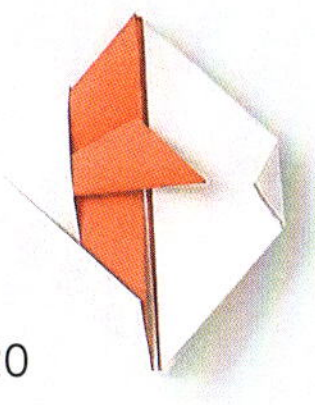

20

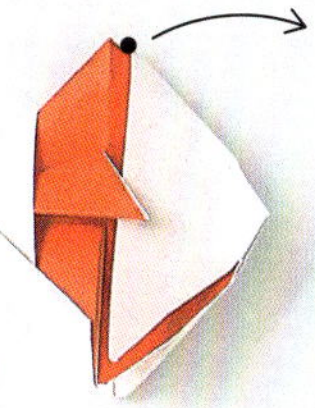

21

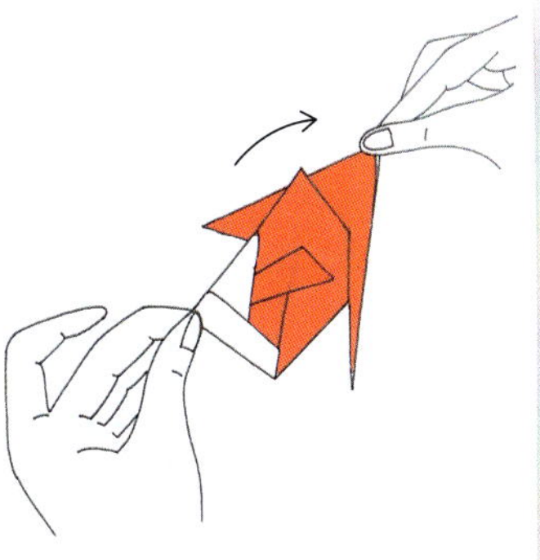

22

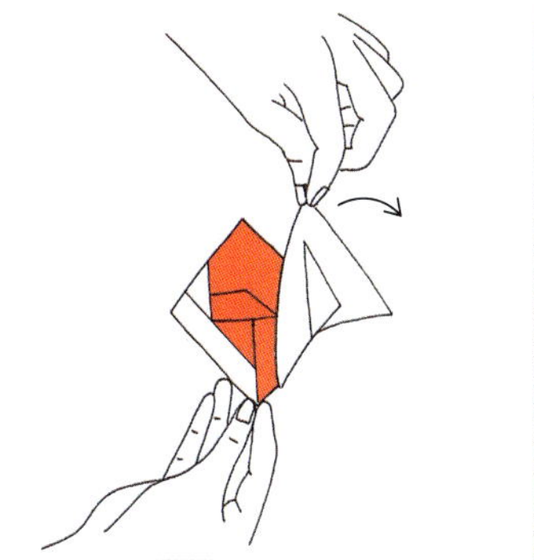

23

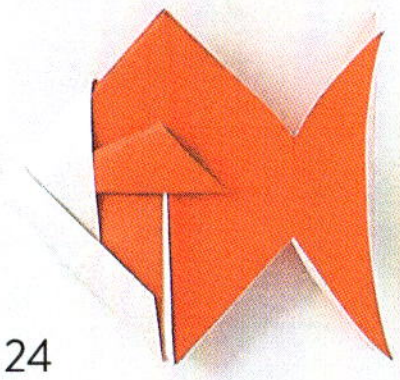

24

17. 18. 19. Greife die Figur vorsichtig an den angezeigten Punkten und schiebe die Figur zusammen. Glätte die Figur. **19.** Markiere einen Falz gemäß der gestrichelten Linie. **20. 21. 22. 23.** Greife vorsichtig die Spitze am angezeigten Punkt und ziehe sie nach außen, um die Faltung umzukehren. **24.** Der Schwanz des Fisches ist geformt.

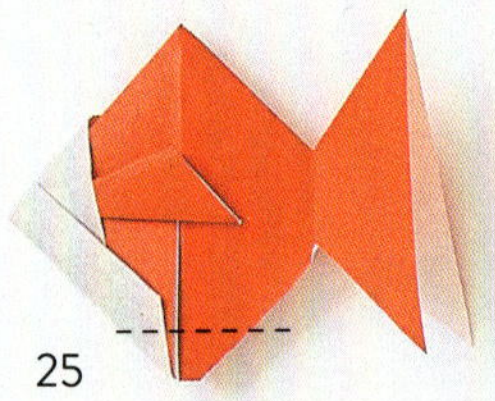

25

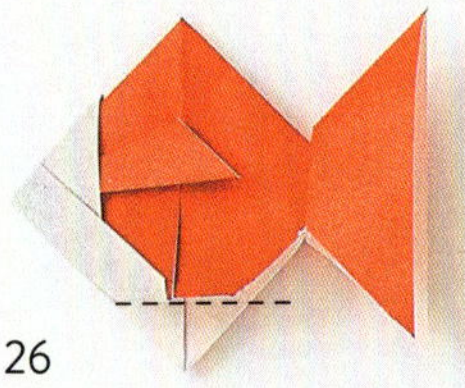

26

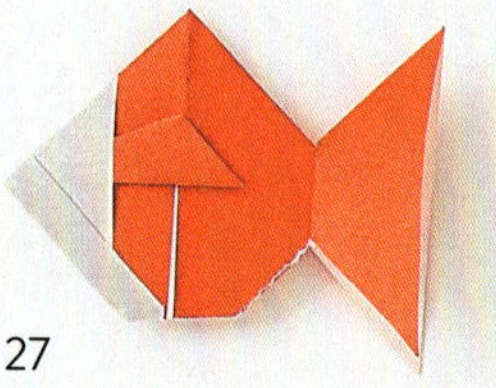

27

25. Falte die oberen Lagen des unteren Teiles des Bauches gemäß der gestrichelten Linie ins Innere der Faltung. **26.** Mache dasselbe mit den unteren Lagen auf der anderen Seite. **27.** Der Goldfisch ist fertig.

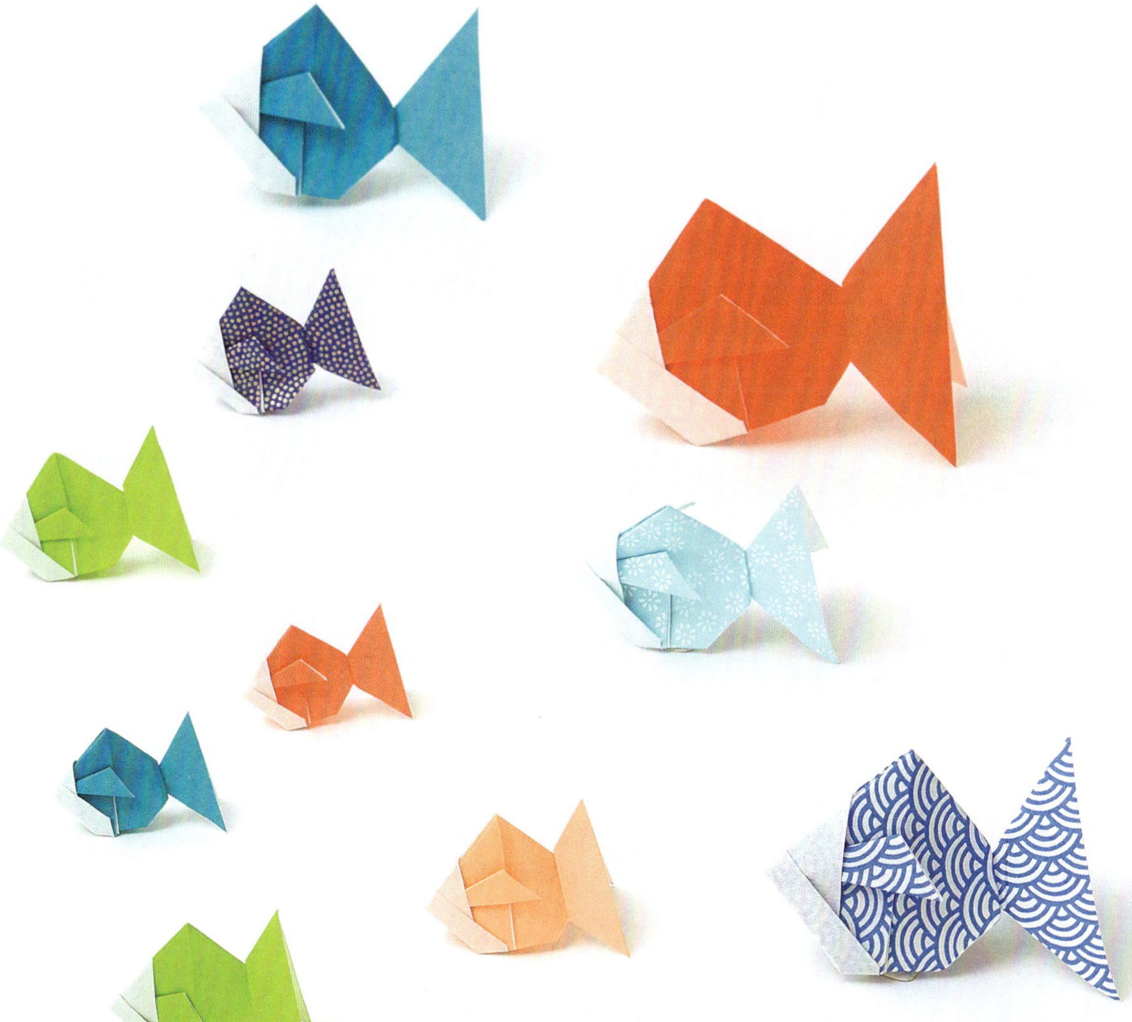

Pinguin

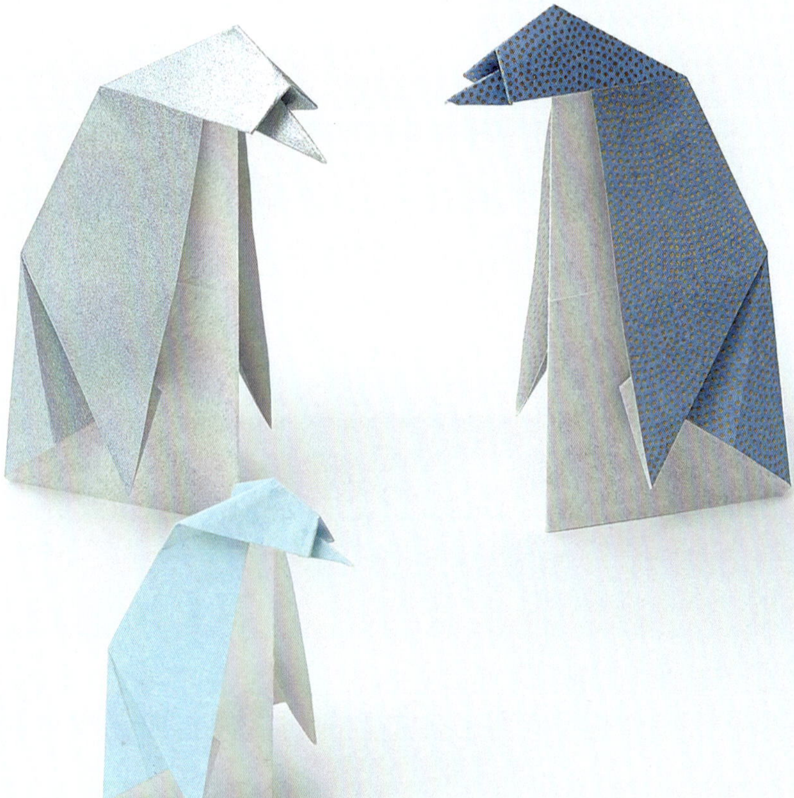

Level ●●●○○

Abmessungen

7,5 cm  6 cm 4 cm

10 cm 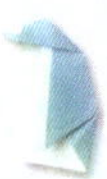 8 cm 5,3 cm

15 cm 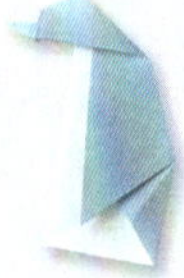 12 cm 8 cm

Tipp
Falte zwei große Pinguine und einen kleineren, um eine Familie zu bilden.

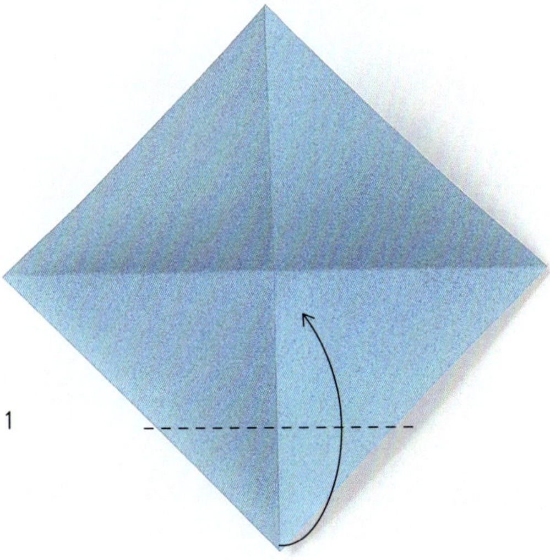

1

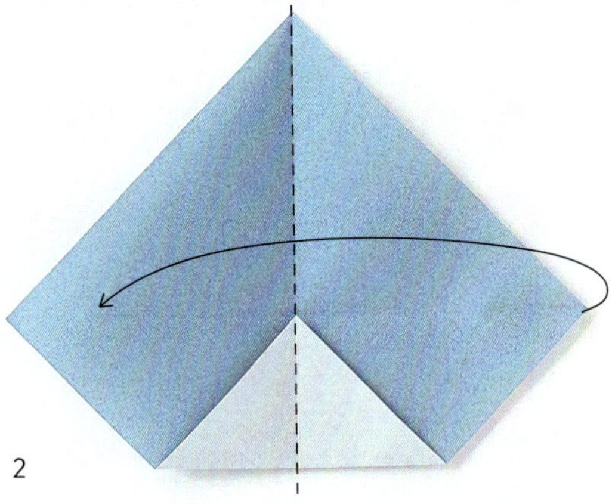

2

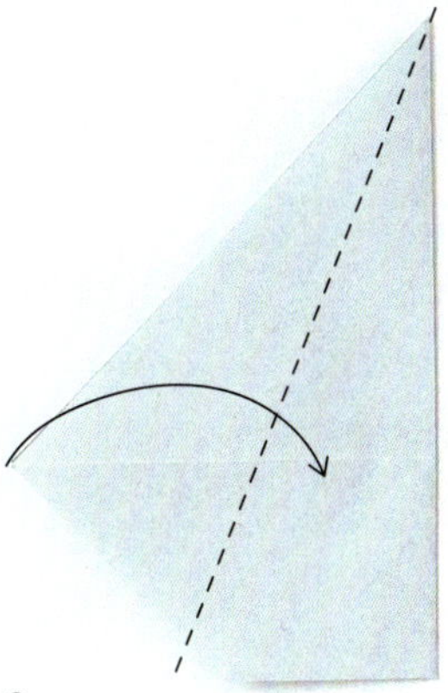

3

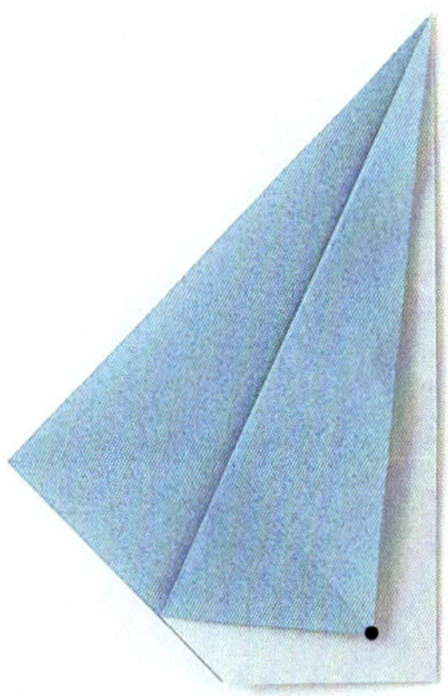

4

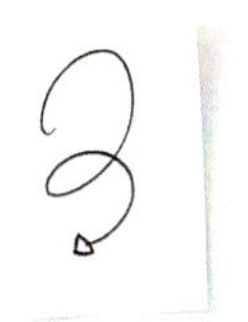

5

1. Richte das Papier rautenförmig aus (mit der farbigen Seite nach oben). Markiere die Diagonalen. Falte die untere Spitze zur Mitte. **2.** Falte die Figur gemäß der gestrichelten Linie in der vertikalen Mitte. **3. 4.** Greife die linke Spitze und falte sie gemäß der gestrichelten Linie (in einer beliebigen Schräge) nach rechts. **5.** Wende die Figur.

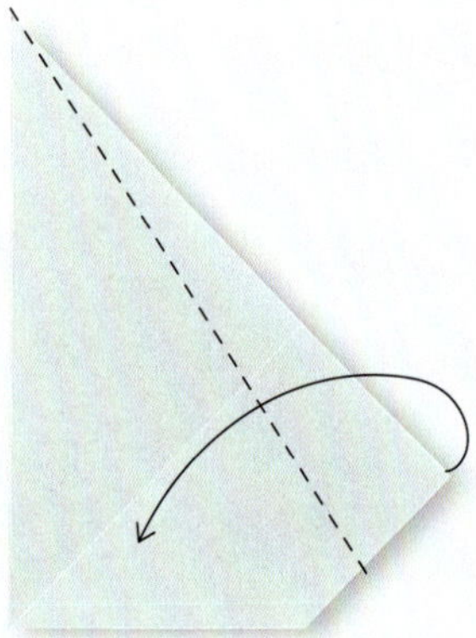
6

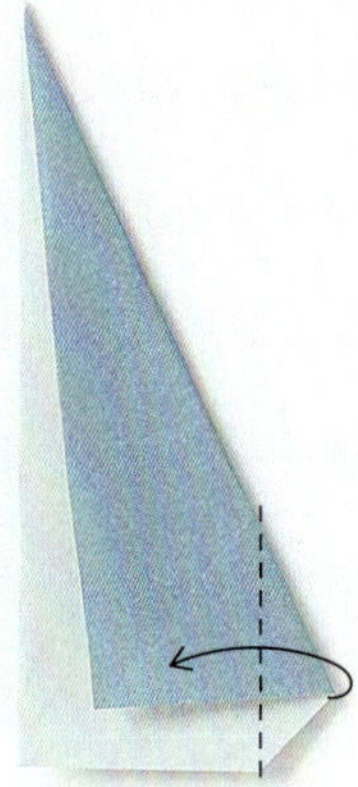
7

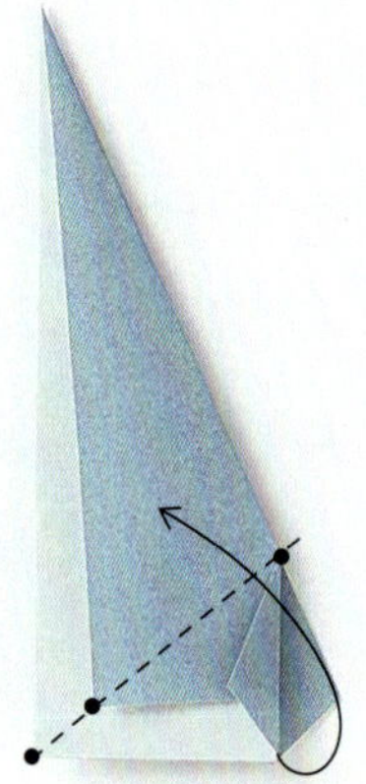
8

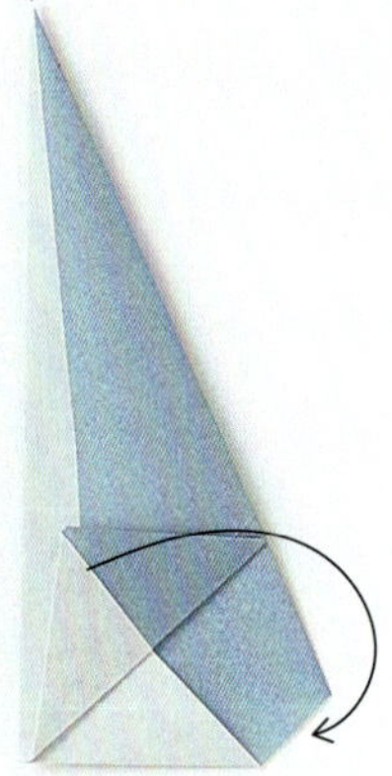
9

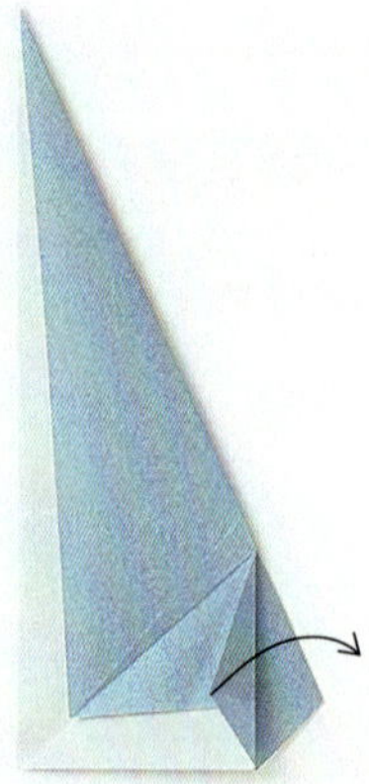
10

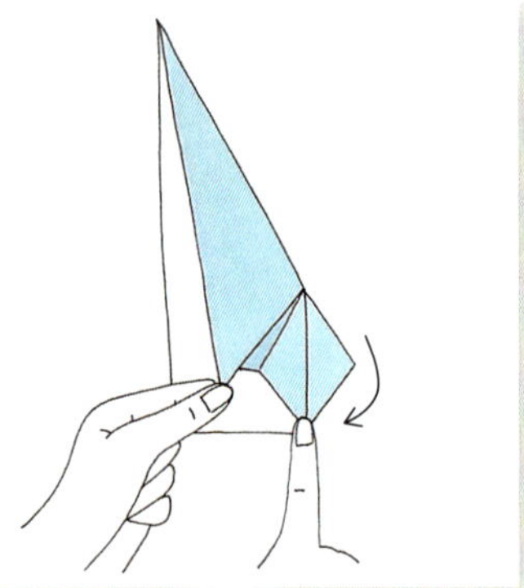
11

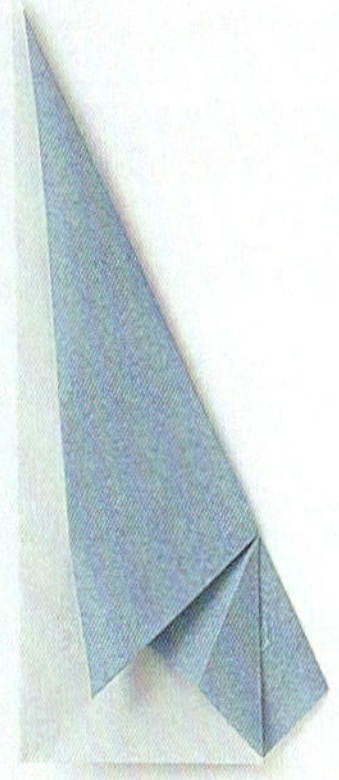
12

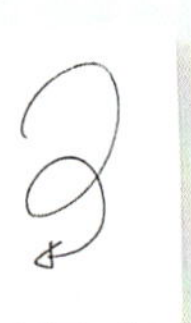
13

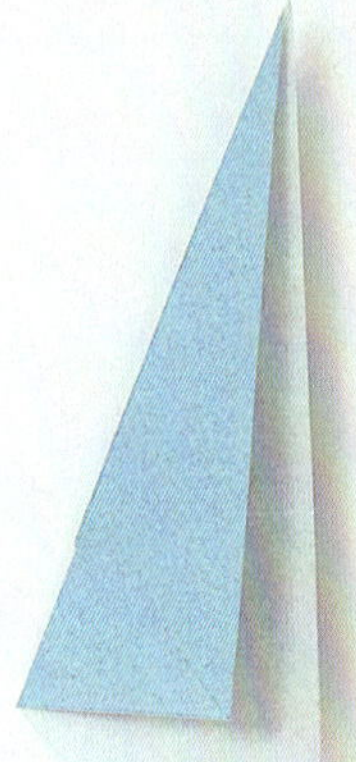
14

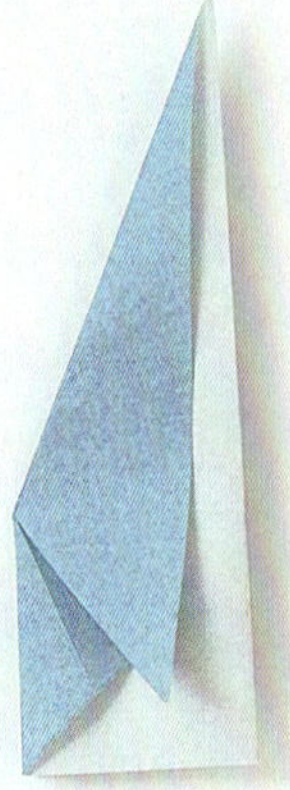
15

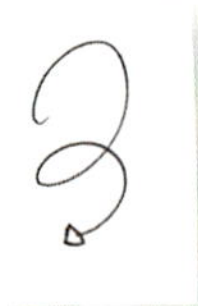
16

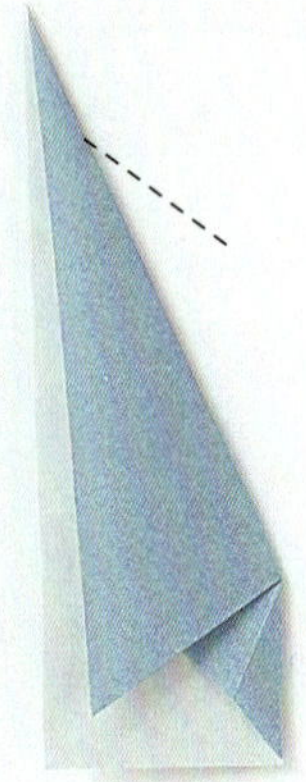
17

6. Greife die rechte Spitze und falte sie gemäß der gestrichelten Linie nach links. **7.** Falte die rechte Spitze gemäß der gestrichelten Linie. **8.** Falte gemäß der gestrichelten Linie (richte die Faltung gut an den Punkten aus). **9.** Entfalte die in Schritt 8 gemachten Faltungen. **10. 11. 12.** Öffne die Faltungen aus Schritt 7 und kehre sie schrittweise nach innen um, um Bild 12 zu erhalten. **13.** Wende die Figur. **14. 15.** Wiederhole auf dieser Seite die Schritte 8–12. **16.** Wende die Figur. **17.** Falte die obere Spitze gemäß der gestrichelten Linie.

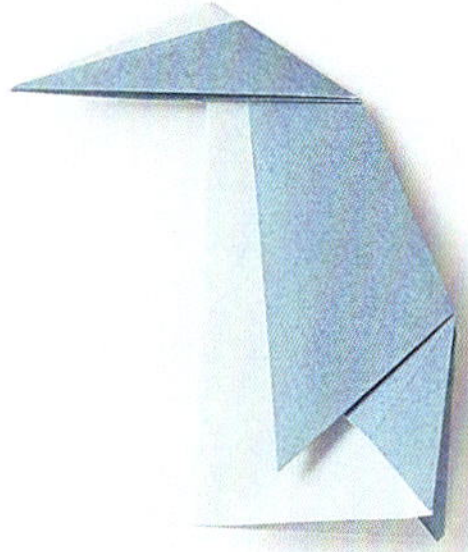

18

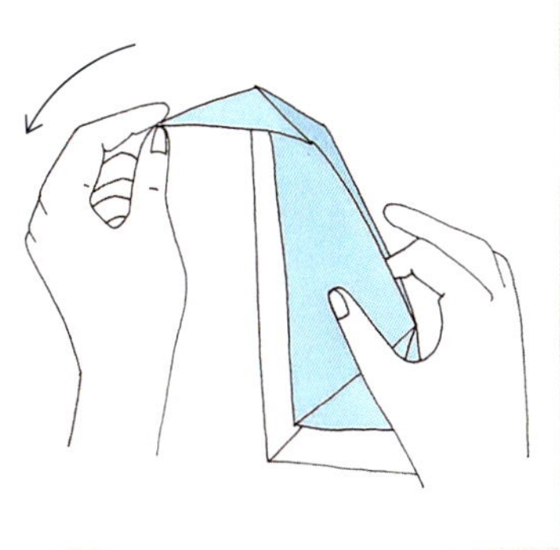

19

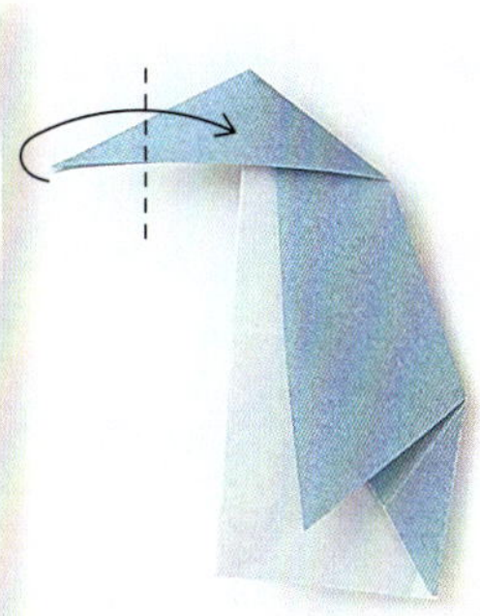

20

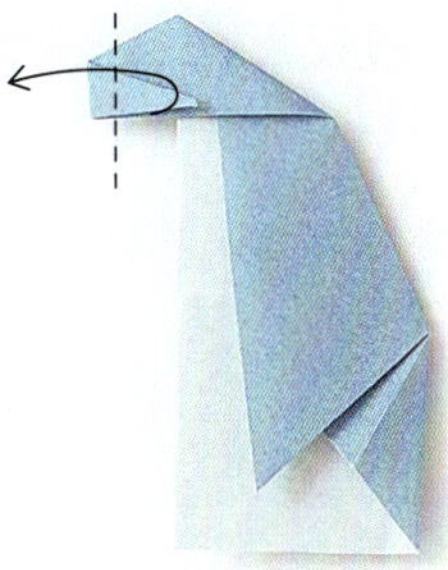

21

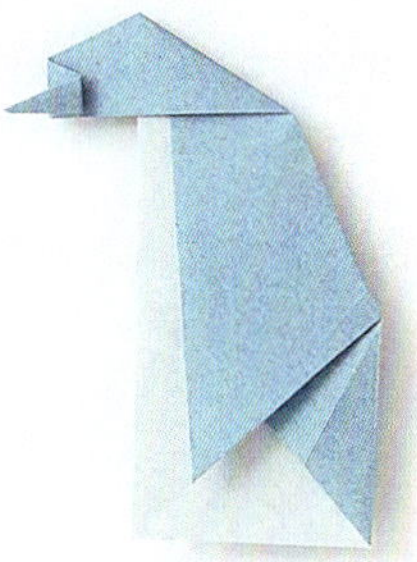

22

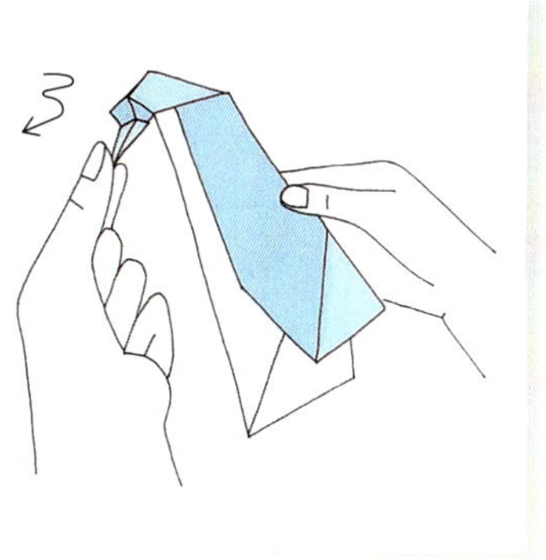

23

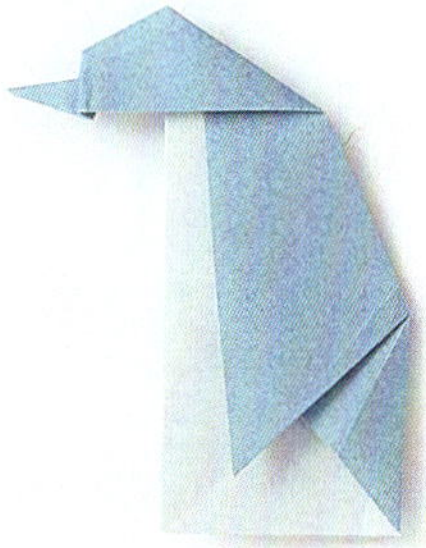

24

18. 19. 20. Öffne diese Faltung, kehre sie nach außen um und streiche sie glatt. Der Kopf des Pinguins ist geformt. **20.** Falte die linke Spitze gemäß der gestrichelten Linie. **21.** Falte im Ziehharmonika-Stil (Zickzackfaltung) gemäß der gestrichelten Linie. **22. 23.** Öffne die Faltung und kehre sie nach innen um, sodass Augenpartie und Schnabel entstehen. **24.** Der Pinguin ist fertig.

Lotusblüte

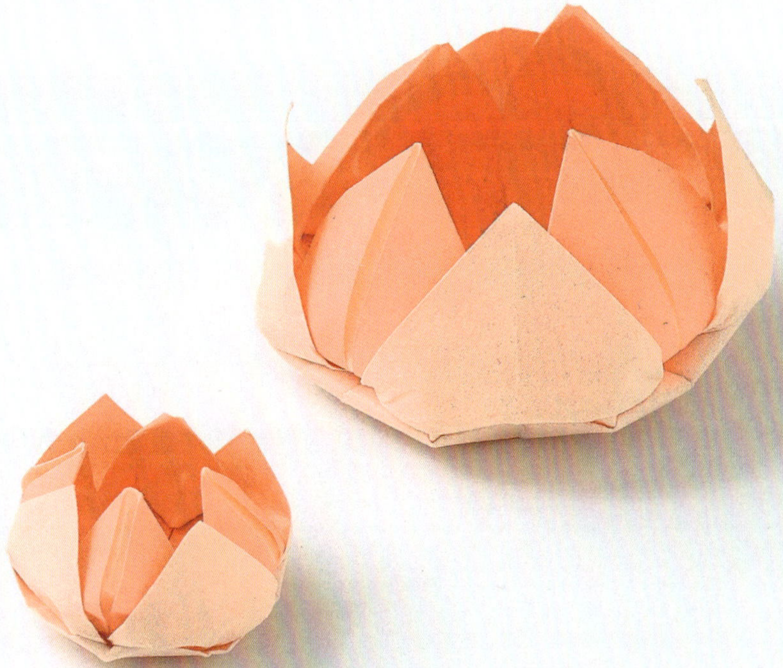

Level ●●●○○

Abmessungen

15 cm

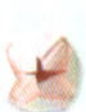

3 cm

5,5 cm

20 cm

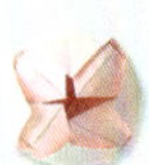

4 cm

7,5 cm

30 cm

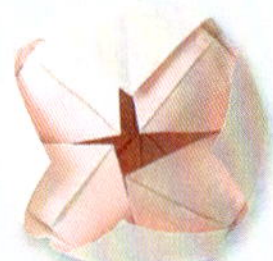

6 cm

11 cm

Tipp

Verwende vorzugsweise handgeschöpftes, flexibles und widerstandsfähiges Papier oder ein Stück festen Stoff, um ein Reißen der Form während des Faltens zu vermeiden.

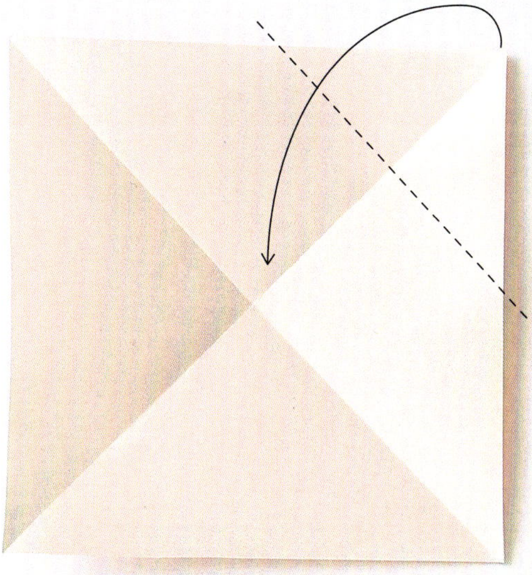

1

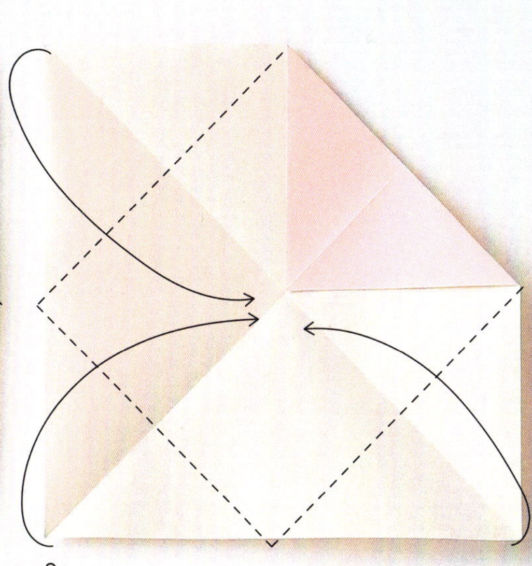

2

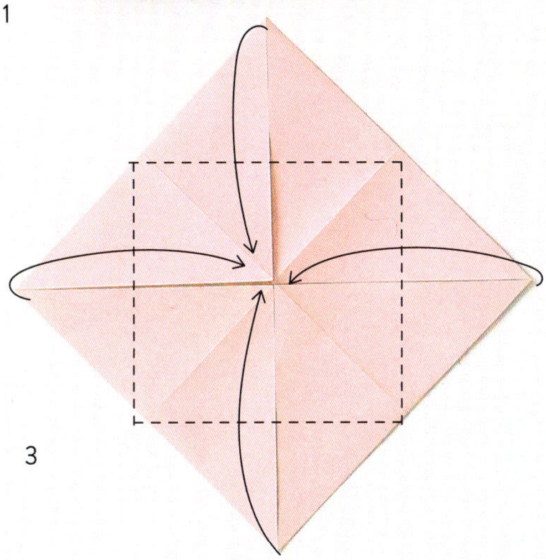

3

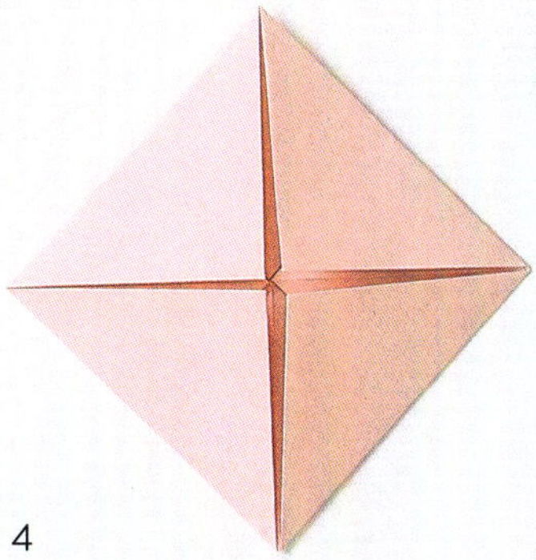

4

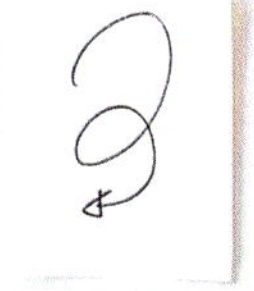

5

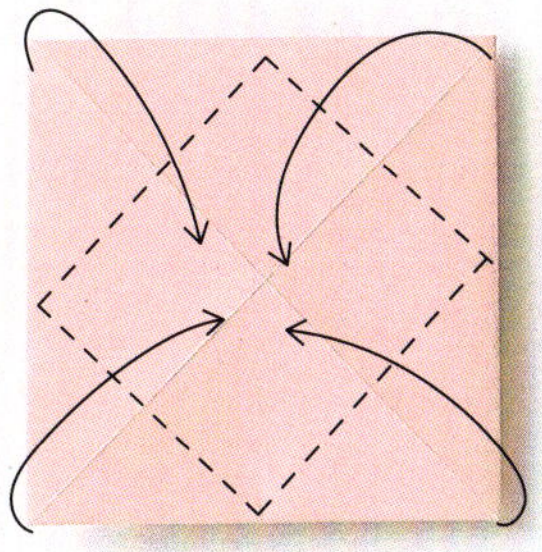

6

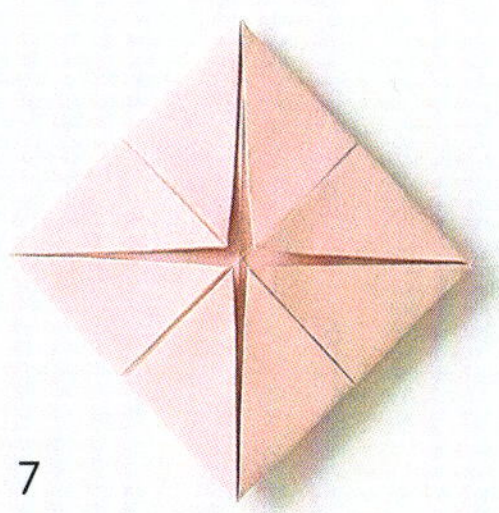

7

1. Richte das Papier normal aus (mit der farbigen Seite nach unten). Markiere die Diagonalen. Falte die rechte obere Ecke zum Mittelpunkt. **2.** Falte die anderen drei Ecken ebenfalls zur Mitte. **3. 4.** Falte die vier Ecken zum Mittelpunkt des Quadrats. **5.** Wende die Figur. **6. 7.** Falte die vier Ecken zum Mittelpunkt des Quadrats.

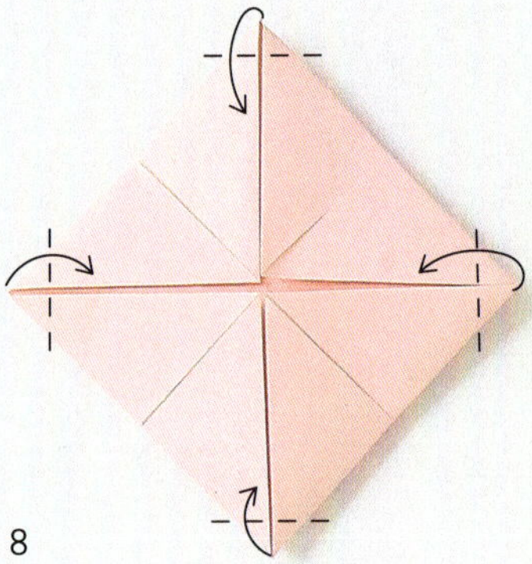
8

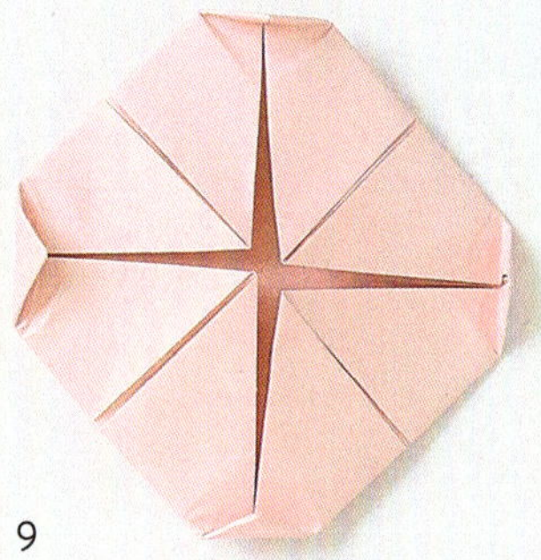
9

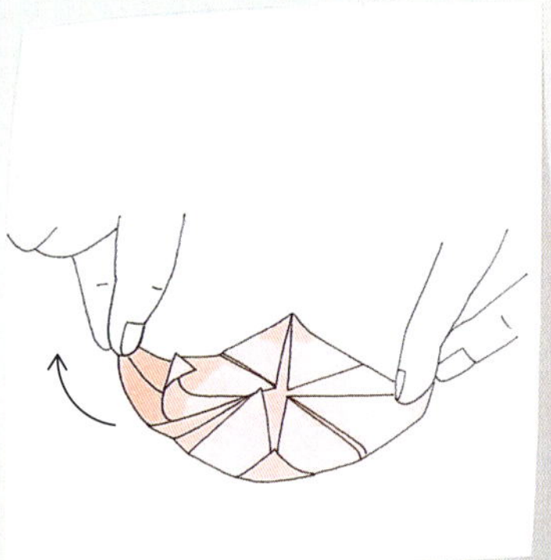
10

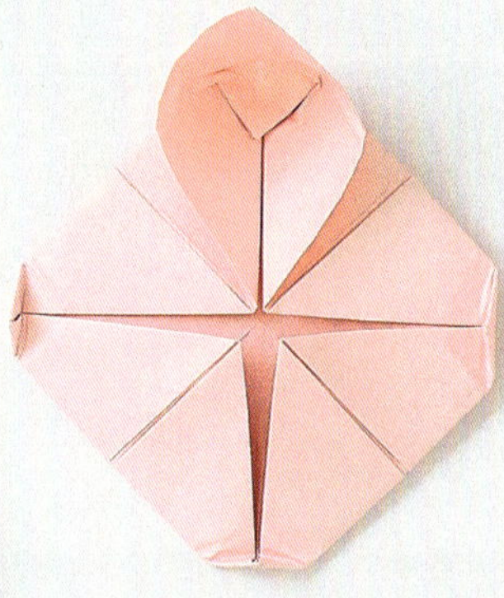
11

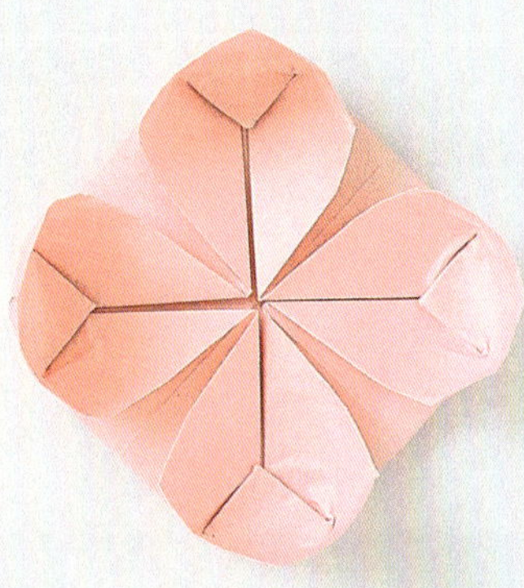
12

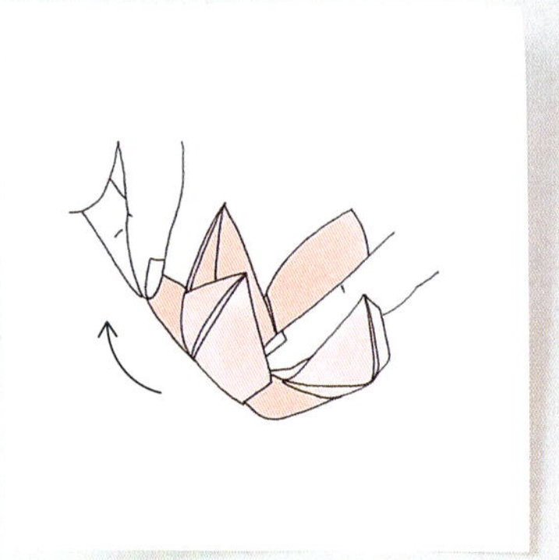
13

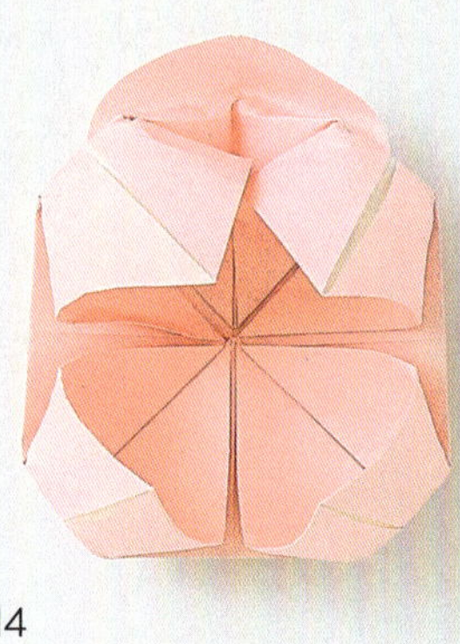
14

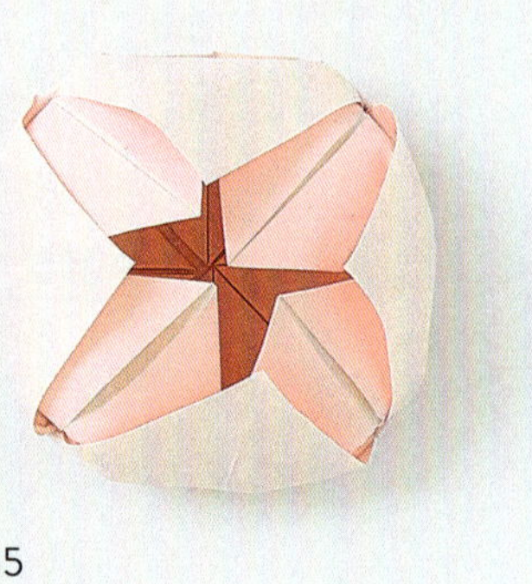
15

8. 9. Falte die vier Spitzen gemäß den gestrichelten Linien, um kleine Dreiecke zu bilden. **10. 11.** Greife eine der Spitzen an der Unterseite der Figur und ziehe sie vorsichtig nach oben, um ihre Faltung umzukehren und ein nach oben gerichtetes, schüsselförmiges Blütenblatt zu formen. **12. 13.** Ziehe die anderen drei Blütenblätter auf die gleiche Weise hoch und bringe sie in gute Form. **14.** Greife eine weitere Spitze an der Unterseite der Figur und ziehe sie vorsichtig nach oben, um ihre Faltung umzukehren. **12. 13.** Ziehe die anderen drei Blütenblätter auf die gleiche Weise hoch und bringe sie in gute Form. **15.** Die Lotusblüte ist fertig.

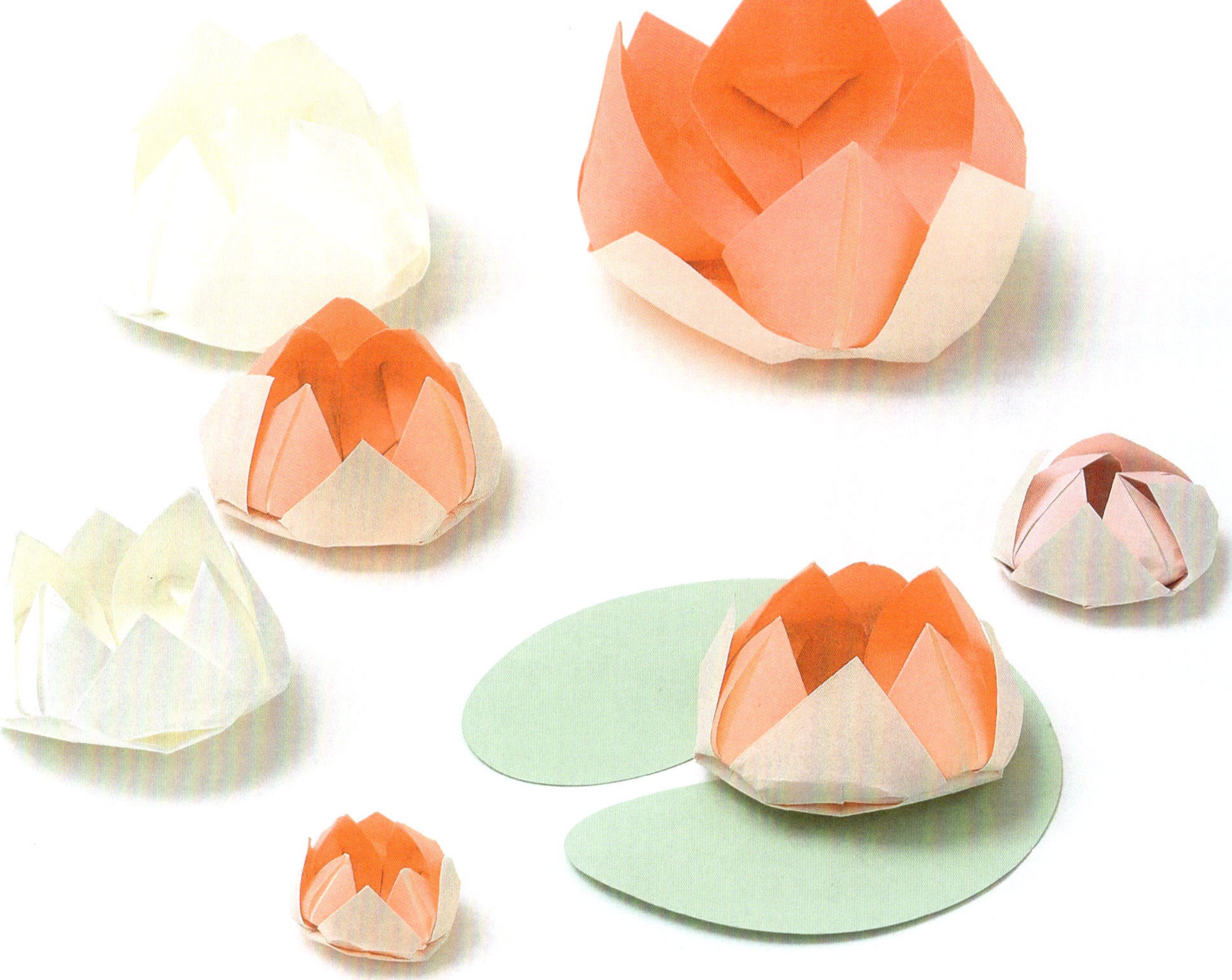

Löwenzahn

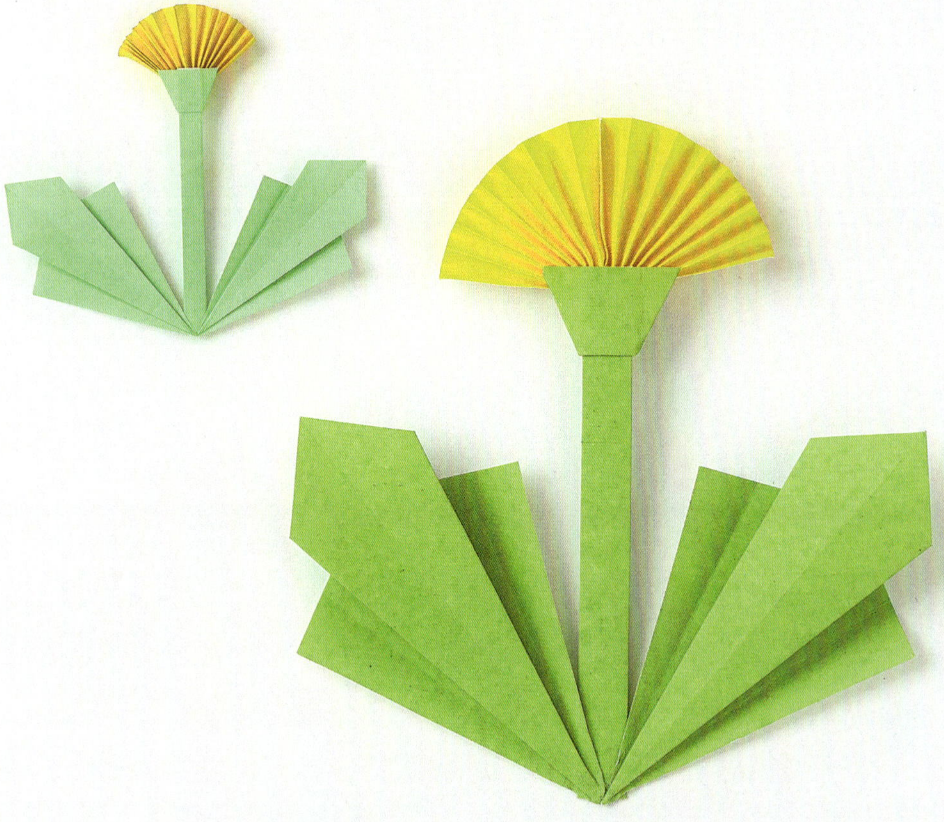

Level ●●●○○

Abmessungen

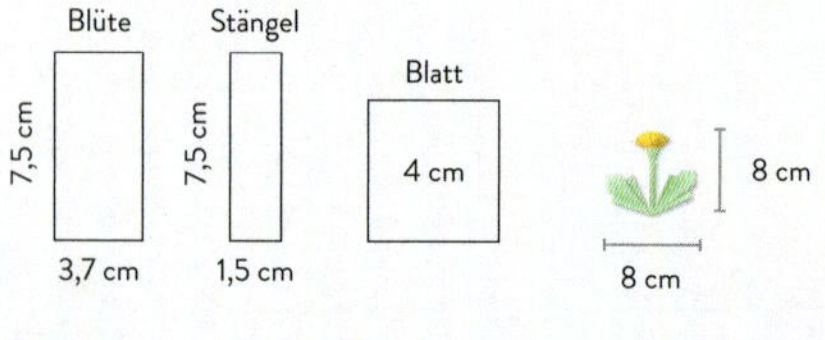

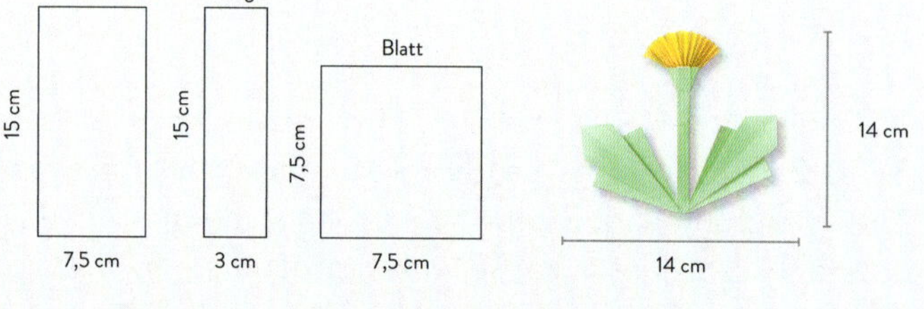

Tipp

Für diese Figur brauchst du ein gelbes Rechteck für die Blüte, zwei grüne Quadrate für die Blätter und ein grünes Rechteck für den Stängel. Und du benötigst Klebstoff.

Das Falten des grünen Stängels

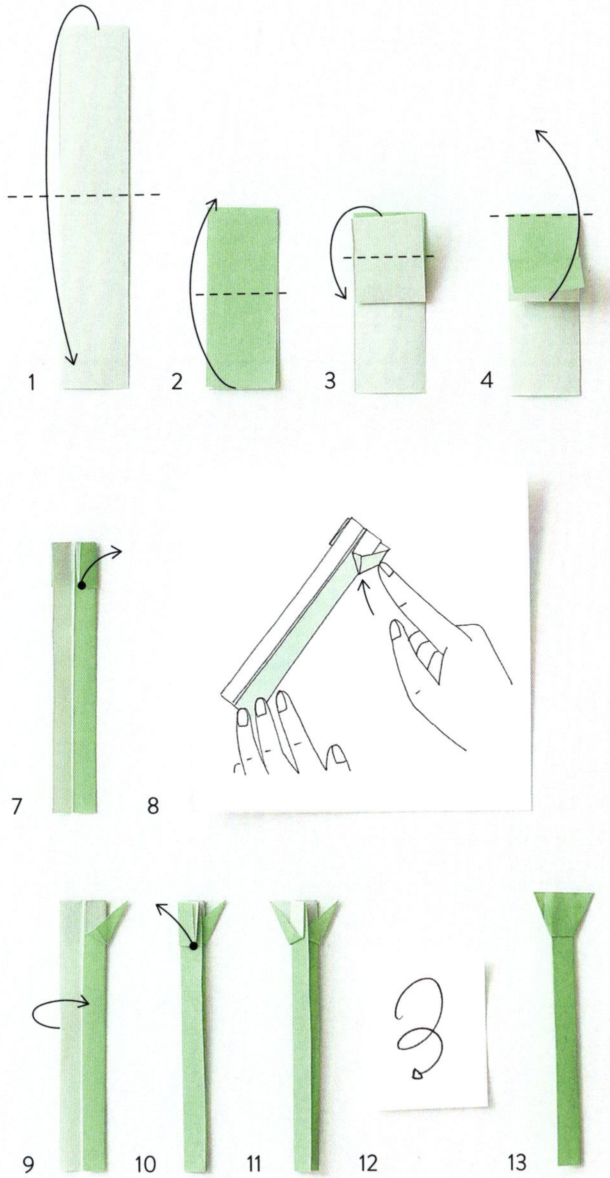

1. Richte das Papier hochkant aus (mit der farbigen Seite nach unten). Falte das Rechteck in der horizontalen Mitte. **2.** Falte die obere Lage in ihrer horizontalen Mitte nach oben. **3.** Falte die obere Lage in ihrer horizontalen Mitte nach unten. **4.** Klappe die Faltung an der gestrichelten Linie nach oben. **5.** Falte die rechte Seitenkante und falte dann die linke Seitenkante darüber. **6.** Entfalte die linke Faltung. **7. 8.** Greife die Faltung am gekennzeichneten Punkt und kehre sie wie angezeigt um. **9.** Falte die linke Seitenkante über die Faltung. **10. 11.** Greife das Papier am gekennzeichneten Punkt und falte es wie abgebildet nach links. Streiche die Figur glatt. **12.** Wende die Figur. **13.** Der Stängel ist fertig.

Das Falten der gelben Blüte

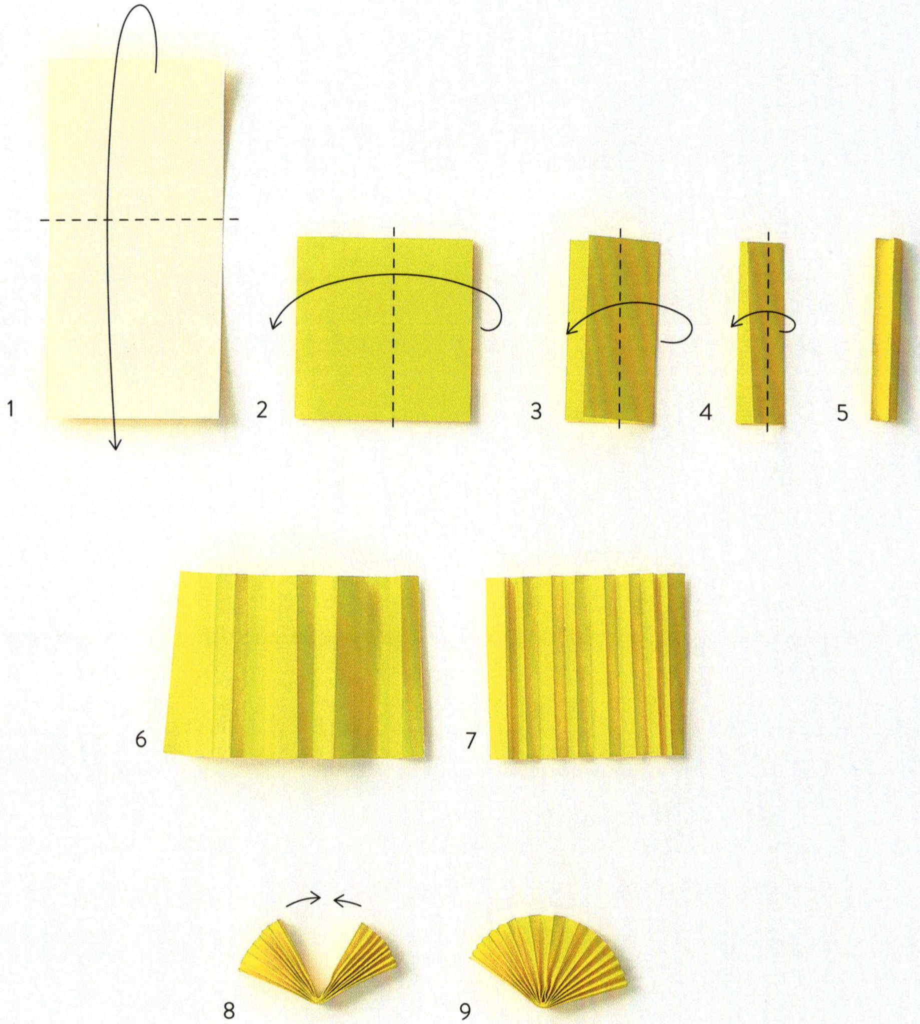

1. Richte das Papier hochkant aus (mit der farbigen Seite nach unten). Falte es in der horizontalen Mitte. **2.** Falte die rechte Seitenkante vertikal über die linke. **3.** Falte die rechte Seitenkante vertikal über die linke. **4. 5.** Falte wieder die rechte Seitenkante vertikal über die linke, sodass nun ein sehr schmales Rechteck in Stapelform vorliegt. **6.** Entfalte das Papier. **7.** Lege das Papier gemäß den markierten Falzen im Ziehharmonika-Stil (Zickzackfaltung) um. **8.** Falte den Ziehharmonika-Stapel mittig und klebe ihn in der Mitte zusammen, sodass die Form eines Fächers entsteht. **9.** Die Blüte ist fertig.

Das Falten der grünen Blätter und das Montieren

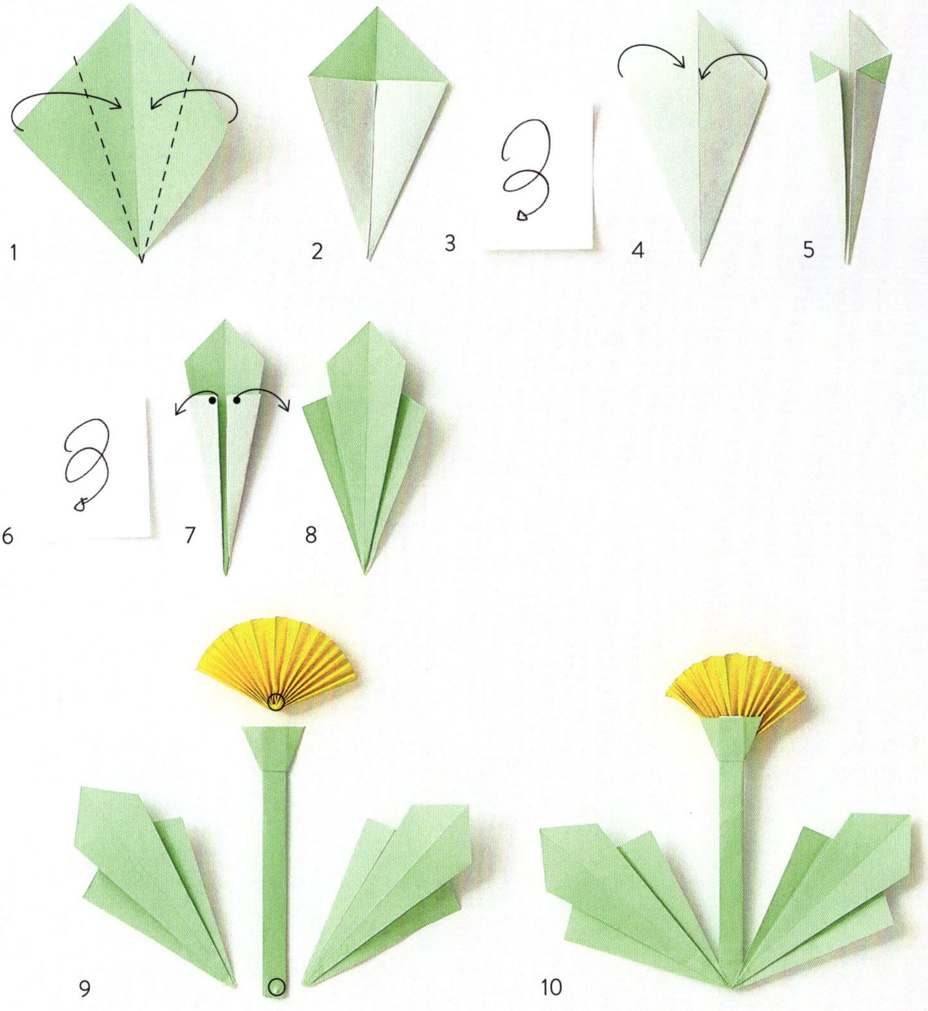

1. 2. Richte das Papier rautenförmig aus (mit der farbigen Seite nach oben). Markiere die vertikale Diagonale. Falte die beiden seitlichen Spitzen gemäß den gestrichelten Linien zum Mittelfalz. **3.** Wende die Figur. **4. 5** Falte die rechte und linke Spitze zur Mittellinie. **6.** Wende die Figur. **7.** Greife die Faltung an den angezeigten Punkten und ziehe sie nach außen auf. Streiche die Faltung glatt. **8.** Das Löwenzahnblatt ist fertig. Fertige noch ein weiteres Löwenzahnblatt an. **9.** Klebe alle Elemente (Stängel, Blätter, Blüte) zusammen. **10.** Der Löwenzahn ist fertig.

Pflaumenblüte

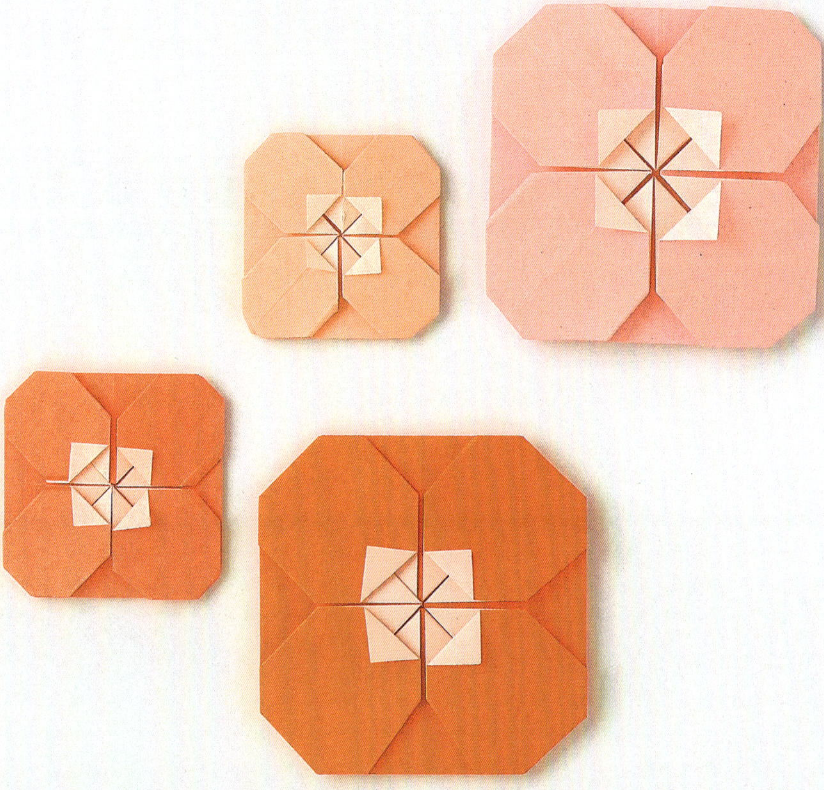

Level ●●●○○

Abmessungen

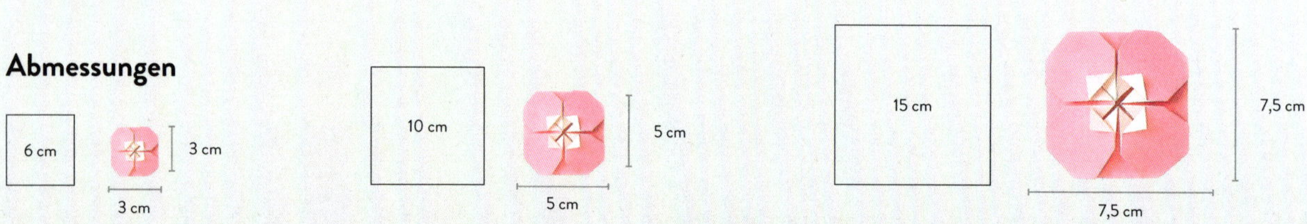

Tipp
Diese Figur ist sehr geometrisch und macht sich besonders gut in zeitgenössischen Kompositionen.

1

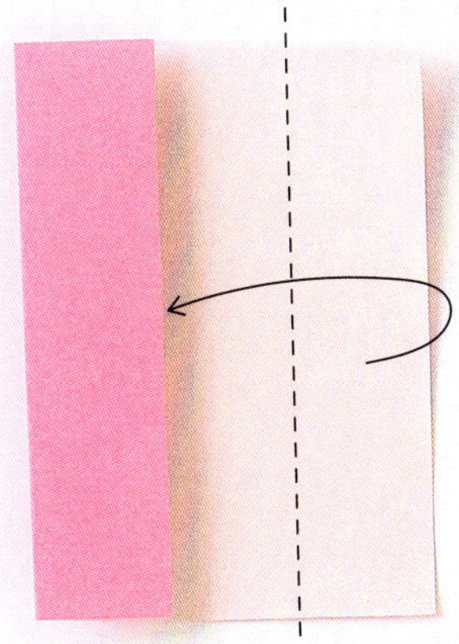

2

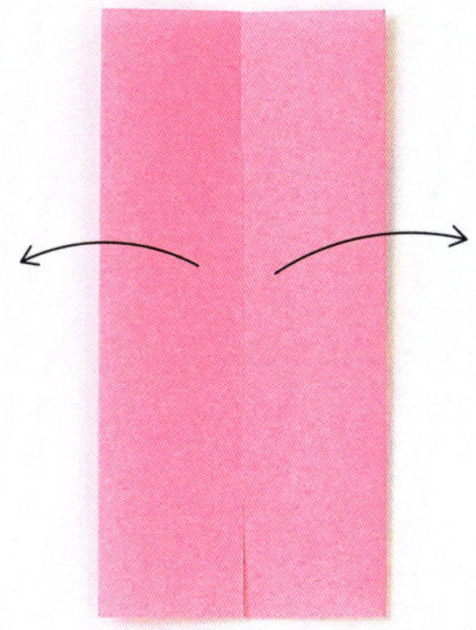

3

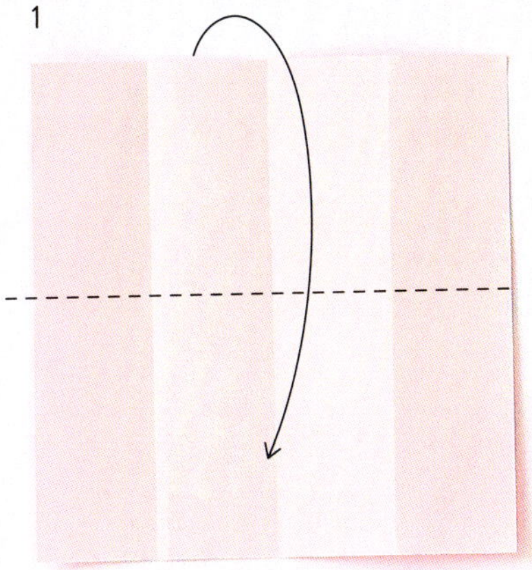

4

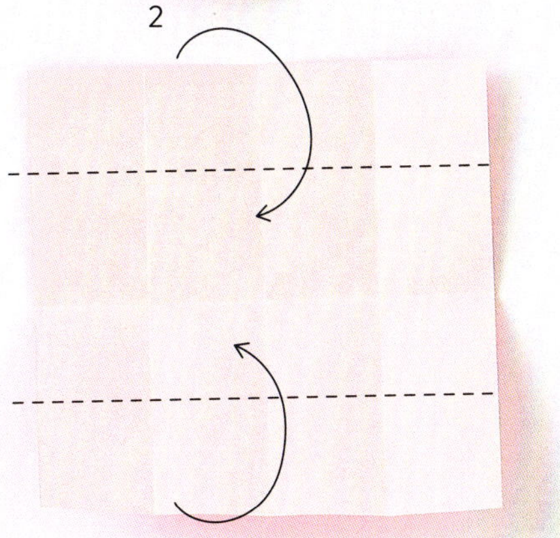

5

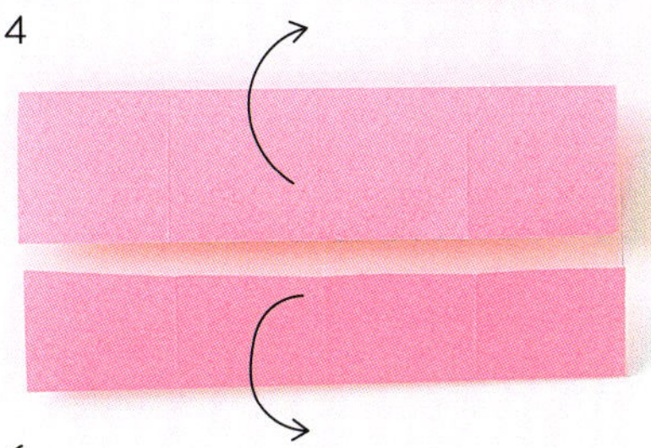

6

1. Richte das Papier normal aus (mit der farbigen Seite nach unten). Markiere die vertikale Mittellinie. Falte die linke Seite gemäß der gestrichelten zum Mittelfalz. **2.** Falte die rechte Seite gemäß der gestrichelten zum Mittelfalz. **3.** Entfalte das Papier. **4.** Markiere die horizontale Mittellinie. **5.** Falte die Ober- und Unterkante zum horizontalen Mittelfalz. **6. 7.** Entfalte das Papier.

7

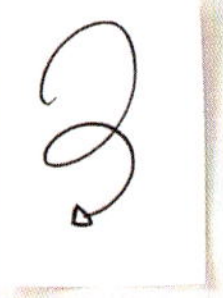

8

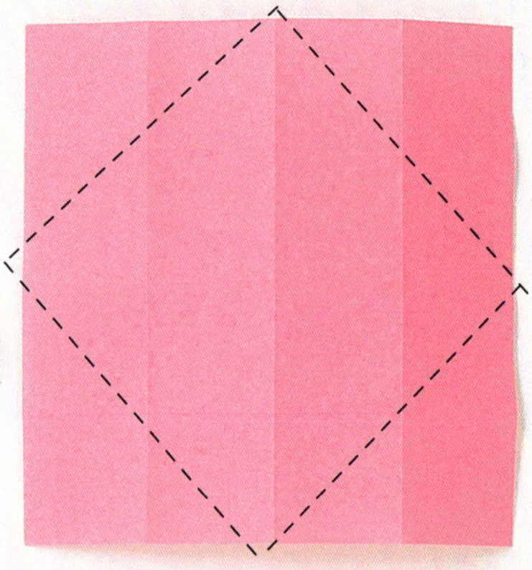

9

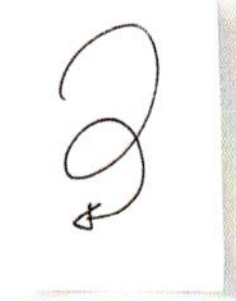

10

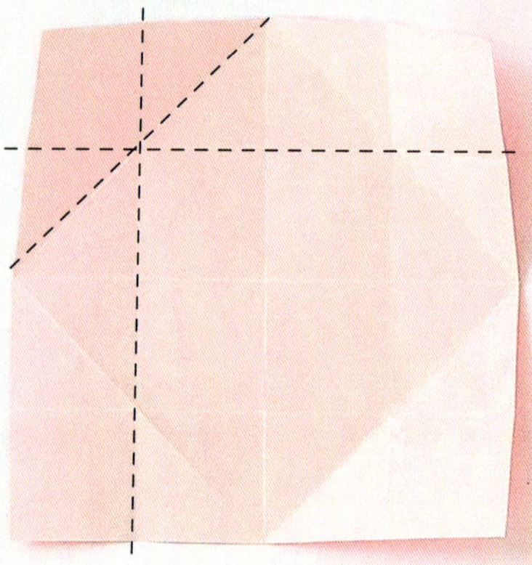

11

12

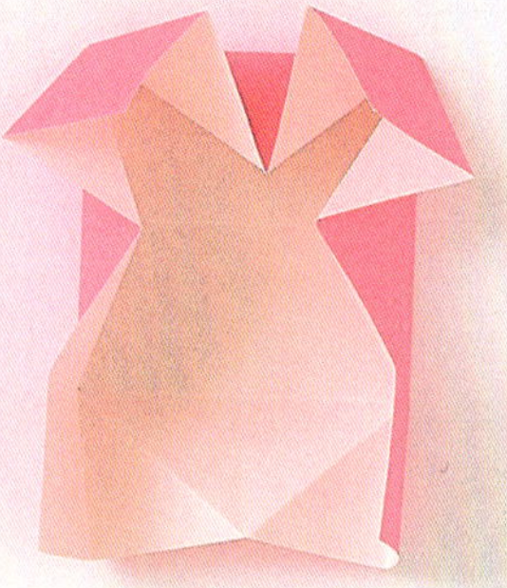

13

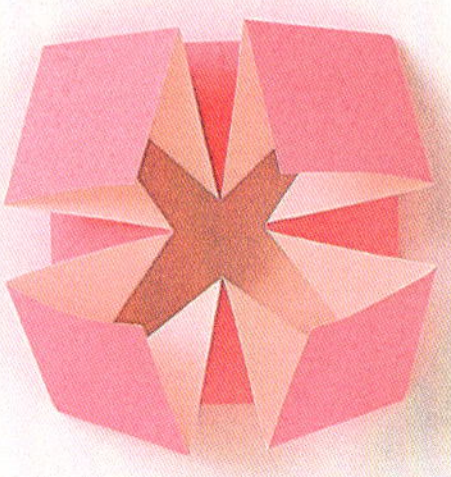

14

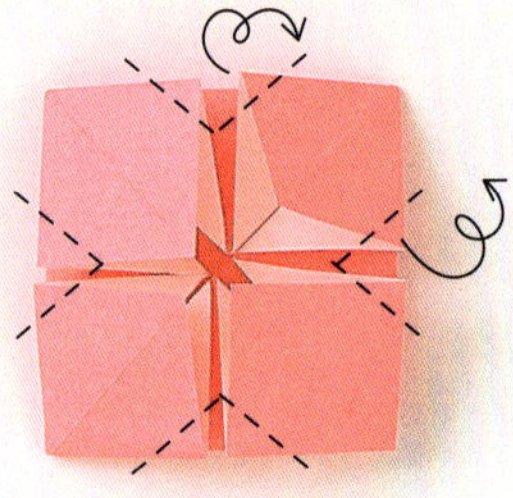

15

8. Wende das Papier. **9.** Falte die vier Ecken zur Mitte und entfalte das Papier. **10.** Wende das Papier. **11. 12. 13. 14. 15.** Bilde durch Einklappen der Falze wie abgebildet kleine Quadrate an den vier Ecken. **15.** Falte wie abgebildet zwei Ecken jedes Quadrats gemäß den gestrichelten Linien nach hinten bzw. ins Innere der Figur.

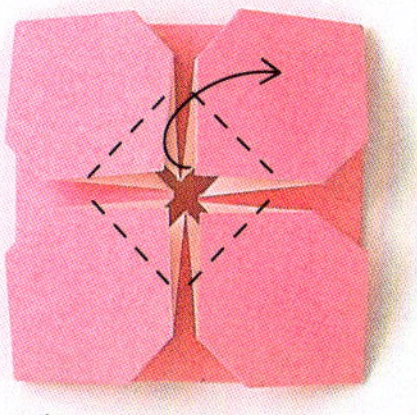
16

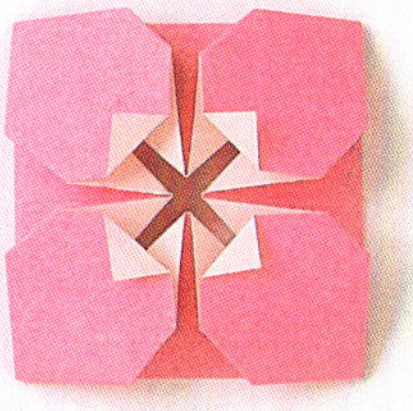
17

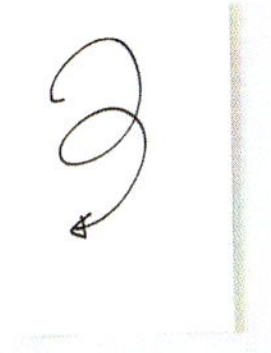
18

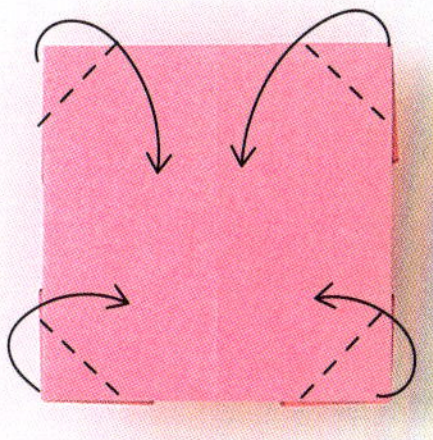
19

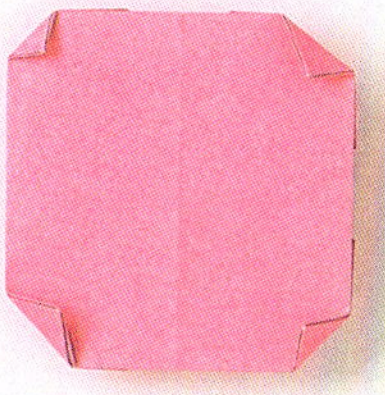
20

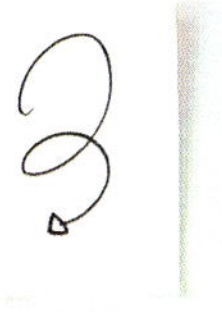
21

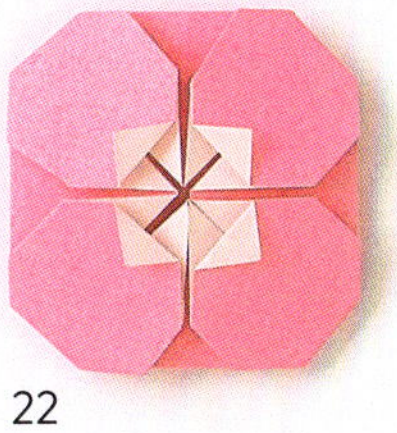
22

16. 17. Falte jeweils die innere Ecke jedes Quadrats gemäß den gestrichelten Linien zu einem kleinen Dreieck um. **18.** Wende die Figur. **19. 20.** Falte jeweils die innere Ecke jedes Quadrats zu einem kleinen Dreieck um. **21.** Wende die Figur. **22.** Die Pflaumenblüte ist fertig.

Dinosaurier

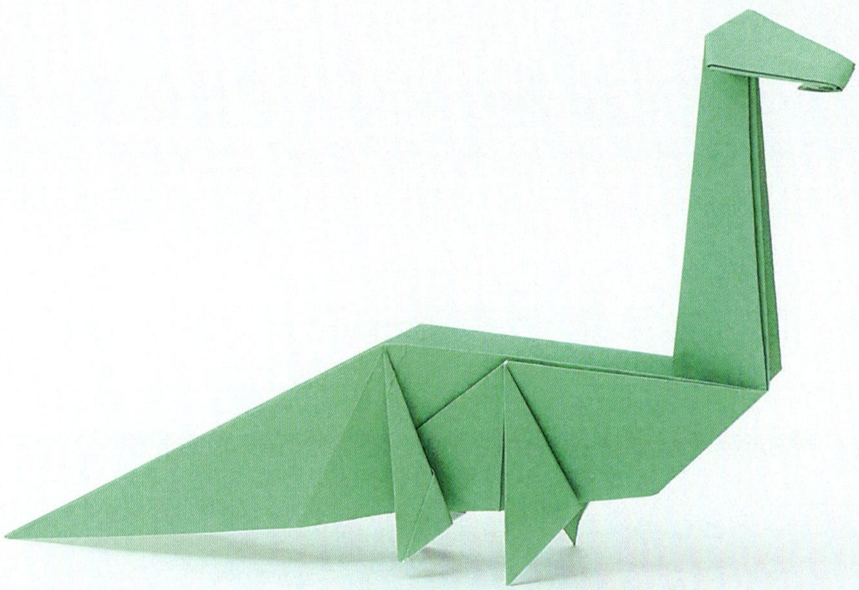

Level ●●●●○

Abmessungen

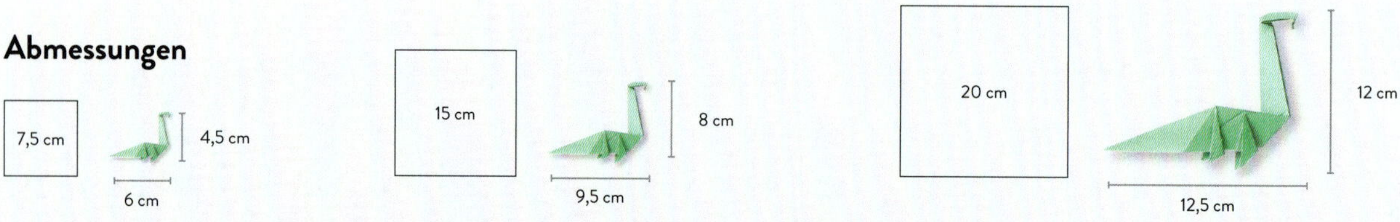

Tipp

Sobald der Dinosaurier fertig ist, zeichne Augen oder klebe Wackelaugen auf.

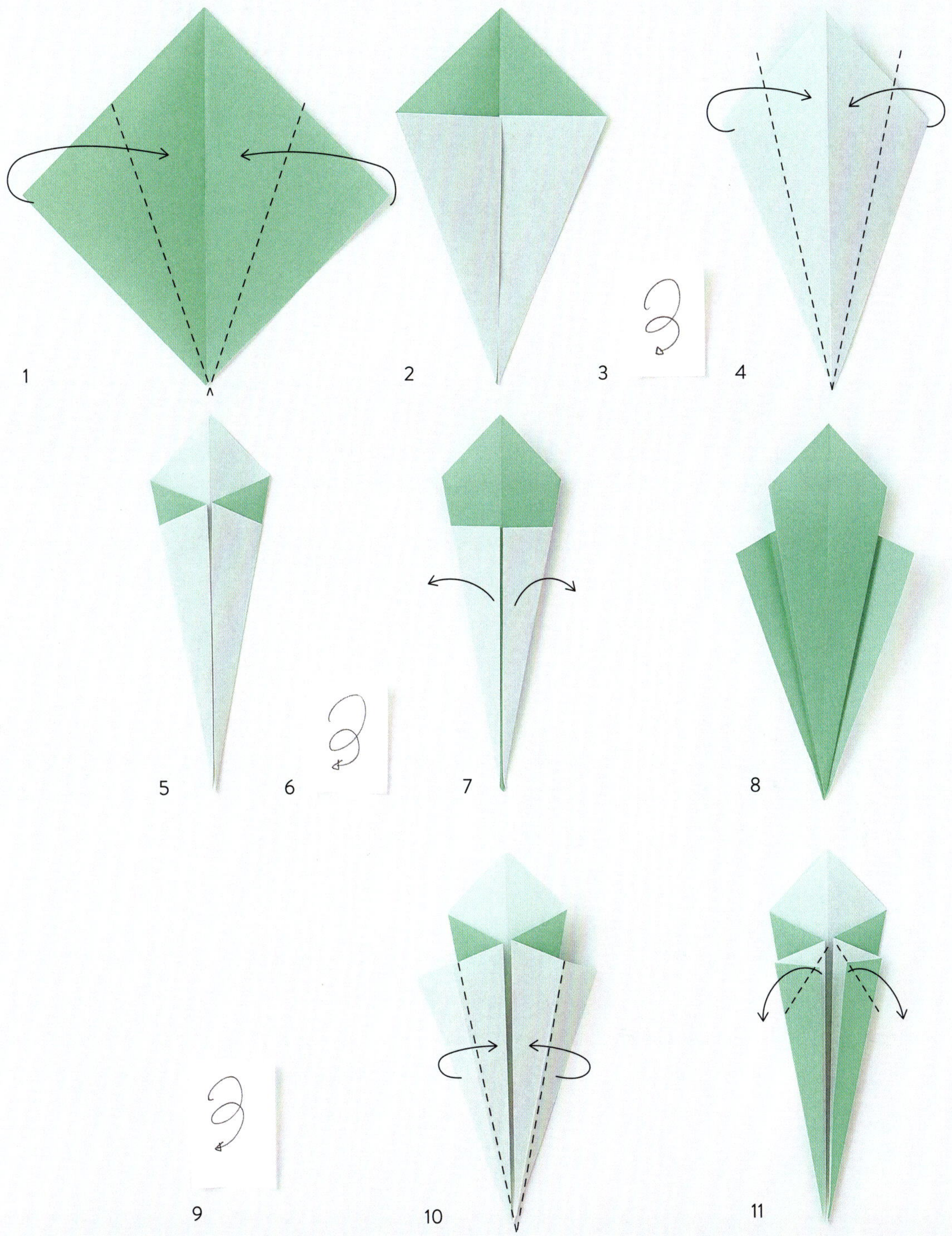

1. 2. Richte das Papier rautenförmig aus (mit der farbigen Seite nach oben). Markiere die vertikale Diagonale. Falte die seitlichen Spitzen gemäß den gestrichelten Linien zum Mittelfalz. **3.** Wende die Figur. **4. 5.** Falte die seitlichen Spitzen gemäß den gestrichelten Linien zum Mittelfalz. **6.** Wende die Figur. **7. 8.** Entfalte die oberen Falten. **9.** Wende die Figur. **10.** Falte die unteren seitlichen Spitzen gemäß den gestrichelten Linien zum Mittelfalz. **11.** Falte die Spitzen gemäß den gestrichelten Linien.

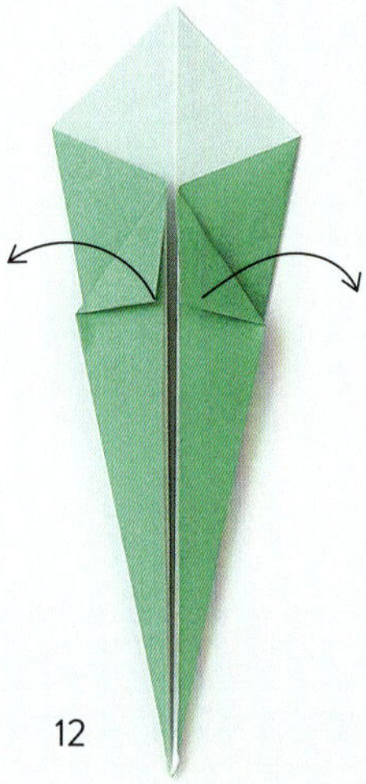
12

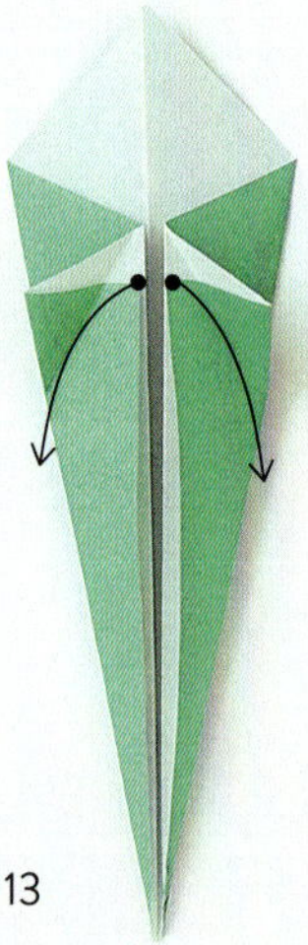
13

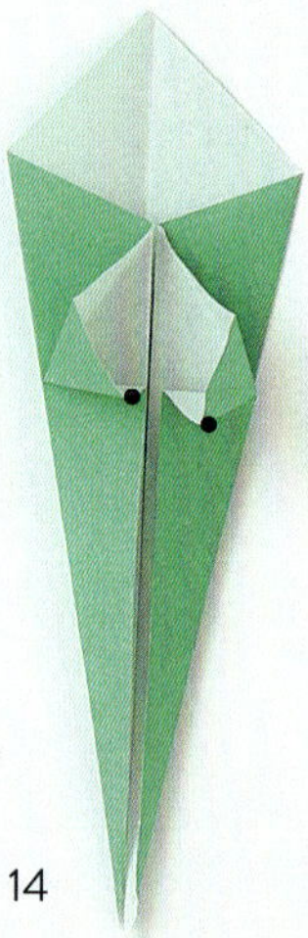
14

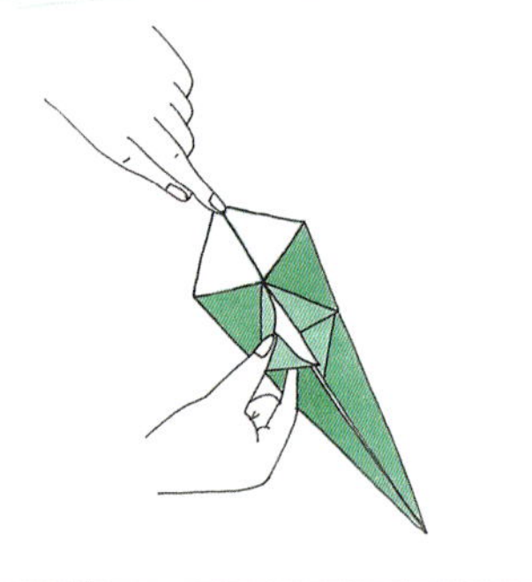
15

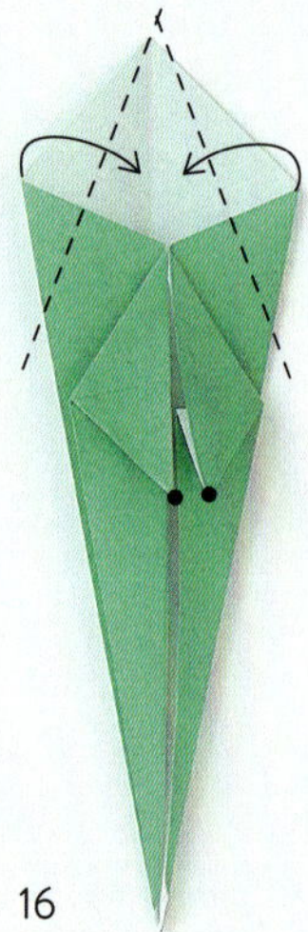
16

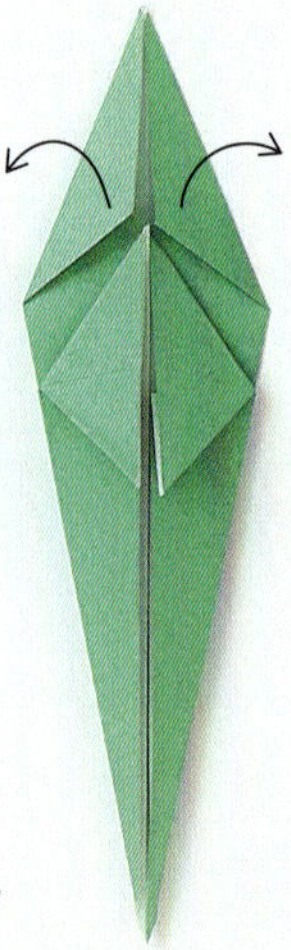
17

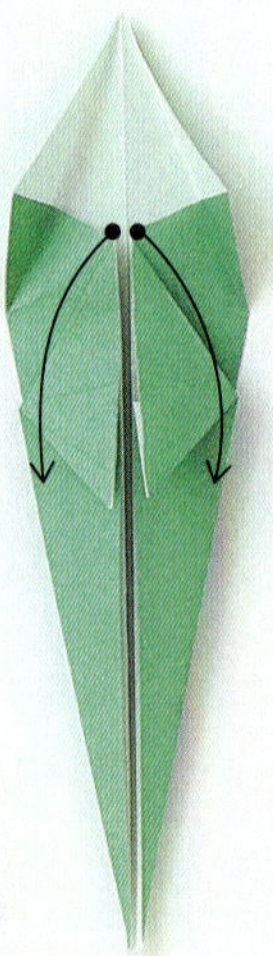
18

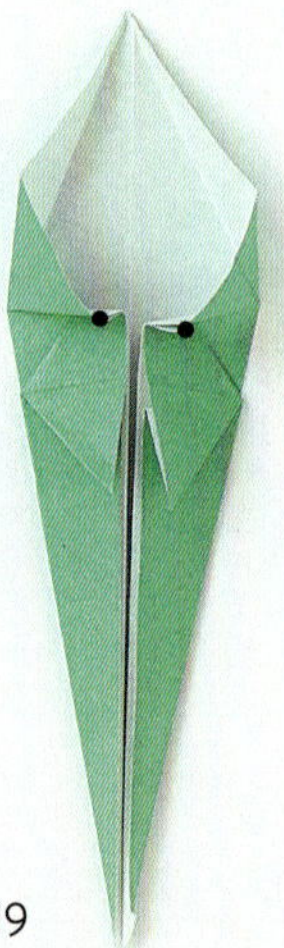
19

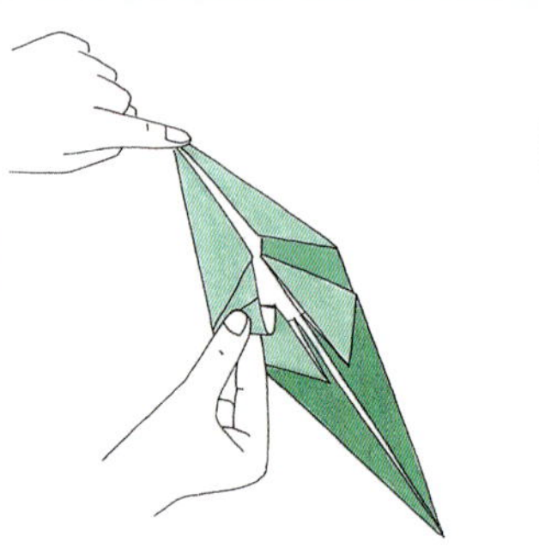
20

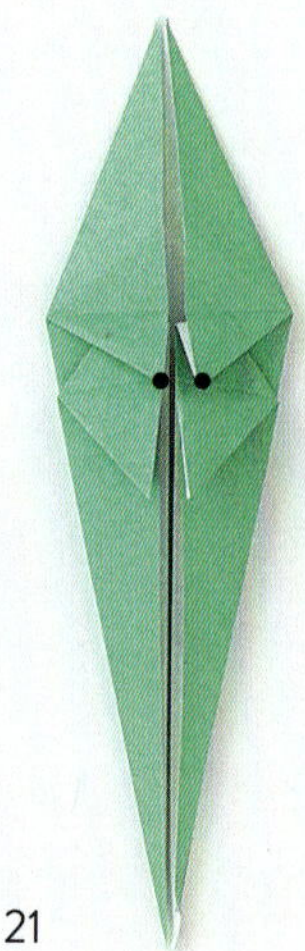
21

12. Entfalte die Faltungen aus Schritt 11. **13. 14. 15.** Greife die Figur an den gekennzeichneten Punkten und ziehe sie vorsichtig nach unten, um sie zu öffnen. Streiche die Faltungen glatt. Die ersten zwei Beine sind geformt. **16.** Falte die oberen Spitzen gemäß den gestrichelten Linien. **17.** Entfalte die Faltungen aus Schritt 16. **18. 19. 20. 21.** Greife die Faltung an den gekennzeichneten Punkten und ziehe sie vorsichtig nach unten, um sie zu öffnen. Streiche die Faltungen glatt. Die anderen zwei Beine sind geformt.

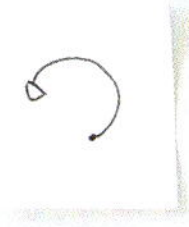

22

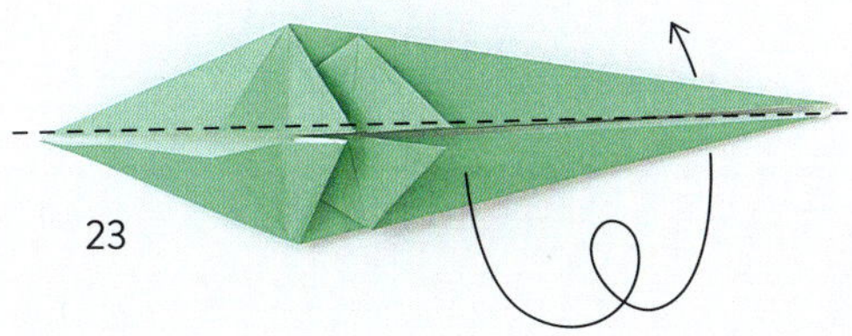

23

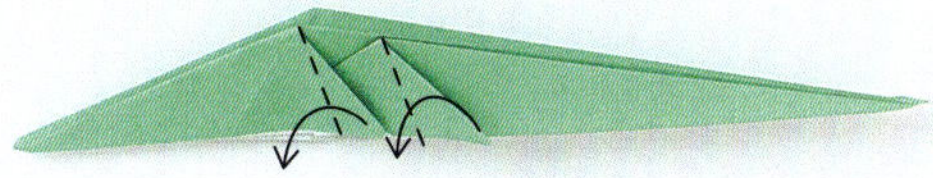

24

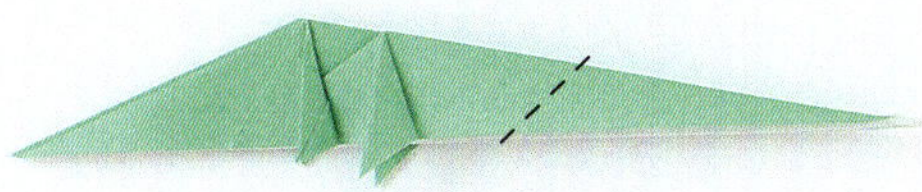

25

22. Drehe die Figur um 90 Grad gegen den Uhrzeigersinn. **23.** Falte die Figur gemäß der gestrichelten Linie mittig nach hinten. **24.** Falte die Beine gemäß den gestrichelten Linien. Falte die Beine auf der anderen Seite ebenso. **25.** Falte die rechte Spitze gemäß der gestrichelten Linie.

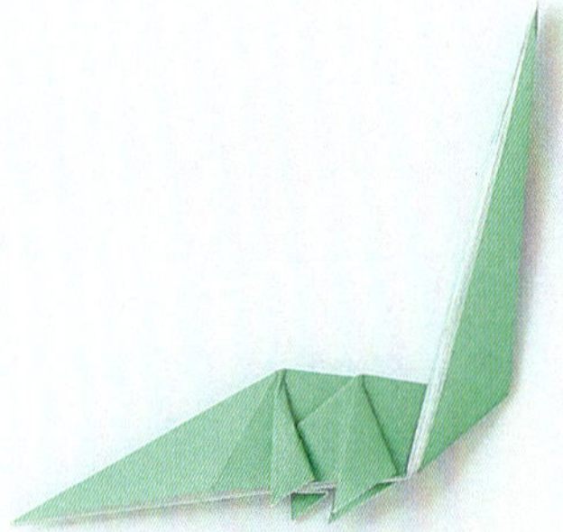
26

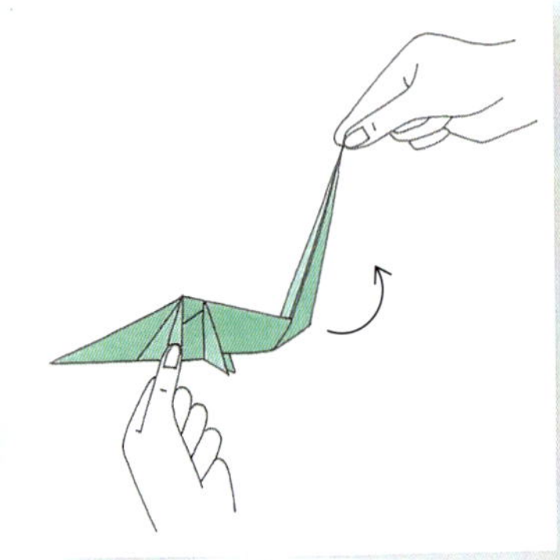
27

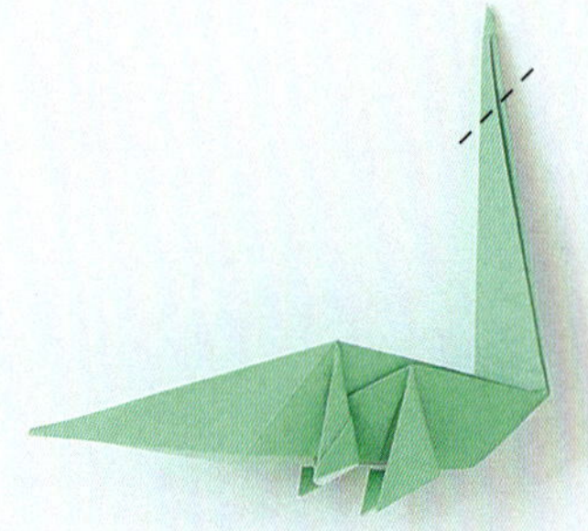
28

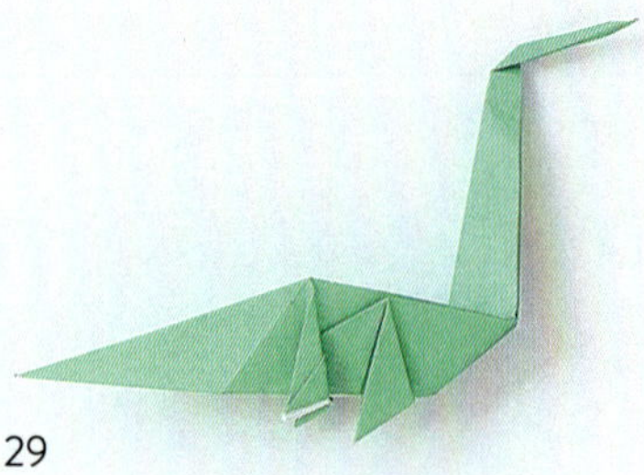
29

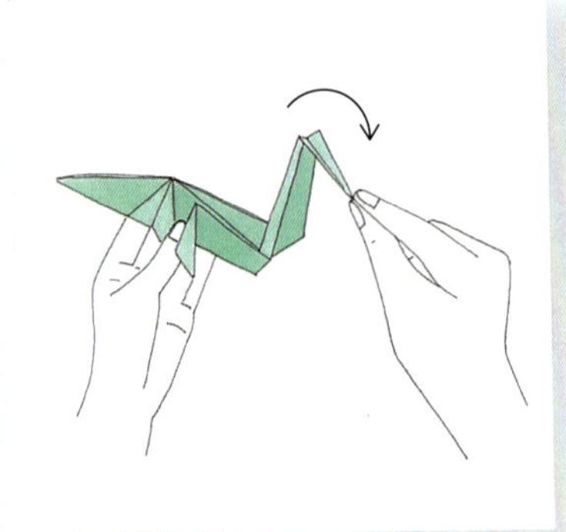
30

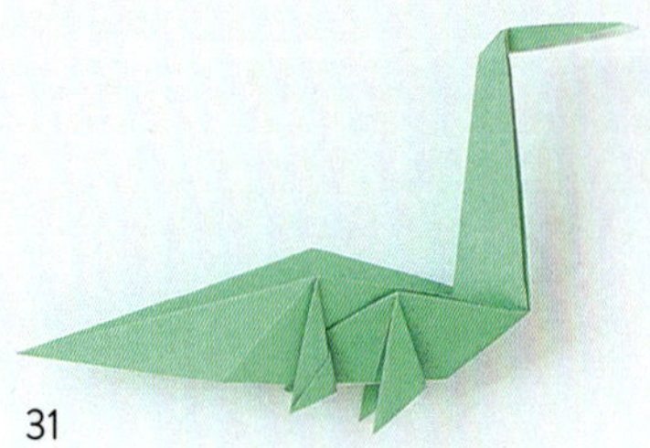
31

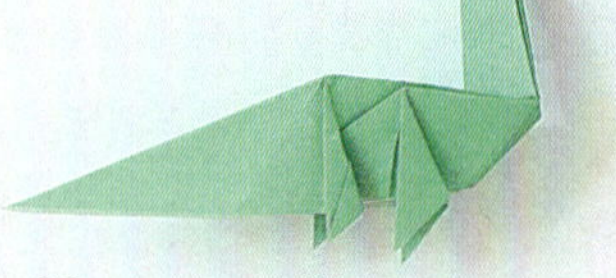
32

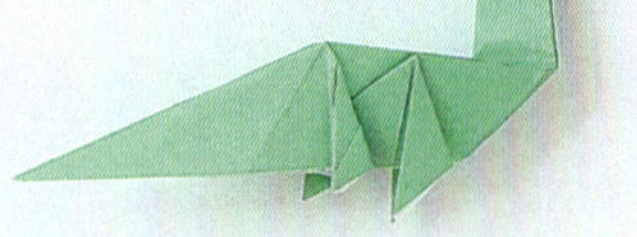
33

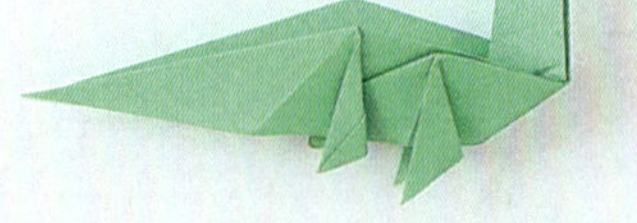
34

26. 27. 28. Öffne diese Faltung und kehre sie nach außen um. Der Hals des Dinosauriers ist geformt. **28.** Falte die rechte Spitze gemäß der gestrichelten Linie. **29. 30**. **31.** Öffne diese Faltung und kehre sie nach innen um. Das Maul des Dinosauriers ist geformt. **32.** Drücke das Maul auf einer Seite glatt und falte die innere Spitze gemäß den gestrichelten Linie nach unten. **33.** Falte die Spitze in die Faltung. **34.** Der Dinosaurier ist fertig.

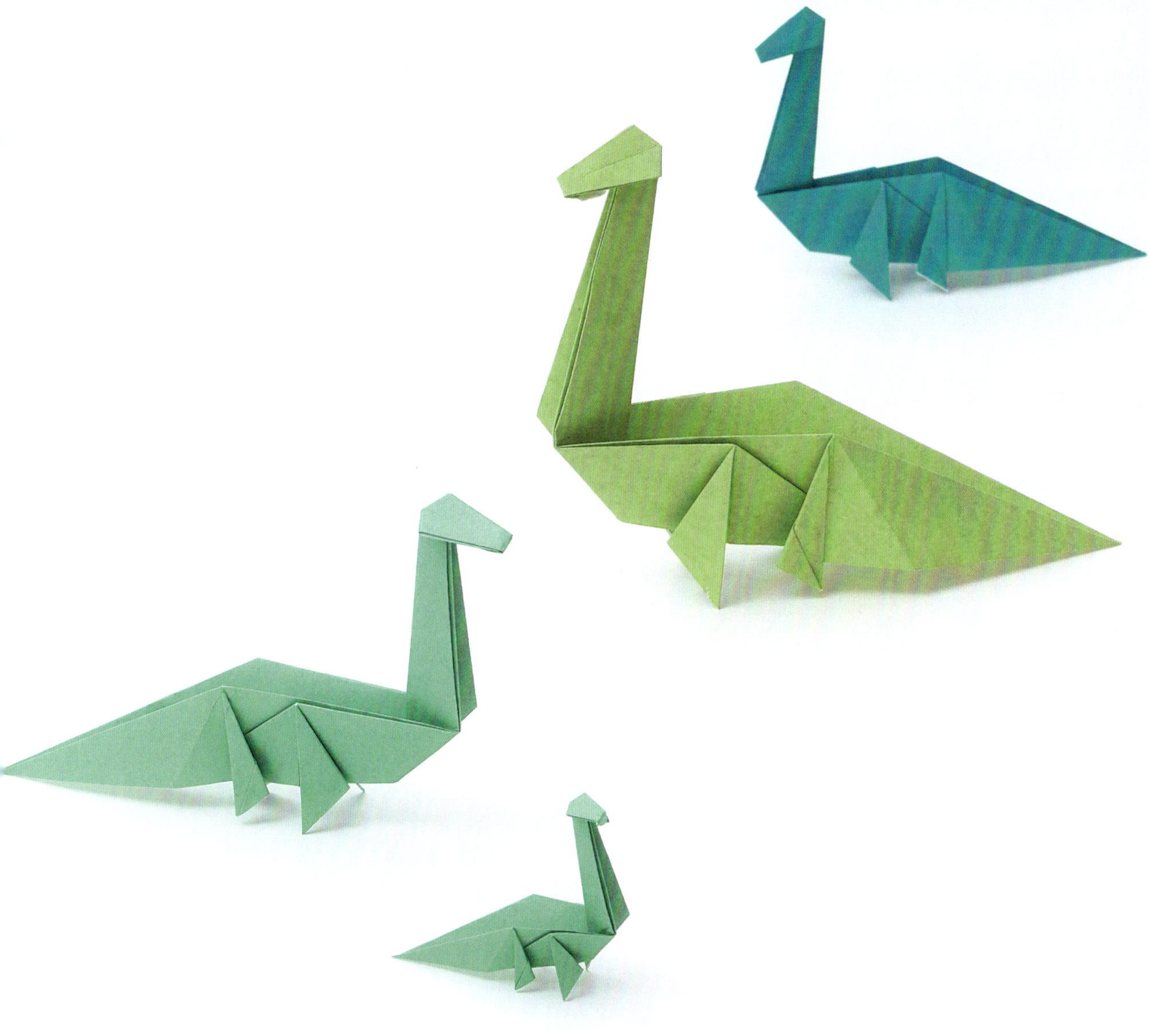

Krabbe

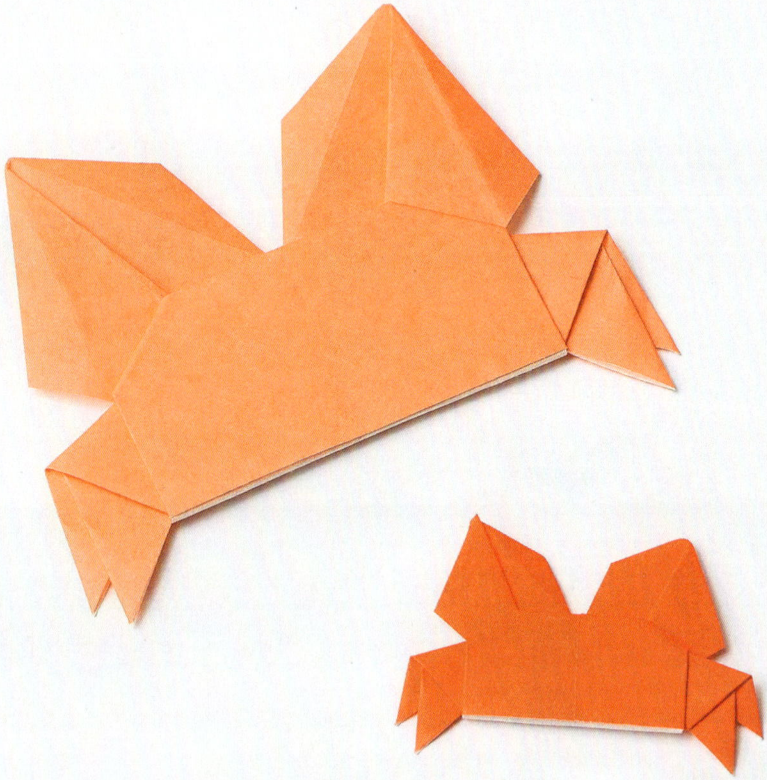

Level ●●●●○

Abmessungen

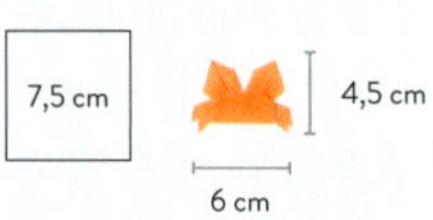

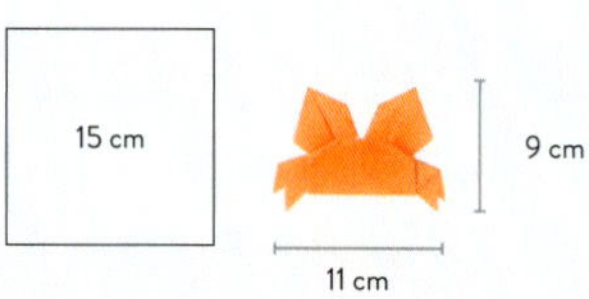

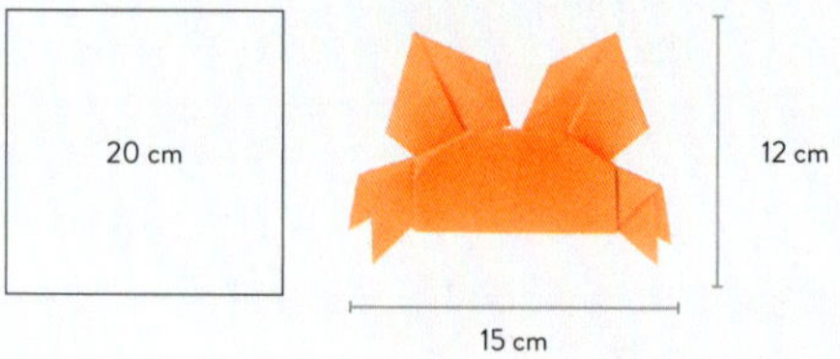

Tipp
Für diese Faltung benötigst du zwei gleich große Quadrate Papier und eine Schere. Sobald deine Krabbe fertig ist, zeichne Augen darauf oder klebe Wackelaugen auf.

Das Falten der ersten Teilfigur

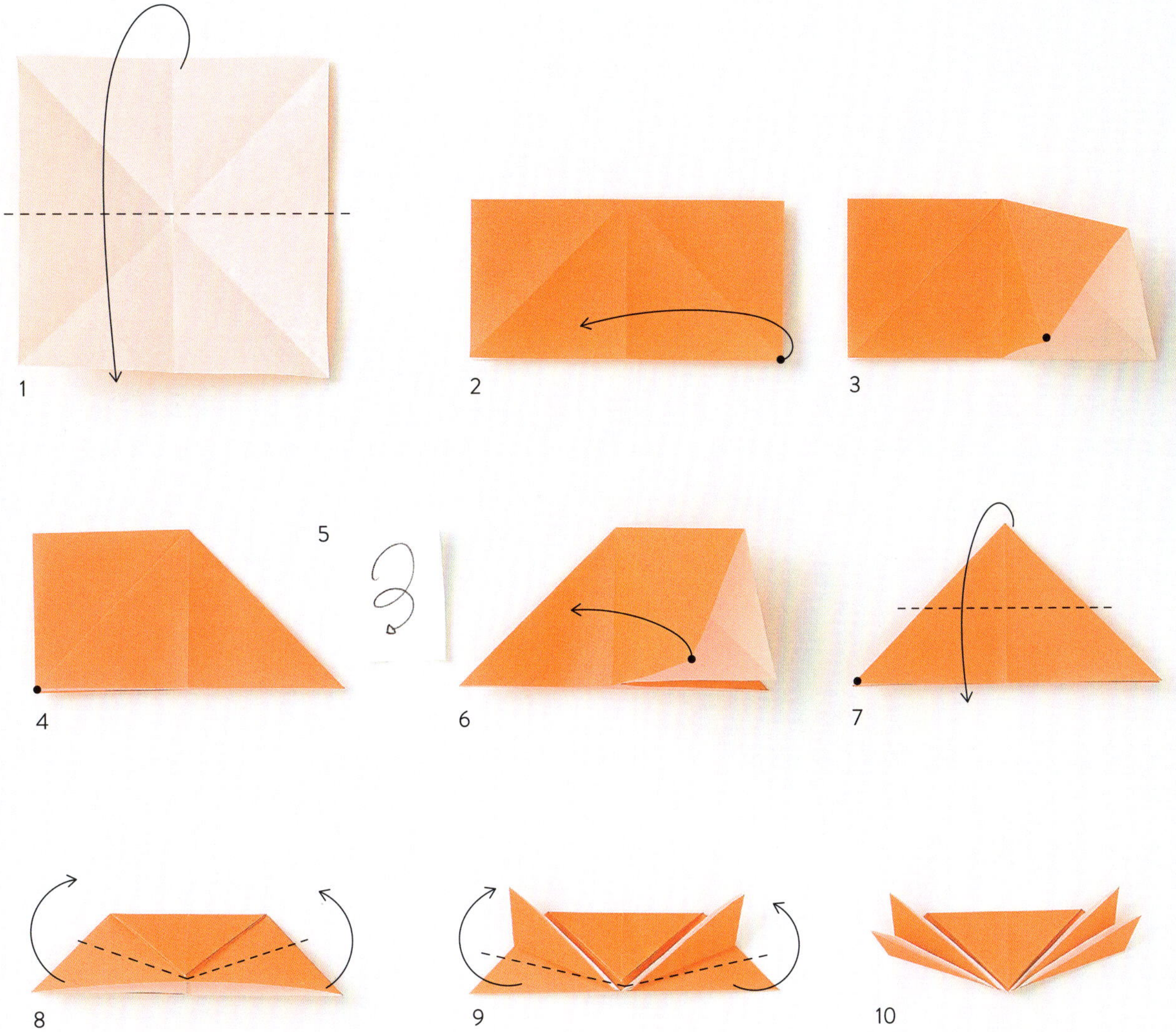

1. Richte das Papier rautenförmig aus (mit der farbigen Seite nach unten). Markiere die Mittellinien und Diagonalen. Falte die obere Kante über die Mitte nach unten, um ein Rechteck zu bilden. **2. 3.** Führe die obere Lage der rechten Spitze nach links, um rechts ein Dreieck zu bilden. **4.** Streiche das Dreieck glatt. **5.** Wende die Figur. **6. 7.** Führe die obere Lage der rechten Spitze nach links, um insgesamt ein Dreieck zu bilden. Streiche das Dreieck glatt. Falte die obere Spitze über die untere und glätte die Faltung. **8.** Falte die oberen Lagen der unteren Spitzen der gemäß den gestrichelten Linien. **9. 10.** Falte die unteren Lagen der Spitzen gemäß den gestrichelten Linien. Der hintere Teil der Krabbe ist fertig.

Das Falten der zweiten Teilfigur

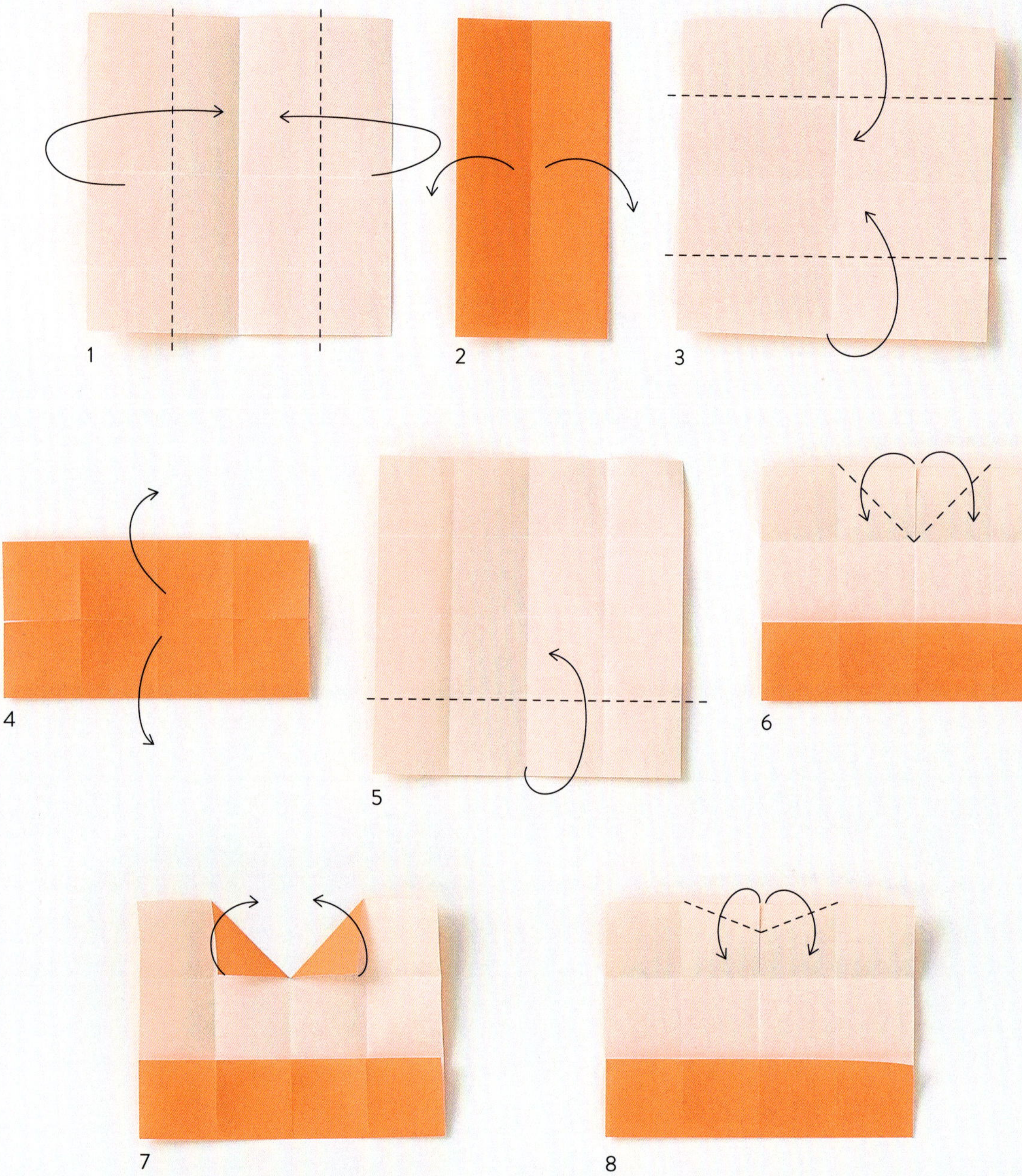

1. Richte das Quadrat normal aus (mit der farbigen Seite nach unten). Markiere die vertikale Mittellinie. Falte die Seitenkanten zum vertikalen Mittelfalz. **2.** Entfalte das Papier. **3.** Markiere die horizontale Mittellinie. Falte die Ober- und Unterkante zum horizontalen Mittelfalz. **4.** Entfalte das Papier. **5.** Falte die Unterkante gemäß der gestrichelten Linie. **6.** Schneide oben in der Mitte das Papier bis zum ersten horizontalen Falz ein, dann falte auf jeder Seite gemäß den gestrichelten Linien. **7.** Entfalte diese Faltung. **8.** Falte gemäß den gestrichelten Linien und richte die Faltung dabei an den in Schritt 6 gebildeten Falzen aus.

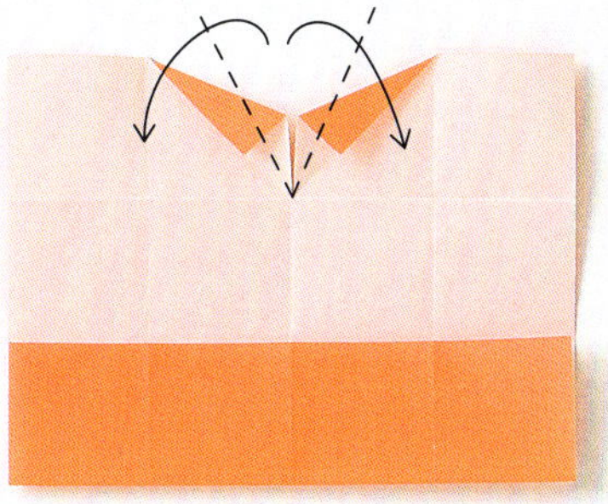

9

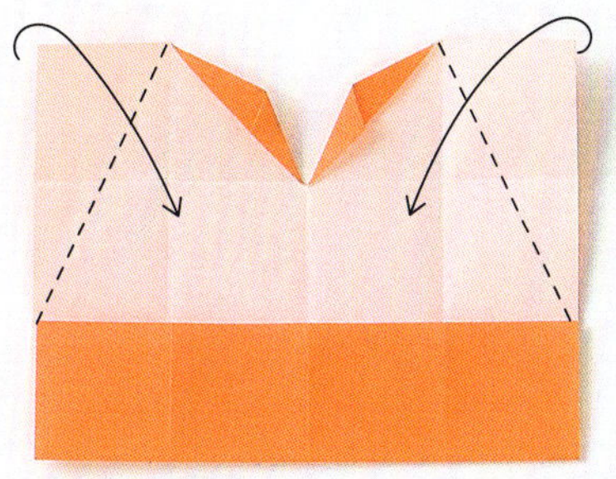

10

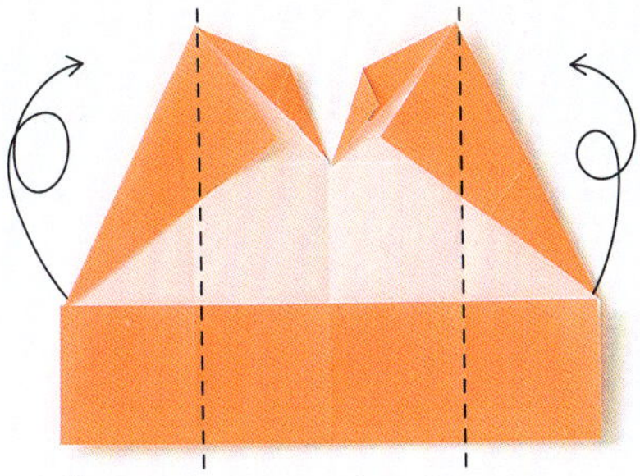

11

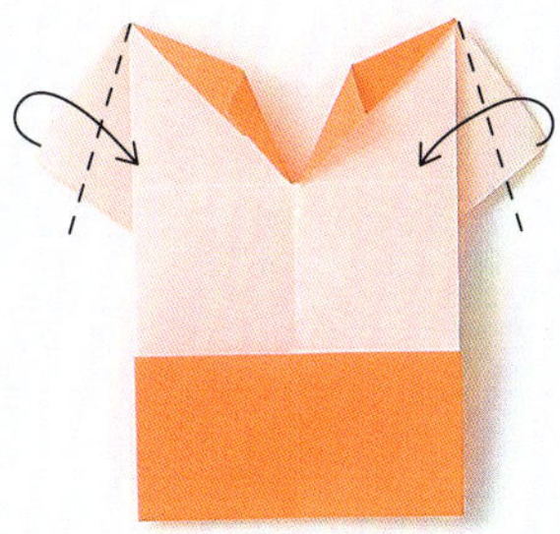

12

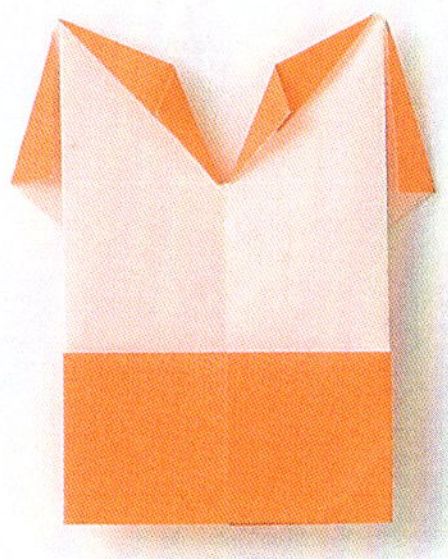

13

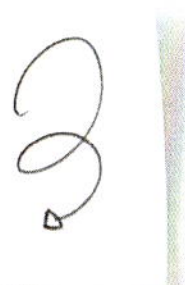

14

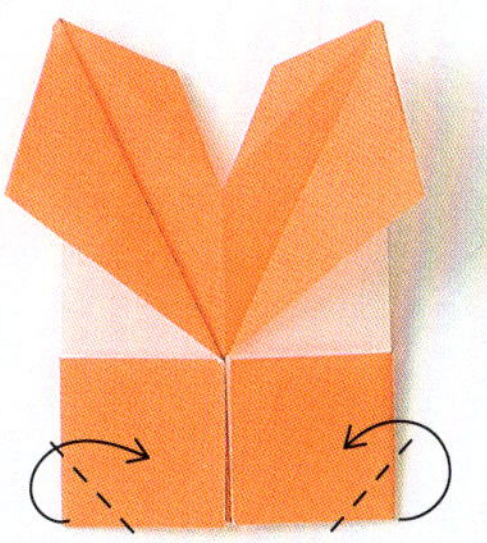

15

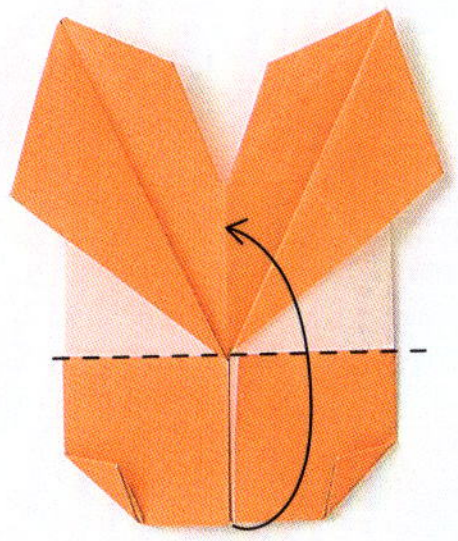

16

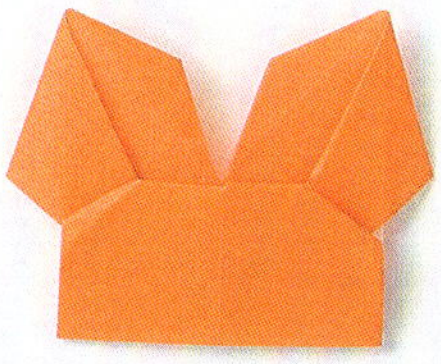

17

9. Falte gemäß den gestrichelten Linien. **10.** Falte gemäß den gestrichelten Linien. **11.** Falte die Seitenkanten gemäß den gestrichelten Linien nach hinten. **12. 13.** Falte gemäß den gestrichelten Linien. **14.** Wende die Figur. **15.** Falte die unteren Ecken gemäß den gestrichelten Linien. **16.** Falte den unteren Teil der Figur gemäß der gestrichelten Linie. **17.** Der vordere Teil der Krabbe ist fertig.

Zusammenbau

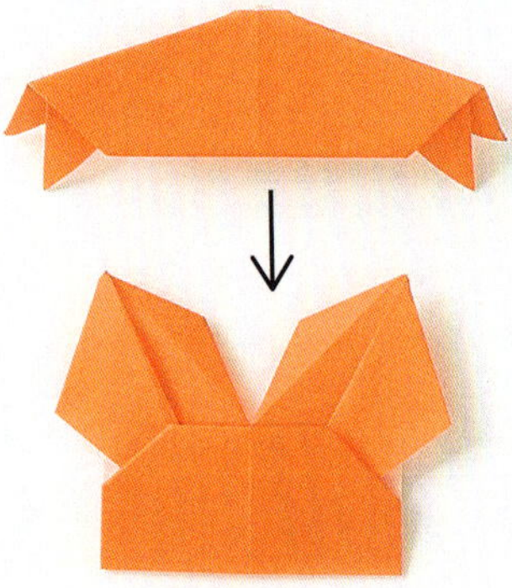

1

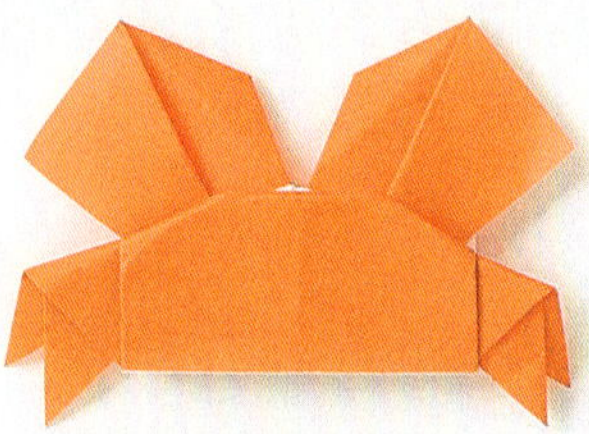

2

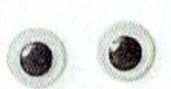

3

1. Schiebe das Hinterteil der Krabbe in das Vorderteil. **2.** Die Krabbe ist fertig. **3.** Zeichne oder klebe Augen auf.

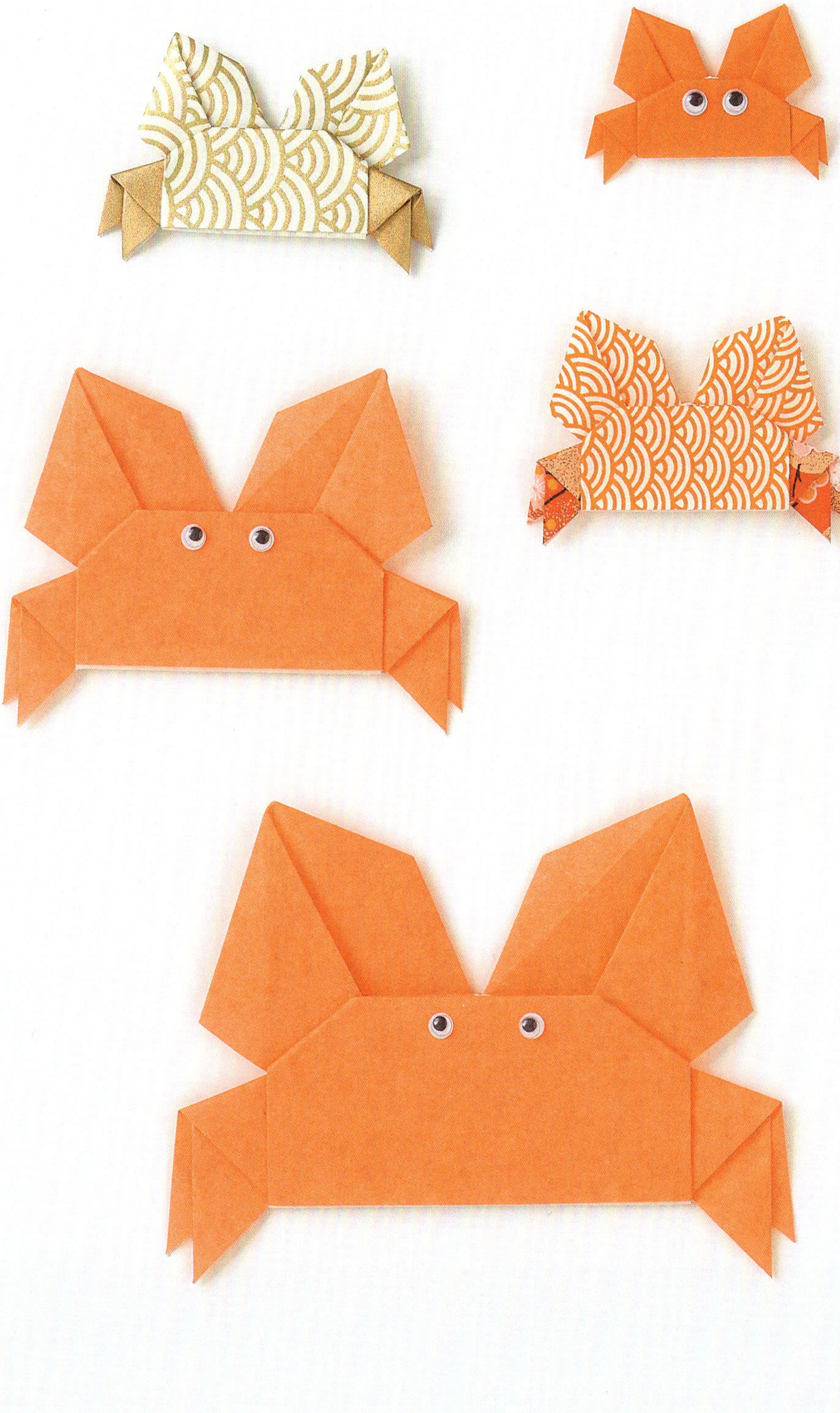

Kreisel

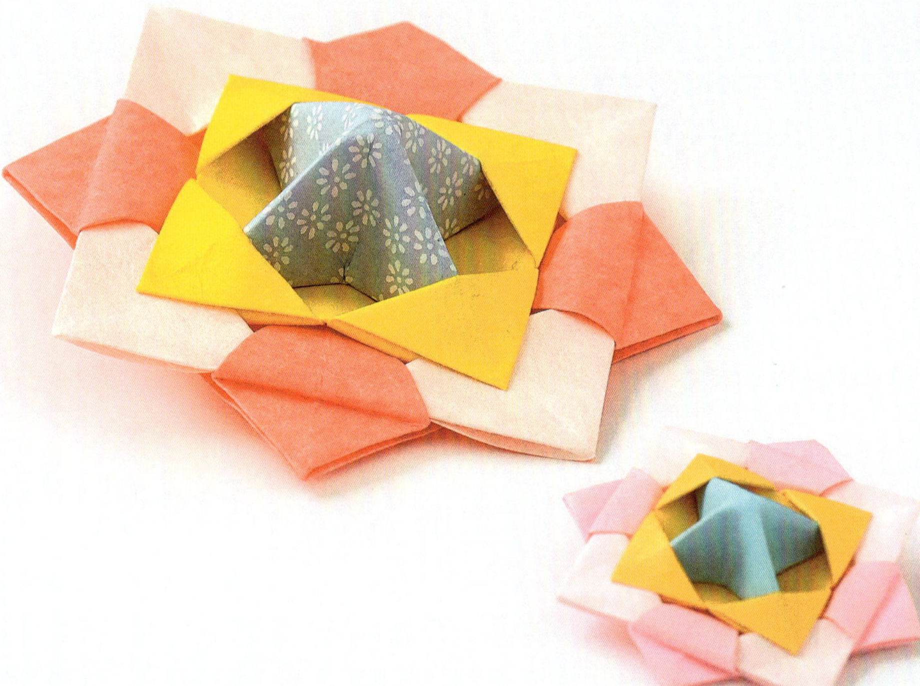

Level ●●●●○

Abmessungen

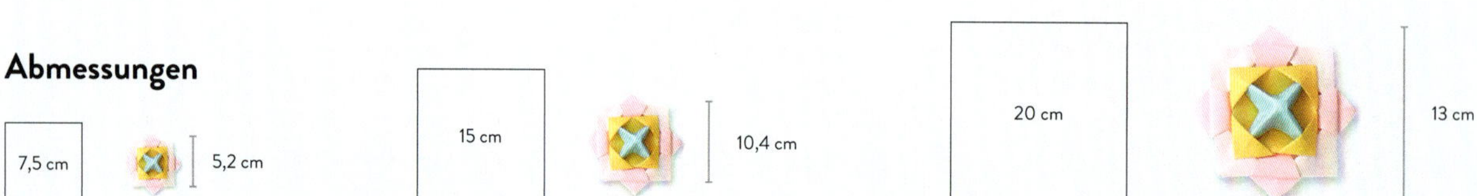

Tipp

Für diesen Kreisel ist es notwendig, drei verschiedene Teilfiguren zu falten. Verwende drei Blätter Papier mit 15 cm Seitenlänge, dann kann man am besten mit dem Kreisel spielen.

Rosafarbene Teilfigur

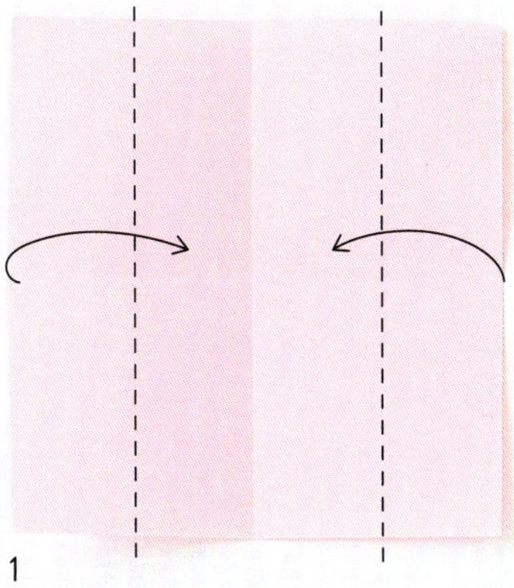
1

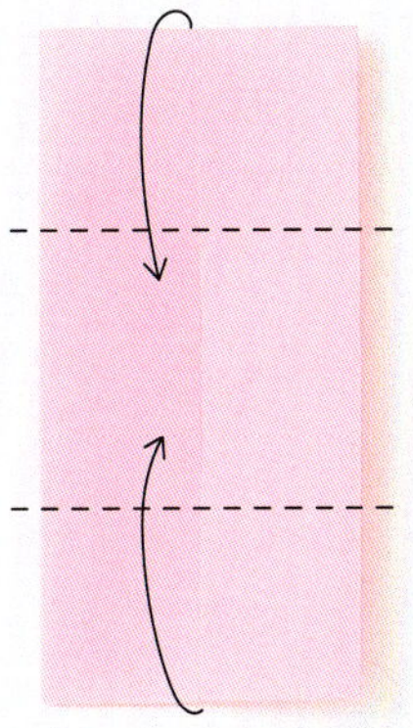
2

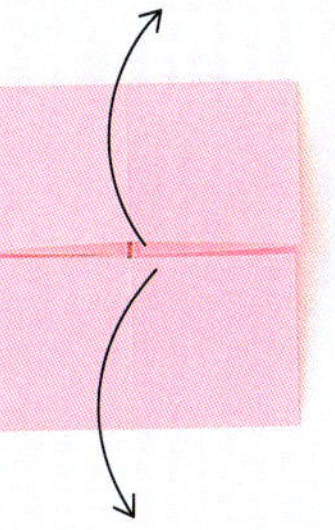
3

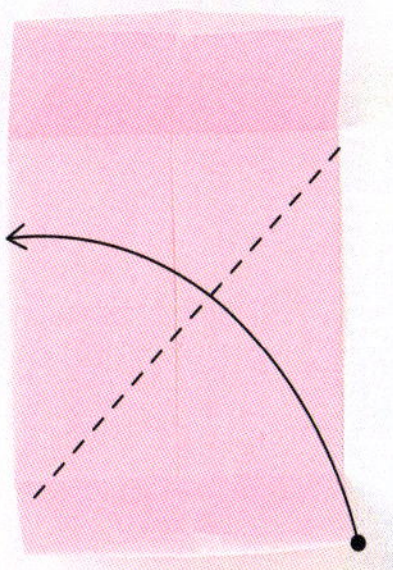
4

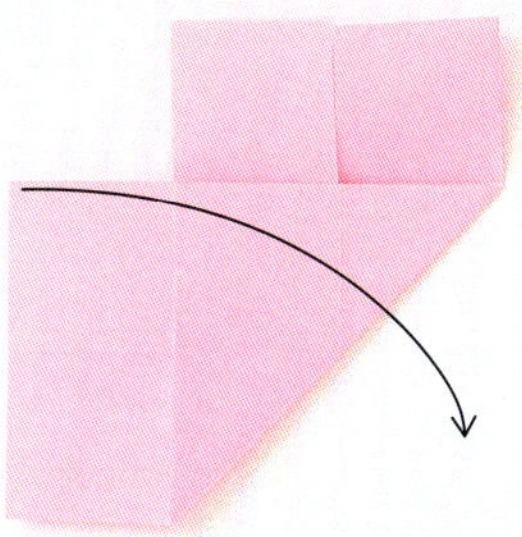
5

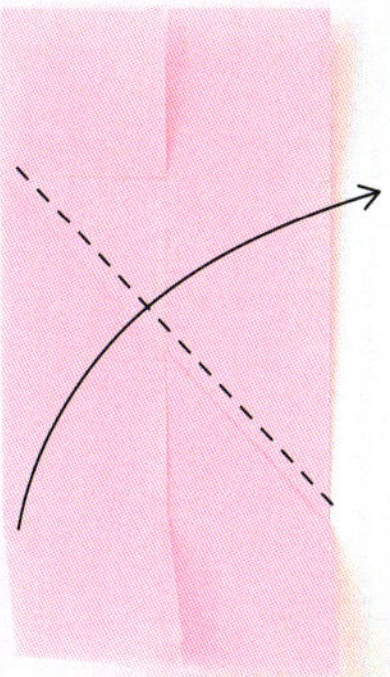
6

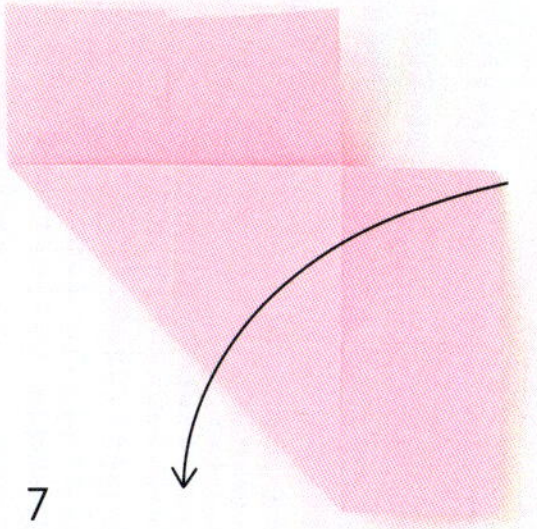
7

8

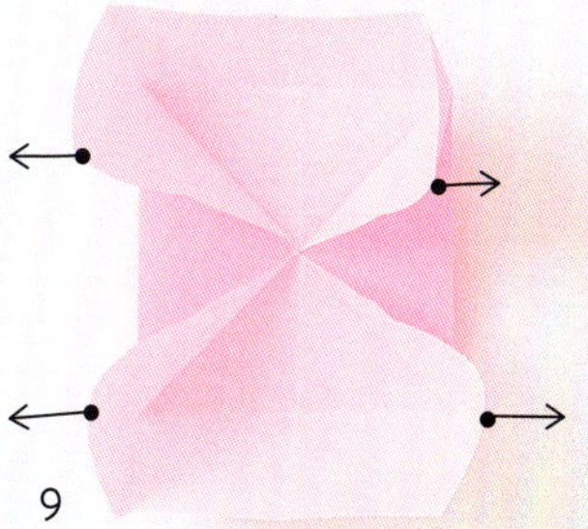
9

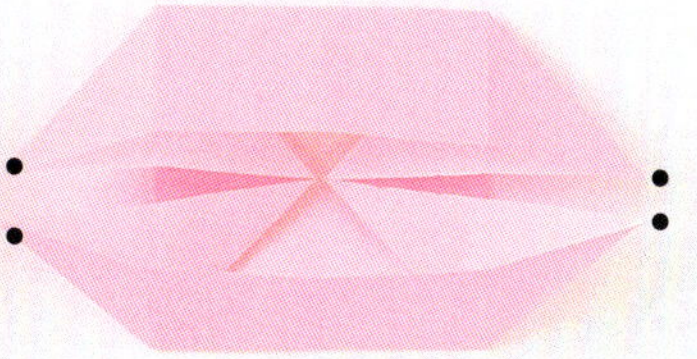
10

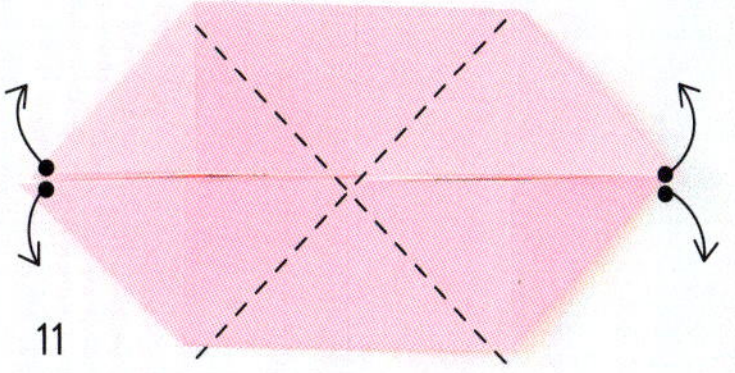
11

1. Richte das Papier normal aus (mit der farbigen Seite nach unten). Markiere die vertikale Mittellinie. Falte die Seitenkanten zum Mittelfalz. **2.** Falte die obere und untere Kante zur horizontalen Mitte, um ein Quadrat zu erhalten. **3.** Entfalte die Faltungen aus Schritt 2. **4.** Falte diagonal gemäß der gestrichelten Linie, um die Diagonale des zentralen Quadrats zu markieren. **5.** Entfalte die Faltung aus Schritt 4. **6.** Falte diagonal gemäß der gestrichelten Linie, um die Diagonale des zentralen Quadrats zu markieren. **7.** Entfalte die Faltung aus Schritt 6. **8. 9. 10. 11.** Greife die oberste Lage der Faltung an den vier angezeigten Punkten, ziehe sie nach außen auf und streiche sie glatt.

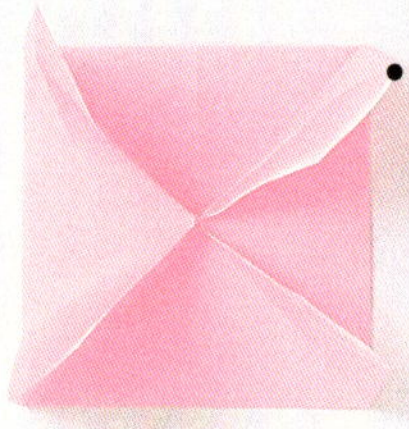

12

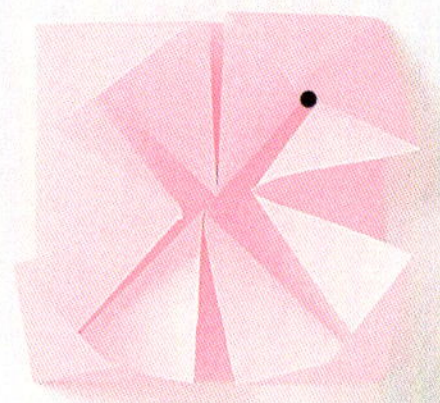

13

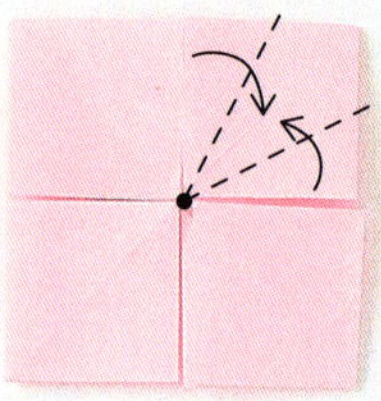

14

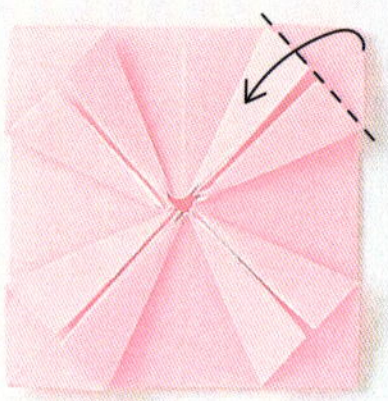

15

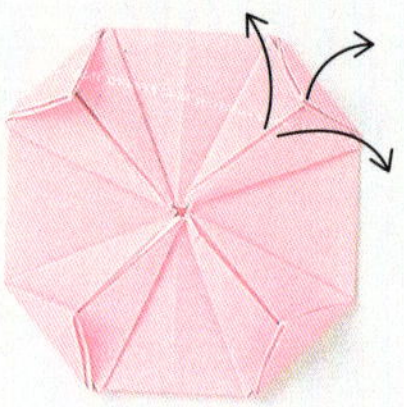

16

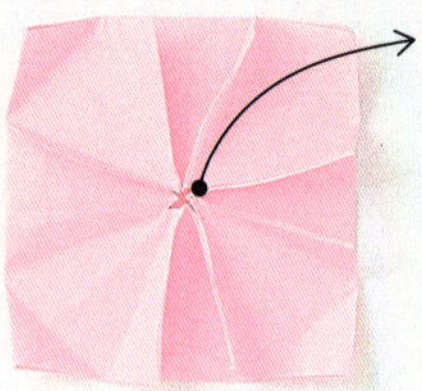

17

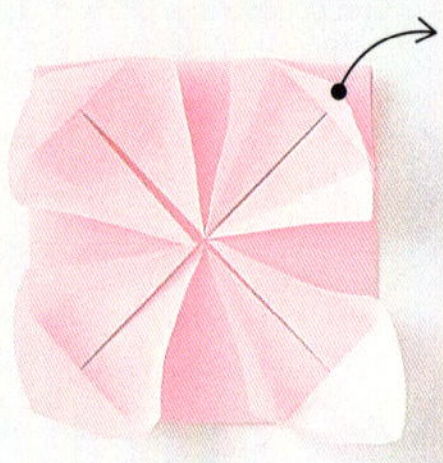

18

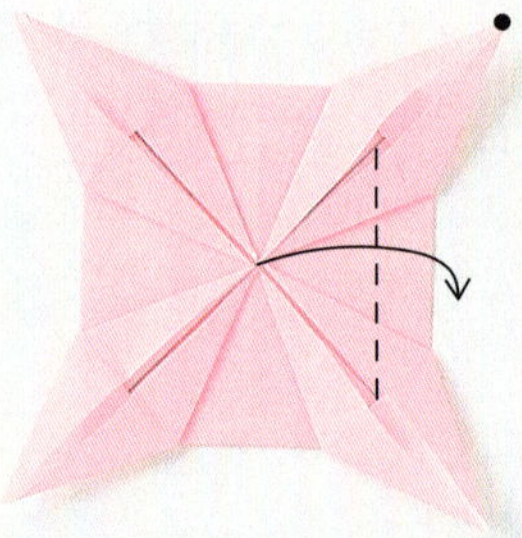

19

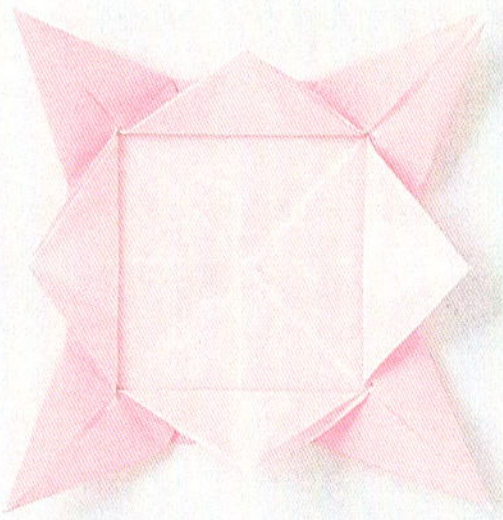

20

12. 13. 14. Greife an der rechten Spitze den gekennzeichneten Punkt und öffne die Faltung zu einem kleinen Quadrat. Bearbeite die anderen drei Ecken ebenso. Streiche allle vier Quadrate glatt. **14. 15.** Falte jeweils die beiden Ecken der vier kleinen Quadrate gemäß der gestrichelten Linien. **15.** Falte jeweils die Spitze über die Faltung. **16.** Entfalte die Faltungen aus den Schritten 14 und 15. **17. 18. 19.** Greife eine erste Mittelspitze, ziehe die Faltung nach außen auf und streiche sie glatt. Öffne und glätte auch die anderen drei Spitzen. **19. 20.** Falte eine erste mittlere Spitze gemäß der gestrichelten Linie nach außen um. Wiederhole dies auch an den anderen drei Spitzen. **20.** Die erste Teilfigur ist fertig.

Gelbe Teilfigur

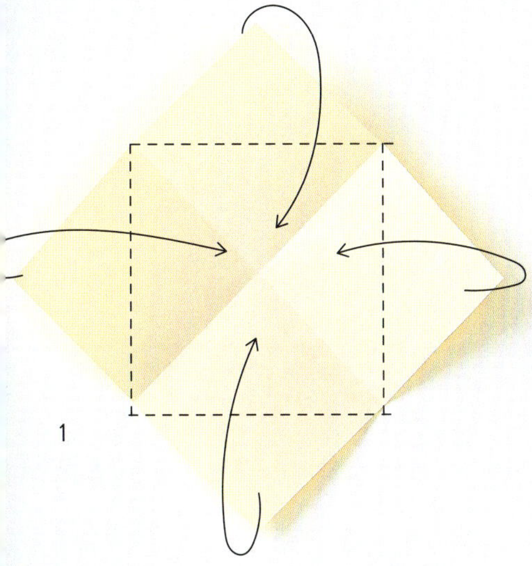

1

2

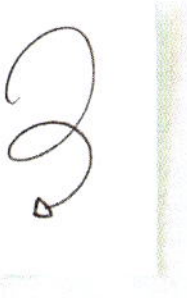

3

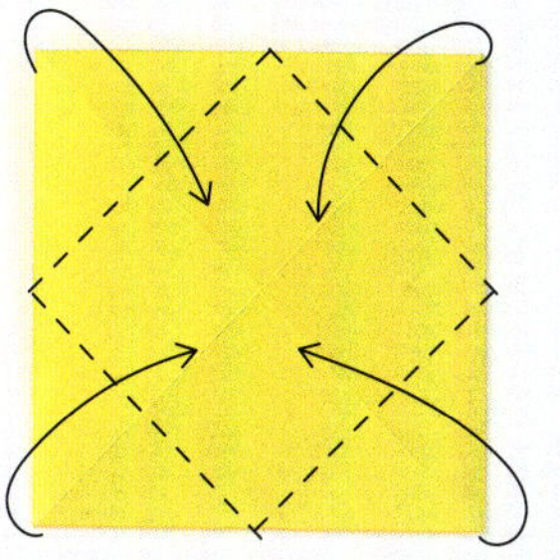

4

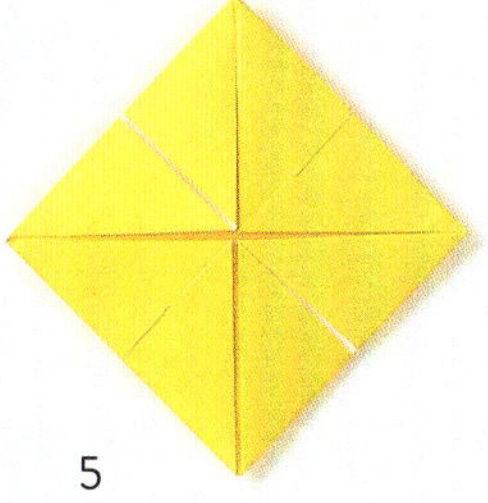

5

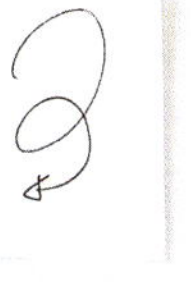

6

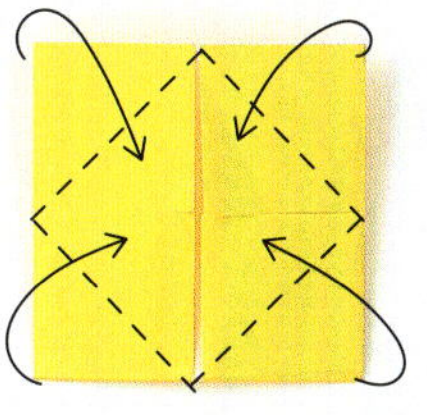

7

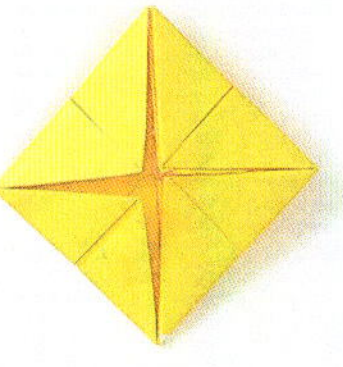

8

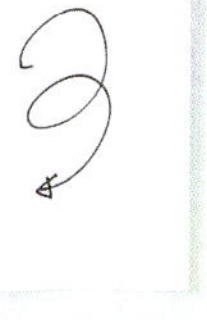

9

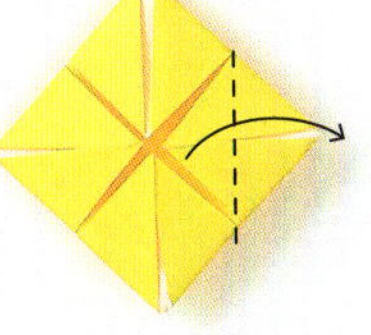

10

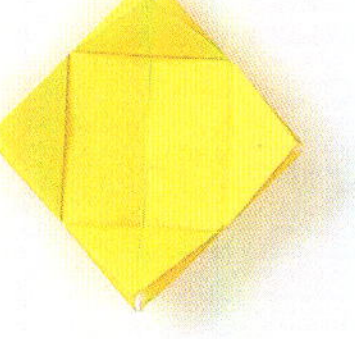

11

1. 2. Richte das Papier rautenförmig aus (mit der farbigen Seite nach unten). Markiere die Mittellinien. Falte die vier Ecken gemäß den gestrichelten Linien zur Mitte. **3.** Wende die Figur. **4. 5.** Falte die vier Ecken gemäß den gestrichelten Linien zur Mitte. **6.** Wende die Figur. **7. 8.** Falte die vier Ecken gemäß den gestrichelten Linien zur Mitte. **9.** Wende die Figur. **10. 11.** Falte die mittlere Spitze gemäß der gestrichelten Linie nach außen. Wiederhole diesen Schritt an den anderen drei Spitzen. **11.** Die zweite Teilfigur ist fertig.

Blaue Teilfigur

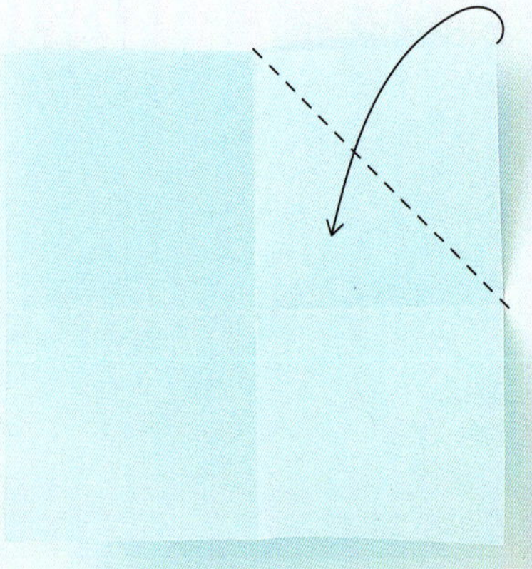

1

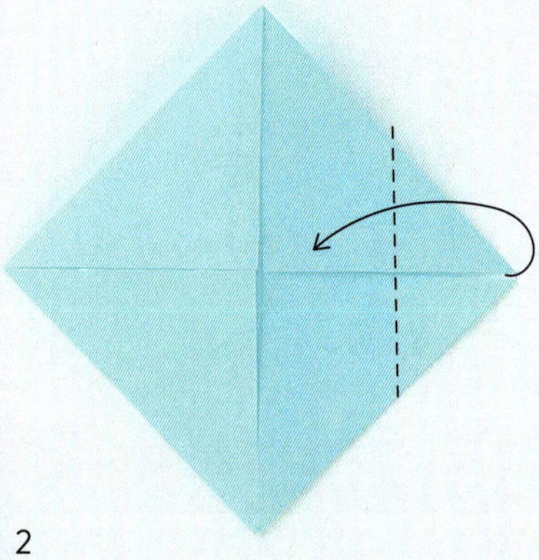

2

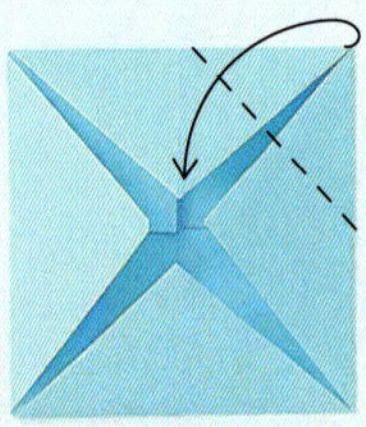

3

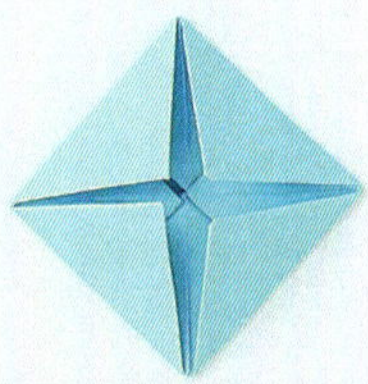

4

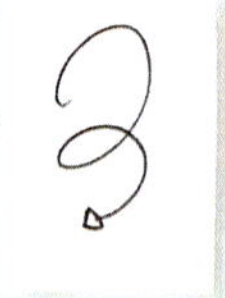

5

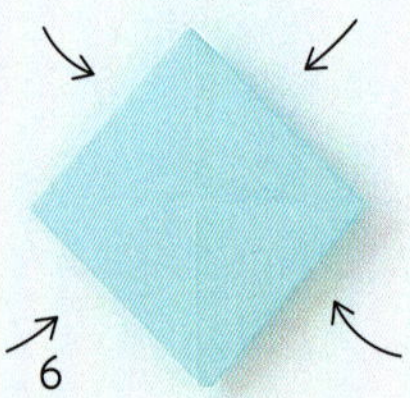

6

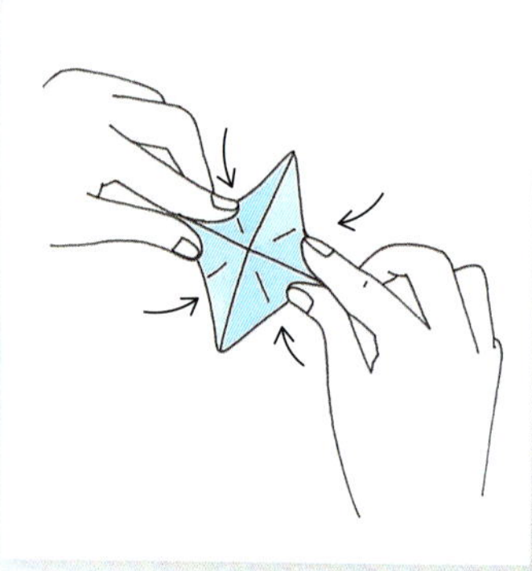

7

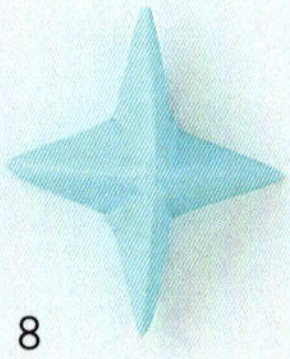

8

1. Richte das Papier normal aus (mit der farbigen Seite nach unten). Markiere die Mittellinien. Falte die vier Ecken zur Mitte. **2.** Falte die vier Spitzen zur Mitte. **3. 4.** Falte die vier Ecken zur Mitte. **5.** Wende die Figur. **6. 7. 8.** Drücke die Seiten zusammen, um einen Stern zu bilden. **8.** Die dritte Teilfigur ist fertig.

Zusammenbau

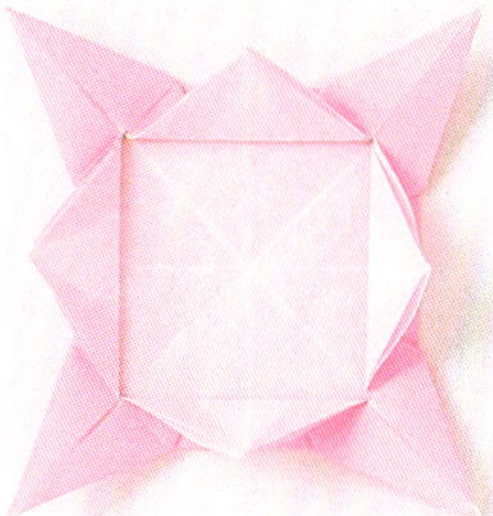

1

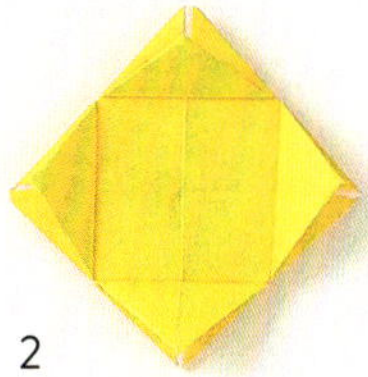

2

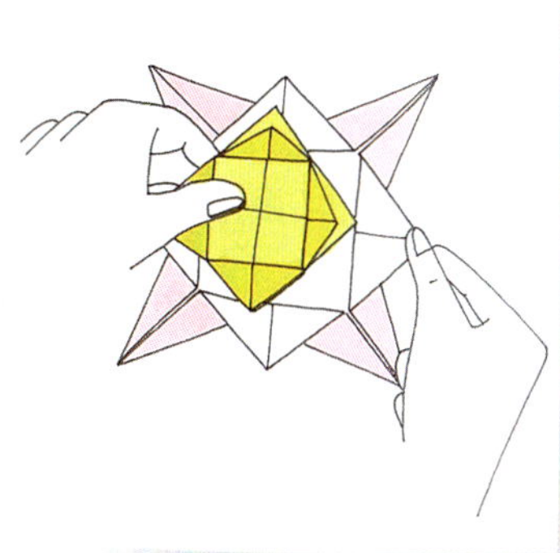

3

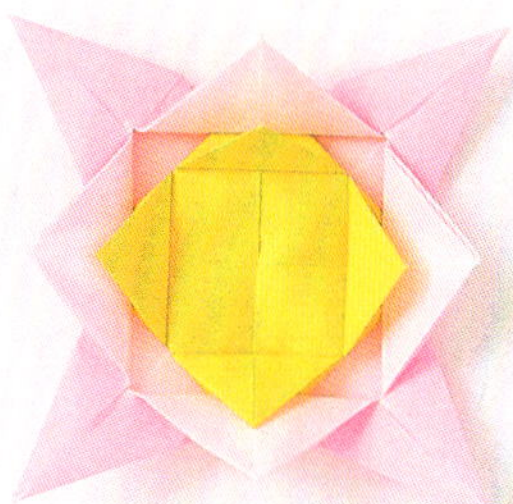

4

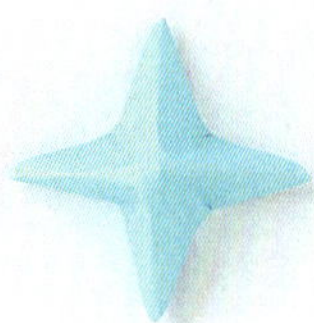

5

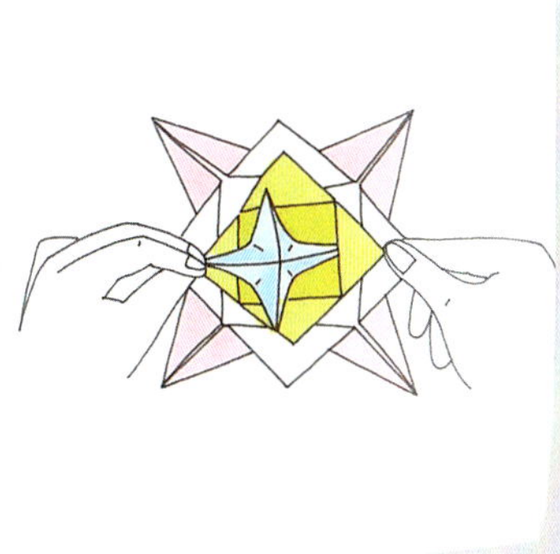

6

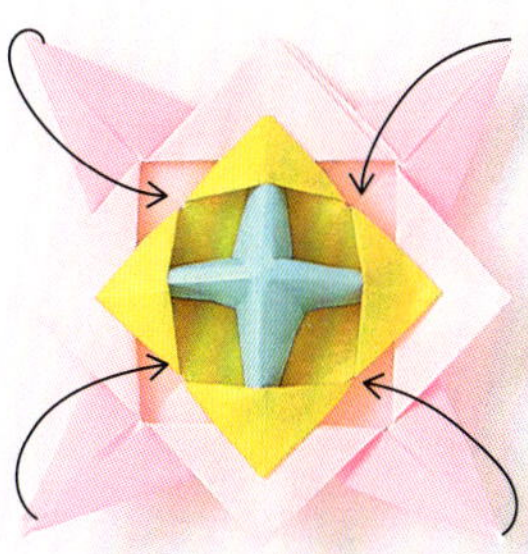

7

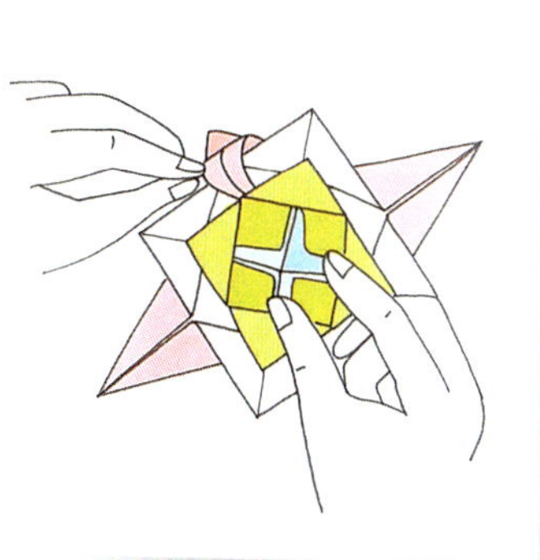

8

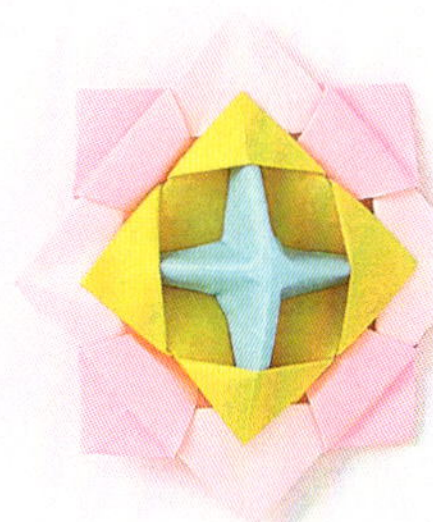

9

1. 2. 3. Verschachtele die gelbe Teilfigur in der rosa Teilfigur. **4. 5. 6.** Verschachtele die blaue Teilfigur in der gelben Teilfigur. **7. 8. 9.** Schiebe die rosa Spitzen unter die gelbe Teilfigur. Der Kreisel ist fertig.

Hüpfender Frosch

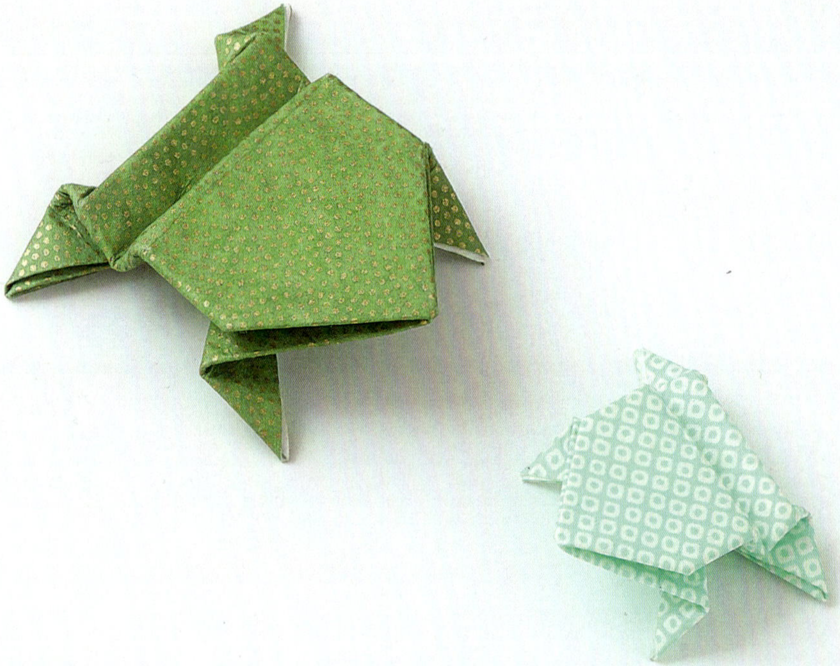

Level ●●●●○

Abmessungen

10 cm  3 cm, 4 cm

15 cm 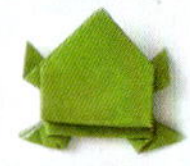 5 cm, 6 cm

20 cm 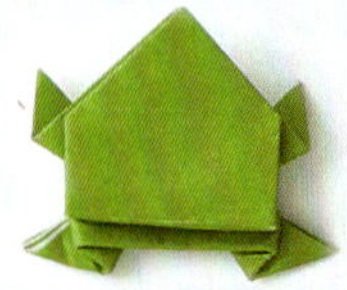 6 cm, 8 cm

Tipp

Sobald der Frosch fertig ist, kannst du ihn springen lassen, indem du auf die Hinterseite seines Körpers drückst.

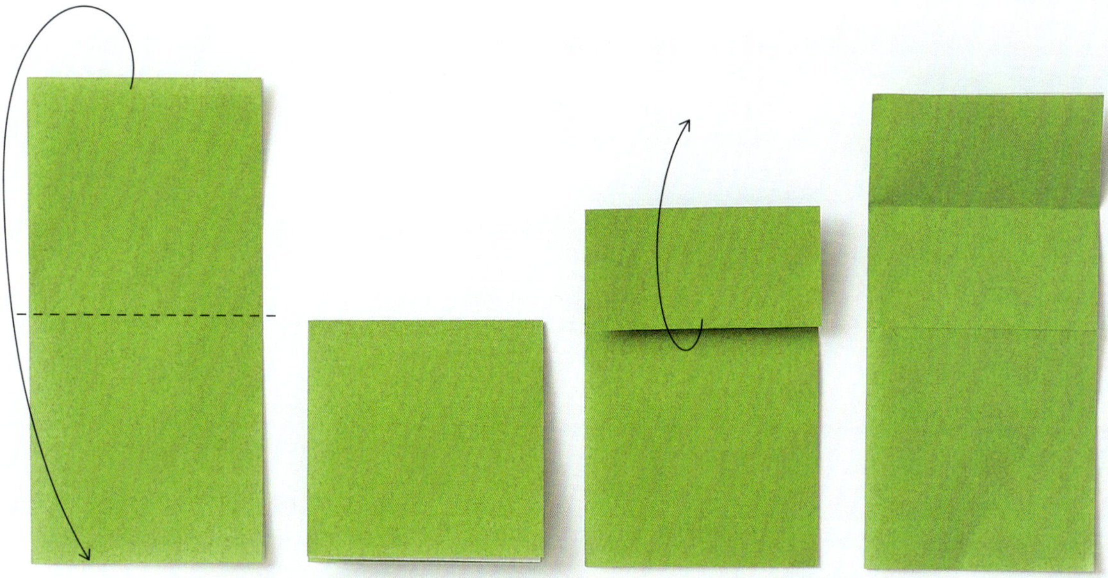

1 2 3 4

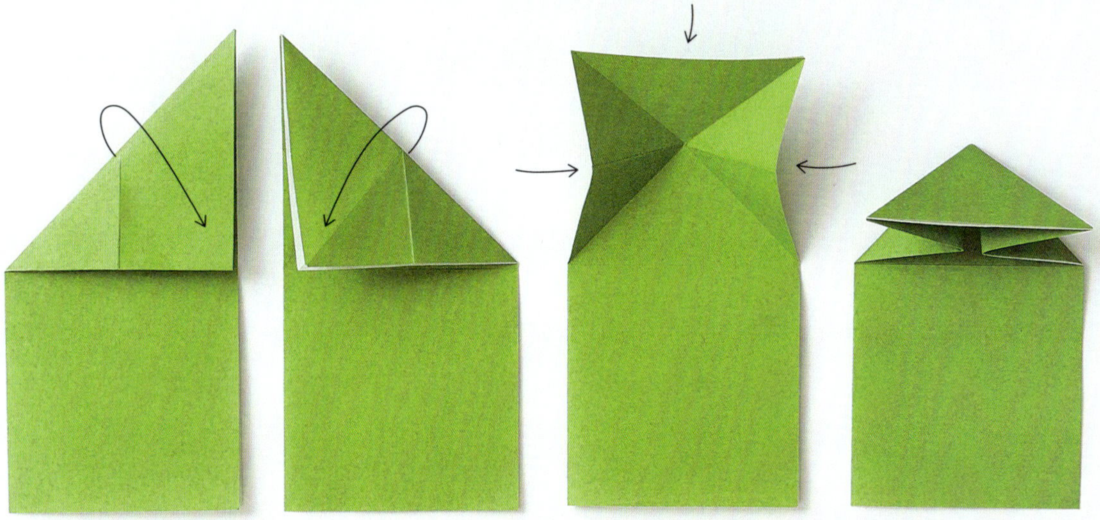

5 6 7 8

1. Richte das Papierquadrat normal aus (mit der farbigen Seite nach unten). Falte die linke Kante über die vertikale Mittellinie nach rechts, um wie abgebildet ein hochkant stehendes Rechteck zu erhalten. **2.** Falte das Rechteck in der horizontalen Mitte, um zwei Quadrate zu markieren. Entfalte die Figur wieder zum Rechteck. **3.** Falte das obere Quadrat in seiner horizontalen Mitte, um einen weiteren Falz zu markieren. **4.** Entfalte die Figur wieder zum Rechteck. **5. 6.** Markiere im oberen Quadrat die Diagonalen und entfalte die Figur wieder zum Rechteck. **7.** Klappe die Seiten des oberen Quadrats ein, um wie abgebildet oben ein Dreieck zu bilden. **8.** Streiche das Dreieck glatt.

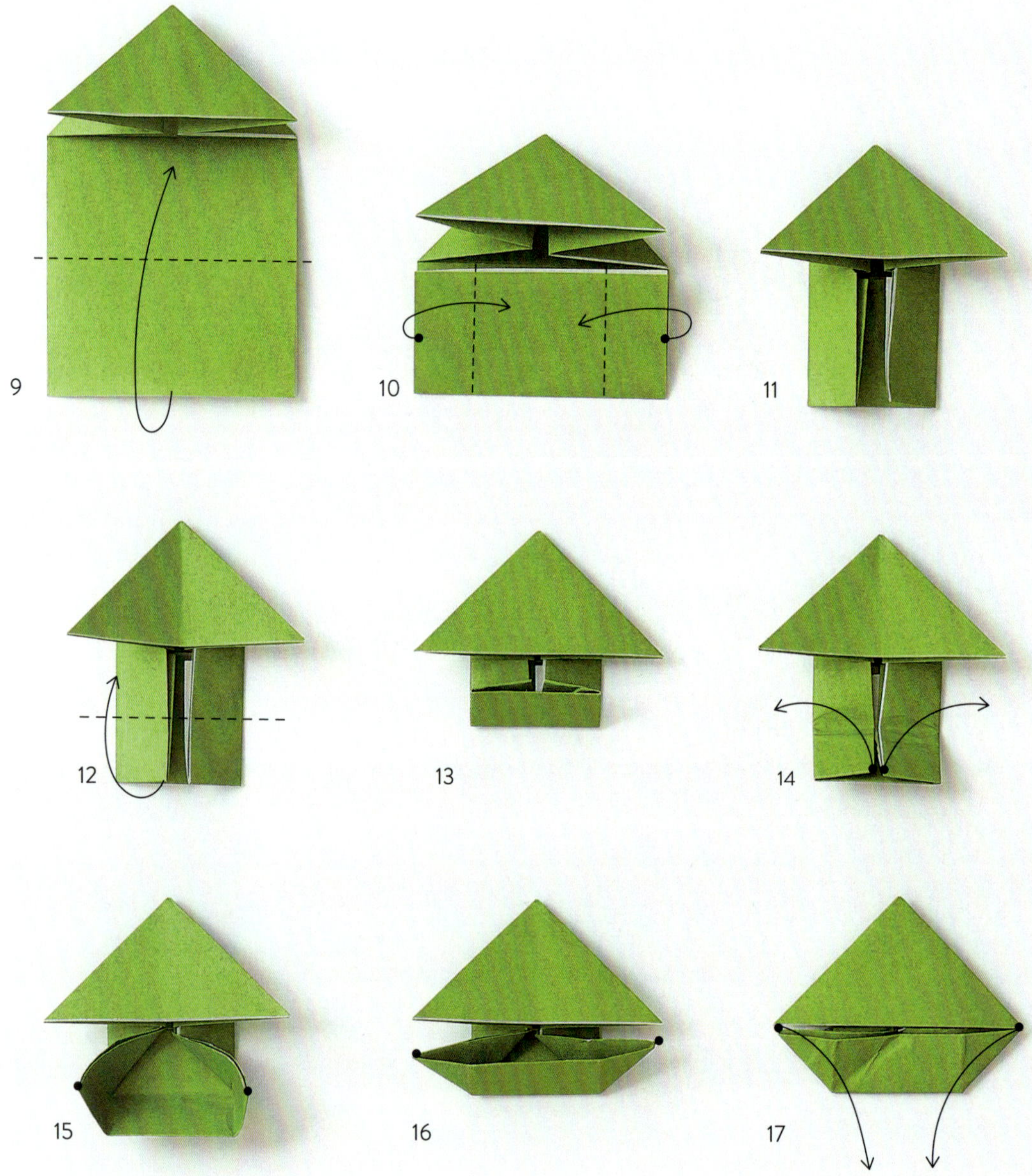

9. Falte das untere Quadrat in seiner horizontalen Mitte. **10. 11.** Klappe die oberen Lagen der Dreiecksspitzen beiseite (nach oben), um die Seiten der Figur zur Mitte hin umzufalten. **12.** Falte den unteren Teil des Rechtecks nach oben zur Dreiecksunterkante. **13.** Entfalte diese untere Faltung. **14.** Greife das Papier an den angezeigten Punkten. **15. 16. 17.** Ziehe die Ecken leicht nach oben und dann nach außen, um das Rechteck zu einer Art »Boot« aufzuziehen. Streiche die Faltung glatt. **17. 18.** Greife die beiden Spitzen des »Bootes« und falte sie nach unten.

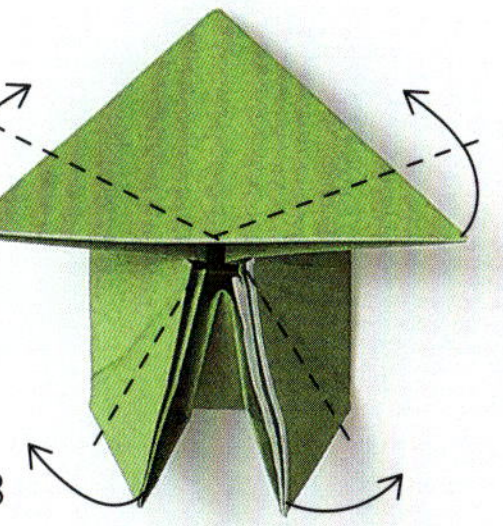

18

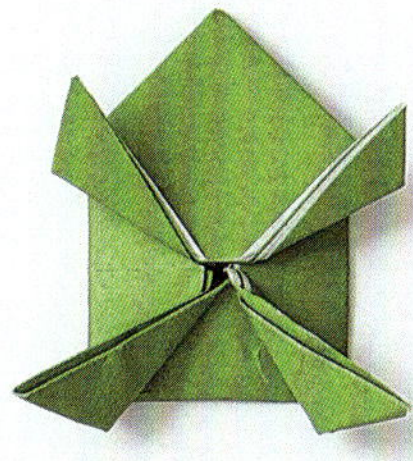

19

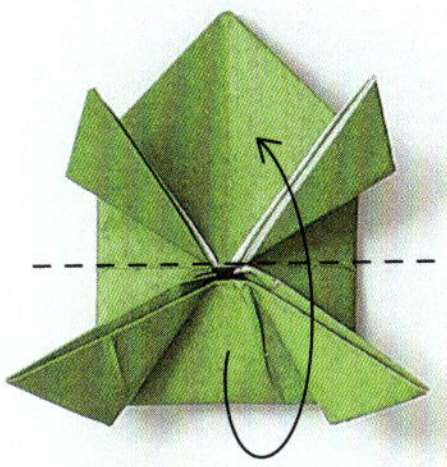

20

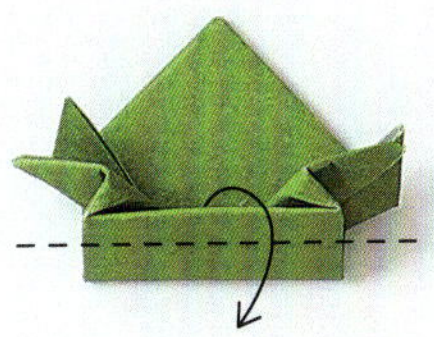

21

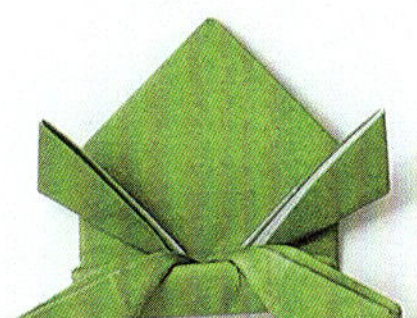

22

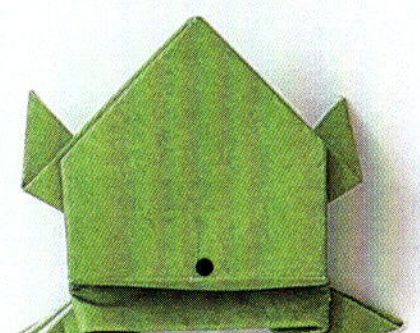

23

18. 19. Falte die unteren Spitzen gemäß den gestrichelten Linien nach oben. Falte die seitlichen oberen Spitzen gemäß den gestrichelten Linien nach oben. **20.** Falte den unteren Teil der Figur gemäß der gestrichelten Linie nach oben. **21.** Falte den oberen Teil dieser Faltung gemäß der gestrichelten Linie nach unten. **22.** Wende die Figur. **23.** Der Frosch ist fertig. Wenn du auf den angezeigten Punkt drückst und schnell loslässt, hüpft der Frosch davon.

Pferd

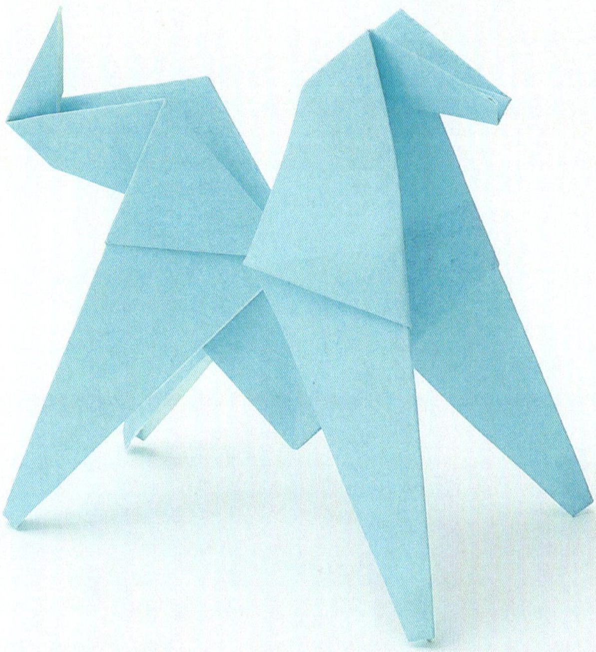

Level ●●●●○

Abmessungen

7,5 cm

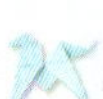

4 cm

3 cm

15 cm

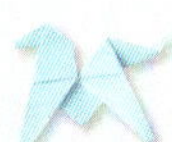

8,5 cm

10 cm

20 cm

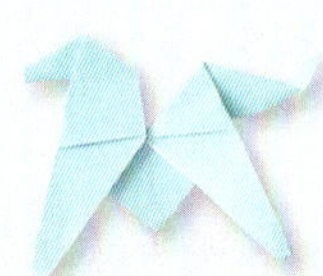

12 cm

13 cm

Tipp

Fertige mehrere Pferde an und montiere sie in Form einer Girlande oder eines Mobiles, um ein Kinderzimmer zu dekorieren. Diese Faltung erfordert eine Schere.

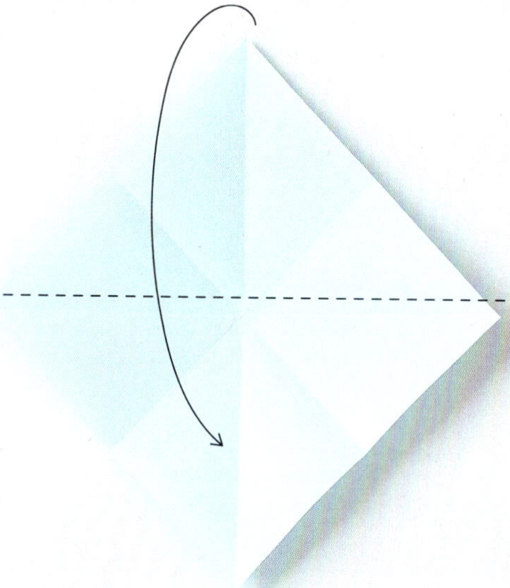
1

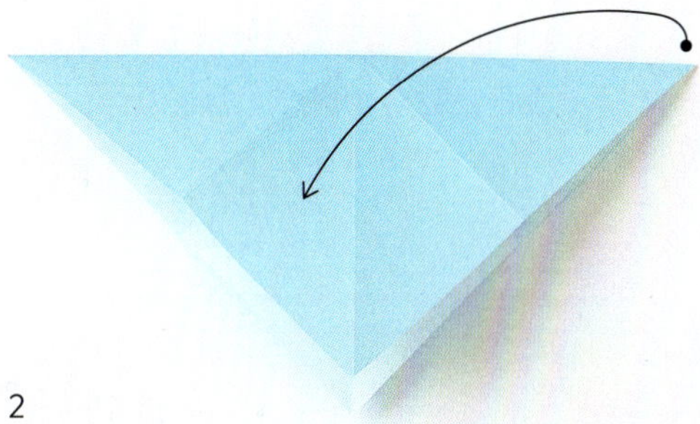
2

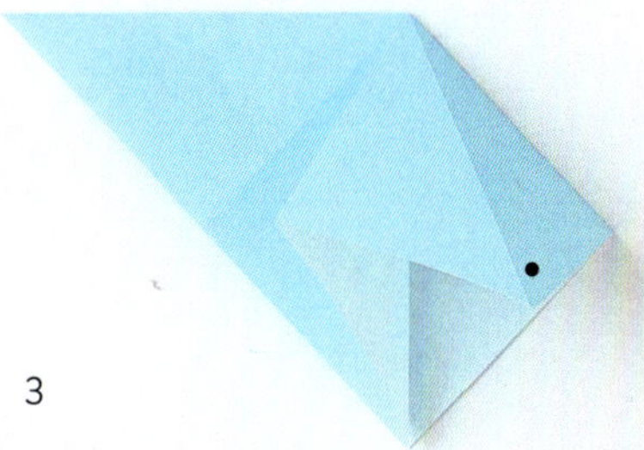
3

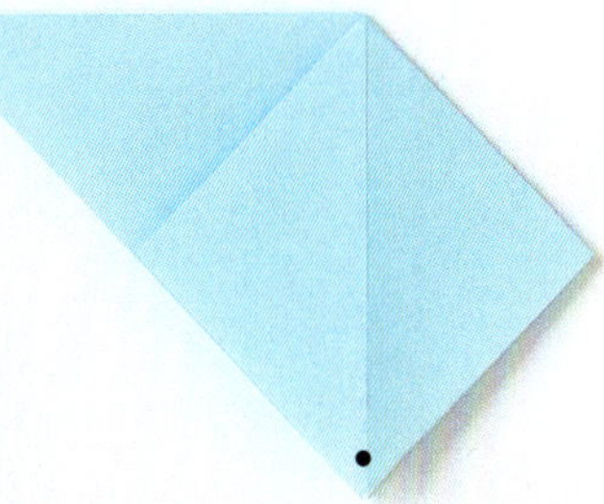
4

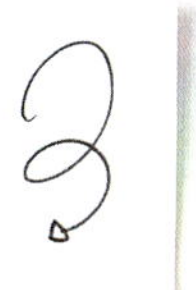
5

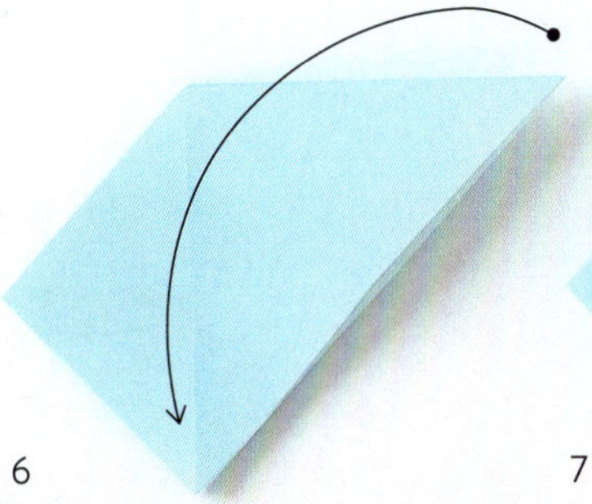
6

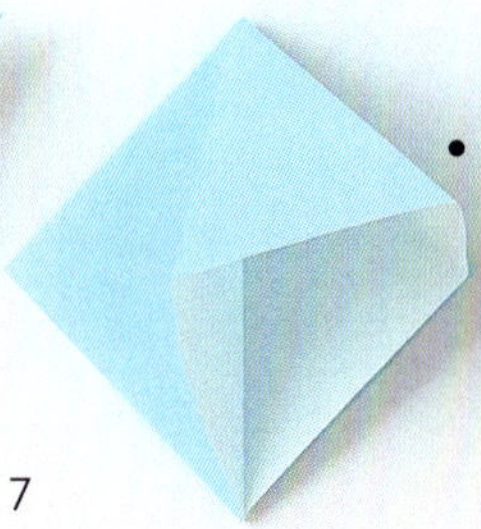
7

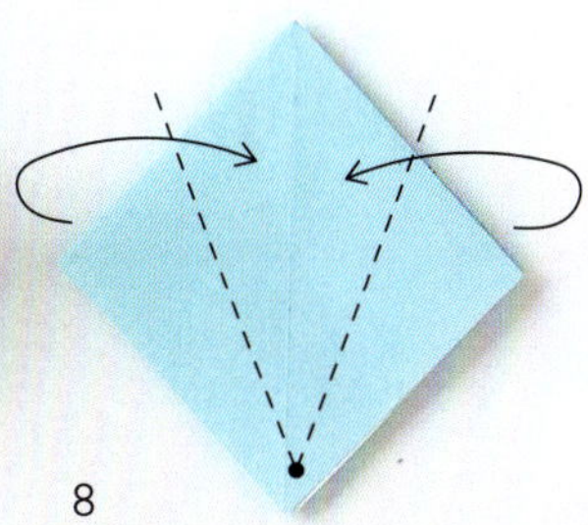
8

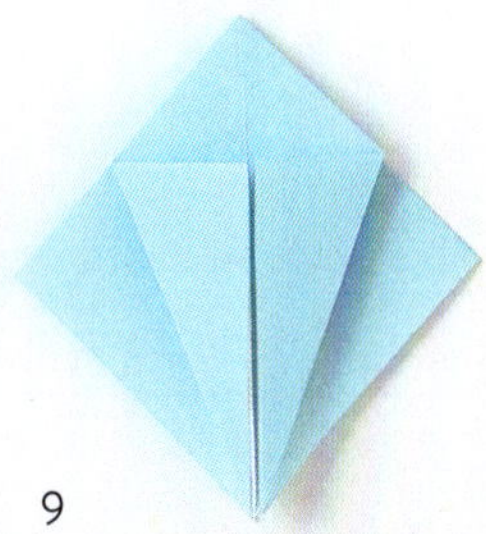
9

1. 2. Richte das Papier rautenförmig aus (mit der farbigen Seite nach unten). Markiere die Mittellinien und die Diagonalen. Falte es in der Mitte, sodass ein Dreieck entsteht. **3. 4.** Greife die rechte Spitze am angezeigten Punkt und führe sie zur unteren Spitze, um rechts ein Quadrat zu bilden. Streiche die Faltung glatt. **5.** Wende die Figur. **6. 7. 8.** Greife die rechte Spitze am angezeigten Punkt und führe sie zur unteren Spitze, um insgesamt ein Quadrat zu bilden. Streiche das Quadrat glatt. **8. 9.** Falte die oberen Lagen der seitlichen Spitzen gemäß den gestrichelten Linien. **9.** Wende die Figur.

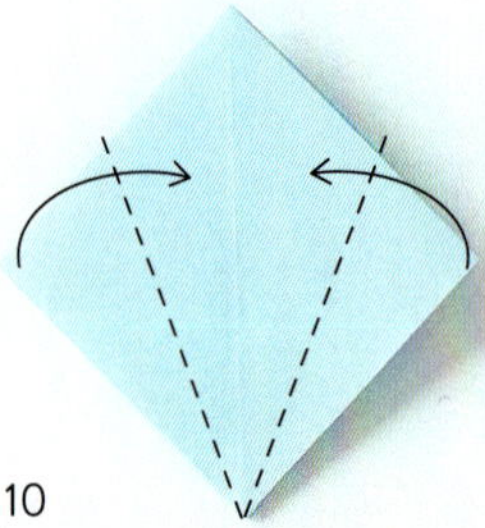
10

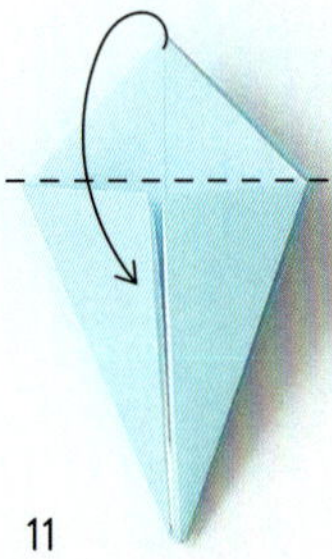
11

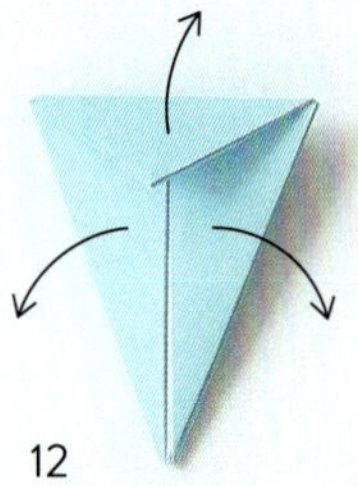
12

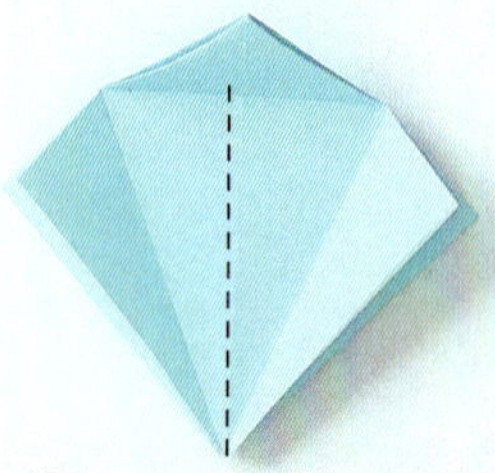
13

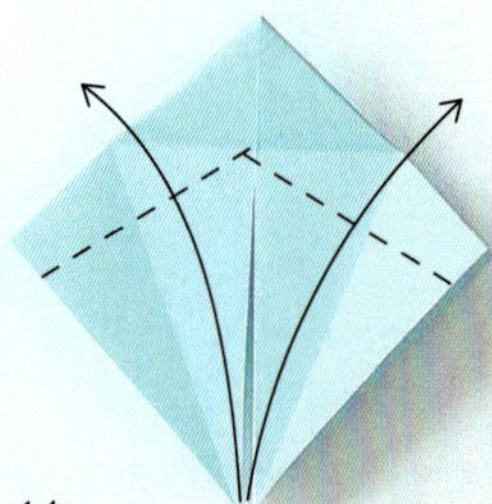
14

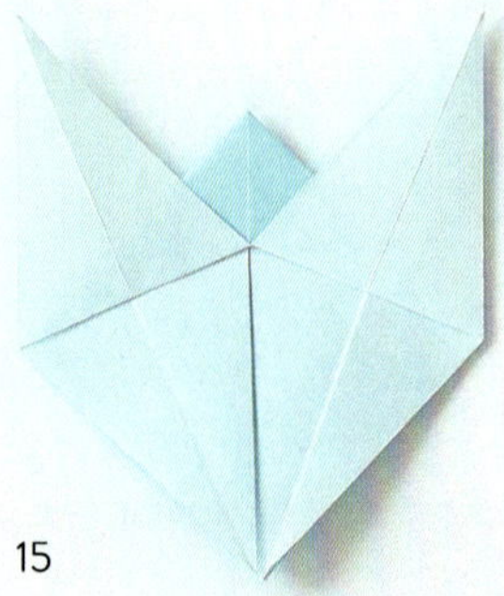
15

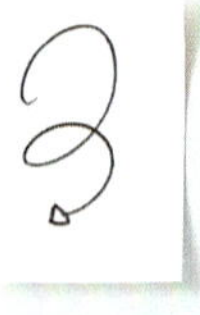
16

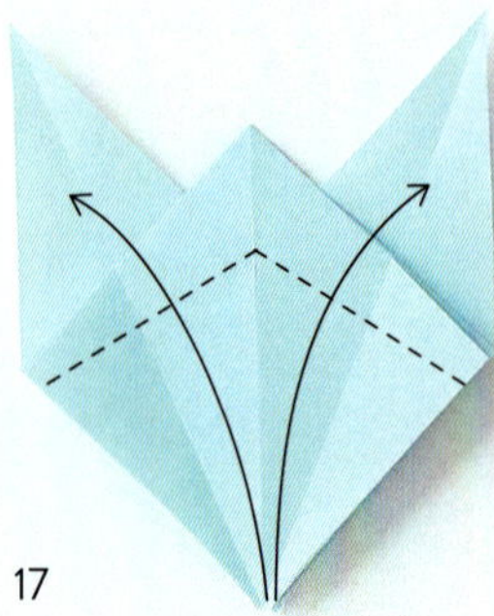
17

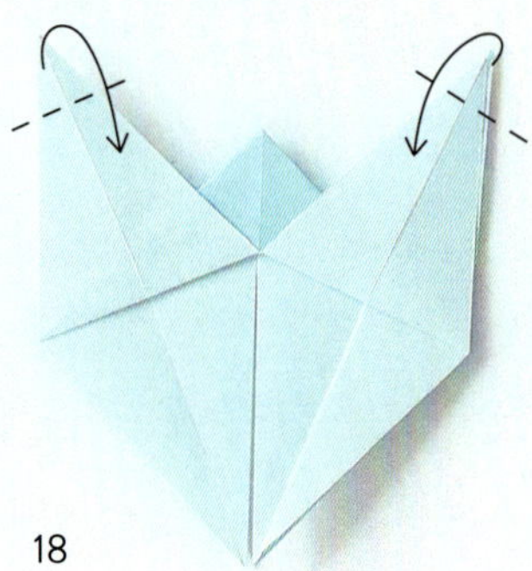
18

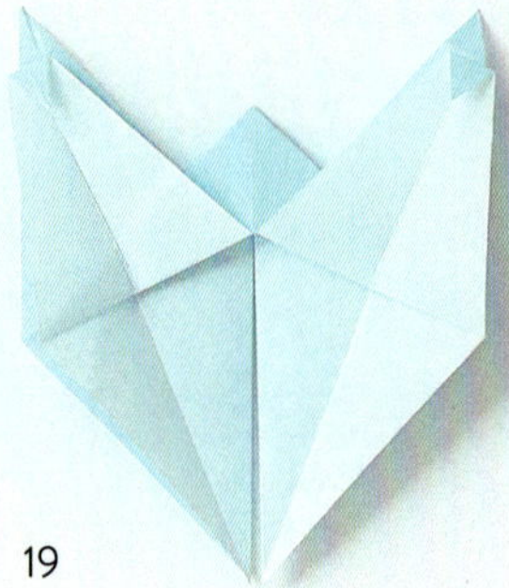
19

10. Falte die seitlichen Spitzen gemäß den gestrichelten Linien. **11.** Falte die obere Ecke gemäß der gestrichelten Linie. **12.** Entfalte die Figur wieder zum Quadrat. **13.** Schneide die oberste Lage auf der Vorderseite gemäß der gestrichelten Linie ein. Wende die Figur, um auch auf der Rückseite die oberste Lage einzuschneiden. **14. 15.** Falte jeweils die obere Lage der unteren Spitzen gemäß den gestrichelten Linien nach oben. **16.** Wende die Figur. **17.** Falte die andere Seite ebenso. **18. 19.** Falte die Enden der oberen Spitzen gemäß den gestrichelten Linien, um Figur 19 zu erhalten.

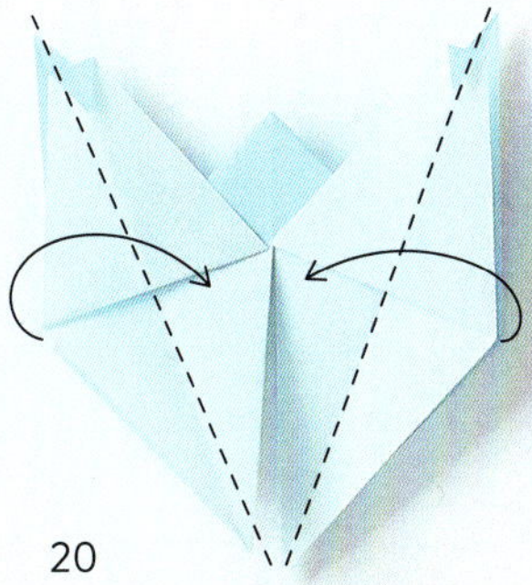

20

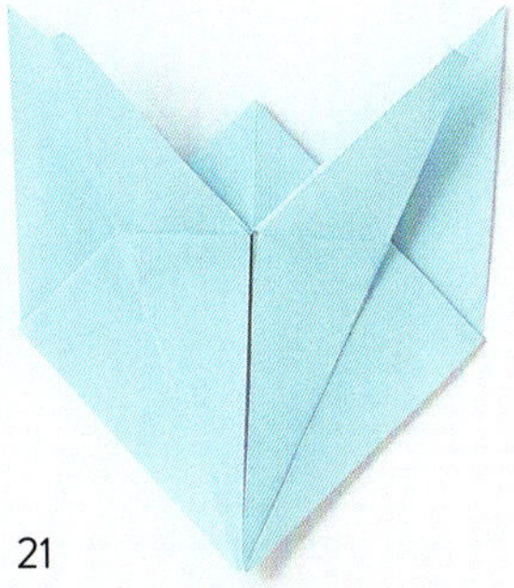

21

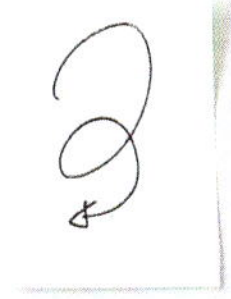

22

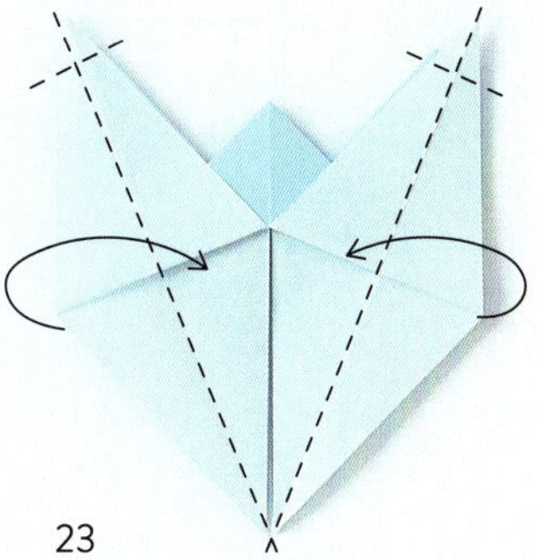

23

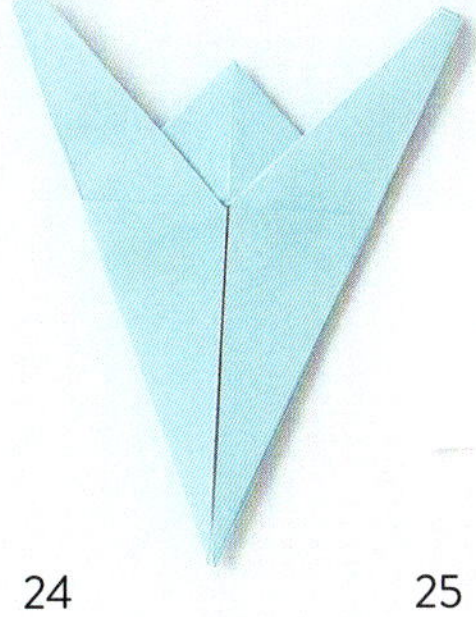

24

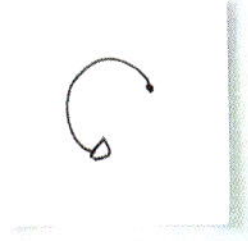

25

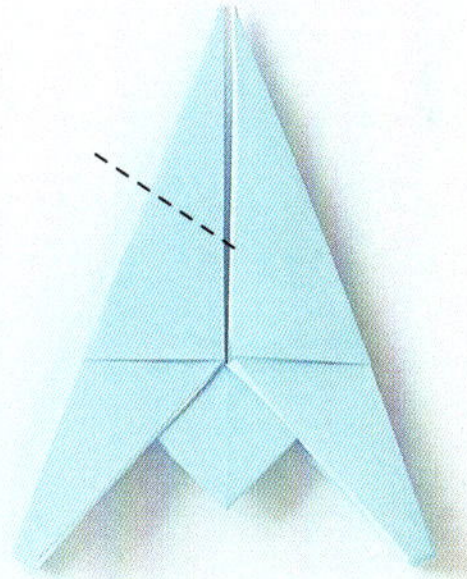

26

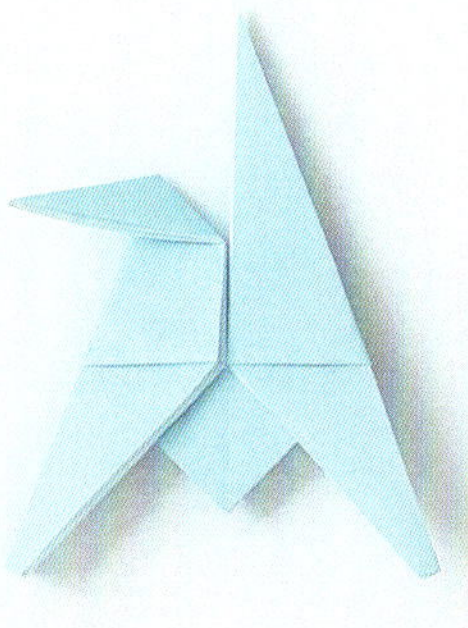

27

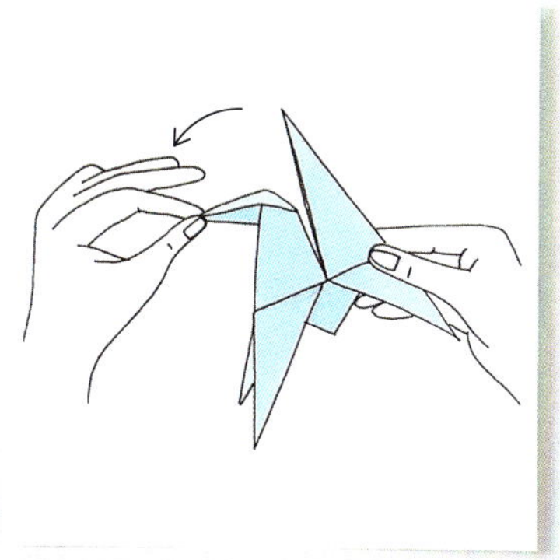

28

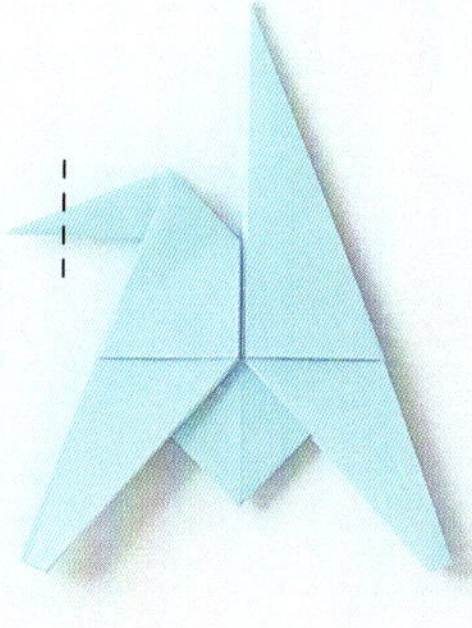

29

20. 21. Falte die seitlichen Spitzen gemäß den gestrichelten Linien zur Mitte. **22.** Wende die Figur. **23. 24.** Wiederhole die Schritte 18–21, um Figur 24 zu erhalten. **25.** Drehe die Figur um 180 Grad. **26.** Falte die linke obere Spitze gemäß der gestrichelten Linie, um den Kopf zu markieren. **27. 28. 29.** Öffne diese Faltung, kehre sie nach außen um und streiche sie glatt. Der Kopf des Pferdes ist jetzt geformt. **29.** Markiere das Maul gemäß der gestrichelten Linie.

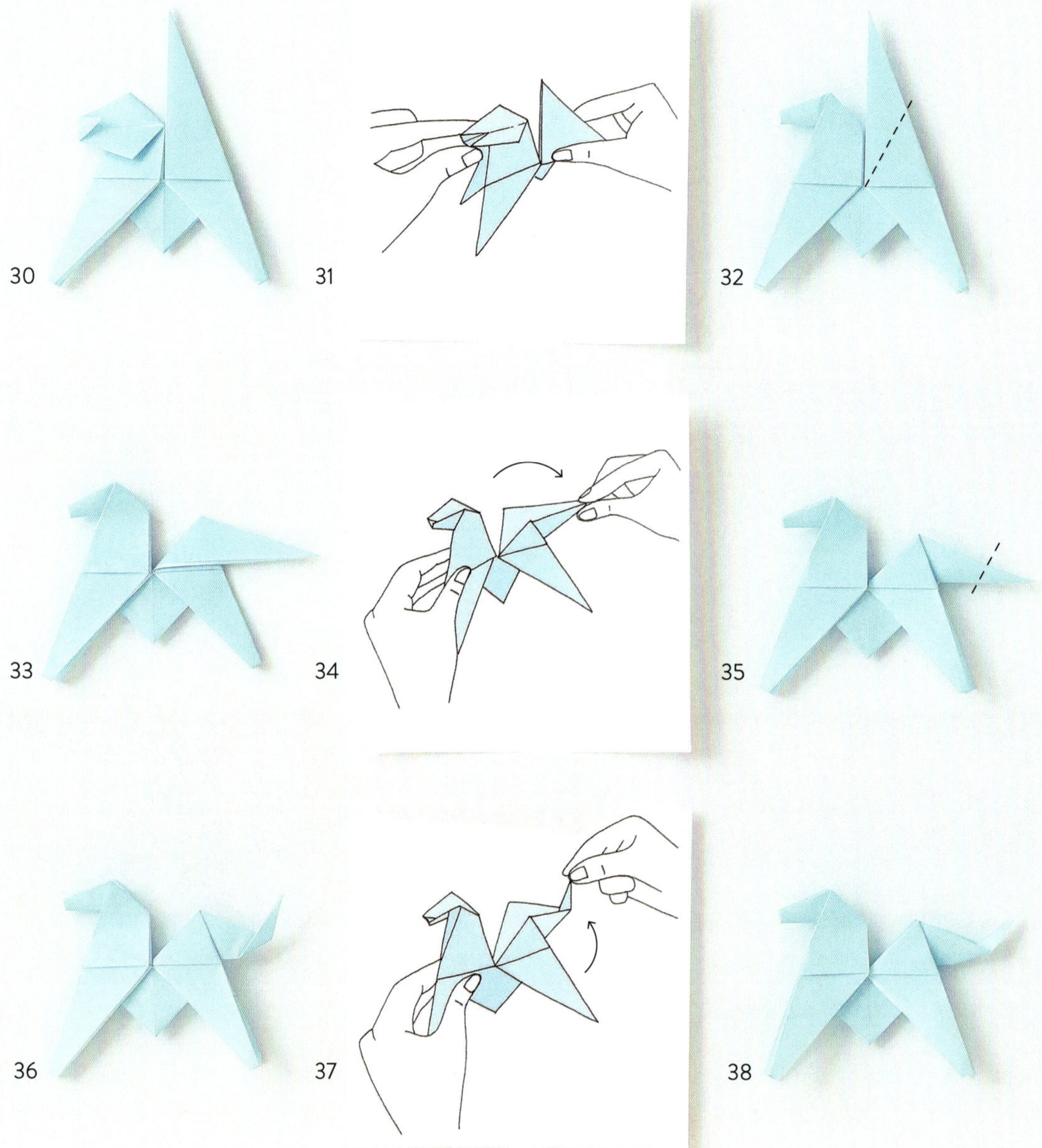

30. 31. 32. Öffne diese Faltung und kehre sie nach außen um, um das Maul zu bilden. Streiche es glatt. Das Maul ist geformt. **32.** Markiere den Rücken gemäß der gestrichelten Linie. **33. 34. 35.** Öffne diese Faltung und kehre sie nach außen um. Der Rücken ist geformt. **35.** Markiere an der rechten Spitze gemäß der gestrichelten Linie den Schweif. **36. 37.** Öffne diese Faltung und kehre sie nach innen um. Streiche die Faltung glatt. Der Schweif ist geformt. **38.** Das Pferd ist fertig.

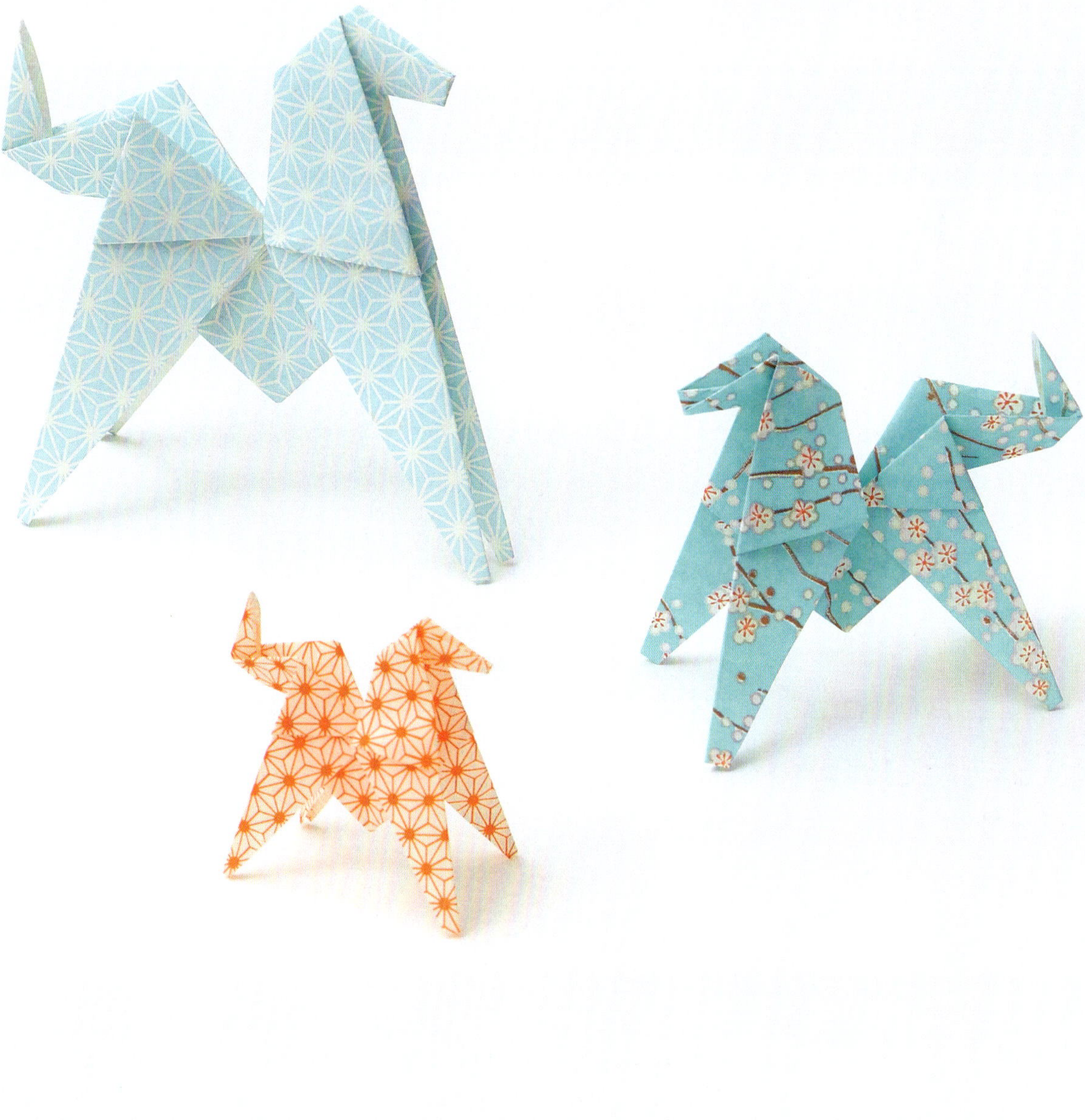

Herz

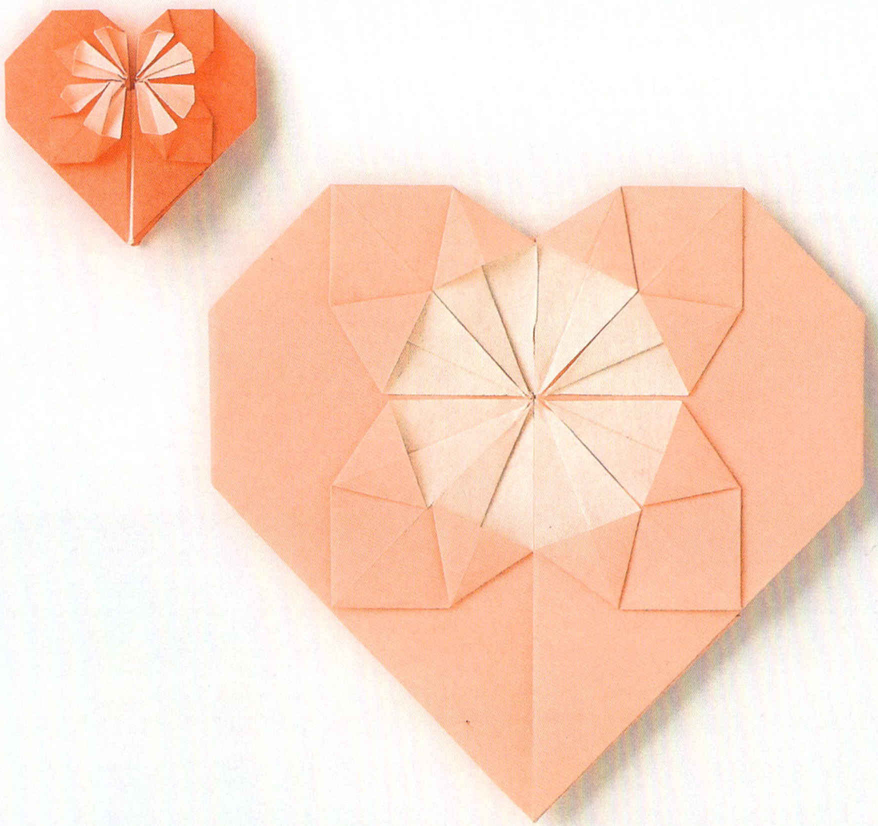

Level ●●●●○

Abmessungen

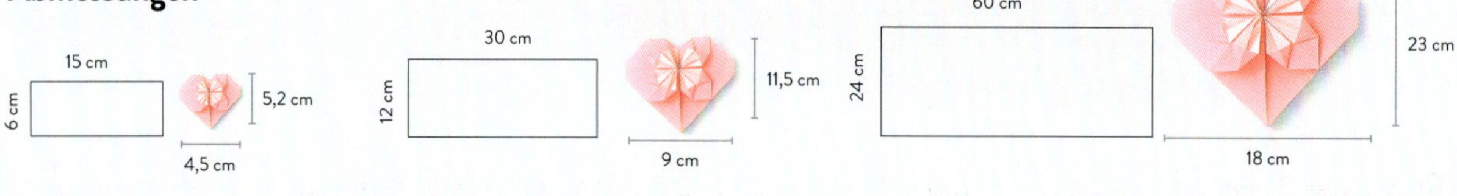

Tipp

Dies ist DAS ideale Projekt, um auf originelle Weise ein »Ich liebe dich« zu formulieren. Zögere auch nicht, die Figur unter einem Stapel von Büchern zu pressen, sobald die Faltung abgeschlossen ist.

1

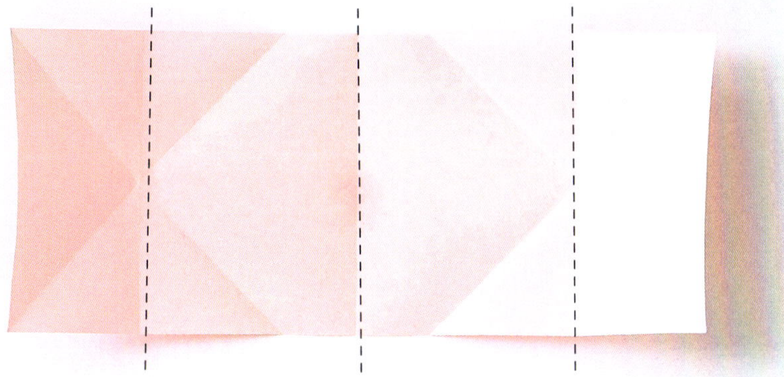

2

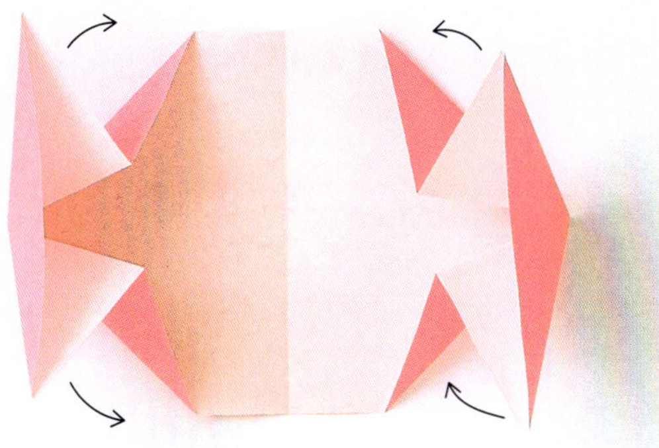

3

1. Richte das Papier quer aus aus (mit der farbigen Seite nach unten). Falte die Ecken diagonal zur Unterkante, um die angezeigten Falze der Endquadrate zu markieren. **2.** Markiere die vertikale Mittellinie des Rechtecks. Markiere jeweils die vertikale Mittellinie der Endquadrate. **3.** Klappe die Seiten so ein, dass zwei symmetrische Dreiecke entstehen.

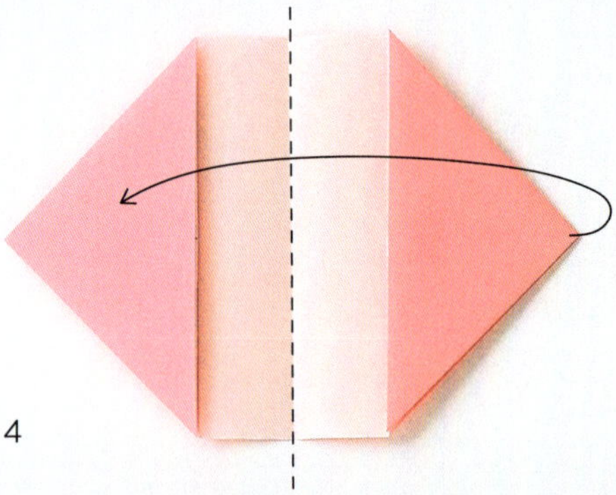

4

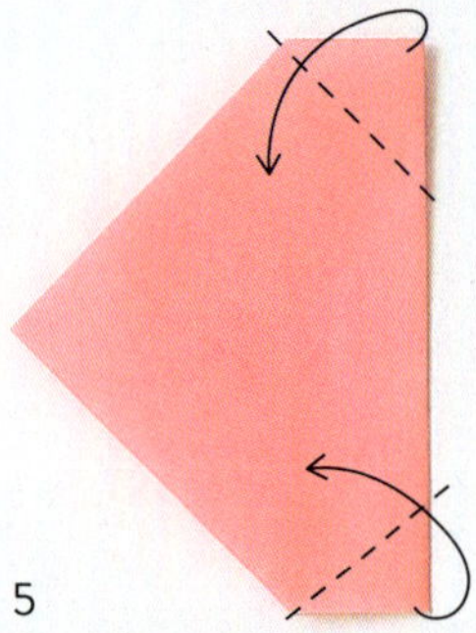

5

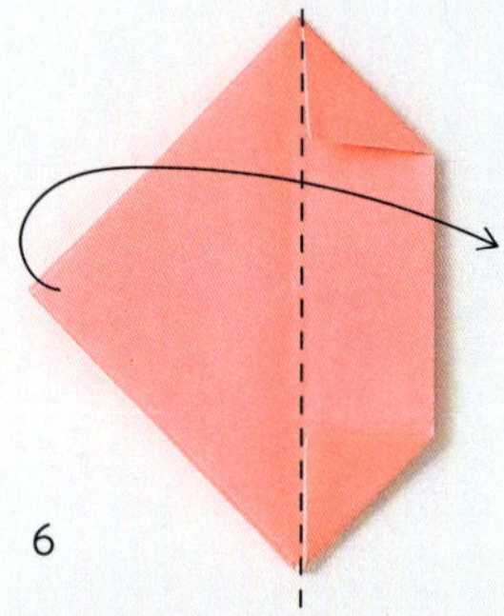

6

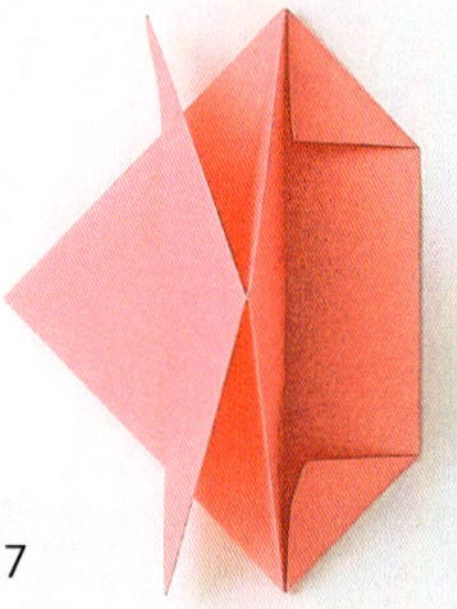

7

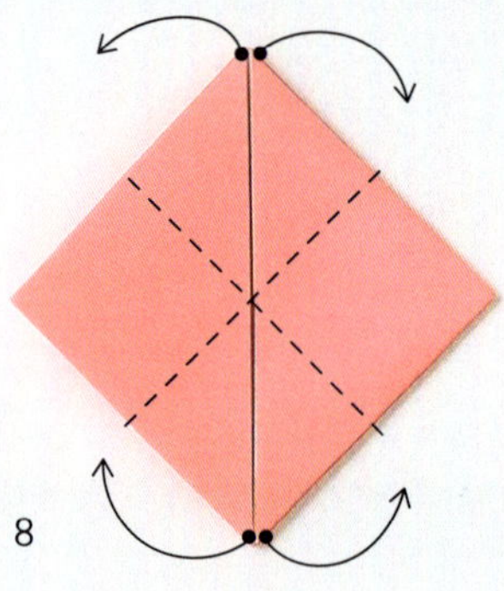

8

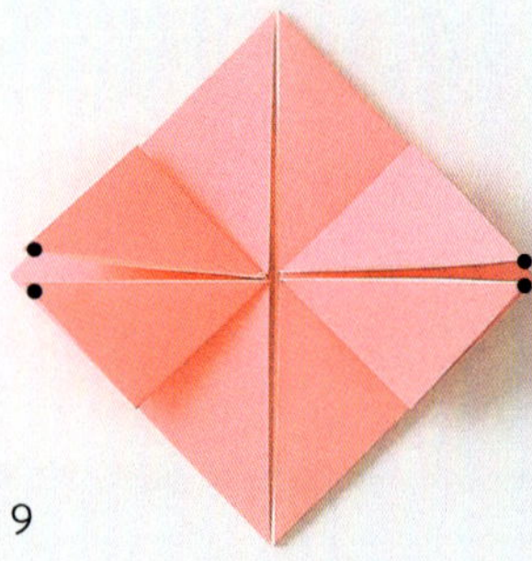

9

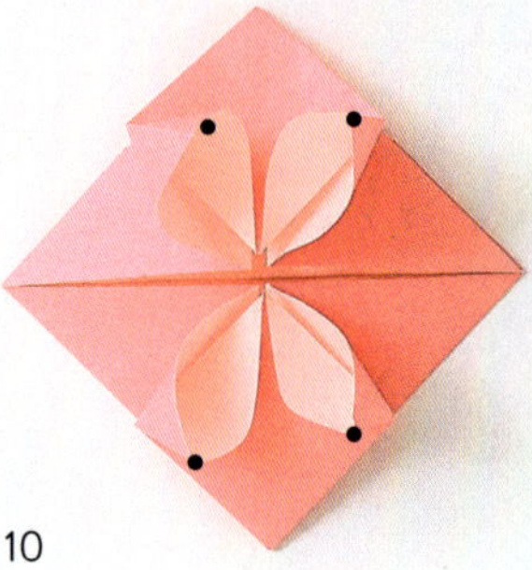

10

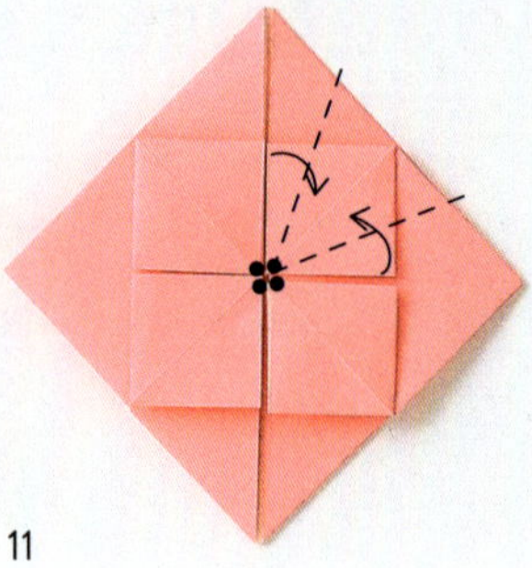

11

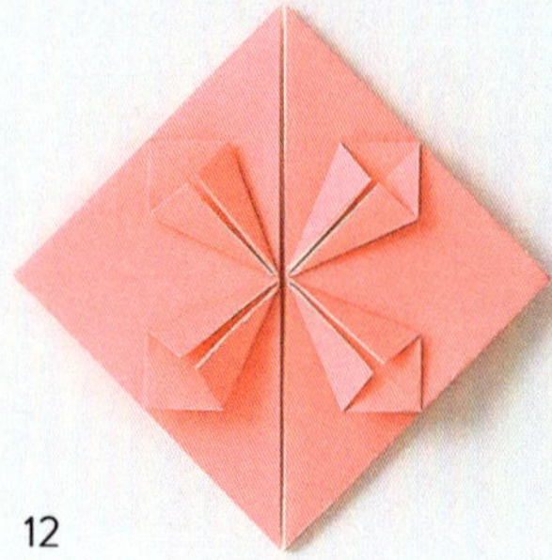

12

4. Falte die Figur in der vertikalen Mitte. **5.** Falte die obere und die untere Spitze gemäß den gestrichelten Linien. **6. 7.** Klappe die oberen Lagen des Dreiecks gemäß den gestrichelten Linien nach rechts, um eine Raute zu erhalten. **8. 9.** Greife die oberen Lagen der Faltung an den angezeigten Punkten und falte die Spitzen gemäß den gestrichelten Linien. **9. 10. 11.** Greife jede der Spitzen an den angezeigten Punkten und ziehe sie zu kleinen Quadraten auf. Streiche diese Quadrate glatt. **11. 12.** Falte gemäß den gestrichelten Linien. Wiederhole diese Faltungen an jeder Ecke und streiche sie glatt.

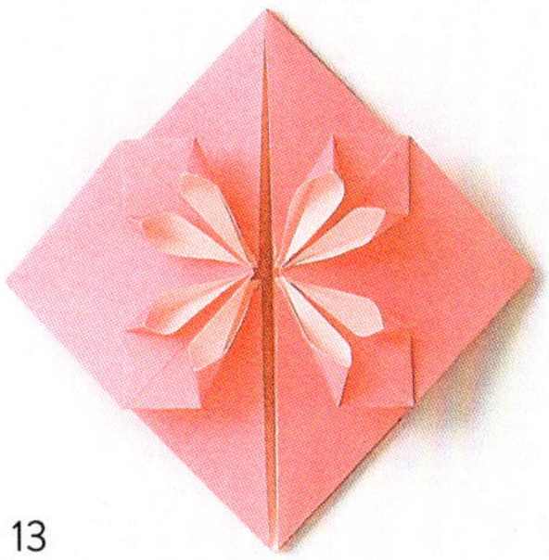

13

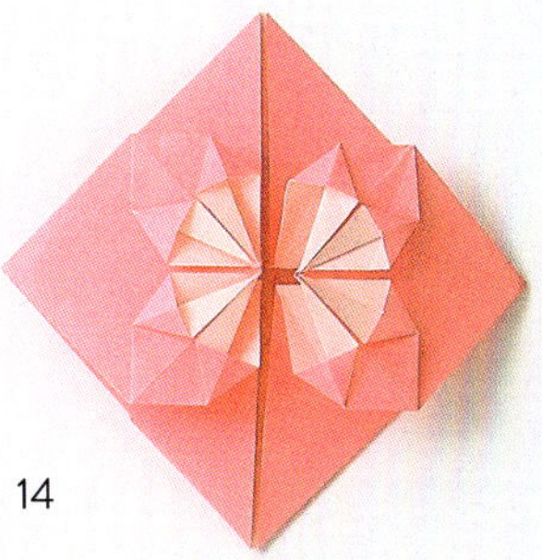

14

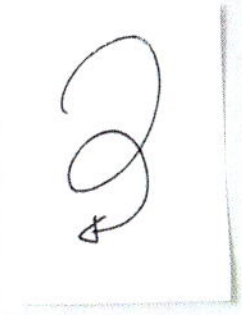

15

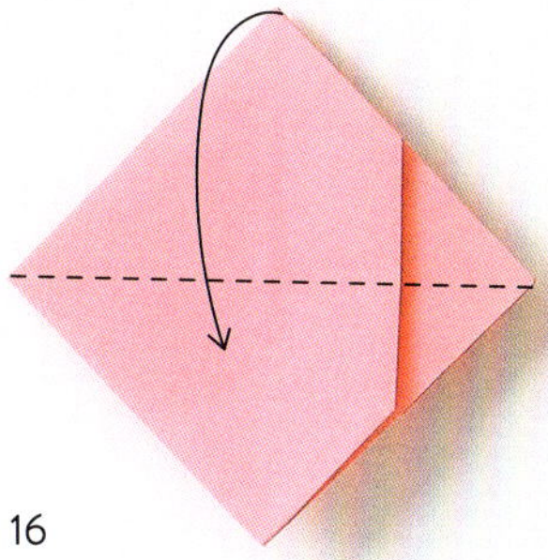

16

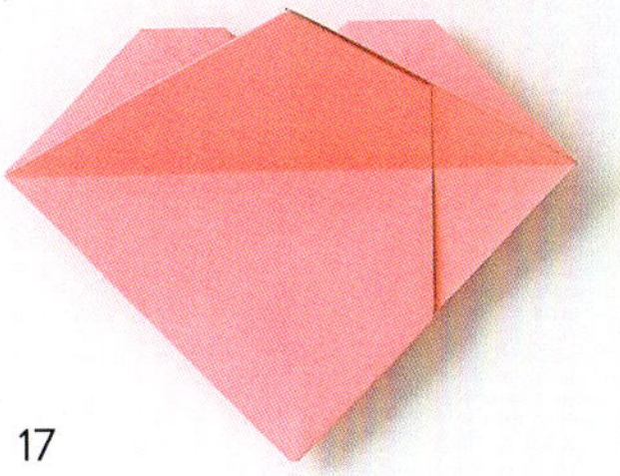

17

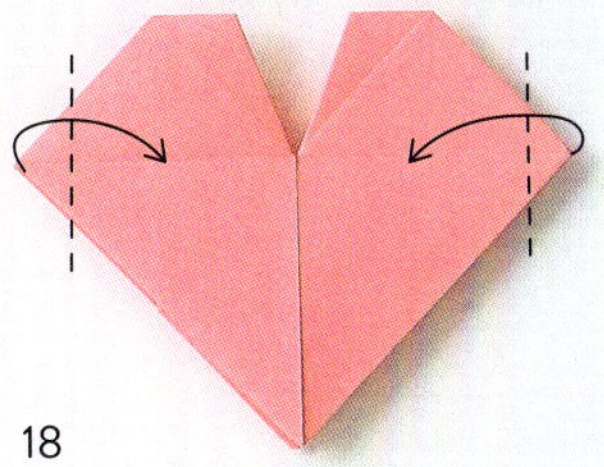

18

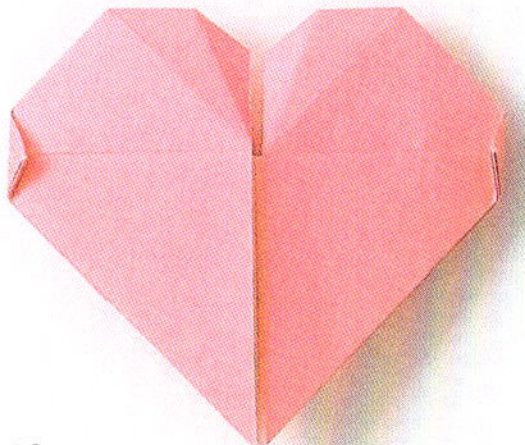

19

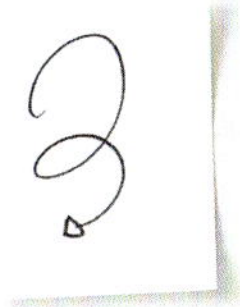

20

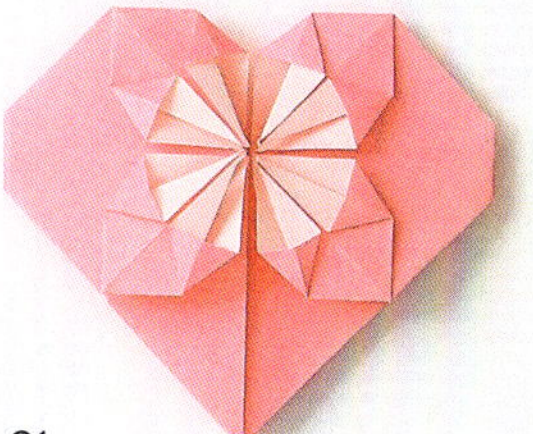

21

13. 14. Öffne diese Faltungen zu kleinen Dreiecken und streiche diese glatt. **15.** Wende die Figur. **16. 17.** Falte die oberen Lagen in der horizontalen Mitte. **18. 19.** Falte die seitlichen Spitzen gemäß den gestrichelten Linien. **20.** Wende die Figur. **21.** Das Herz ist fertig.

Macaron

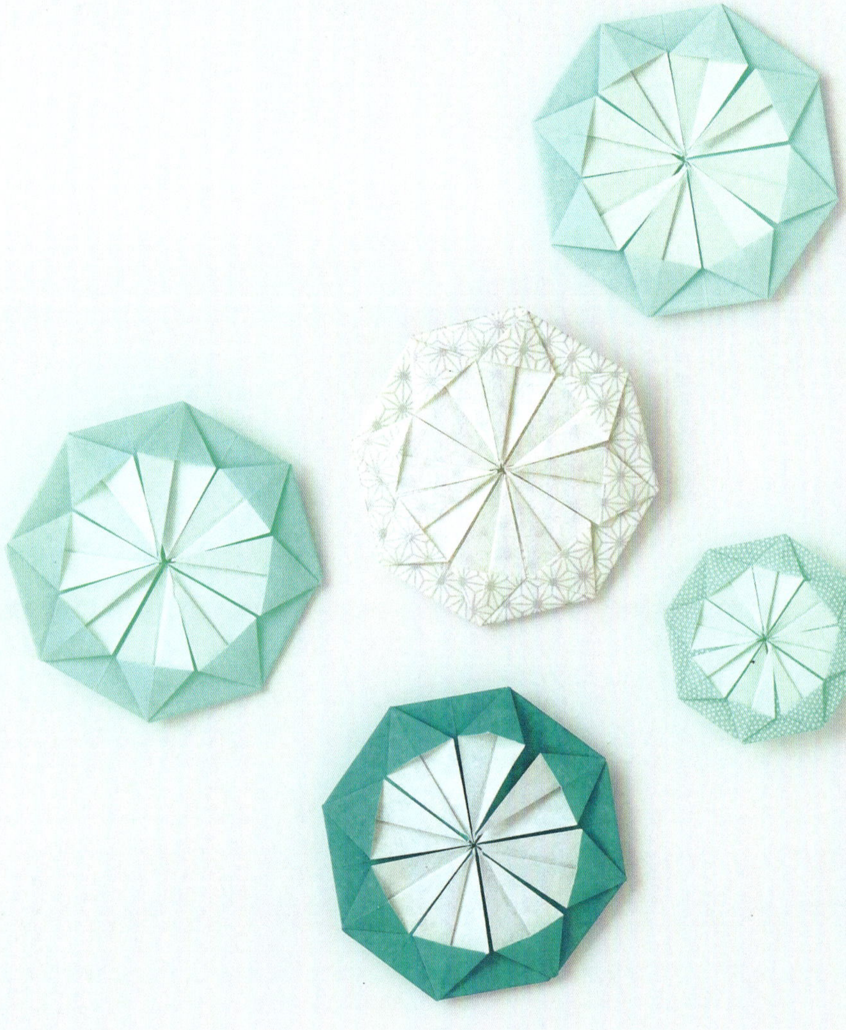

Level ●●●●○

Abmessungen

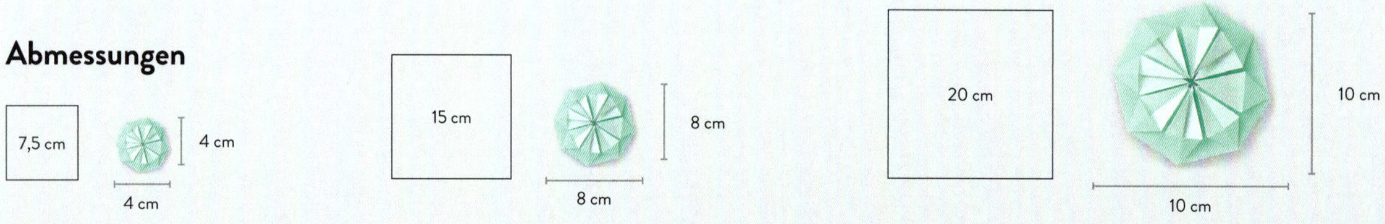

Tipp

Diese Figur kann verwendet werden, um Geschenkverpackungen zu dekorieren und Partyschmuck herzustellen. Du kannst auch sechs Macarons falten und sie zusammenkleben, um eine Art Würfel zu erhalten.

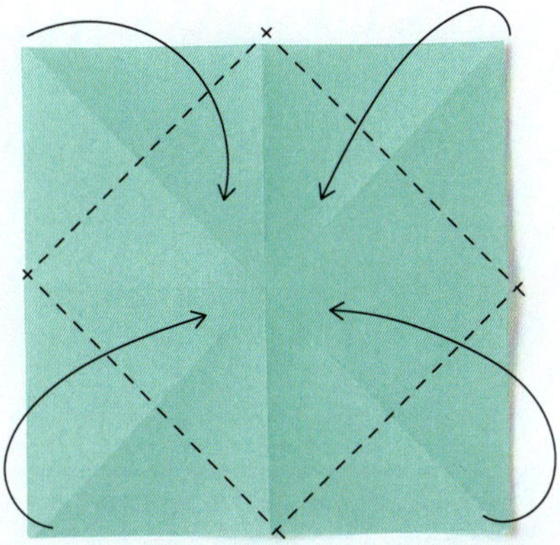

1

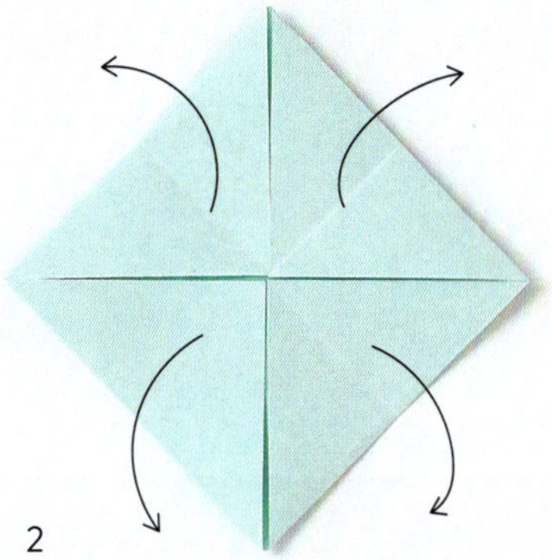

2

3

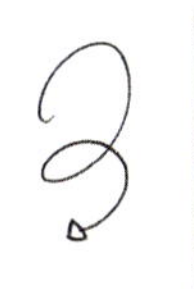

4

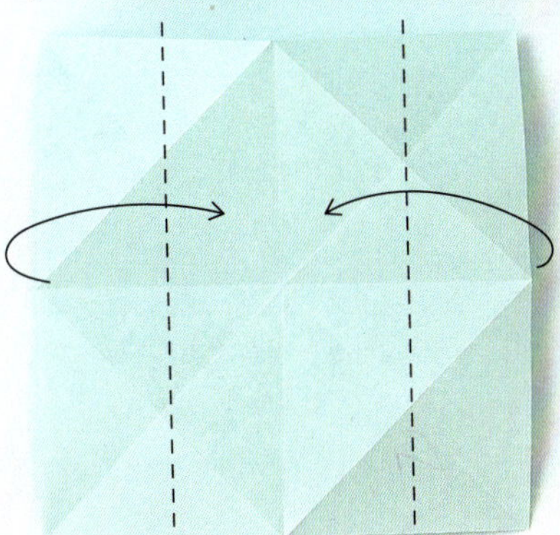

5

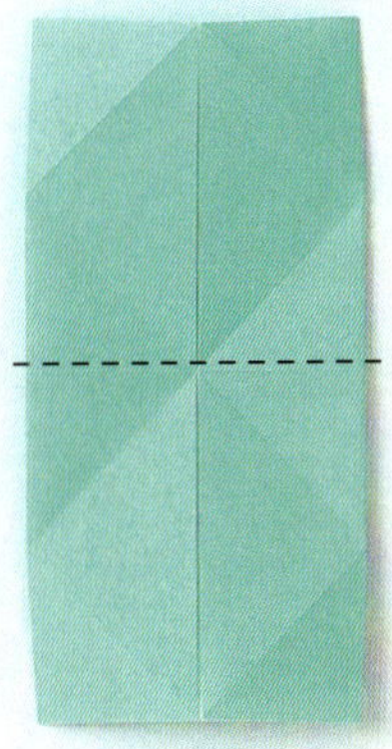

6

1. 2. Richte das Papier normal aus (mit der farbigen Seite nach oben). Markiere die Mittellinien und die Diagonalen. Falte die vier Ecken zum Mittelpunkt. **3.** Entfalte das Papier. **4.** Wende das Papier. **5.** Falte die linke und die rechte Seitenkante zum vertikalen Mittelfalz. **6.** Markiere die horizontale Mittellinie.

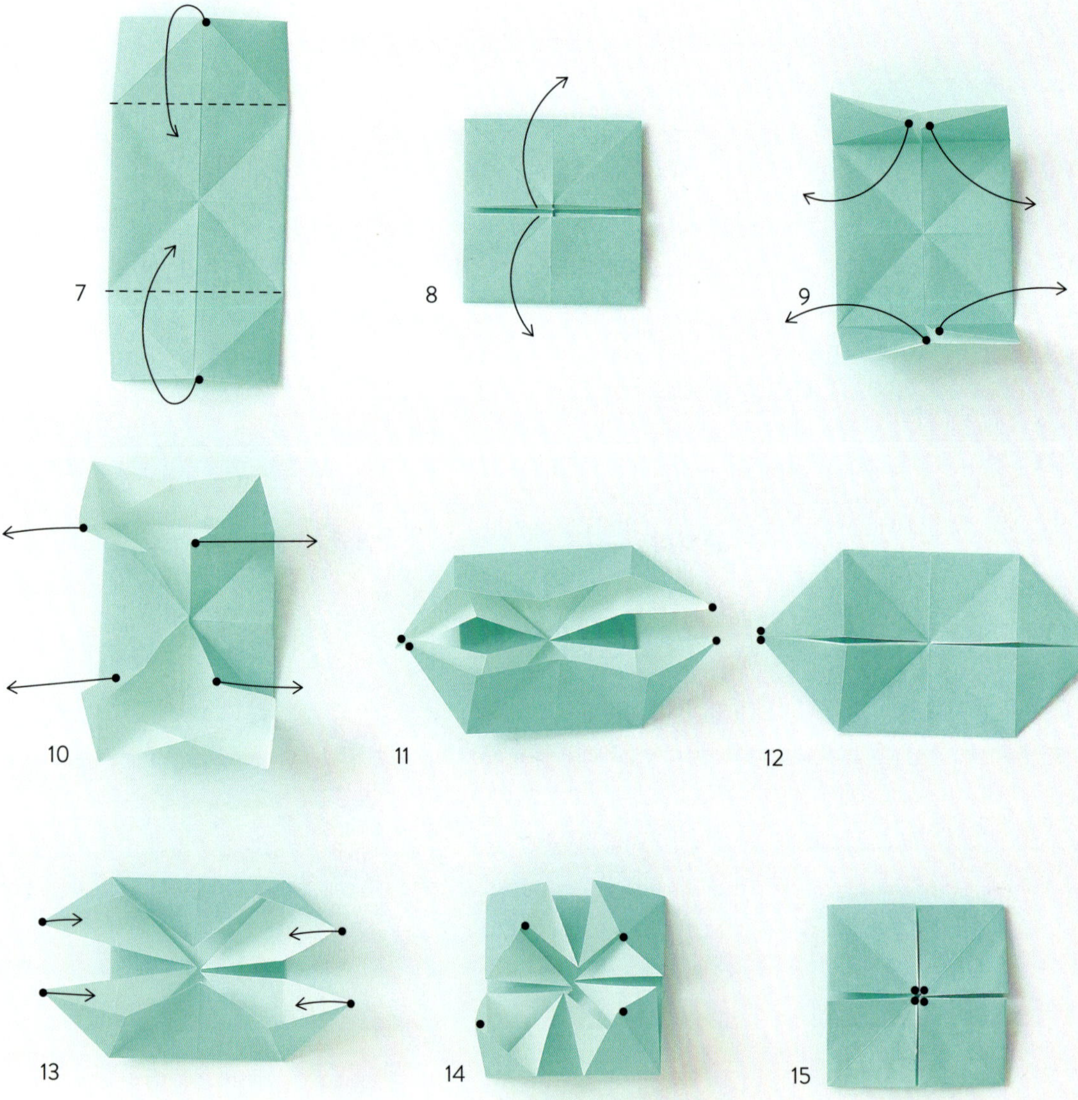

7. Falte die Ober- und Unterkante zum horizontalen Mittelfalz. **8.** Entfalte diese Faltungen wieder. **9. 10. 11. 12.** Greife die vier Spitzen an den angezeigten Punkten, ziehe sie nach außen und streiche die beiden so entstehenden »Bootformen« glatt. **13. 14. 15.** Greife die vier Spitzen an den angezeigten Punkten, schiebe sie nach innen und streiche die vier so entstehenden Quadrate glatt.

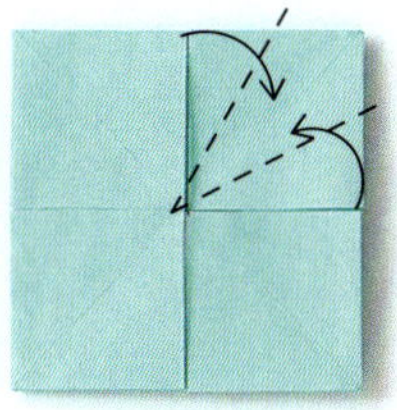

16

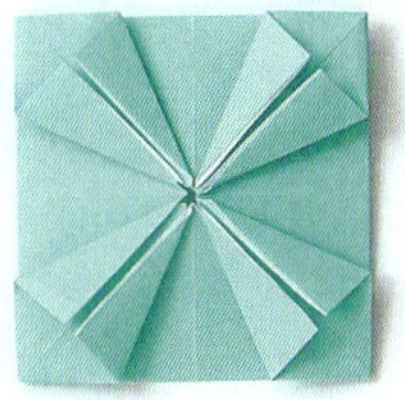

17

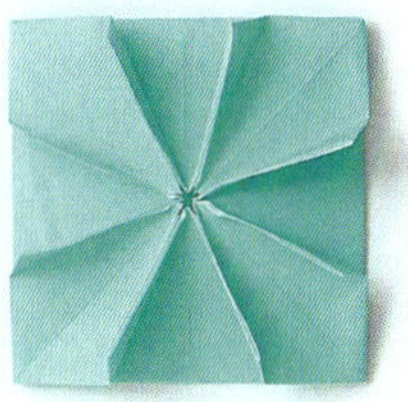

18

19

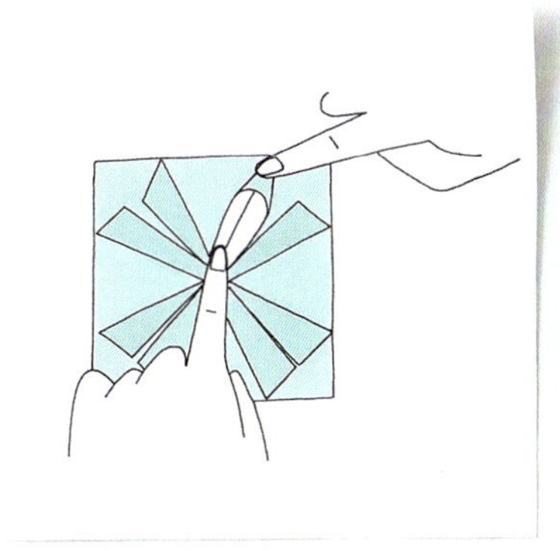

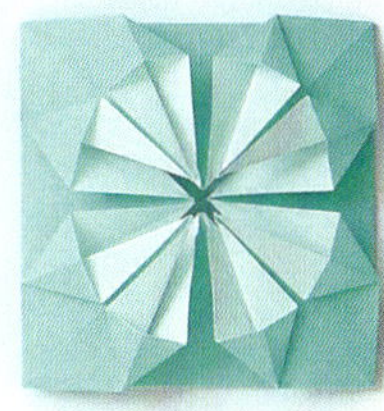

20

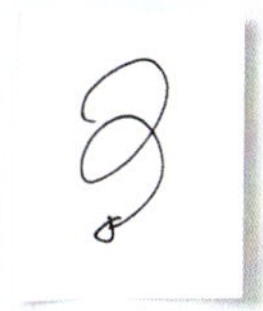

21

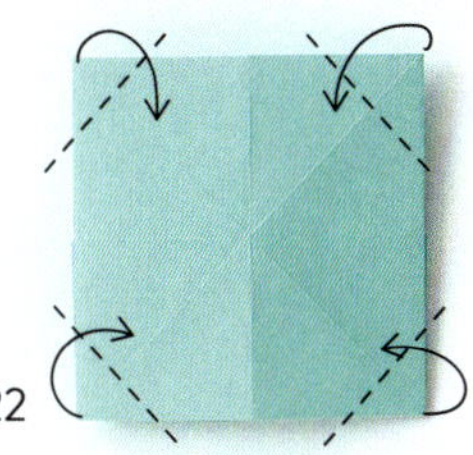

22

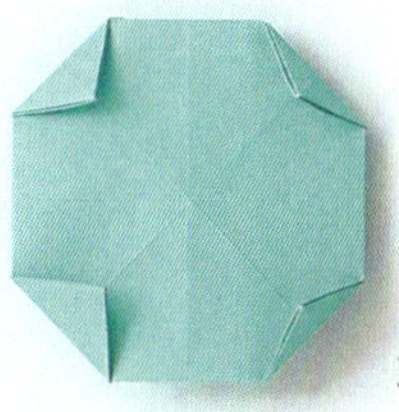

23

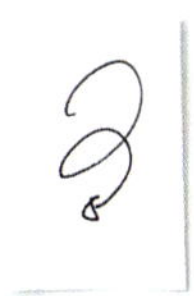

24

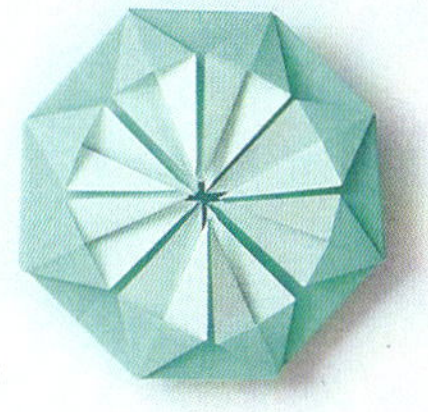

25

16. 17. Falte die rechte obere Ecke des oberen rechten Quatrates gemäß den gestrichelten Linien. Wiederhole diesen Vorgang an jeder Ecke aller Quadrate. **17.** Glätte die gerade gemachten Faltungen. **18. 19. 20.** Öffne die Faltungen und glätte sie. **21.** Wende die Figur. **22. 23.** Falte die vier Ecken gemäß den gestrichelten Linien. **24.** Wende die Figur. **25.** Das Macaron ist fertig.

Weihnachtsmann

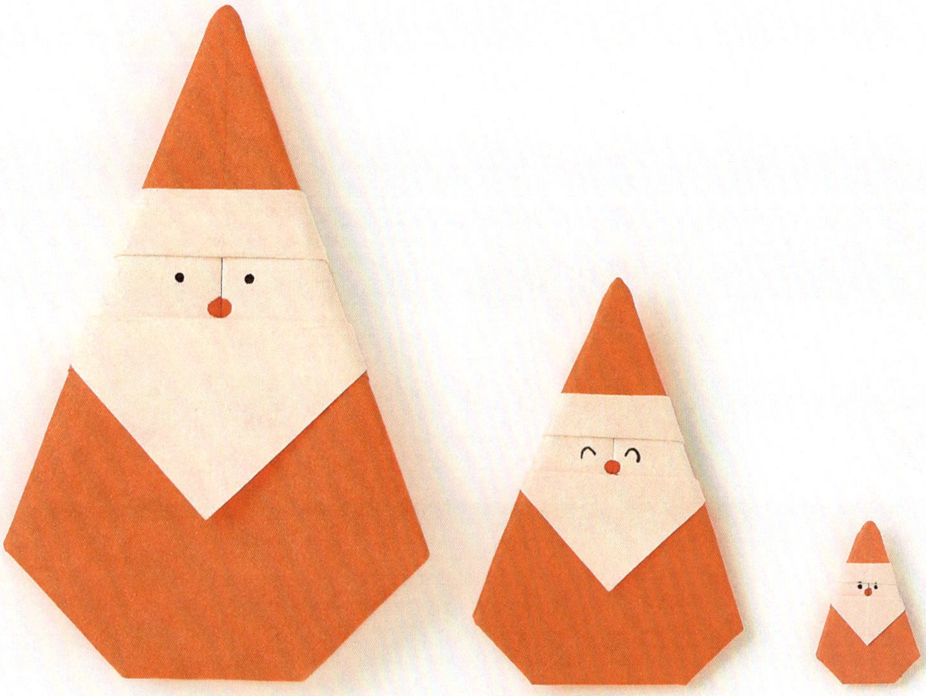

Level ●●●●○

Abmessungen

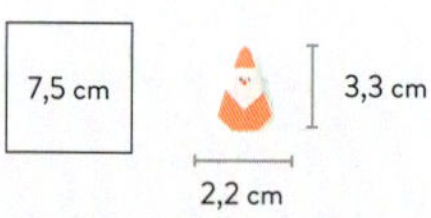

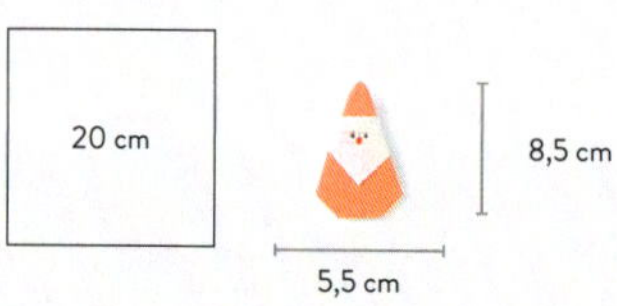

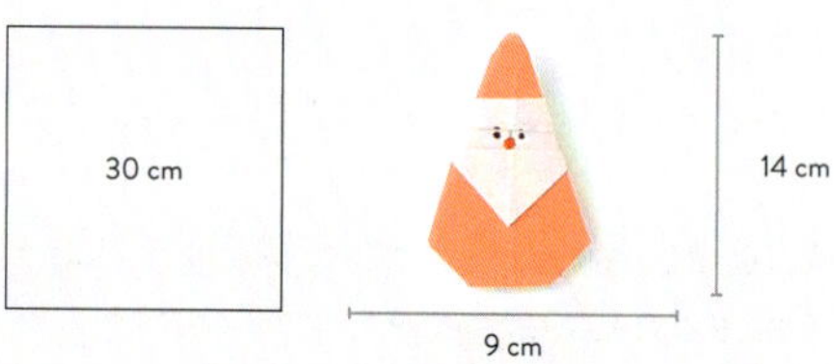

Tipp

Diese Faltung erfordert Klebstoff. Achtung: Die Größe der fertigen Figur ist klein im Vergleich zur Größe des Ausgangspapiers.

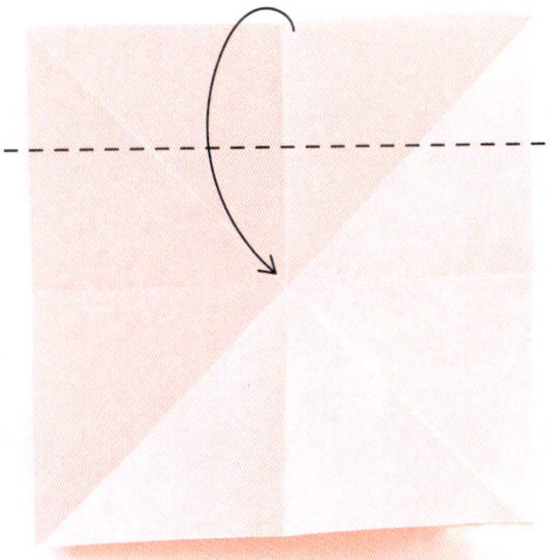

1

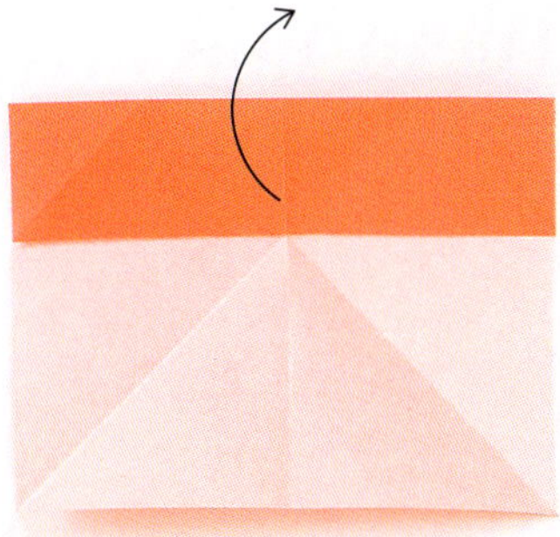

2

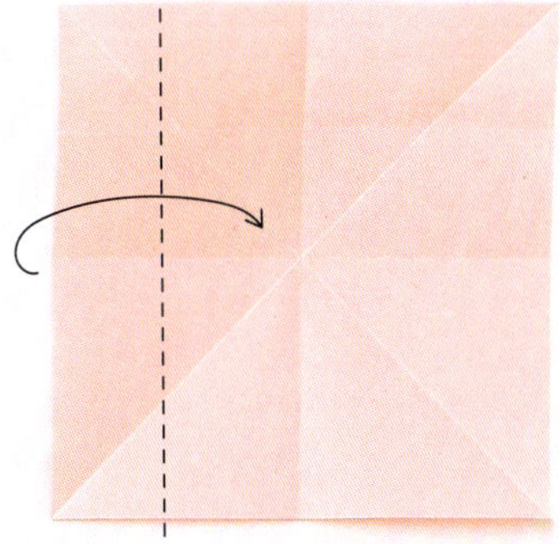

3

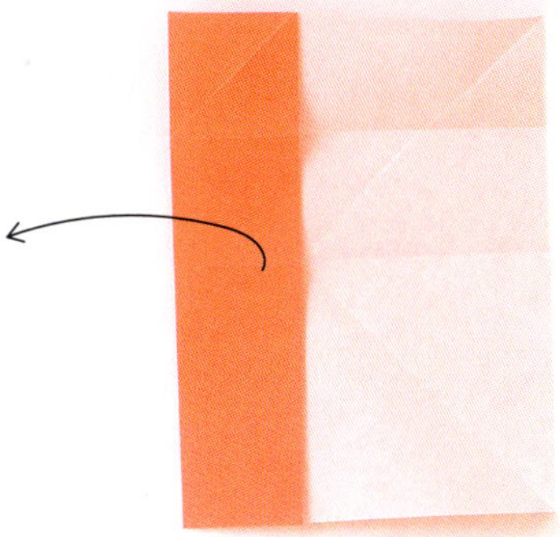

4

5

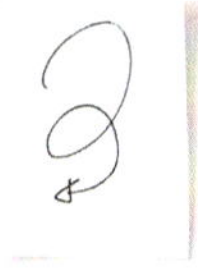

6

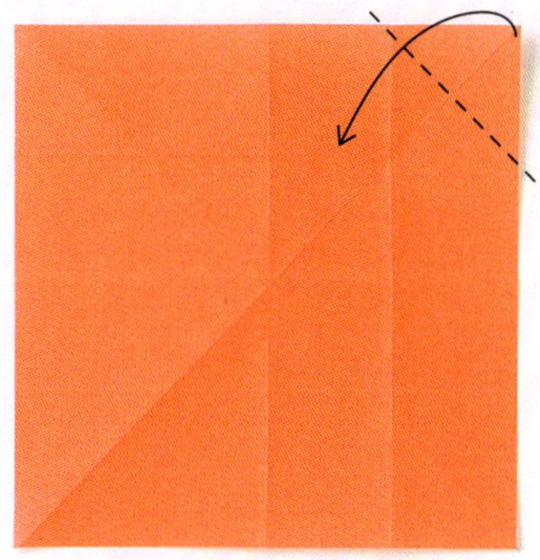

7

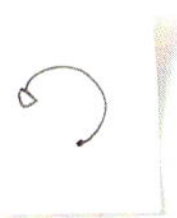

8

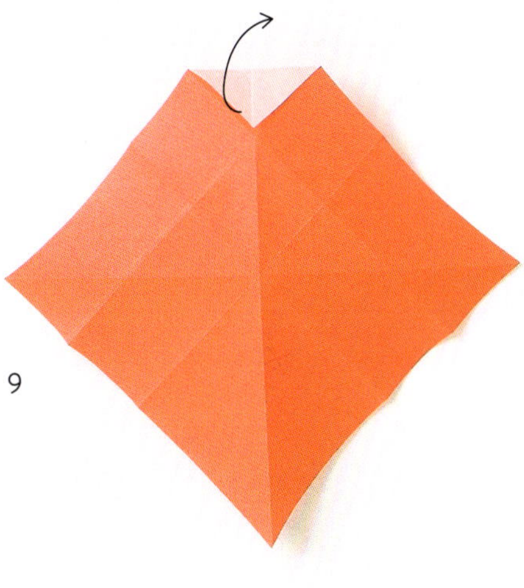

9

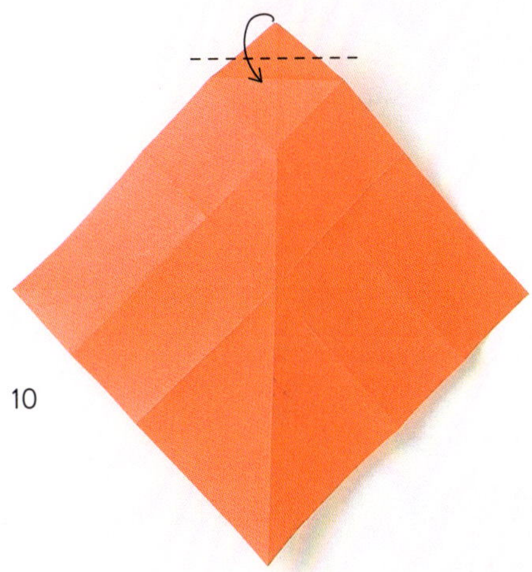

10

1. Richte das Papier normal aus (mit der farbigen Seite nach unten). Markiere die Mittellinien und die Diagonalen. Falte die Oberkante zur horizontalen Mittellinie und streiche die Faltung glatt. **2.** Entfalte das Papier. **3.** Falte die linke Seitenkante zur vertikalen Mittellinie und streiche die Faltung glatt. **4. 5.** Entfalte das Papier. **6.** Wende das Papier. **7.** Falte die rechte Spitze gemäß der gestrichelten Linie. **8.** Drehe das Quadrat um 90 Grad, um es rautenförmig auszurichten. **9.** Entfalte die Faltung. **10.** Falte die Spitze mittig gemäß der der gestrichelten Linie um.

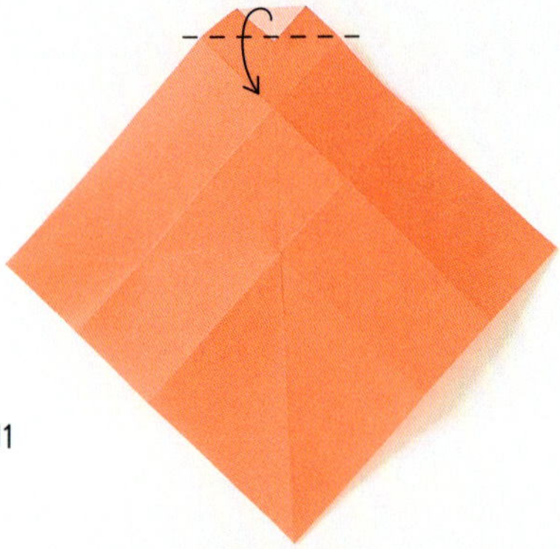
11

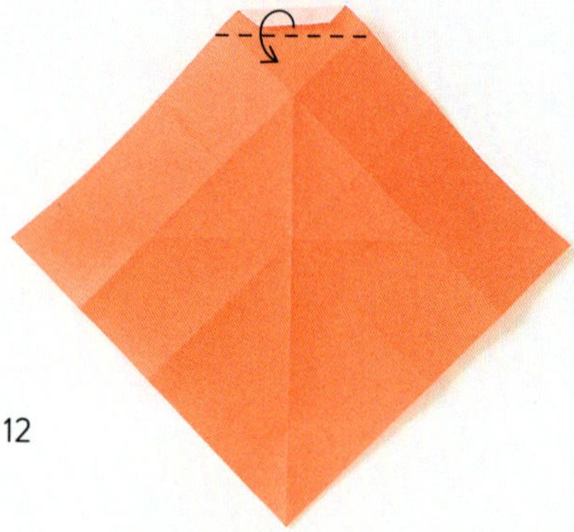
12

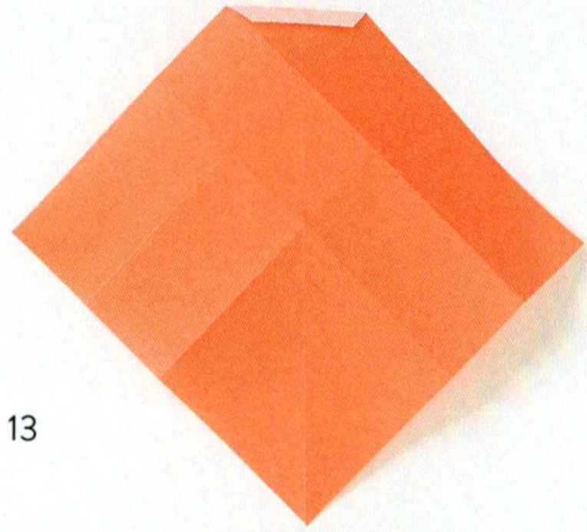
13

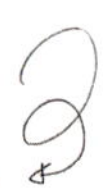
14

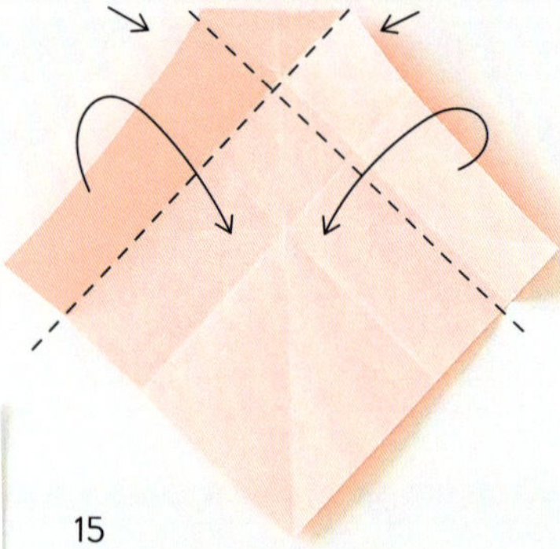
15

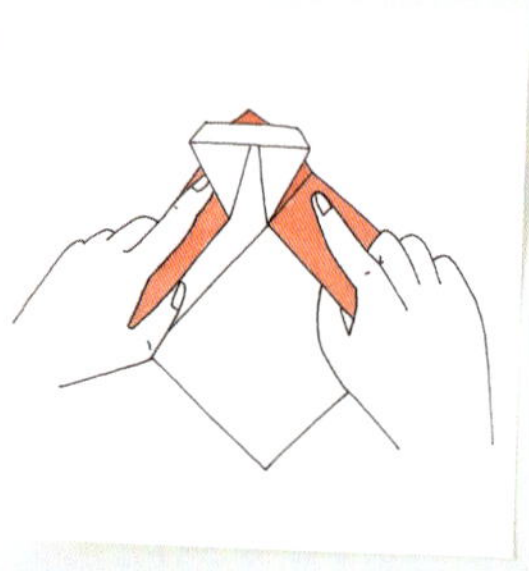
16

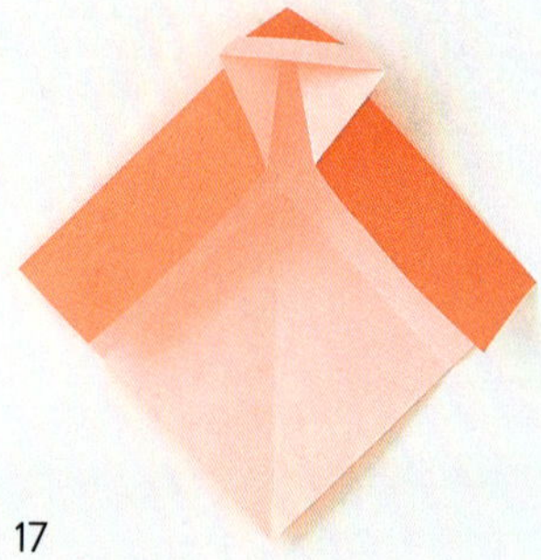
17

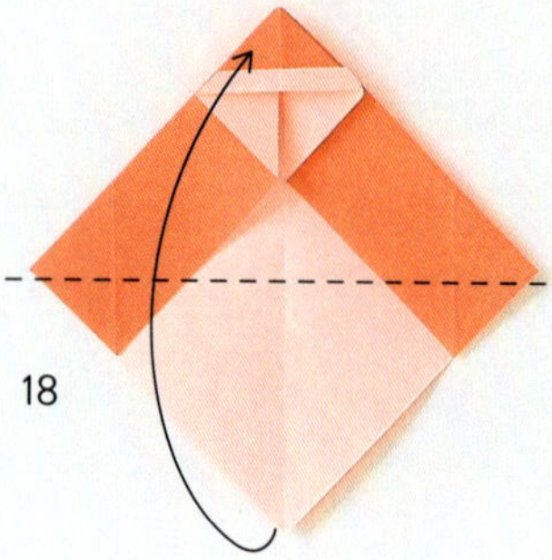
18

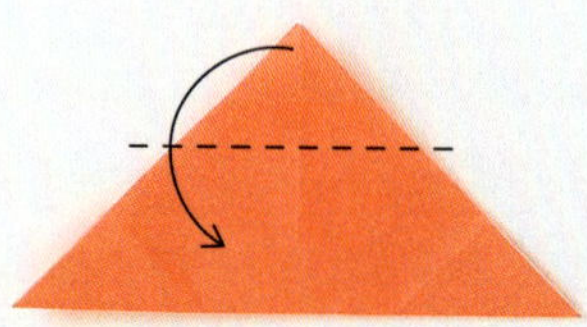
19

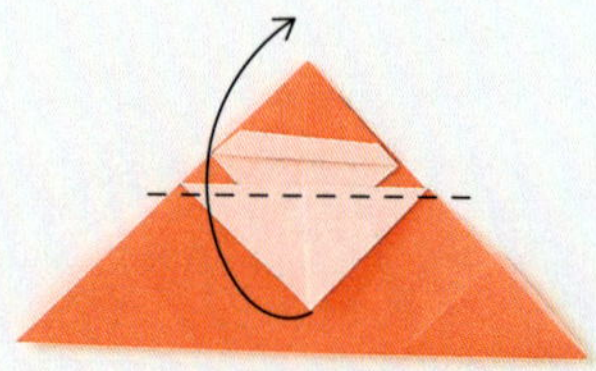
20

11. Falte die Spitze gemäß der gestrichelten Linie um. **12. 13.** Falte erneut gemäß der gestrichelten Linie. **14.** Wende die Figur. **15. 16. 17.** Greife die Faltung und drücke sie auf jeder Seite nach unten zusammen, sodass Figur 17 entsteht. **18.** Falte die untere Spitze gemäß der gestrichelten Linie zur oberen Spitze. **19.** Falte gemäß der gestrichelten Linie nach unten. **20.** Falte gemäß der gestrichelten Linie (leicht versetzt) nach oben.

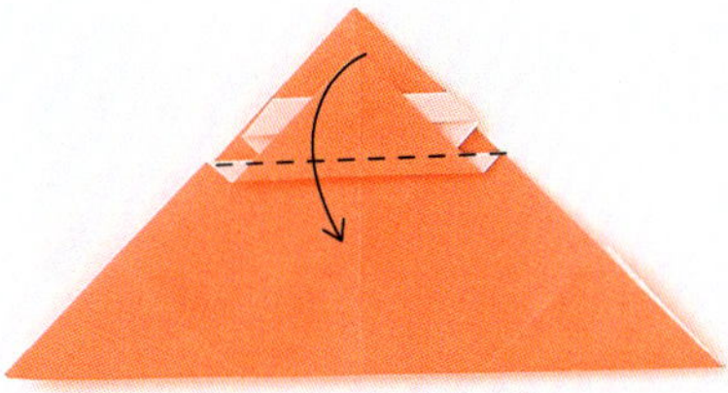

21

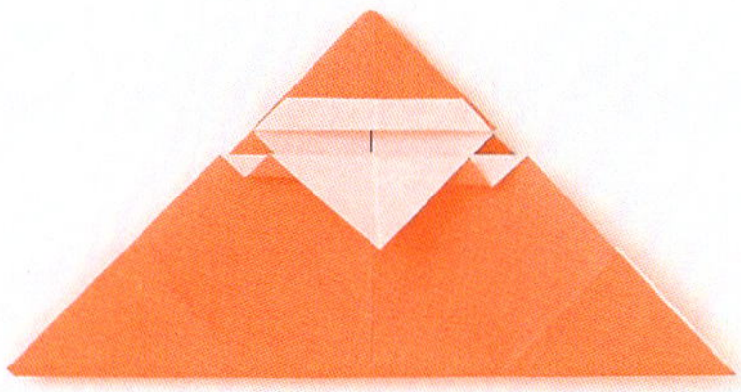

22

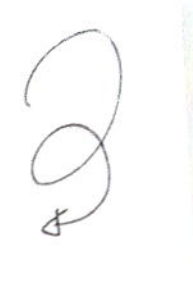

23

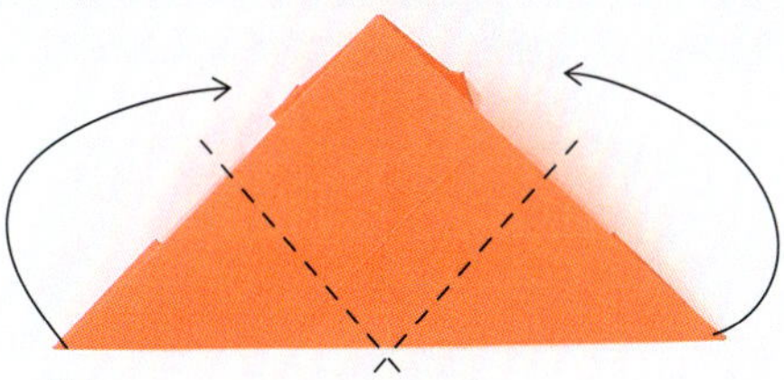

24

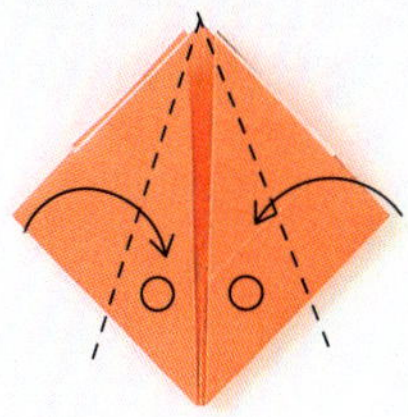

25

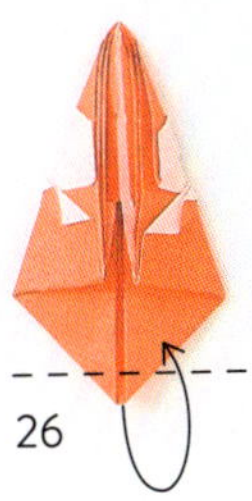

26

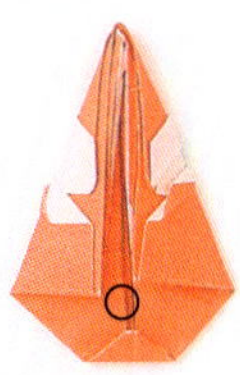

27

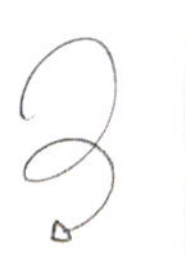

28

29

21. 22. Falte gemäß der gestrichelten Linie. **23.** Wende die Figur. **24.** Falte die beiden unteren Spitzen gemäß den gestrichelten Linien zur oberen Spitze. **25.** Falte die beiden seitlichen Spitzen gemäß den gestrichelten Linien zur vertikalen Mittellinie, dann klebe sie an den angezeigten Punkten fest. **26. 27.** Falte das Ende der unteren Spitze gemäß der gestrichelten Linie, dann klebe es fest. **28.** Wende die Figur. **29.** Der Weihnachtsmann ist fertig und kann nun individuell bemalt oder beklebt werden.

Tannenbaum

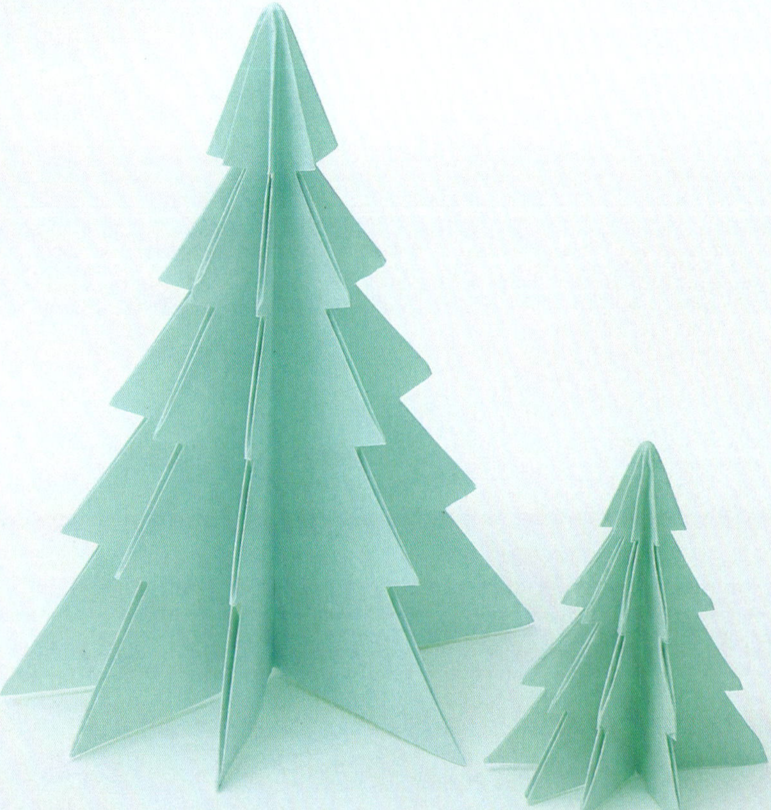

Level ●●●●○

Abmessungen

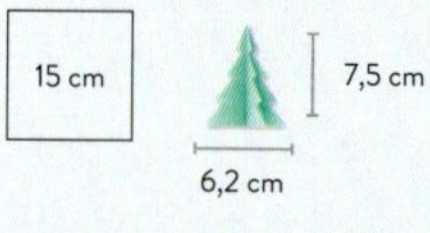

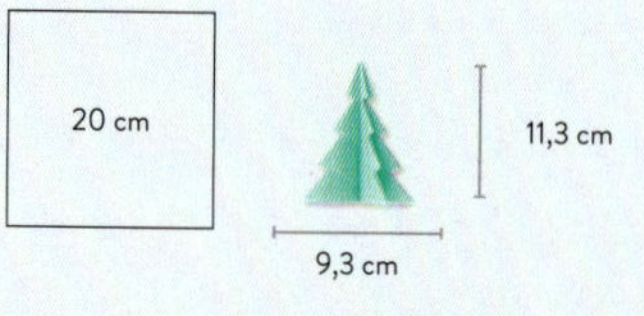

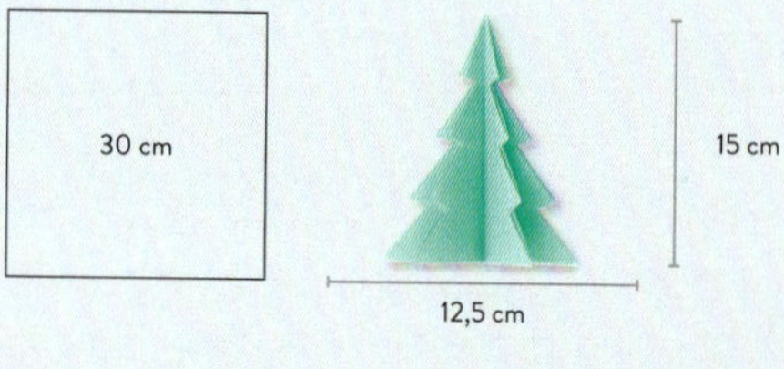

Tipp

Diese Faltung erfordert etwas Akribie, um die Spitzen der Zweige richtig zu platzieren, und du benötigst außerdem eine Schere. Falte mehrere Bäume in unterschiedlichen Größen, um einen Wald zu kreieren.

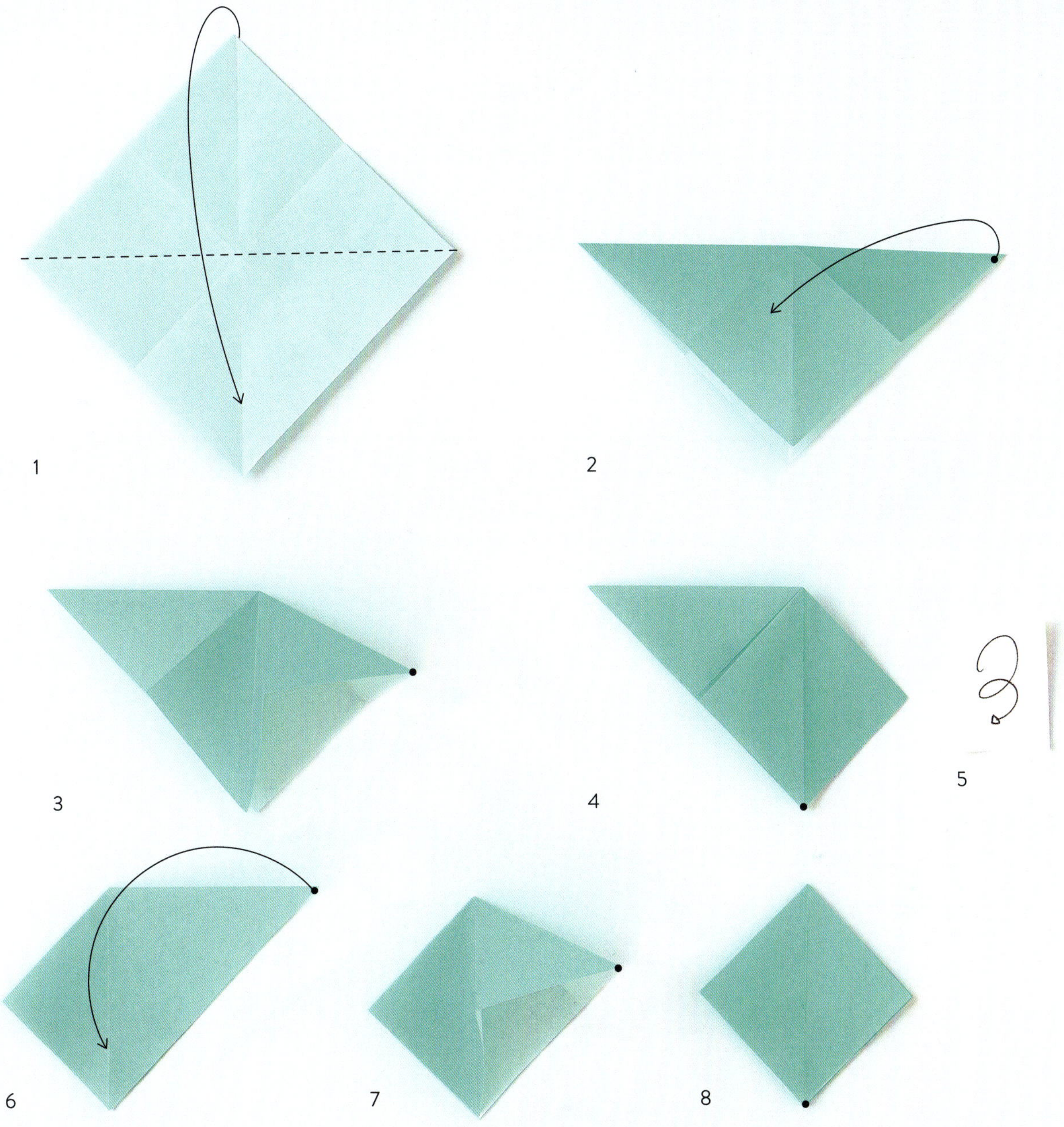

1. Richte das Papier rautenförmig aus (mit der farbigen Seite nach unten). Markiere die Mittellinien und die Diagonalen. Falte das Quadrat in der horizontalen Mitte. **2. 3. 4.** Greife die rechte Spitze am angezeigten Punkt und führe sie zur unteren Spitze, wobei du die Faltung öffnest, um rechts eine Raute zu bilden. **5.** Wende die Figur. **6. 7. 8.** Greife erneut die rechte Spitze am angezeigten Punkt und führe sie zur unteren Spitze, wobei du die Faltung öffnest, um insgesamt eine Raute zu bilden. Streiche die Figur glatt.

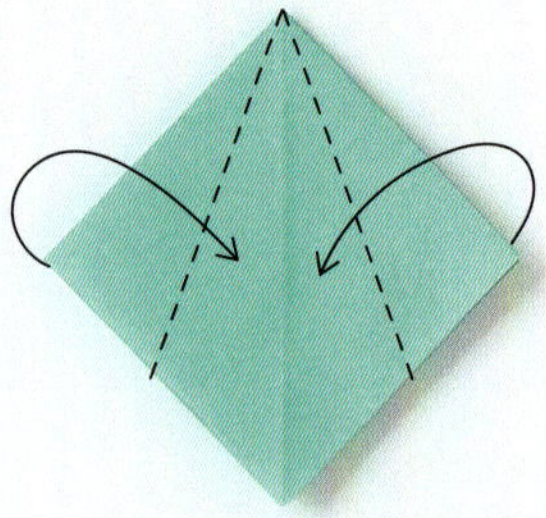

9

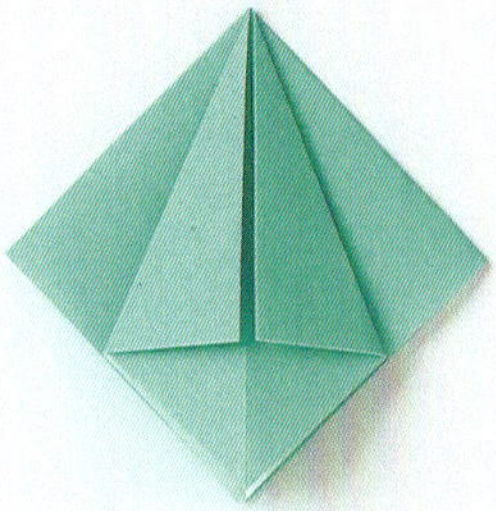

10

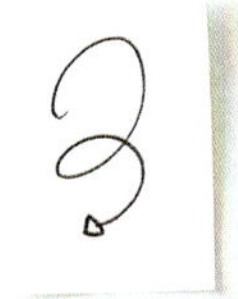

11

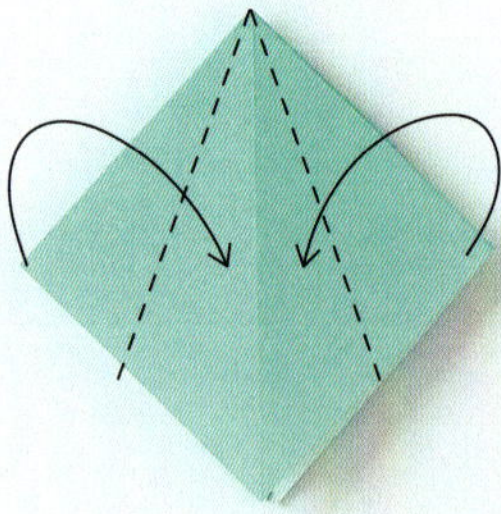

12

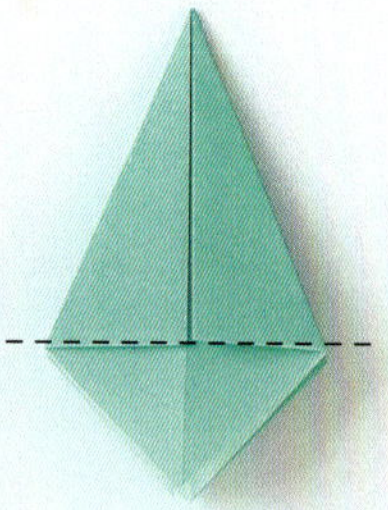

13

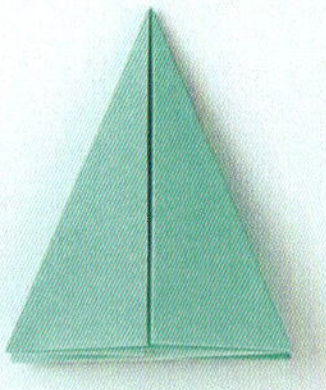

14

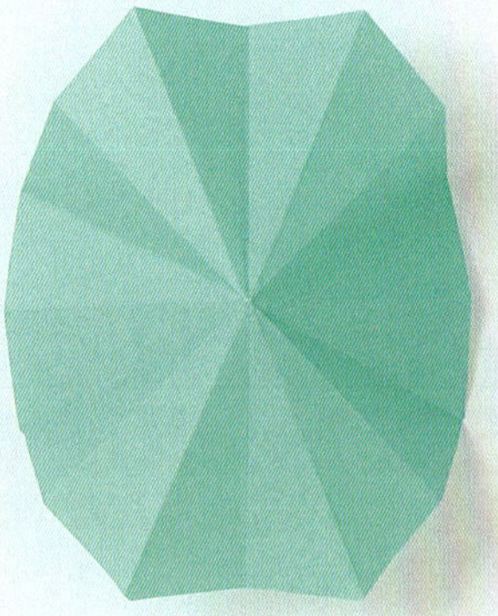

15

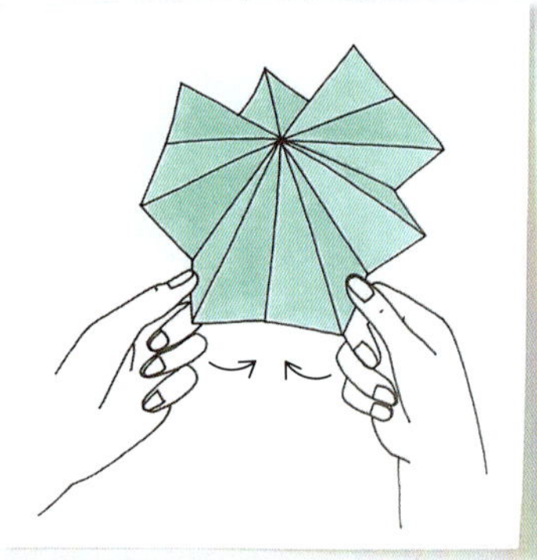

16

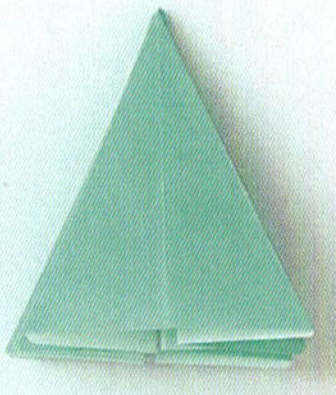

17

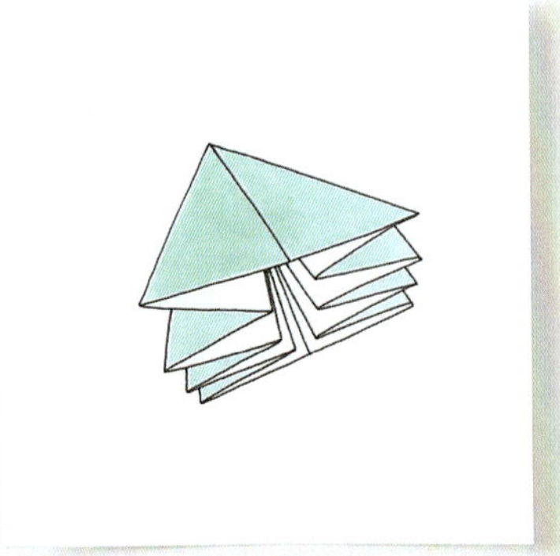

18

9. 10. Falte die oberen Lagen der beiden seitlichen Spitzen zur Mittellinie. **11.** Wende die Figur. **12.** Falte die beiden seitlichen Spitzen zur Mittellinie. **13. 14.** Schneide den untern Teil gemäß der gestrichelten Linie mit einer Schere ab. **15.** Entfalte das Papier. **16. 17. 18.** Falte alle Seiten des Baums gleichmäßig übereinander.

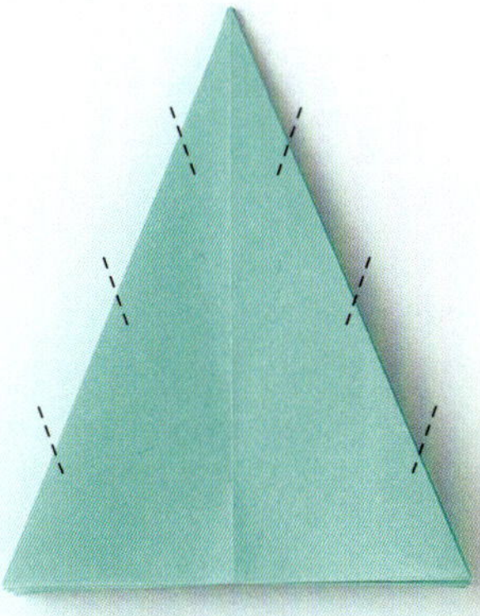
19

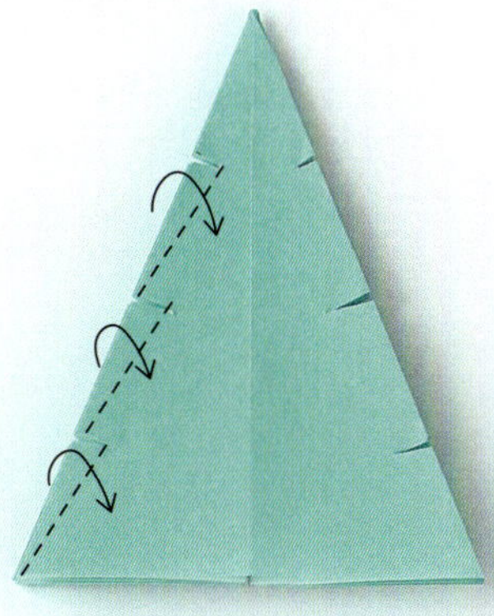
20

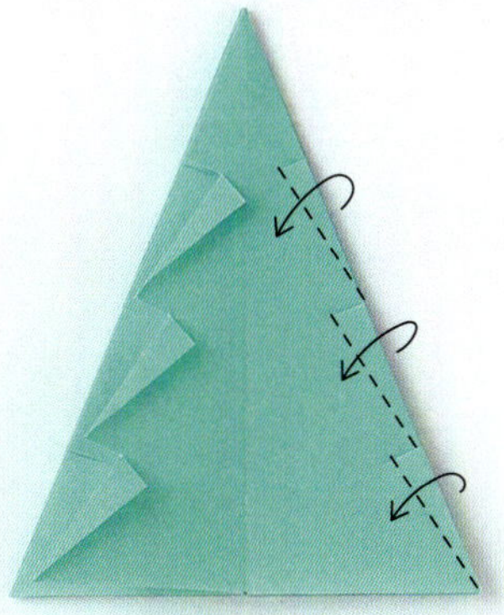
21

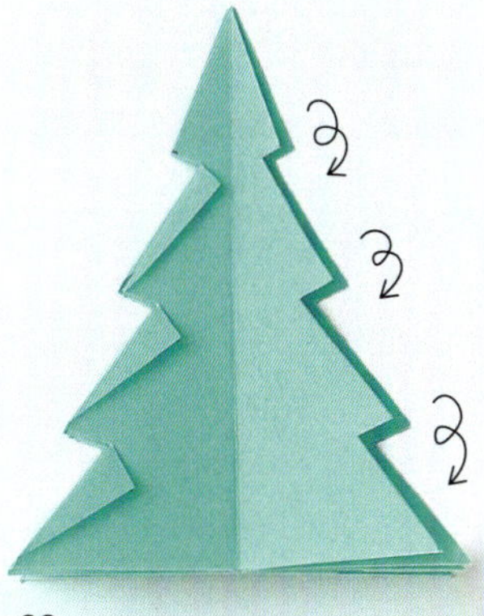
22

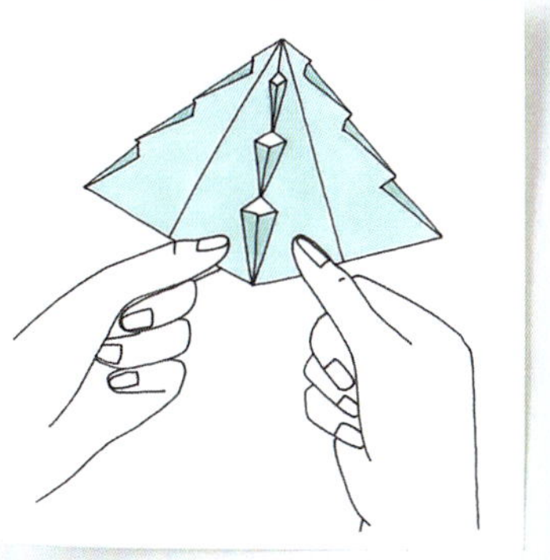
23

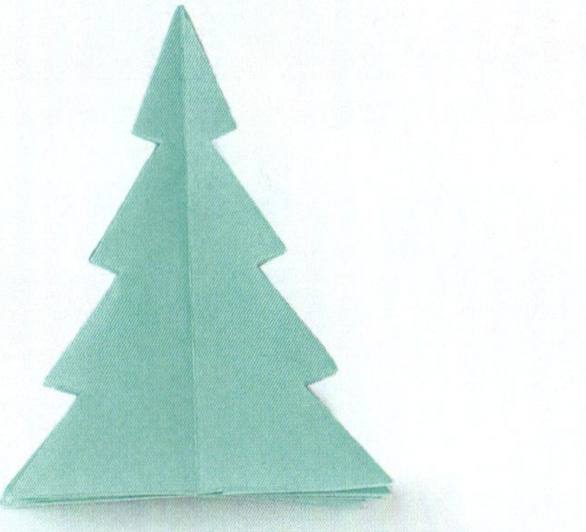
24

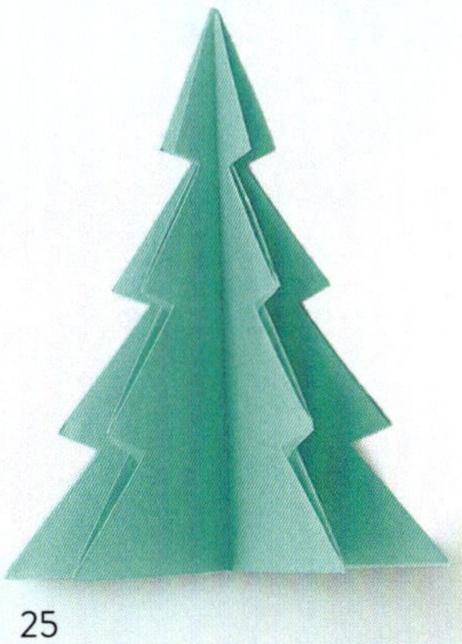
25

19. Schneide die Seitenkanten gemäß den gestrichelten Linien mit einer Schere ein. **20.** Markiere gemäß den gestrichelten Linien die Falze auf der linken Seite. **21.** Markiere gemäß den gestrichelten Linien die Falze auf der rechten Seite. **22. 23. 24.** Biege die Ecken an den Falzlinien um und stecke sie ins Innere der Faltung. Wiederhole diesen Schritt für alle Seiten des Baums. **25.** Der Tannenbaum ist fertig.

Elefant

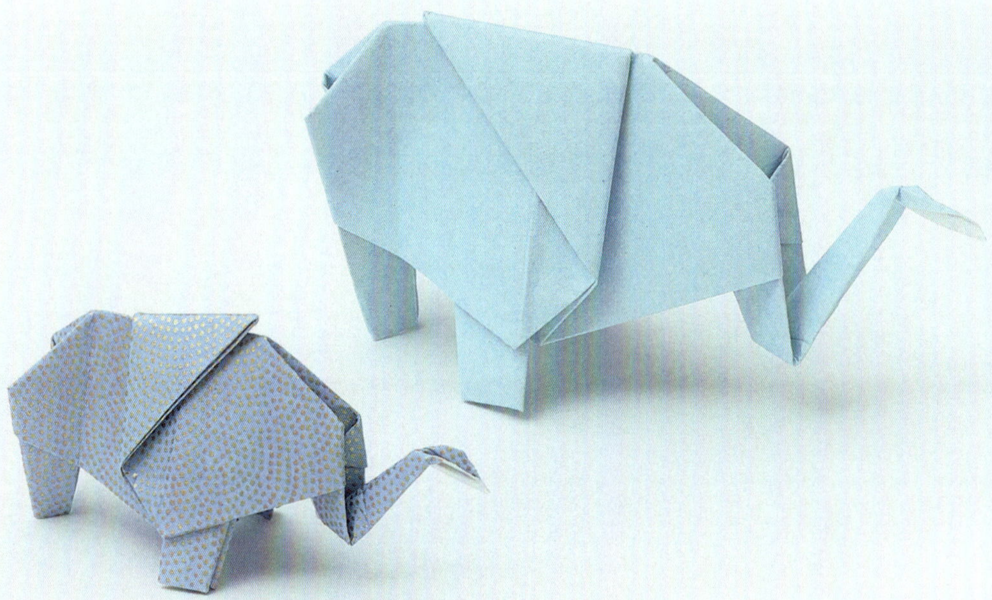

Level ●●●●●

Abmessungen

15 cm 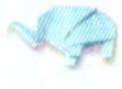 4 cm
7,5 cm

20 cm 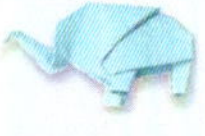 5,5 cm
10 cm

30 cm 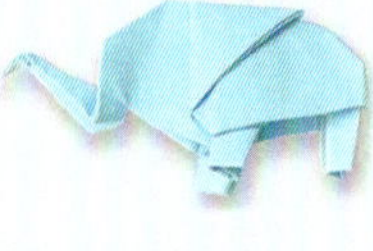 8 cm
14 cm

Tipp

Bei dieser Figur benötigst du etwas Klebstoff. Achtung: Die Größe der fertigen Figur ist im Vergleich zur Größe des Ausgangspapiers sehr klein.

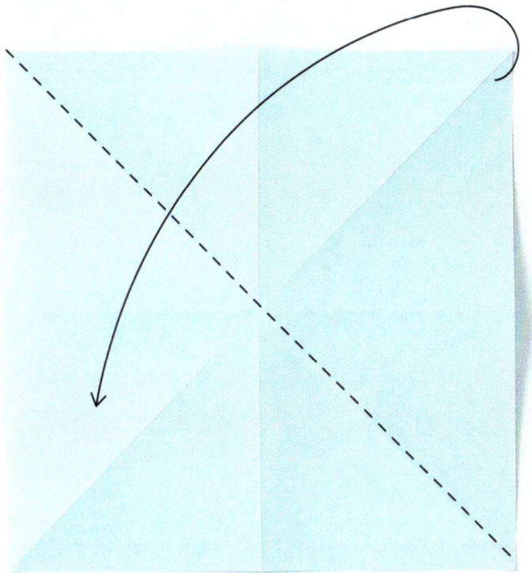

1

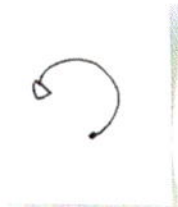

2

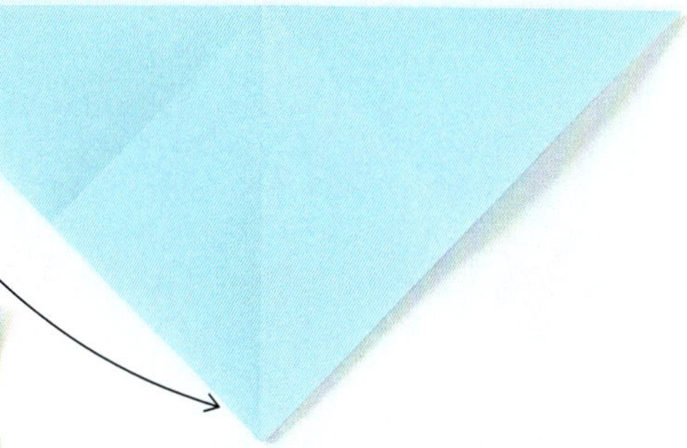

3

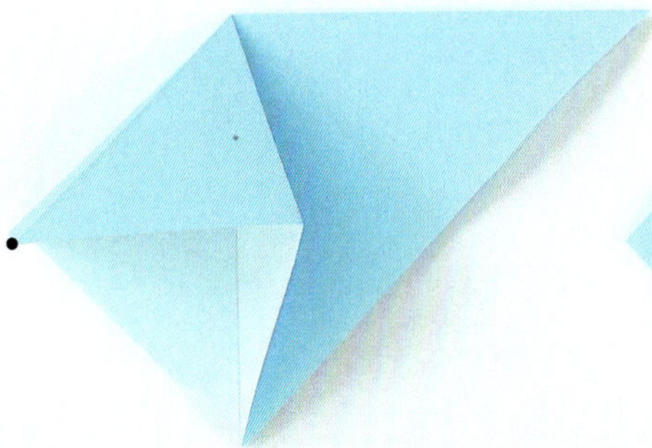

4

5

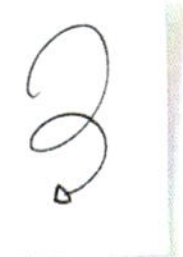

6

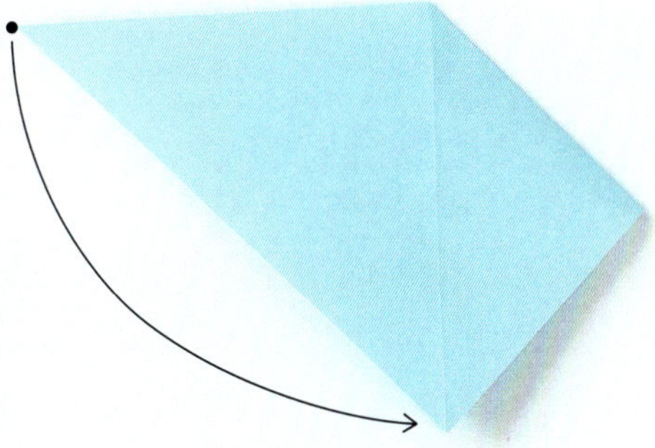

7

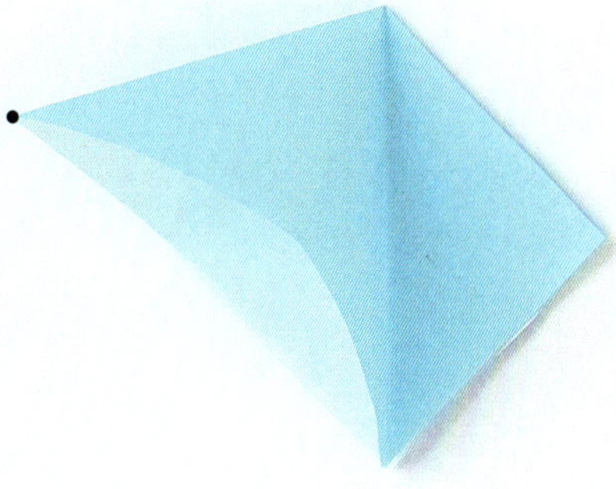

8

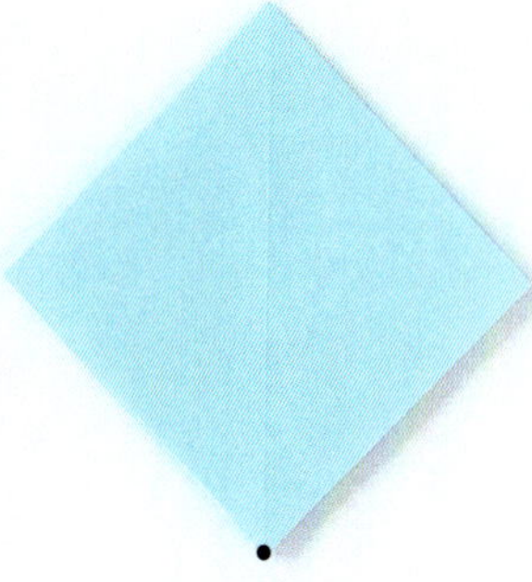

9

1. Richte das Papier normal aus (mit der farbigen Seite nach unten). Markiere die Mittellinien und die Diagonalen. Falte das Quadrat in der horizontalen Mitte, um ein Dreieck zu bilden. **2.** Drehe das Dreieck um 90 Grad gegen den Uhrzeigersinn. **3. 4.** Führe die linke Spitze zur unteren Spitze und öffne dabei die Faltung, sodass links eine Raute entsteht. **5.** Streiche die Figur glatt. **6.** Wende die Figur. **7. 8.** Führe die linke Spitze zur unteren Spitze und öffne dabei die Faltung, sodass insgesamt eine Raute entsteht. **9.** Streiche die Figur glatt.

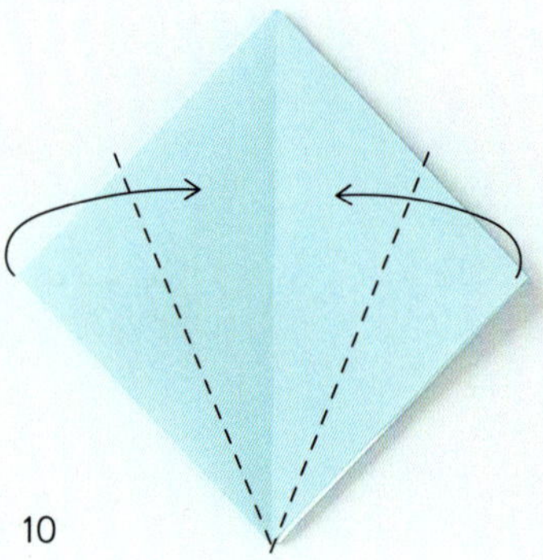
10

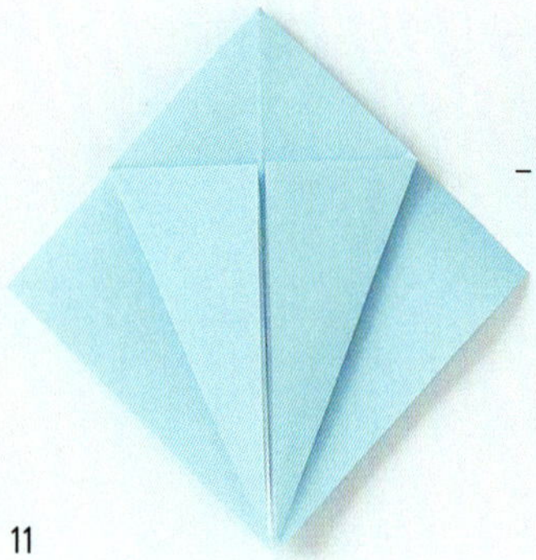
11

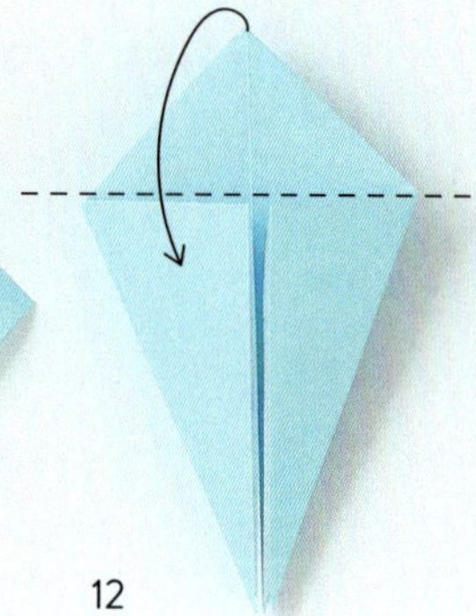
12

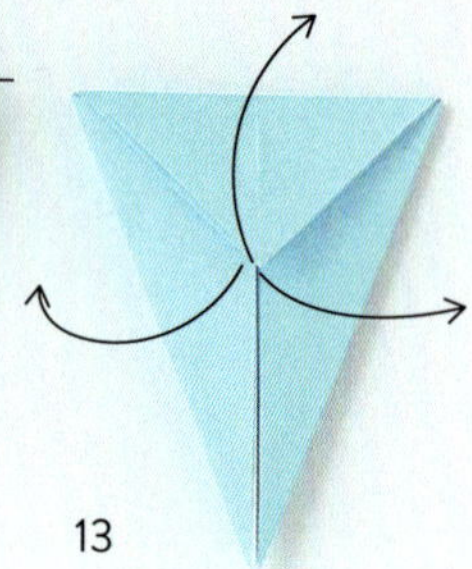
13

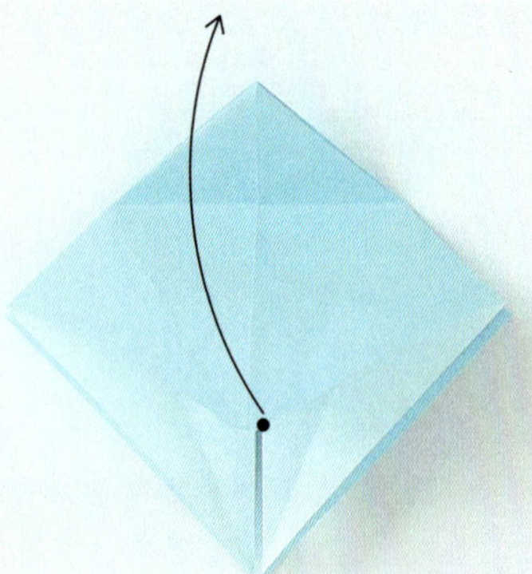
14

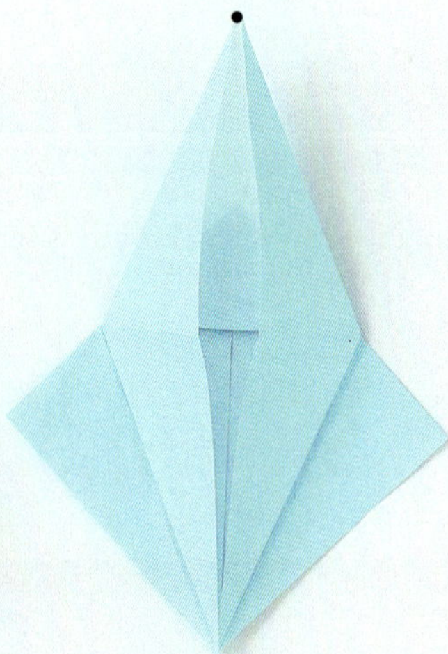
15

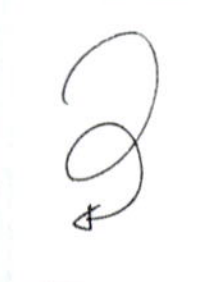
16

17

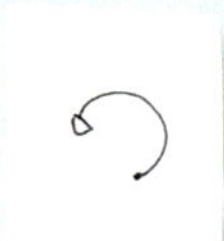
18

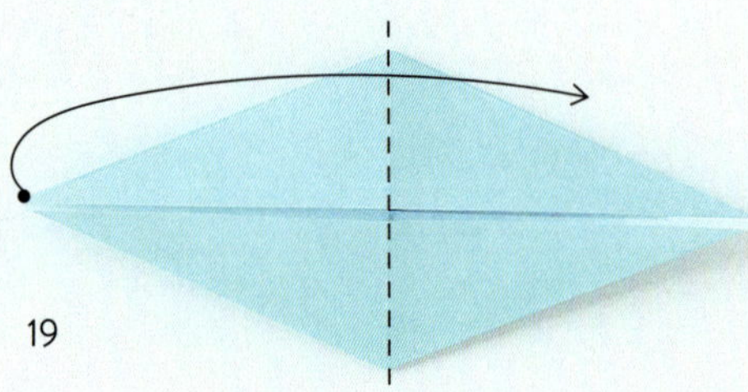
19

10. 11. Falte die rechte und linke Spitze gemäß den gestrichelten Linien zur Mittellinie, dann mache dasselbe auf der Rückseite der Figur. **12.** Falte die obere Spitze gemäß der gestrichelten Linie. **13.** Entfalte die Figur wieder zur Raute. **14. 15.** Greife die obere Lage der unteren Spitze, ziehe sie nach oben und öffne die Faltung zu einer hohen Rautenform. Streiche diese glatt. **16.** Wende die Figur. **17.** Wiederhole die Schritte 14 und 15, um Figur zu erhalten. **18.** Drehe die Figur um 90 Grad gegen den Uhrzeigersinn. **19. 20.** Falte die obere Lage der linken Spitze gemäß der gestrichelten Linie nach rechts.

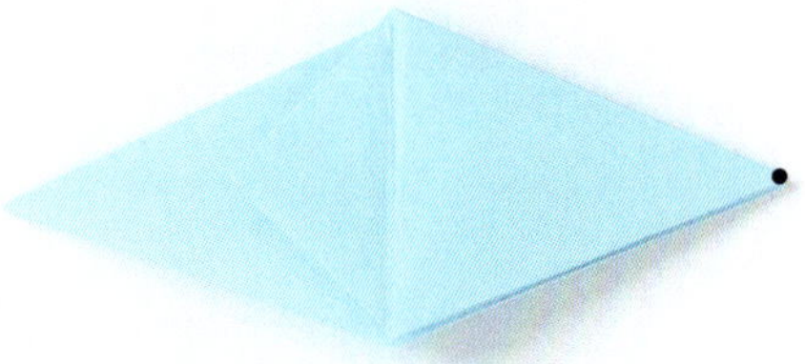

20

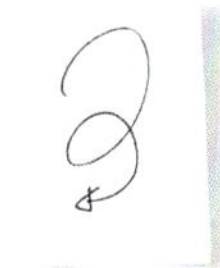

21

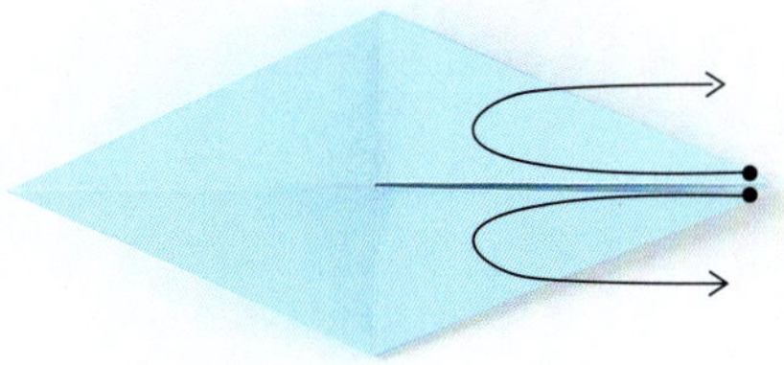

22

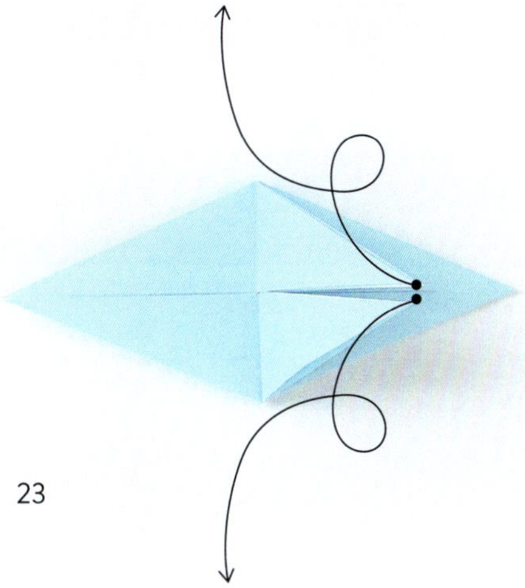

23

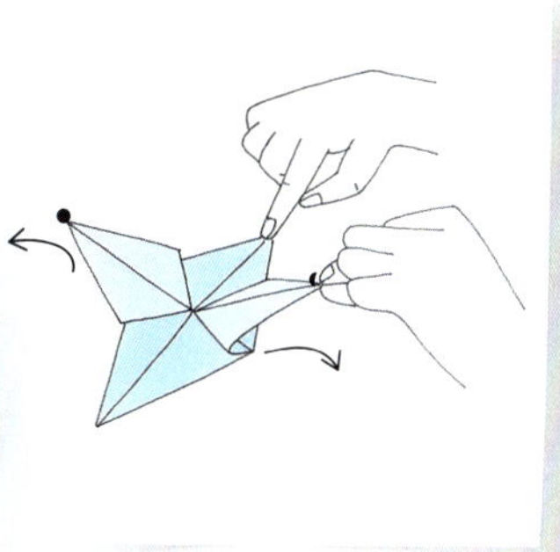

24

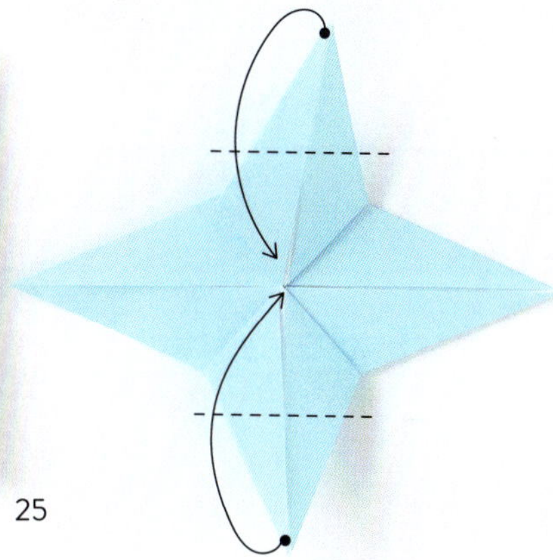

25

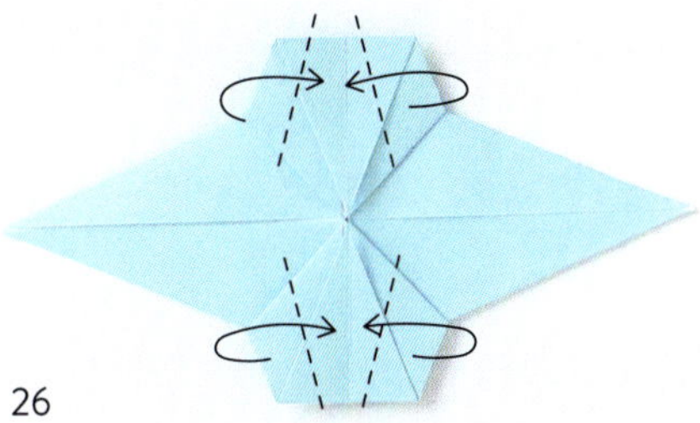

26

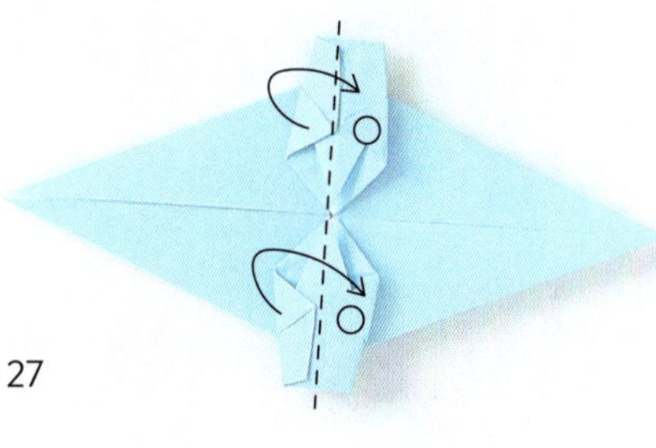

27

21. Wende die Figur. **22.** Hebe die Spitzen an den beiden angezeigten Punkten gemäß den Pfeilen an. **23. 24.** Senke die beiden Punkte nach oben bzw. unten ab und drücke ihre Basis zusammen, um einen Stern zu bilden. **25.** Falte die mit Punkten gekennzeichneten Spitzen gemäß den gestrichelten Linien zum Mittelpunkt. **26.** Falte gemäß den gestrichelten Linien. **27. 28.** Falte jeweils die linke Seite der Teilfaltung gemäß der gestrichelten Linie über die rechte Seite und klebe sie am gekennzeichneten Punkt fest.

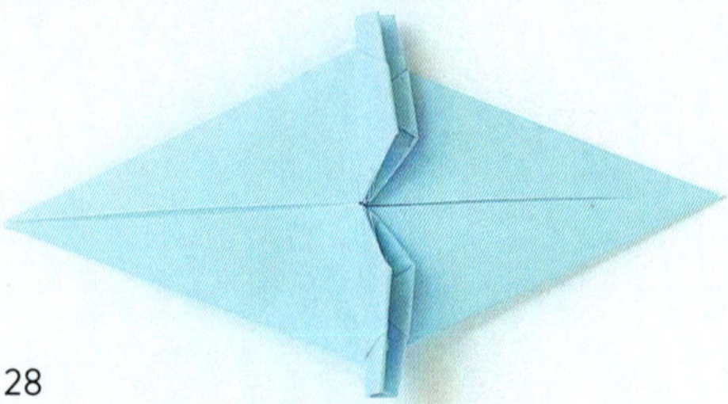

28

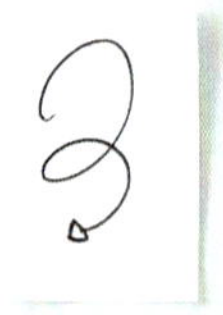

29

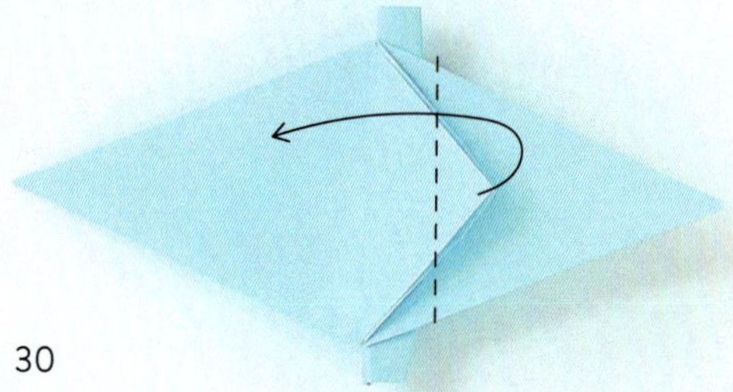

30

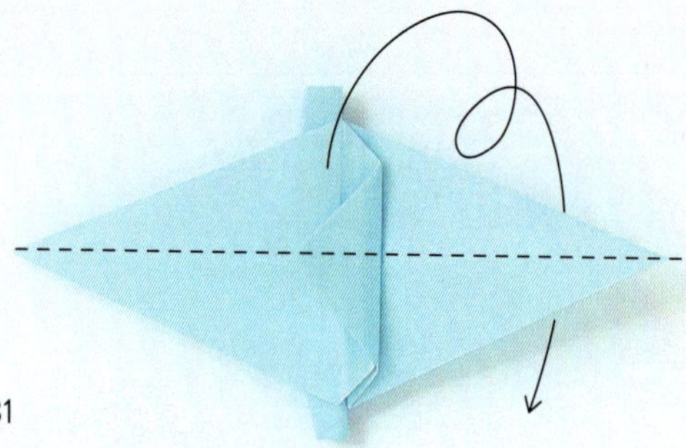

31

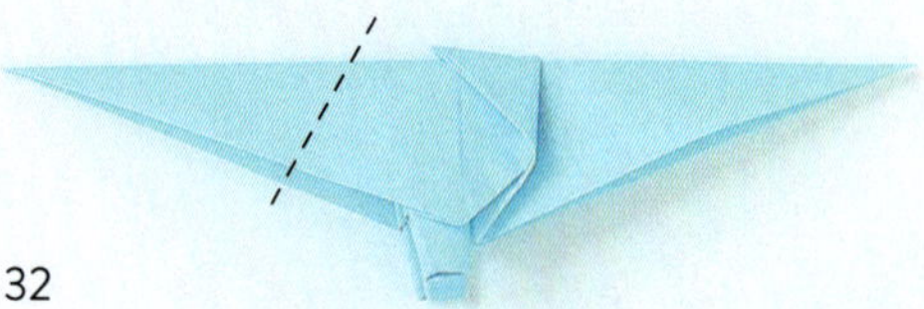

32

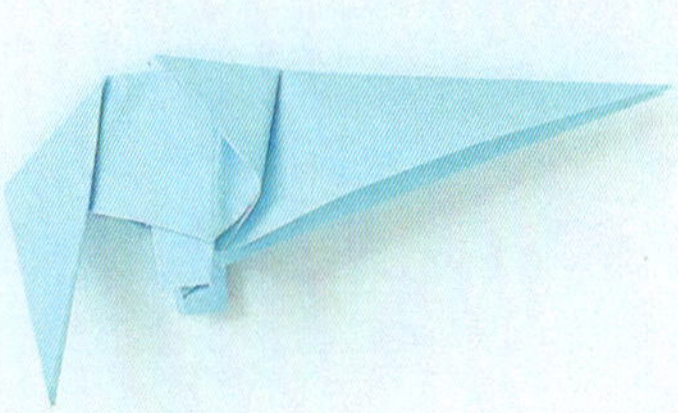

33

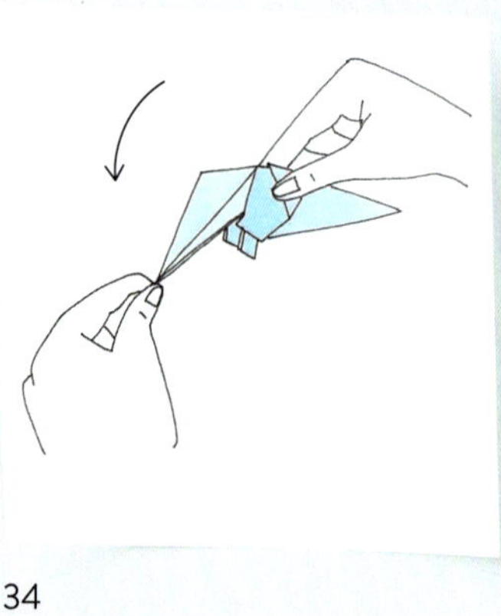

34

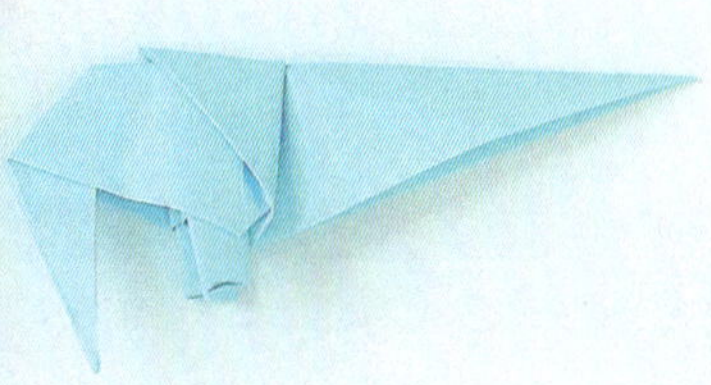

35

29. Wende die Figur. **30.** Falte die Spitze des mittleren Dreiecks gemäß der gestrichelten Linie (sie kann beliebig gesetzt werden) nach links, um die Ohren zu bilden. **31.** Falte die Figur in der Mitte nach hinten. **32.** Markiere einen Falz gemäß der gestrichelten Linie. **33. 34.** Öffne diese Faltung und kehre sie um. **35.** Streiche sie glatt.

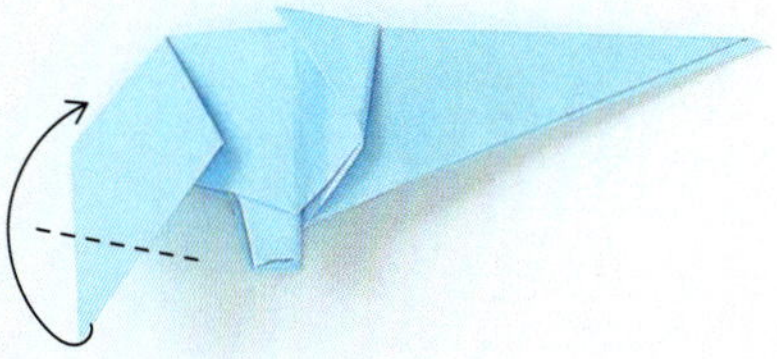

36

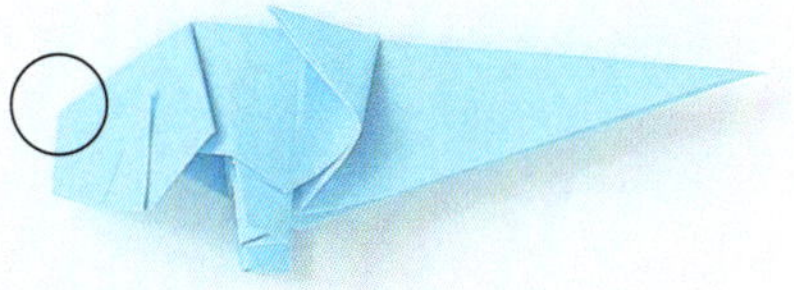

37

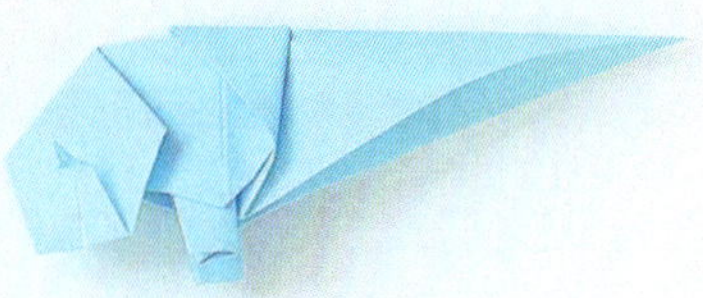

38

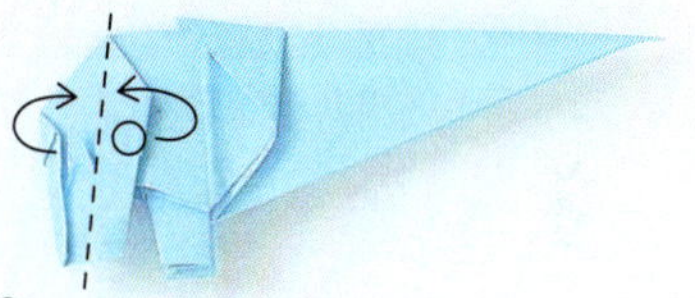

39

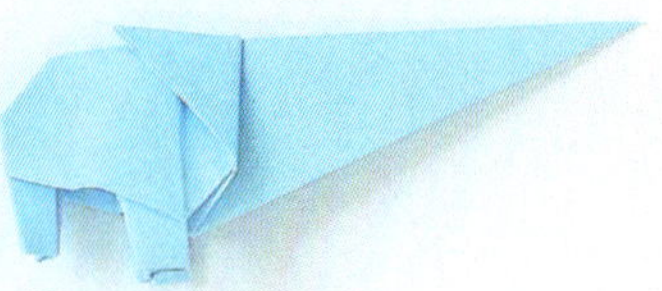

40

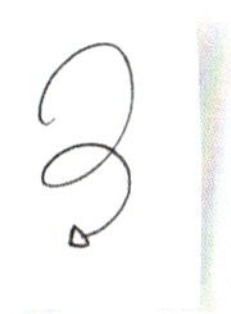

41

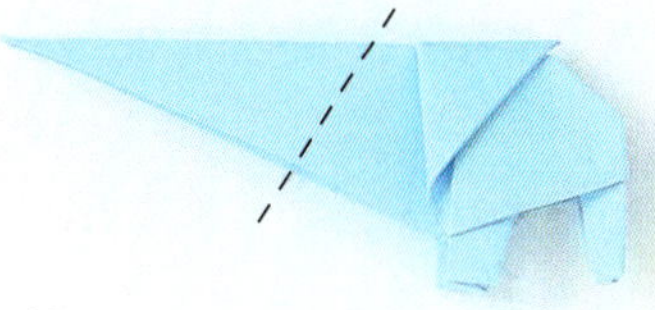

42

36. Öffne die vorherige Faltung und falte sie dann gemäß der gestrichelten Linie. **37. 38.** Kneife die Seiten der Faltung zusammen. **39.** Falte die Seiten gemäß der gestrichelten Linie, dann klebe sie am angezeigten Punkt fest. **40.** Das Hinterteil des Elefanten ist fertig. **41.** Wende die Figur. **42.** Markiere einen Falz gemäß der gestrichelten Linie.

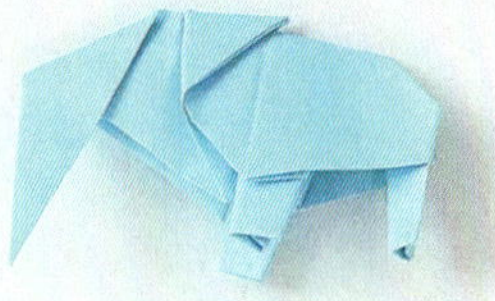

43

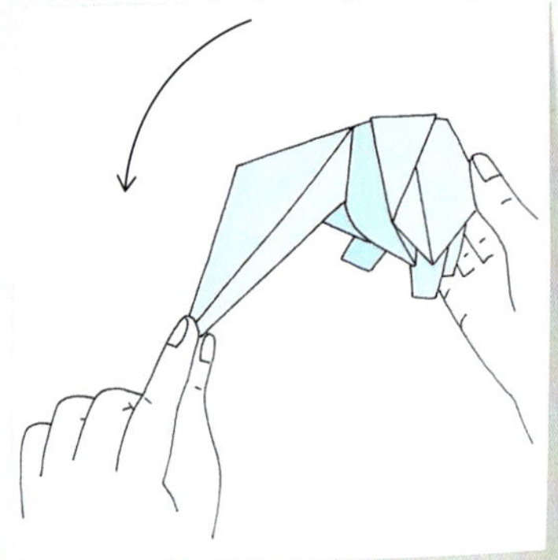

44

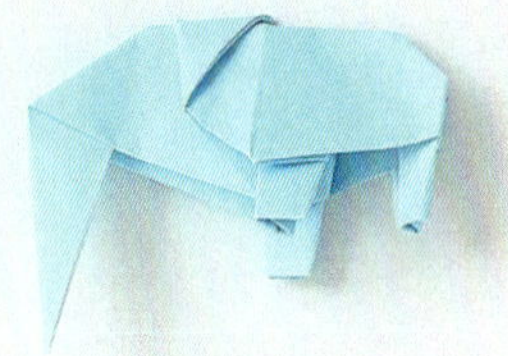

45

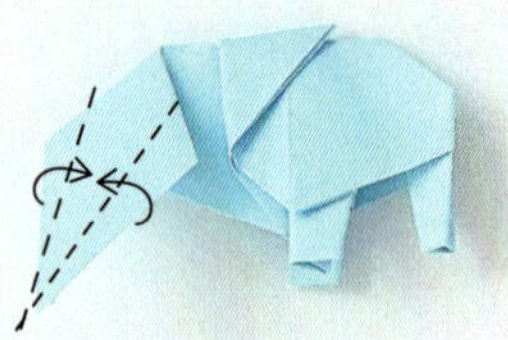

46

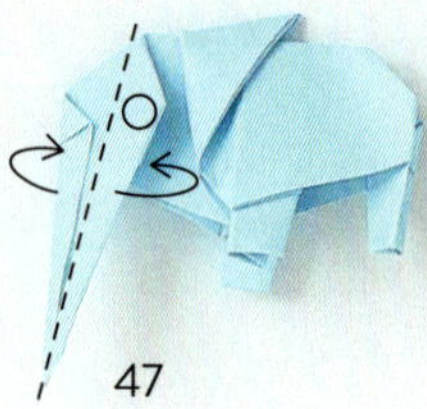

47

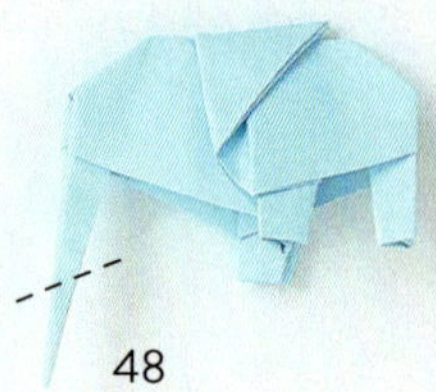

48

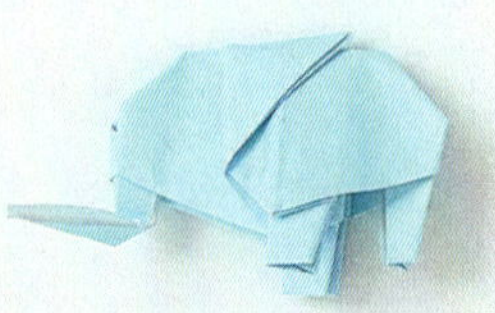

49

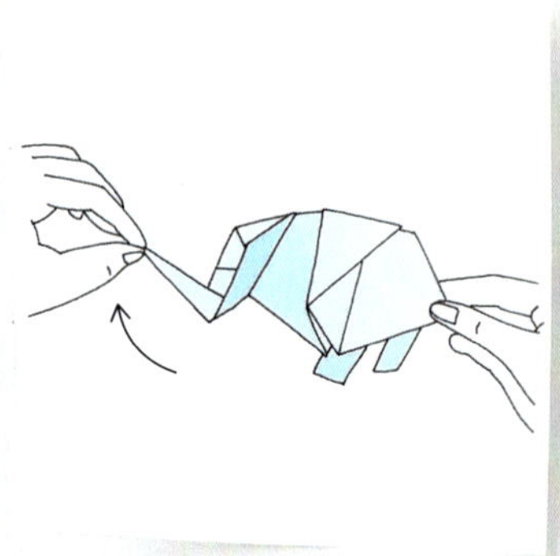

50

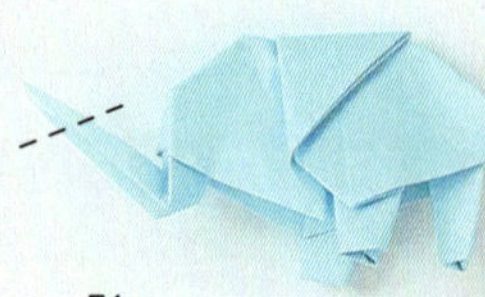

51

43. 44. 45. Öffne die Faltung und kehre sie nach innen um, dann streiche sie glatt. **46.** Öffne die vorherige Faltung und falte die Seiten gemäß den gestrichelten Linien zur Mittellinie des Kopfes. **47.** Falte die Seiten erneut zur Mittellinie und klebe sie am angezeigten Punkt fest. **48.** Markiere einen Falz gemäß der gestrichelten Linie. **49. 50. 51.** Öffne diese Faltung und kehre sie nach innen um. **51.** Markiere einen Falz gemäß der gestrichelten Linie.

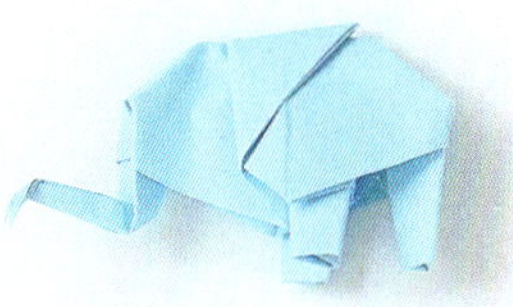

52

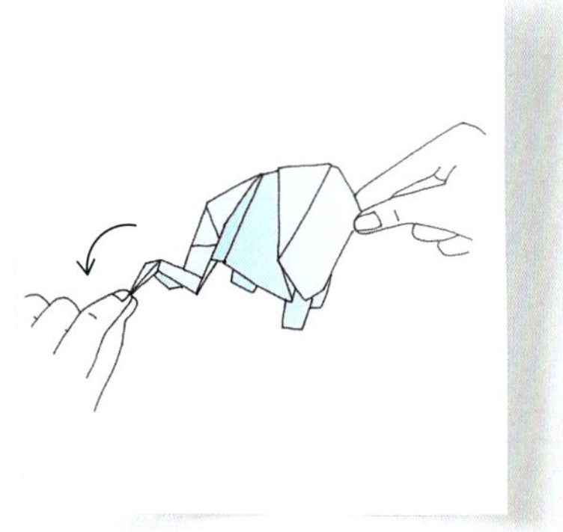

53

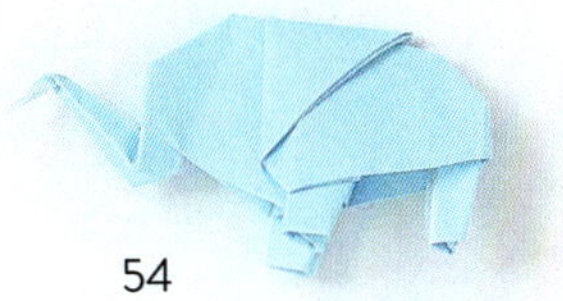

54

52. 53. Öffne diese Faltung und kehre sie nach innen um. **54.** Der Elefant ist fertig.

Kamelienblüte

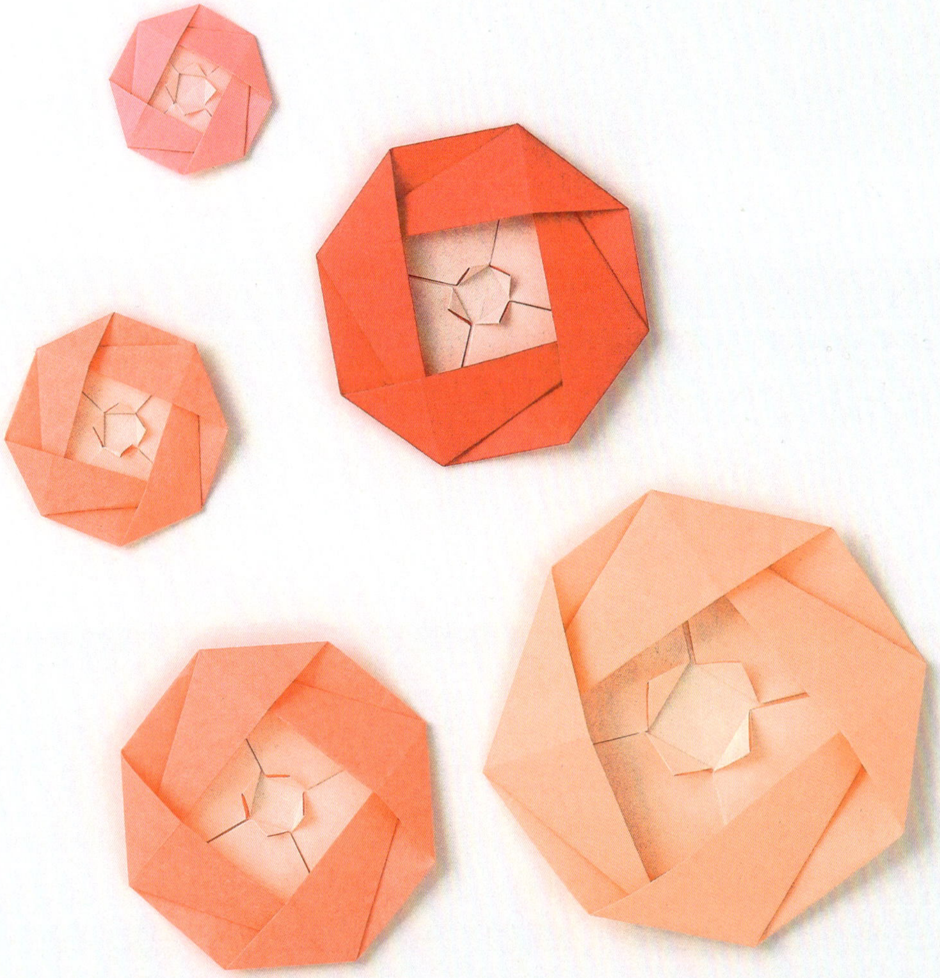

Level ●●●●●

Abmessungen

7,5 cm

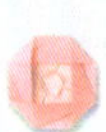

4,5 cm

4,5 cm

15 cm

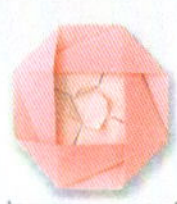

9 cm

9 cm

20 cm

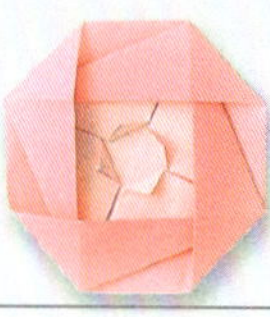

11,2 cm

11,2 cm

Tipp

Das Falten dieser Figur erfordert besondere Konzentration, da sich die Faltungen um die Blüte drehen.

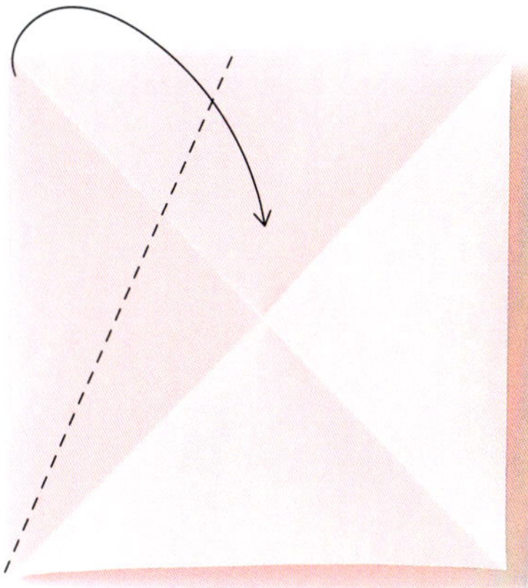
1

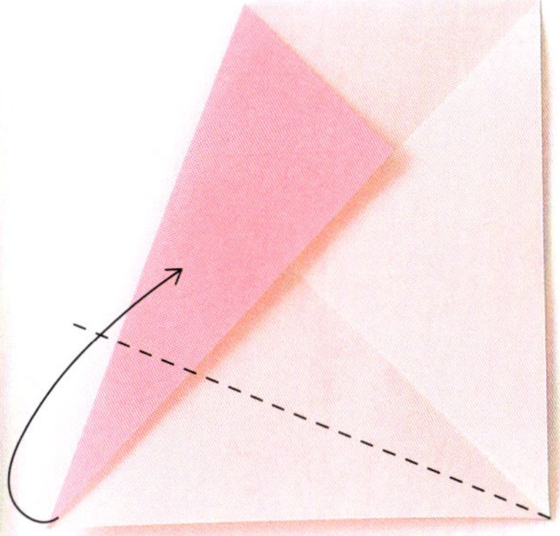
2

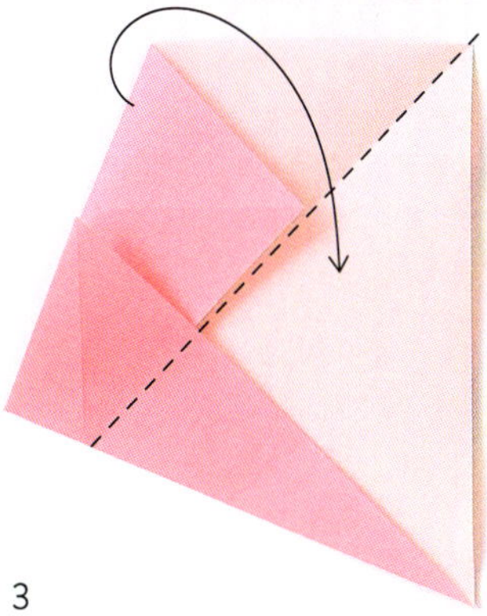
3

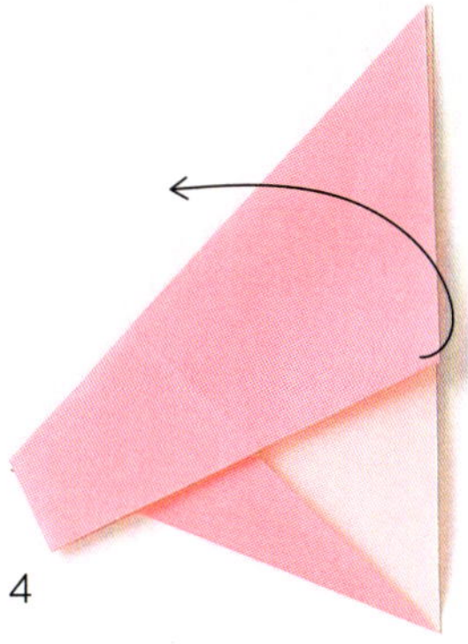
4

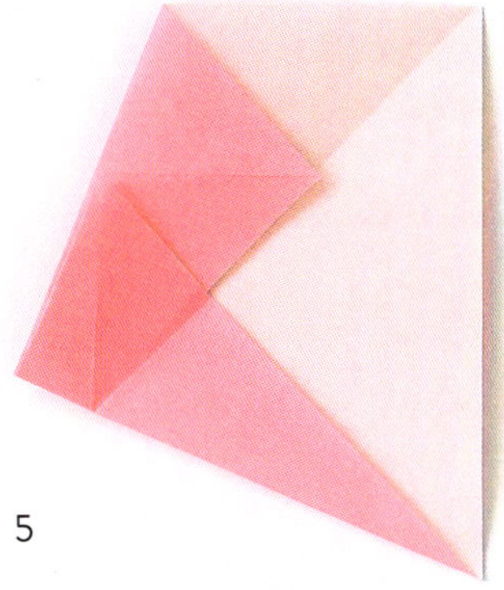
5

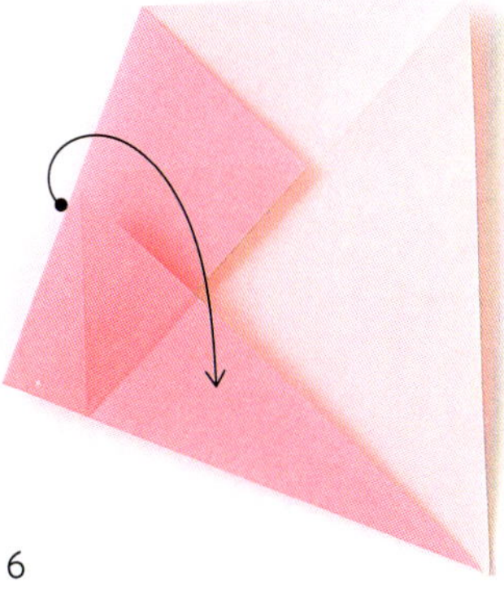
6

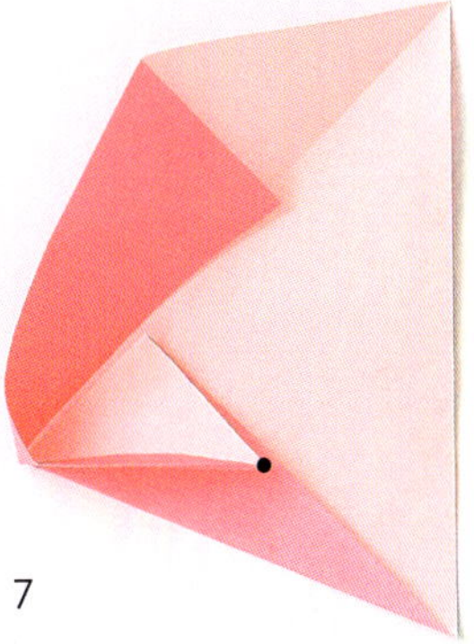
7

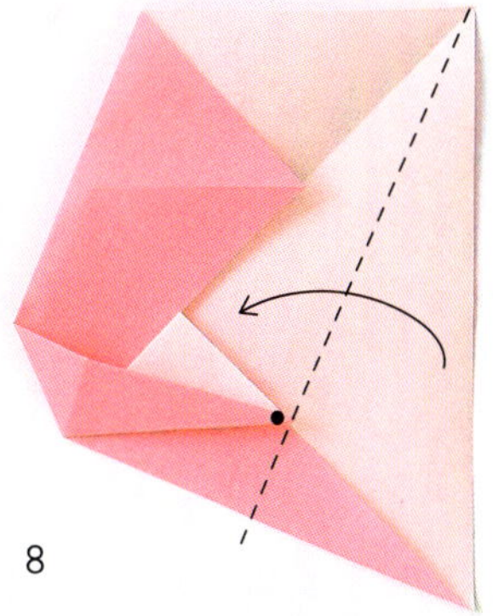
8

1. Richte das Papier normal aus (mit der farbigen Seite nach unten). Markiere die Diagonalen. Falte die linke obere Ecke gemäß der gestrichelten Linie zur Mitte. **2.** Falte die rechte untere Ecke gemäß der gestrichelten Linie. **3.** Falte die obere linke Spitze gemäß der gestrichelten Linie. **4. 5.** Entfalte diese letzte Faltung. **6. 7. 8.** Greife die Spitze am angezeigten Punkt und ziehe die Faltung bis zum in Bild 8 angezeigten Punkt auf. Streiche die entstandene kleine »Bootform« glatt. **8.** Falte die rechte Seite der Figur gemäß der gestrichelten Linie um. **9.** Streiche die Figur glatt.

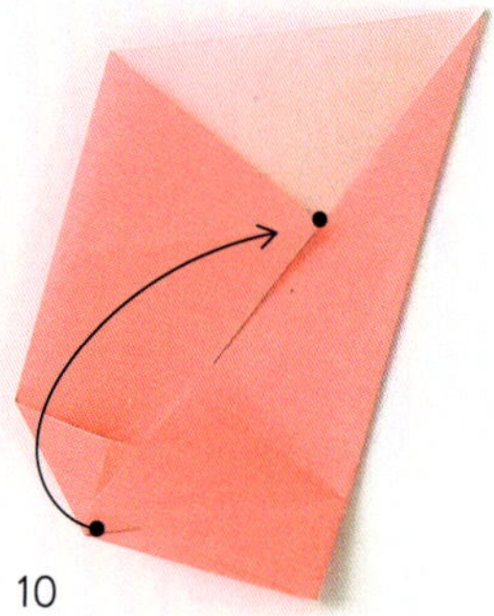

10

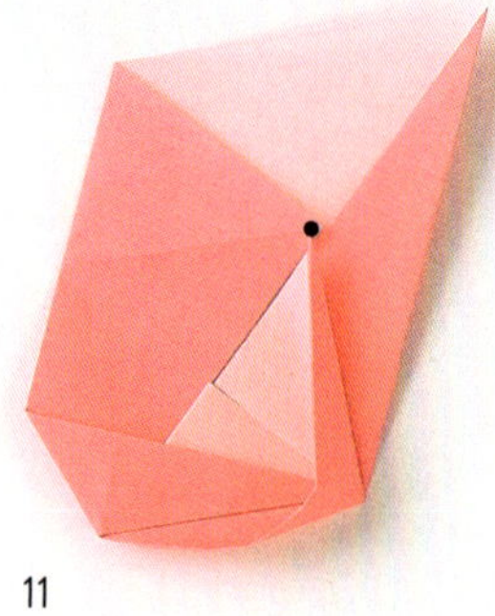

11

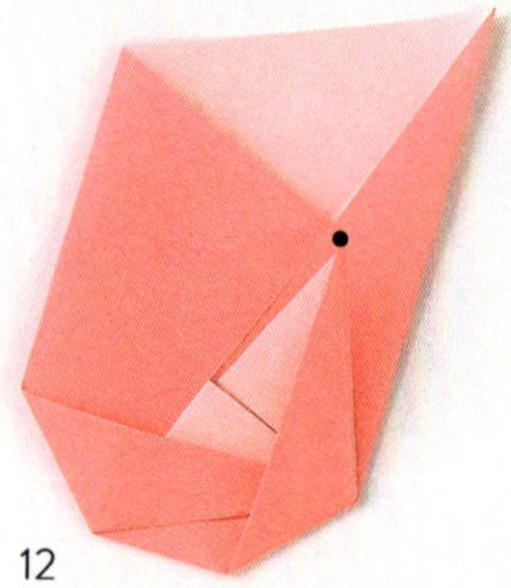

12

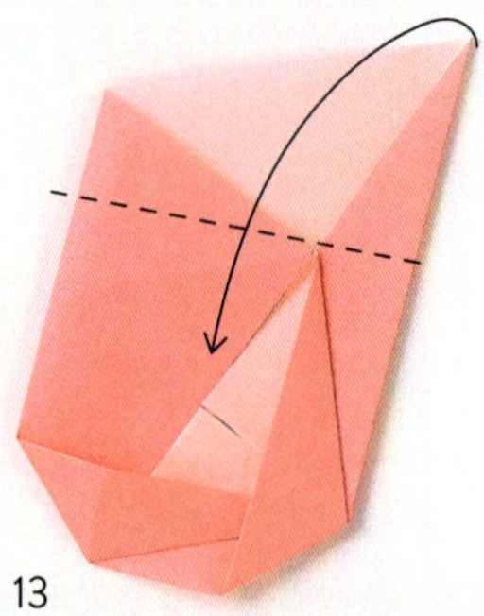

13

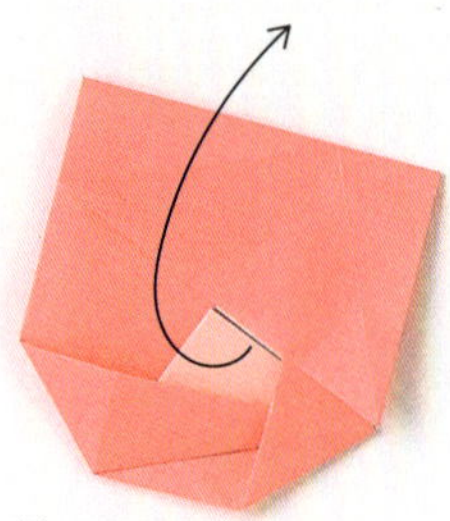

14

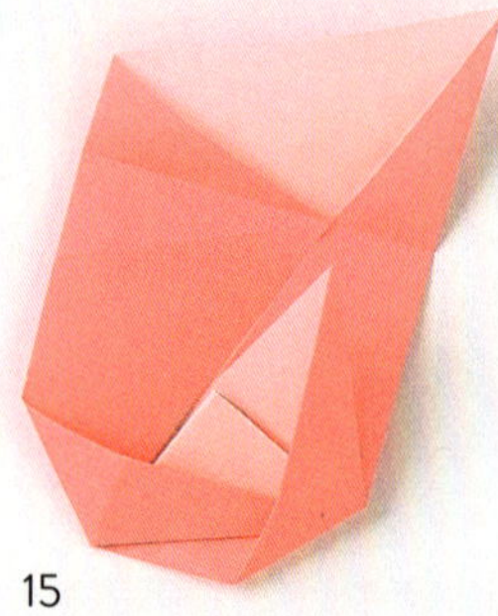

15

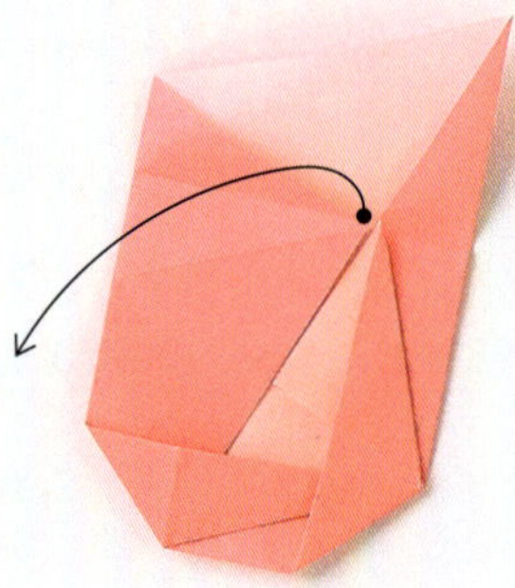

16

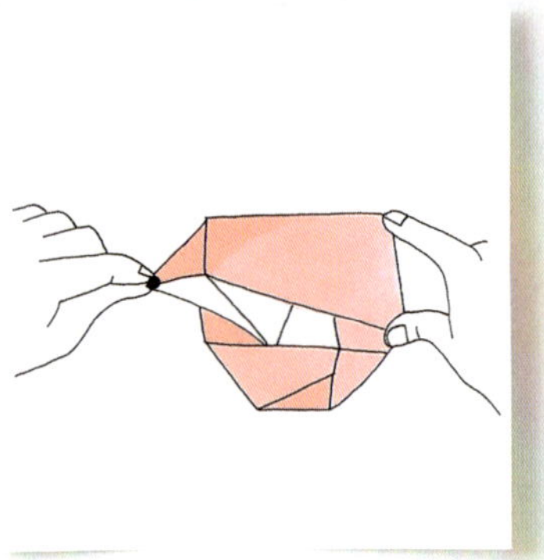

17

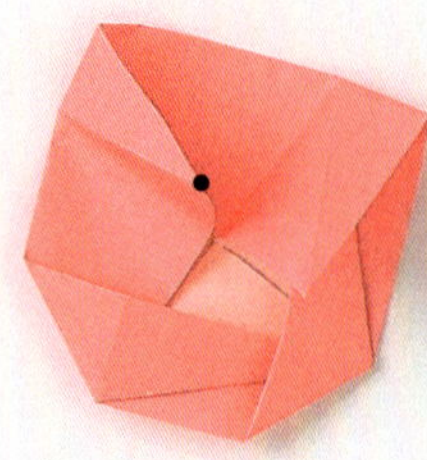

18

10. 11. 12. Greife die untere angezeigte Spitze und ziehe sie auf Höhe der oberen angezeigten Spitze. Streiche die Faltung glatt. **13.** Falte gemäß der gestrichelten Linie. **14. 15.** Entfalte diese letzte Faltung. **16. 17. 18. 19.** Greife die angezeigte Spitze und schiebe sie in den oberen Teil der Kamelienblüte. Streiche die Faltung glatt, um Figur 19 zu erhalten.

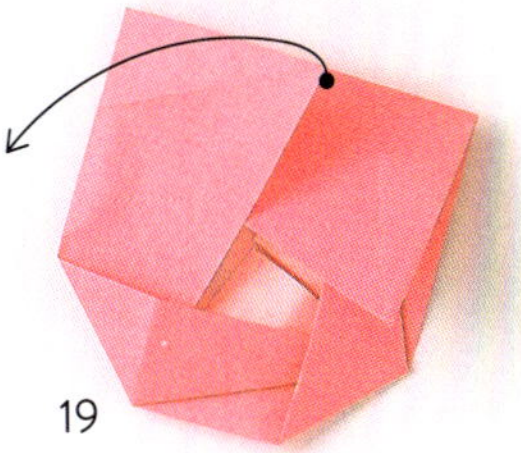
19

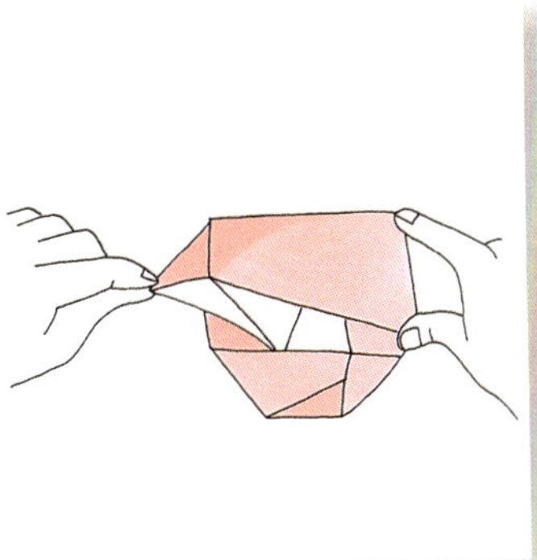
20

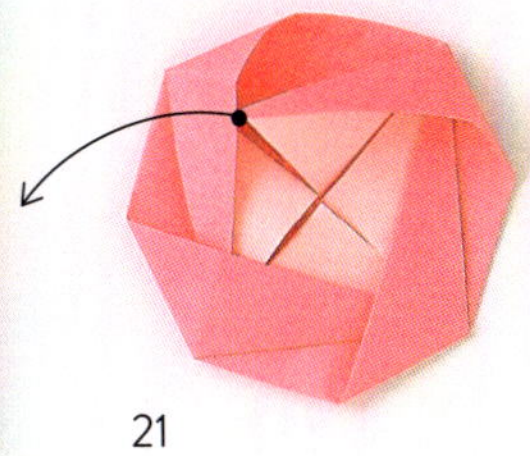
21

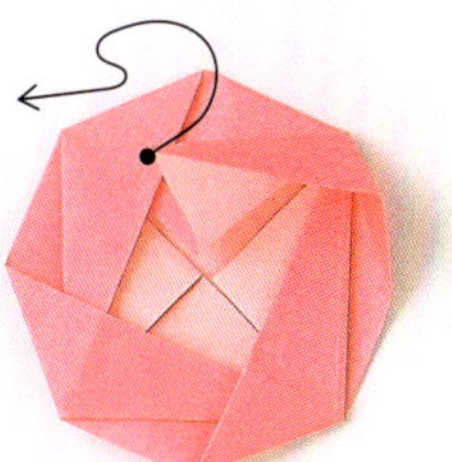
22

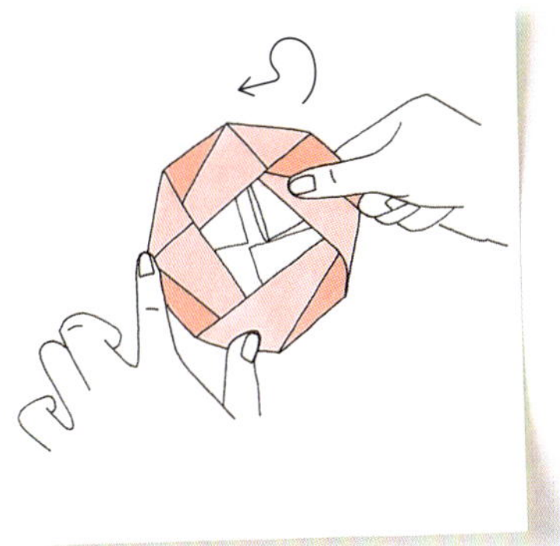
23

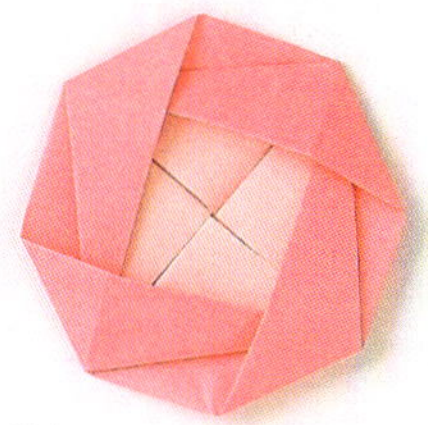
24

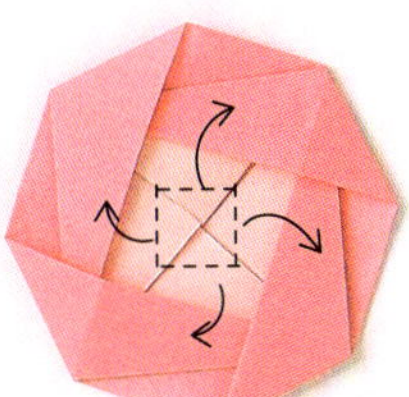
25

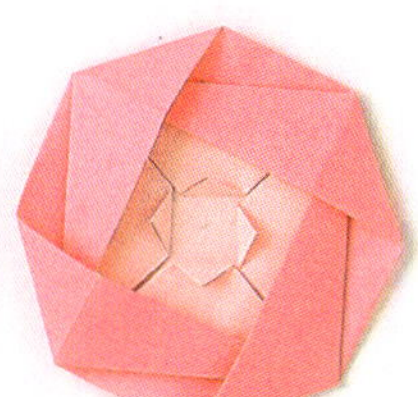
26

19. 20. Greife die angezeigte Spitze und schiebe sie ins Innere der Kamelienblüte. Streiche die Faltung glatt. **21. 22. 23. 24.** Greife die angezeigte Spitze und schiebe sie ins Innere der Kamelienblüte. Streiche die Faltung glatt. **25. 26.** Falte die vier Spitzen nach außen um, sodass sich im Zentrum ein kleines Quadrat zeigt. **26.** Die Kamelienblüte ist fertig.

Glockenblume

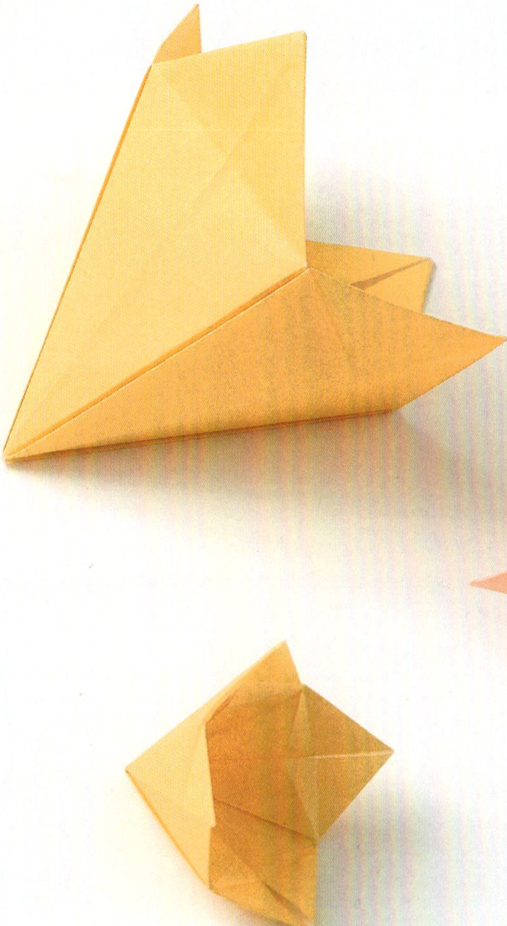

Level ●●●●●

Abmessungen

6 cm

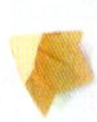

3 cm

3,5 cm

7,5 cm

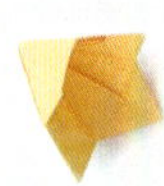

3,5 cm

4,5 cm

15 cm

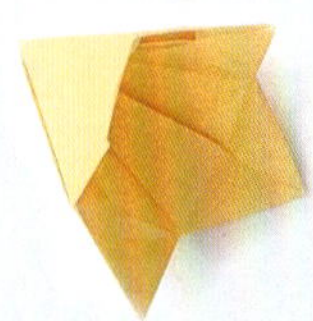

7,5 cm

8 cm

Tipp

Diese komplexe Faltung erfordert Akribie, aber sie ist ideal für die Herstellung von Girlanden oder Blumensträußen. Achtung: Die Figur ist im Vergleich zur Größe des Ausgangspapiers nur halb so groß.

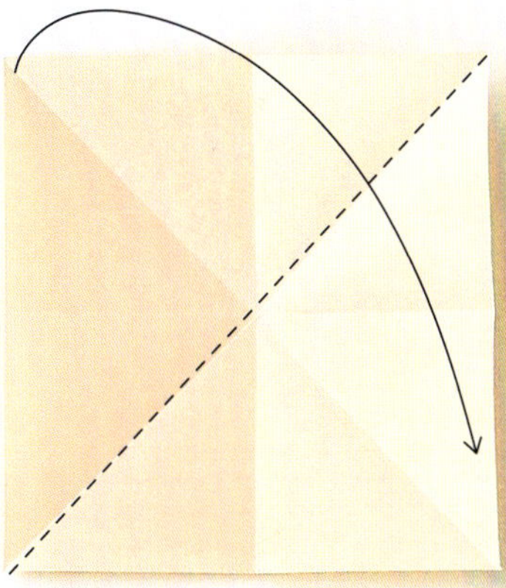

1

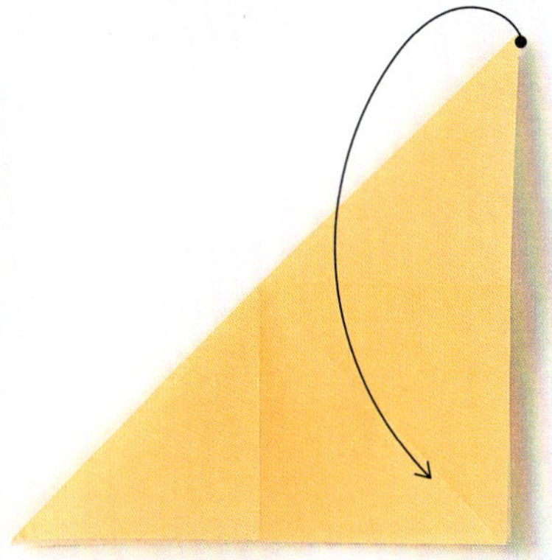

2

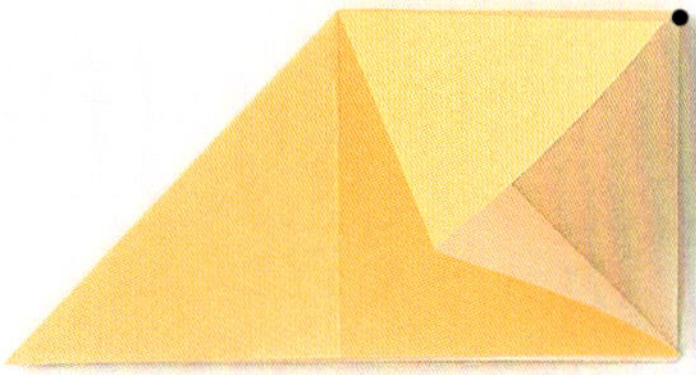

3

4

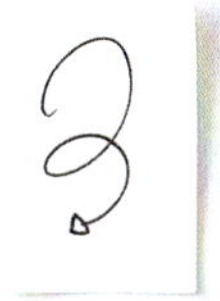

5

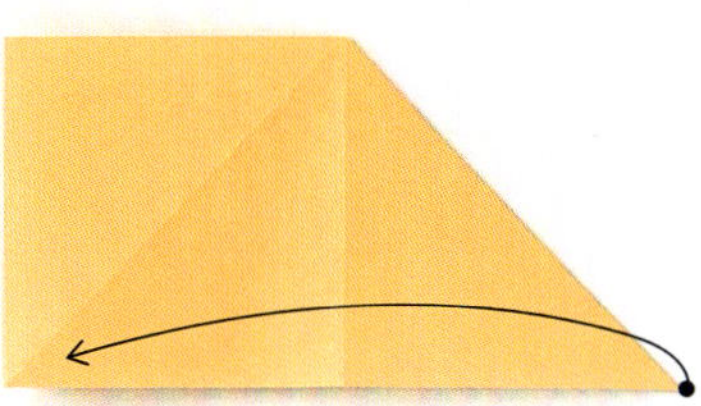

6

7

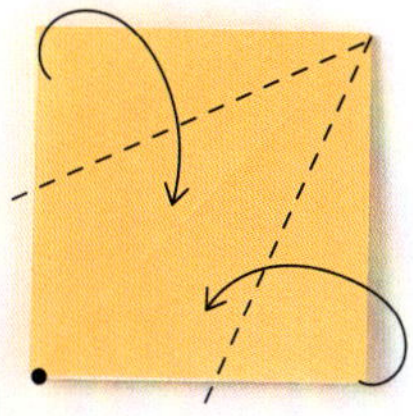

8

1. Richte das Papier normal aus (mit der farbigen Seite nach unten). Markiere die Mittellinien und die Diagonalen. Falte gemäß der gestrichelten Linie, um ein Dreieck zu bilden. **2. 3. 4.** Führe die obere Spitze zur unteren und öffne dabei die Faltung, sodass rechts ein kleines Quadrat entsteht. Streiche die Faltung glatt. **5.** Wende die Figur. **6. 7. 8.** Führe die obere Spitze zur unteren und öffne dabei die Faltung, sodass insgesamt ein kleines Quadrat entsteht. **5.** Wende die Figur. **8. 9.** Falte die obere linke und die untere rechte Ecke gemäß den gestrichelten Linien zur Mittellinie.

9

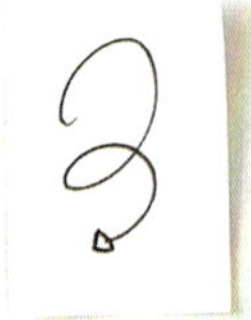
10

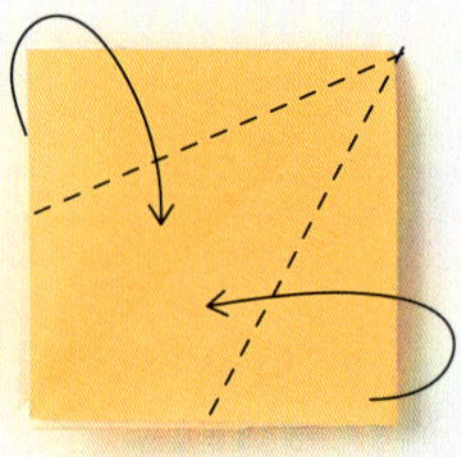
11

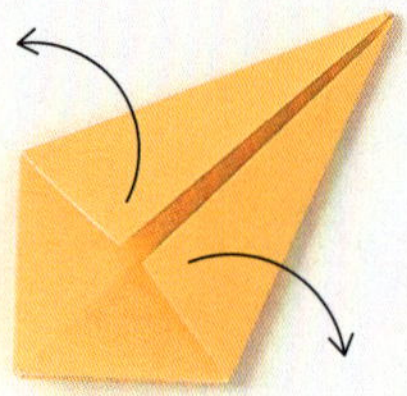
12

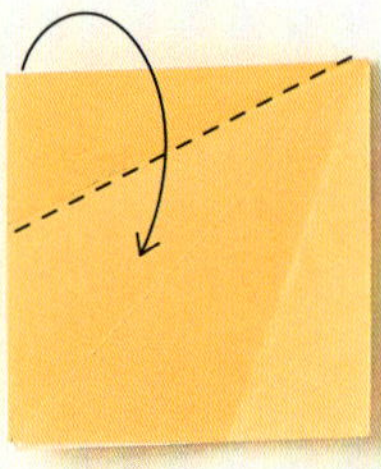
13

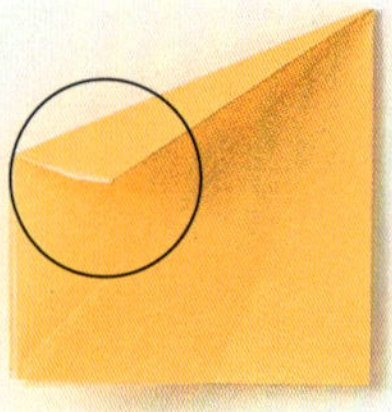
14

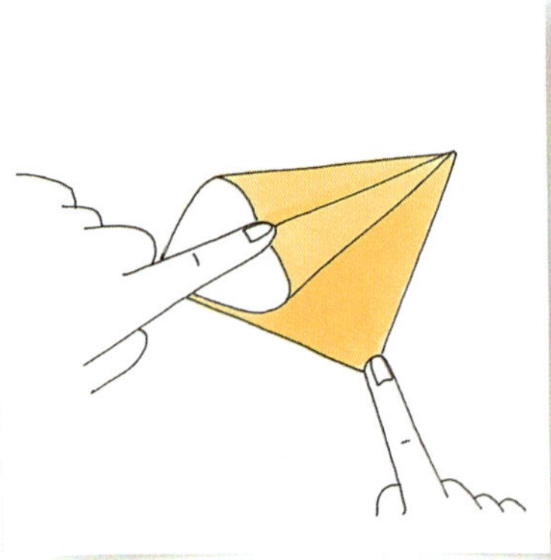
15

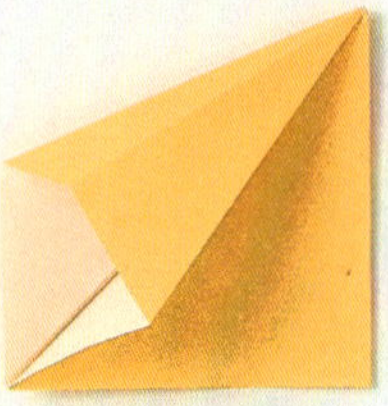
16

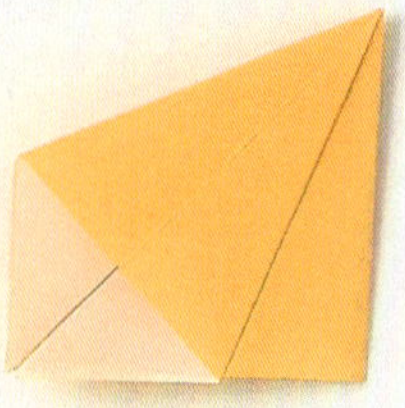
17

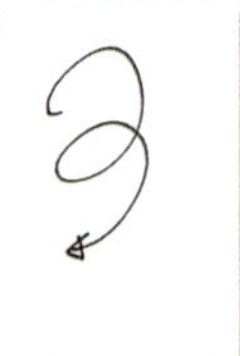
18

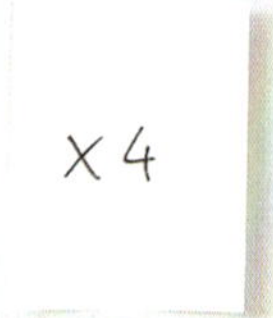

19

10. Wende die Figur **11.** Falte die obere linke und die untere rechte Ecke gemäß den gestrichelten Linien zur Mittellinie. **12.** Entfalte die Figur wieder zum kleinen Quadrat. **13. 14.** Falte die obere linke Spitze gemäß der gestrichelten Linie. **14. 15. 16. 17.** Öffne diese Faltung und streiche sie glatt. **17.** Falte den linken Teil dieser Faltung über den rechten Teil. Öffne die linke Faltung zu einer »Drachenform« und streiche sie glatt. **18.** Wende die Figur. **19.** Wiederhole die Schritte 13–17, um Figur 20 zu erhalten.

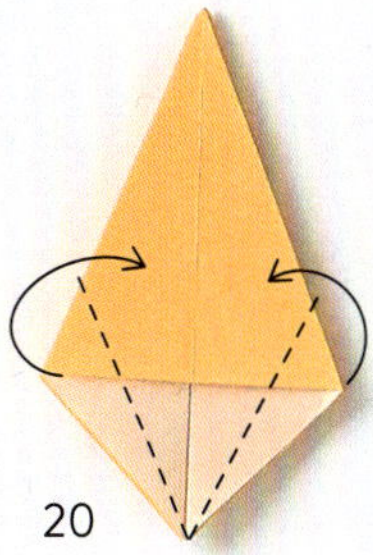
20

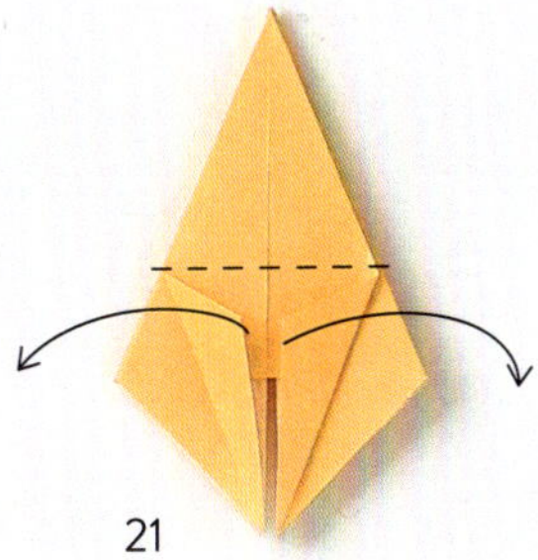
21

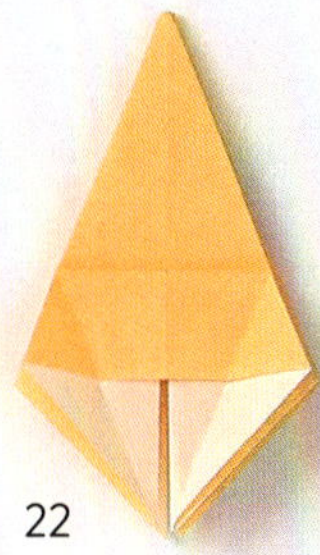
22

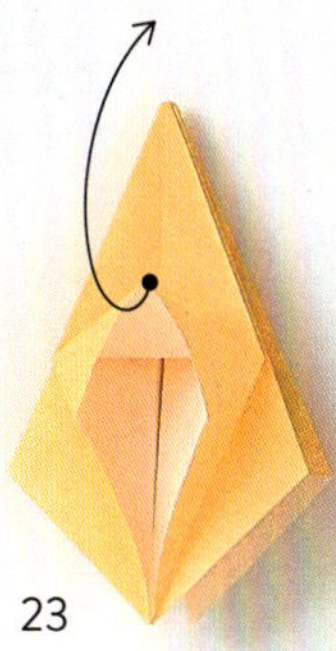
23

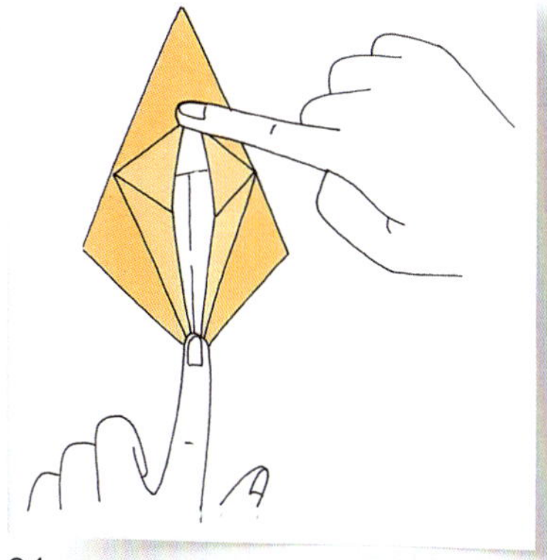
24

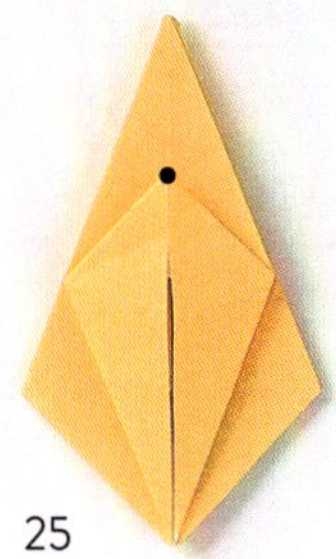
25

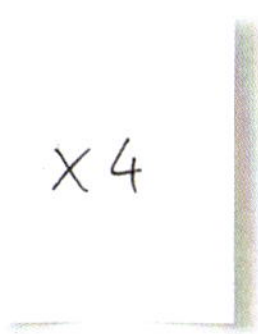

26

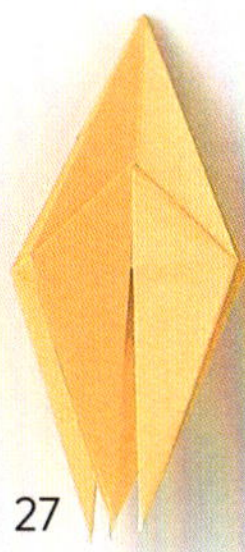
27

20. Falte die rechte und die linke Spitze gemäß den gestrichelten Linien. **21.** Markiere einen Mittelfalz gemäß der gestrichelten Linie. **22.** Entfalte die untere Faltung. **23. 24. 25.** Greife die Spitzen an den gekennzeichneten Punkten und ziehe ihre Faltung nach oben auf. Streiche die Faltung glatt. **26. 27.** Wiederhole die Schritte 20–25 an jeder Seite der Figur, also insgesamt 4-mal.

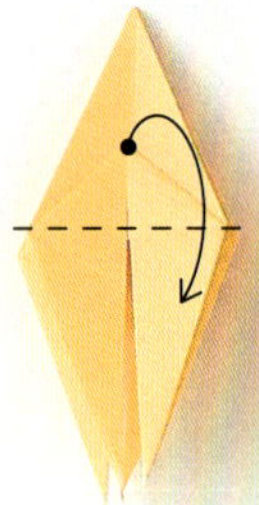

28

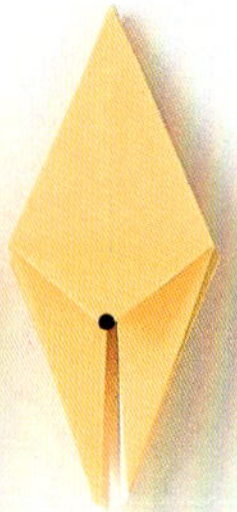

29

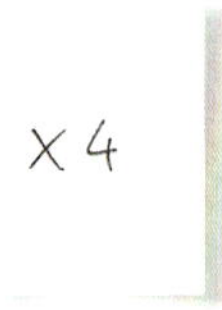

30

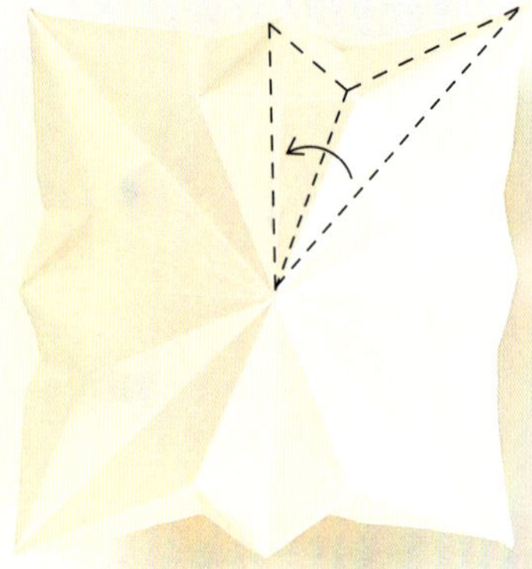

31

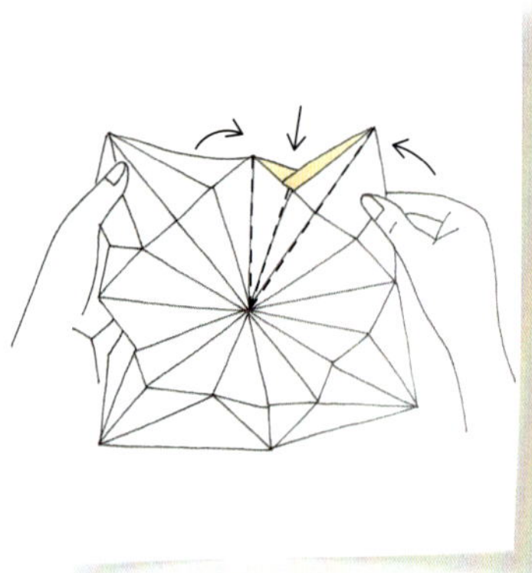

32

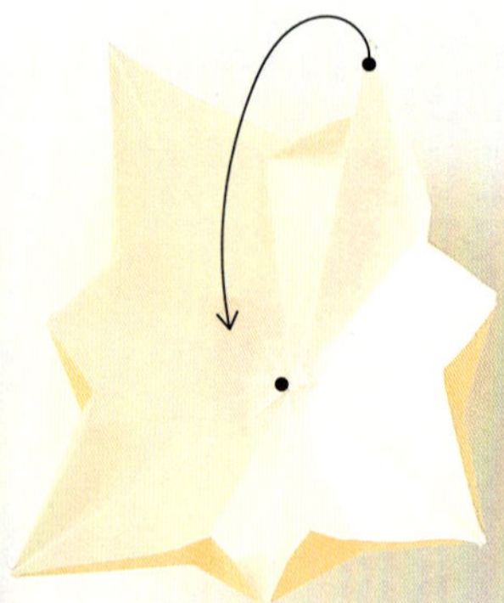

33

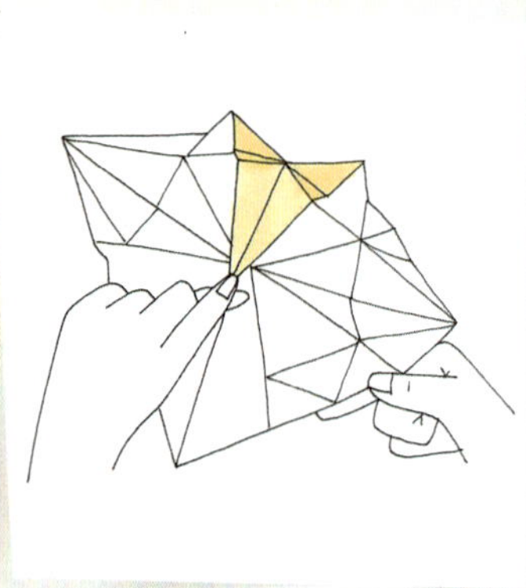

34

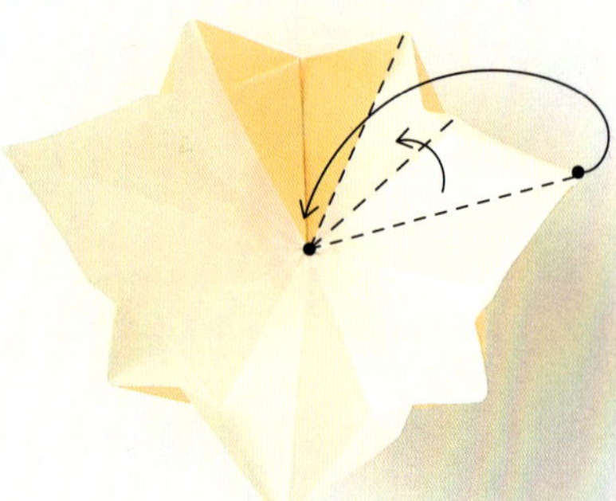

35

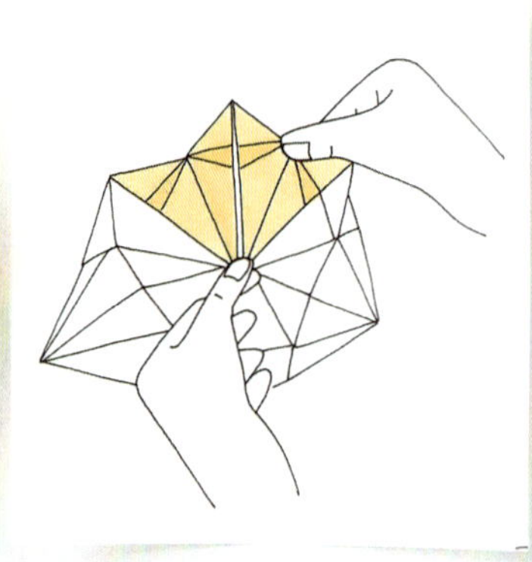

36

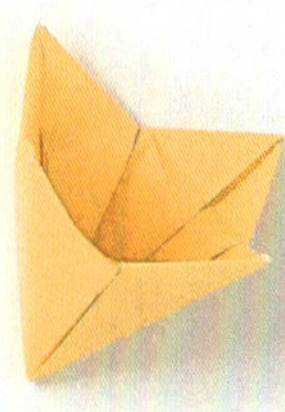

37

28. 29. Falte die kleine innere Spitze gemäß der gestrichelten Linie. **30**. Wiederhole die Schritte 28 und 29 insgesamt 4-mal. Entfalte das Papier vollständig. **31. 32.** Bringe die beiden durch die gestrichelten Linien begrenzten Dreiecke zusammen, indem du die farbigen Seiten des Papiers nach innen einklappst. **33. 34.** Falte die angezeigte Spitze zum Mittelpunkt. **35. 36.** Wiederhole die Schritte 31–34 an den restlichen Seiten. **37.** Die Glockenblume ist fertig.

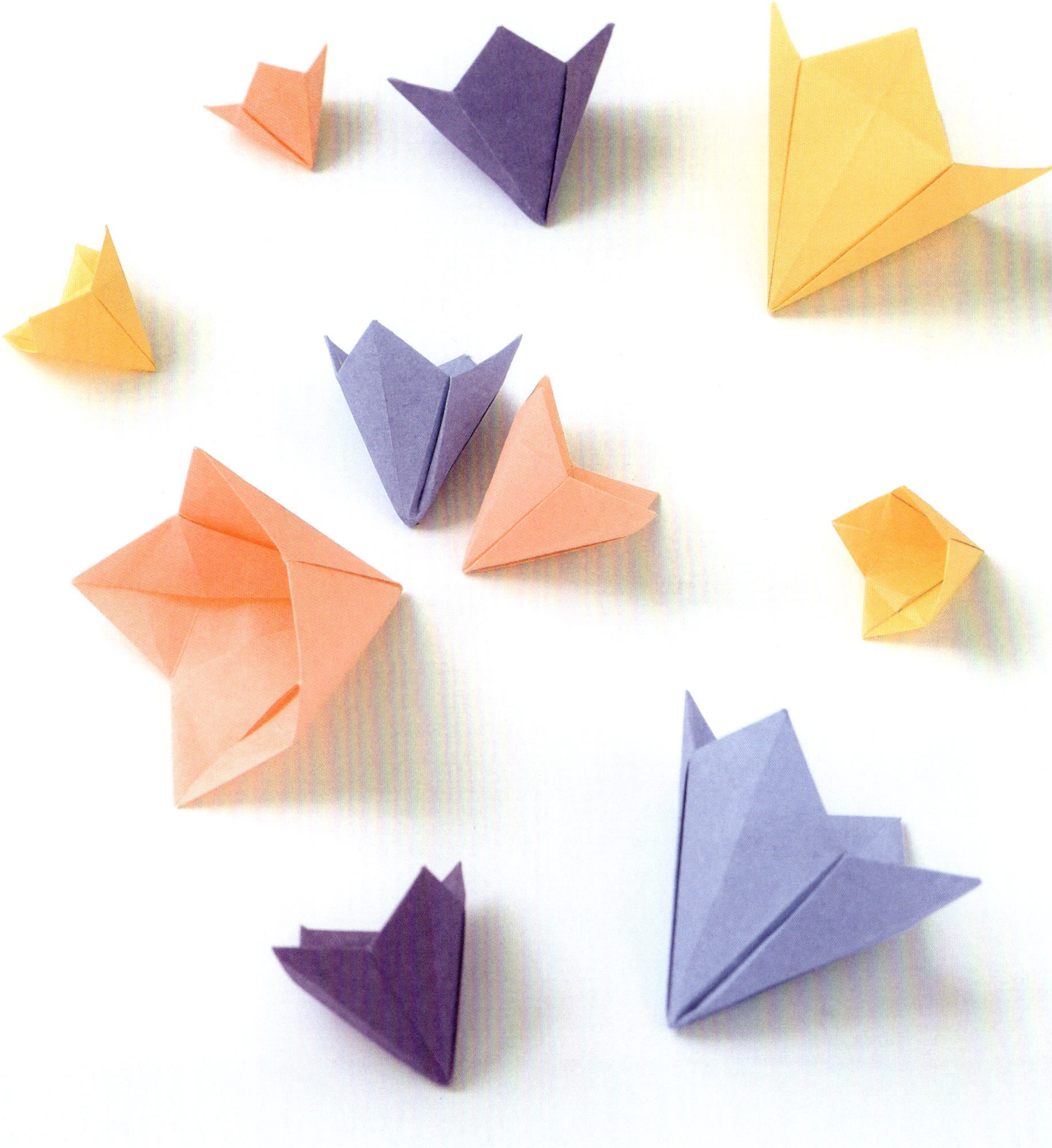

Projektverzeichnis

Die schwarzen Punkte zeigen die Komplexität des Faltens an, von einfach (●) bis anspruchsvoll (●●●●●).

Dank

Ich danke ganz besonders dir, Eriko. Während dieses spannenden Projekts hast du mir zwei Jahre lang wertvollen Beistand geleistet, um dieses Buch produzieren zu können. Du warst eine vorbildliche Helferin und Papierordnerin, fürsorglich, engagiert, immer.

Vielen Dank auch an dich, Lucy. Die Schönheit deiner Zeichnungen, dein Engagement und deine Begeisterung haben mich sehr berührt. Die Präzision und Sanftheit deiner Linien faszinieren mich. Ich freue mich sehr, dass deine Illustrationen in den Anleitungen dieses Buches enthalten sind.

Danke, Richard, für deine Fähigkeiten und dein Talent als Fotograf. Die Shootings an deiner Seite sind immer ein wahrer Genuss.

Weil sie die guten Feen dieses schönen Abenteuers sind, danke ich von ganzem Herzen: Min-Yeong, Sara, Lise, Hiromi, Licinia, Karine, Alexandra, Séverine, Stéphanie, Stella, Noémie, Carmen, Barbara.

Vielen Dank auch an Céline und Caroline, für eure wertvollen Ratschläge.

Danke, Yves und Naomoki, für euren Rat als weise »Origamisten« und für euer großzügiges Zuhören und eure Freundschaft.

Danke an Fred, Muriel und Dominique, für eure unschätzbare Hilfe.

Danke, Pascale, für dein Vertrauen, deine Begeisterung für dieses erneut gemeinsam durchgeführte Projekt. Ich schätze mich glücklich, dich all die Jahre als Lektorin an meiner Seite zu wissen.

Danke an meine beiden Liebsten, Cédric und Ulysse, die mir jeden Tag Inspiration und Freude im Leben geben.

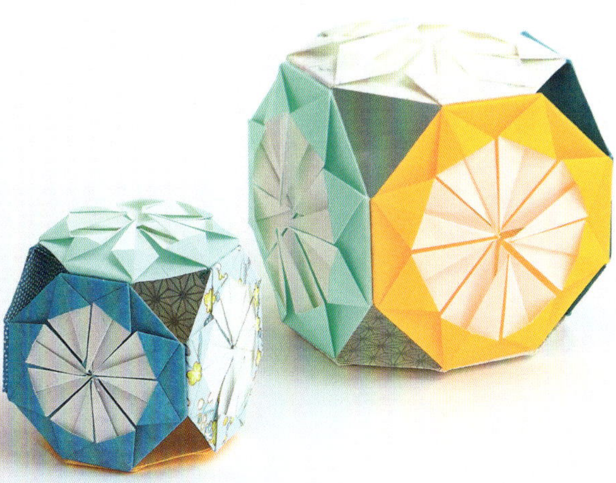

Impressum

Originalausgabe unter dem Titel *l'origami comme par magie* erschienen bei: erschienen bei:
© Hachette Livre (Marabout), 58, rue Jean-Bleuzen – 92170 Vanves

Autorin: Adeline Klam
Fotos: Richard Boutin
Lektorat: Dominique Montembault
Illustrationen: Lucy Tezier
Grafische Konzeption: Muxx
Satz: Frédéric Voisin

Für die deutsche Ausgabe:
Verantwortlich: Svenja Wiglinghaus
Übersetzung, Lektorat, Korrektorat, Satz und Produktmanagement: VerlagsService Dietmar Schmitz GmbH
Umschlaggestaltung: Ina Zimmermann
Herstellung: Julia Hegele
Printed in Germany by Appl

★★★★★

Sind Sie mit diesem Titel zufrieden? Dann würden wir uns über Ihre Weiterempfehlung freuen. Erzählen Sie es im Freundeskreis, berichten Sie Ihrem Buchhändler oder bewerten Sie beim Onlinekauf.
Und wenn Sie Kritik, Korrekturen oder Aktualisierungen haben, freuen wir uns über Ihre Nachricht an Christophorus Verlag, Postfach 40 02 09, D-80702 München oder per E-Mail an lektorat@verlagshaus.de.

Unser komplettes Programm finden Sie unter

www.christophorus-verlag.de

Die Deutsche Nationalbibliothek verzeichnet diese Publikation in der Deutschen Nationalbibliografie; detaillierte bibliografische Daten sind im Internet über https://www.dnb.de/ abrufbar.

4. Auflage 2026

ISBN 978-3-8388-3857-1

Kreativ-Service

Sie haben Fragen zu unseren Büchern und Materialien? Wir beraten Sie gern rund um alle Kreativthemen. Rufen Sie uns einfach an. Wir interessieren uns auch für Ihre eigenen Ideen und Anregungen.
Sie erreichen uns per E-Mail: **kreativ-service@c-verlag.de** oder Telefonnummer: **0049-89-1306 99 577**.

Besuchen Sie uns im Internet: www.christophorus-verlag.de und www.selbstgemacht.de

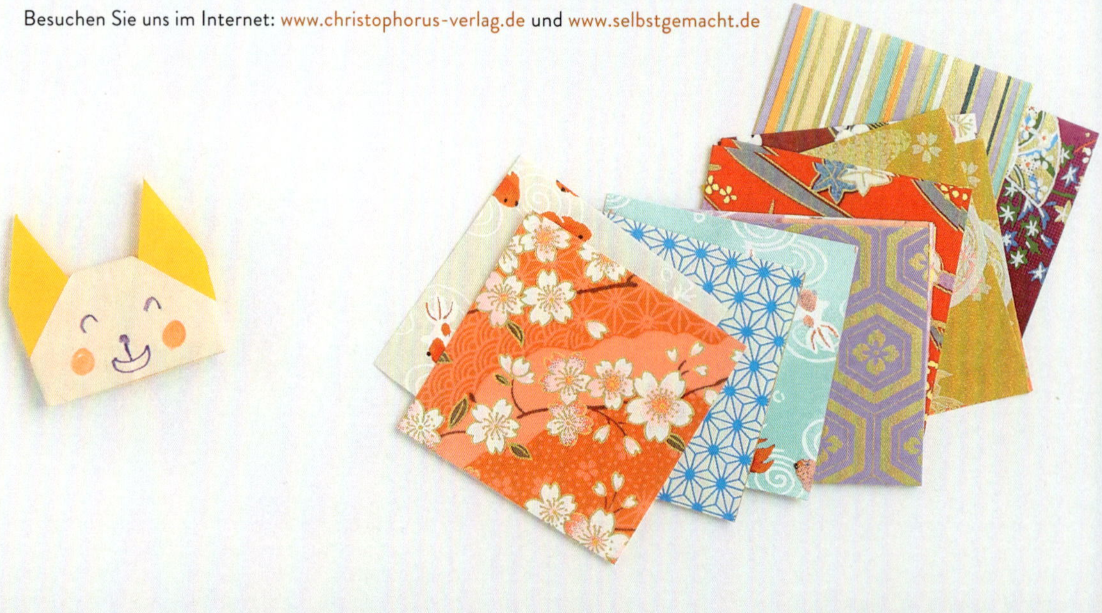